高等学校信息管理学专业系列教材

武汉大学规划教材建设项目资助出版

信息描述

主编　吴丹

WUHAN UNIVERSITY PRESS
武汉大学出版社

图书在版编目(CIP)数据

信息描述/吴丹主编.—武汉：武汉大学出版社,2022.1(2024.4 重印)
高等学校信息管理学专业系列教材
ISBN 978-7-307-22450-6

Ⅰ.信…　Ⅱ.吴…　Ⅲ.文献编目—高等学校—教材　Ⅳ.G254.3

中国版本图书馆 CIP 数据核字(2021)第 139453 号

责任编辑:徐胡乡　　责任校对:汪欣怡　　版式设计:马　佳

出版发行:**武汉大学出版社**　(430072　武昌　珞珈山)
(电子邮箱: cbs22@ whu.edu.cn　网址: www.wdp. com.cn)
印刷:湖北金海印务有限公司
开本:720×1000　1/16　印张:32　字数:522 千字　插页:1
版次:2022 年 1 月第 1 版　2024 年 4 月第 2 次印刷
ISBN 978-7-307-22450-6　定价:68.00 元

目　　录

信息描述
概述

第 1 章 信息描述基本理论与方法

1.1 信息描述概述

1.1.1 信息资源、文献信息与网络信息

1.1.1.1 基本概念

(1)信息资源的概念

“信息资源”(information resources)这一概念最早起源于美国，伴随“信息资源管理”(information resources management)这一概念的兴起而产生，“信息资源”由“信息”和“资源”两个概念整合而成。我国自 20 世纪 80 年代开始提出并讨论“信息资源”这一概念，随着社会的不断发展，信息资源的数量急速增长、重要性逐步提升。信息资源在人们生活、工作中不可或缺，对于国家和民族的发展也至关重要。党的二十大报告指出，要加快建设数字中国。信息资源作为国民经济和社会发展的重要战略资源，是数字中国建设的核心内容，是中国式现代化的基础支撑。针对这一概念，不同的学者提出了不同的解释。①

德国信息管理学家斯特洛特曼(K. A. Stroetmann)②认为信息资源包括信

① 王松林. 信息资源编目[M]. 北京：北京图书馆出版社，2003.

② 段明莲. 信息资源编目(第 2 版)[M]. 北京：北京大学出版社，2008.

息内容、信息系统和信息基础结构这三个部分。中国科学院孟广均教授认为"信息资源包括所有的记录、文件、设施、设备、人员、供给、系统和搜集、存储、处理、传递信息所需的其他机器"。

综合国内外主流观点来看，主要从广义和狭义两个方面来理解"信息资源"。

广义的信息资源是指人类社会活动中积累起来的信息、信息生产者、信息技术等要素的集合。即广义的信息资源由三部分组成：人类社会经济活动中信息的集合；为某种目的生产有用信息的信息生产者的集合；加工利用有用信息的信息技术与设施等的集合。

狭义的信息资源是指人类社会活动中经过选择、加工、处理、有序化并大量积累的有用信息的集合，即指的是信息内容本身。狭义的信息资源相当于广义的信息资源的第一部分。信息资源作为继材料、能源后的第三大资源，正是由于其包含的信息本身能够帮助人类在社会经济活动和科学研究中减少不确定性，为人类活动的决策提供帮助，因此从狭义的角度理解信息资源更能够把握信息资源的本质与核心。①

(2)文献信息的概念

①文献。

"文献"是一个不断发展变化的概念。《论语·八佾》中记载："夏礼吾能言之，杞不足徵也；殷礼吾能言之，宋不足徵也。文献不足故也。"南宋时期的朱熹曾在《四书章句集注》中对"文献"做出如下解释："文，典籍也；献，贤也。"在隋唐之前，由于印刷术尚未成熟、普及，有学识的"贤人"常常认为"文献"与典籍的意义相同；随着印刷术的不断发展，"文献"一词渐渐专指典籍。马端临在《文献通考》中将"文"解释为：经、史历代会要及百家传记之书；而将"献"解释为：臣僚奏疏、诸儒之评论、名流之燕谈、稗官之记录。②

随着科学技术的进步，"文献"概念的外延也不断扩大，《文献著录总则》(GB3792.1)将"文献"(Information)定义为"记录有知识的一切载体"；《中国文献编目规则》(第2版)中将"文献"定义为"记录有知识信息的一切载体"，相比之前的定义多了"信息"的表述。

---

① 李兴国．信息管理学[M]．北京：高等教育出版社，2007.

② 吴丽坤，殷洁．文献编目理论研究[M]．北京：中央编译出版社，2013.

②文献信息。

20 世纪 80 年代中期开始，我国图书情报领域提出并开始讨论“文献信息”这一概念。笔者列举出一些对这一概念的代表性解释：

文献信息(documentary information)，即以便于长期保存和广泛传播的物体为信道或载体的，以文字、标点、声像等符号为信息编码的人类精神信息。

文献信息，是指用文字、图像、符号、声频、视频等手段记录于一定物质载体上的信息。

文献信息包含文献的内容信息和文献的形式信息。

综上所述，“文献信息”的概念是在“文献”这一概念的基础上发展而来，是“文献”这一概念在科学技术日新月异、信息化社会不断发展的背景下延伸出来的。在编目工作领域，文献信息包括了可以进行书目描述的各种文献信息，随着计算机技术和信息技术的发展，编目方法不再局限于仅用来描述传统的文献，也被用来描述包括网络信息在内的其他非传统类型的文献信息。“文献信息”这一概念比“文献”能更好地适应编目理论与实践工作的发展，推动编目理念的创新，促进编目工作理论与方法在信息组织中发挥更加积极的作用。

③网络信息的概念。

网络信息资源是一种新型的数字化信息资源，指通过网络可以利用的各种信息资源的总和，具体来讲，就是指所有以电子数据形式把文字、图像、声音、动画等多种形式的信息存储在光、磁等非传统文献载体中，并通过网络通信、计算机或信息终端等方式再现出来的资源。①

与文献信息相比，网络信息具有如下特点：类型众多；信息发布自由，内容庞杂，质量不一；信息数量急剧上涨，且分布极不均衡，信息处理与利用能力相对下降；具有多媒体和超级链接性以及交互性；存在安全隐患；信息的使用与提供信息站点的软硬件和服务有关；信息表现形式多样化；信息非线性排列，无序性增强。

1.1.1.2 基本类型

(1)信息资源的类型

不同的学者和团体从不同的角度对信息资源的种类进行了划分。

---

① 陈耀盛．网络信息组织[M]．北京：科学技术文献出版社，2004.

娄策群、桂学文将狭义的信息资源从不同的角度进行了分类。从描述对象的角度来说，信息资源由自然信息资源、机器信息资源和社会信息资源组成；从信息资源的载体和存贮方式的角度来看，信息资源由天然型信息资源、智力型信息资源、实物型信息资源和文献型信息资源等构成；从信息资源的内容来看，信息资源由政治、法律、军事、经济等信息资源组成；从信息资源的反映面来看，信息资源由宏观信息资源和微观信息资源组成；从信息资源的作用层次来看，信息资源由战略信息资源、战术信息资源组成；从信息资源的开发程度来看，信息资源又可分为未开发的信息资源和已开发的信息资源。①

马费成从易于管理的角度将信息资源划分为记录型信息资源、实物型信息资源、智力型信息资源和零次信息资源，记录型信息资源是通过各种传统介质与现代介质记录和存储的知识信息，实物型信息资源是借助实物本身来储存和表现的知识信息，智力型信息资源主要是人脑存储的知识信息，而零次信息资源则指的是人类通过口头传播的知识信息。②

王松林将信息资源分为实体信息资源和网络信息资源。前者指的是一切需要通过一定的物质载体来记录和存储的知识信息，后者则是以计算机数据、电子数据的形式将文字、图像、声音等不同形式的信息存储在非印刷形式的载体中，并通过网络，以通信手段，用计算机或信息终端等方式再现出来的知识信息。③

代根兴等在前人研究的基础上提出，信息资源按照存在状态可以分为潜在的信息资源和现实的信息资源两大类。前者一般指个人在学习、实践过程中存储在人脑中的信息资源；后者是人类获取并表现出来的，能为大众所利用的信息资源，而潜在的信息资源只能供个人使用。现实的信息资源根据载体的不同又可以分为文献信息资源、体载信息资源、实物信息资源、网络信息资源四类。④

正如“信息资源”概念的诞生一样，“信息资源”的概念会随着社会经济、科学技术、文化事业的不断发展而不断变化，其内涵与外延也会不断得到

---

① 娄策群，桂学文．信息经济学通论[M]．北京：中国档案出版社，1998.

② 马费成．信息经济学[M]．武汉：武汉大学出版社，2012.

③ 王松林．信息资源编目[M]．北京：北京图书馆出版社，2003.

④ 代根兴，周晓燕．信息资源类型研究[J]．中国图书馆学报，2000(2)：76-79.

丰富以适应现实的需要，信息资源的分类标准也会动态地发展，以适应不断出现的新的信息资源类型。

(2) 文献信息的类型

针对文献信息的类型有着不同的划分标准，因此，文献信息的类型也不同。常见的划分标准有以下几种：

①依据载体形态的不同。

根据文献载体形态的不同，可以把文献信息划分为印刷型、缩微型、电子型、声像型等。

印刷型文献是文献的最基本方式，是以纸为载体，通过手写、油印、胶印等为记录手段的文献。

缩微型文献是以感光材料为载体的文献，又可分为缩微胶卷和缩微平片，具有体积小、易于保存和传递等特点。

电子型文献是一种新形式的载体，主要通过计算机程序将文献编程符号和机器语言输入计算机，阅读时再由计算机输出。日益普遍的电子书就属于这种类型。

声像型文献，也可称之为视听型文献，是以声音和图像形式呈现的文献，如唱片、电影、录像带、幻灯片等。

②依据出版形式和编撰方法。

根据文献的出版形式和编撰方法，可以将文献分为普通图书(专著)、连续出版物、科技报告、专利文献、标准文献、学位论文、政府出版物、档案资料等。这种划分方法和文献信息著录与目录组织有关。

③依据文献内容、性质和加工情况。

依据文献的内容、性质和加工情况，可将文献划分为零次文献、一次文献、二次文献、三次文献。

在非正规物理载体上的未经任何加工处理的被称为零次信息，零次信息的载体就称为零次文献，如未经加工出版的手稿、实验数据记录、书信等，具有原始性、分散性、非检索性等特点。

一次文献又称原始文献，是指以作者本人的工作经验、观察或研究成果为依据而创作的文献，具有一定发明创造和一定新见解。如期刊论文、研究报告、专利说明书、会议论文、学位论文、技术标准等。

二次文献是对一次文献进行加工整理后产生的一类文献，如书目、题录、简介、文摘等检索工具。如《全国总书目》《中国出版年鉴》等工具书，

《化学文摘》等都属于二次文献。

三次文献是在一、二次文献的基础上，经过综合分析而编写出来的文献，如综述、专题述评、学科年度总结、进展报告、数据手册等。

(3)网络信息的类型

随着人类步入网络时代，网络信息与人类的日常生活密不可分。充分地开发和利用网络资源，就要对网络信息的类型有所了解。不同的学者对于网络信息的类型提出了不同的分类方法。

张晓娟提出，按人类信息交流的方式，可以将网络信息分为非正式出版信息、半正式出版信息以及正式出版信息；按照信息的存取方式来划分，有邮件型、电话型、揭示板型、广播型、图书馆型以及书目型信息；根据网络信息资源的不同层次，可以分为指示信息、信息单元、文献、信息资源以及信息系统；依照文件组织形式，可以将网络信息划分为自由文本和规范文本；从信息来源划分，又可分为政府、大学、企业、社会团体、个人等；依据信息的内容，也可将网络信息分为学术研究报告、经济活动信息、历史文献资料、文学艺术信息、娱乐性信息等；从形式上来说，网络信息有文本式文件、计算机软件、图像文件等。①

马静认为，按照网络出版形式来看，网络信息可分为简单的 HTML 文件型和复杂的 HTML 数据库型；根据信息内容的表现形式和用途，可以划分为全文型信息、事实型信息、数值型信息、数据库类信息、实时活动型信息以及其他类型信息。②

而且按照网络信息资源的传播范围，可以将网络信息划分为光盘局域网信息、联机网络信息和 Internet 网络信息；而按照信息加工的层次也可以分为网络资源指南和搜索引擎、联机馆藏目录、网络数据库、电子期刊、电子图书、电子报纸、参考工具书和其他动态信息。

正如信息资源的概念会随着社会经济、科学技术的发展而不断变化一样，网络时代瞬息万变，网络信息的概念也会随着信息技术、网络技术的飞速发展而发生变化，网络信息的分类体系也应该不断地调整和优化，以适应人类社会新的变化。

---

① 张晓娟. 网络信息资源：概念、类型及特点[J]. 图书情报工作，1999(2)：10-12.

② 马静. 网上信息资源及其检索技术智能化研究[J]. 图书情报工作，2001(1)：56-58.

1.1.2 信息描述相关概念

1.1.2.1 信息描述①

信息描述是根据一定的规则和原则，对信息资源的形式特征和部分内容特征进行描述，并给予记录的过程。经过信息描述，形成所描述的信息资源的书目数据记录，这些数据记录由若干信息的描述项构成。信息资源的若干个特征反映在每一个描述项上，如名称、责任者、信息来源等。

1.1.2.2 信息组织与信息描述

信息组织也称信息整序，是利用一定的规则、方法和技术对信息的外部特征和内容特征进行揭示和描述，并按给定的参数和序列公式排列，使信息从无序集合转换为有序集合的过程。②

信息组织的外部特征为信息的物理载体直接反映的信息对象，构成信息的外在的、形式的特征(如题名、作者、出版社、日期等)。信息组织的内部特征为信息包含的内容，由主题词、关键词或其他知识单元表达。

信息组织的内容包括四个方面：信息选择，从采集到的无序的信息流中甄别出有用的信息，剔除无用信息；信息分析，按一定逻辑关系从语义、语用和语法上对选择过的信息内、外部特征进行细化、挖掘、加工整理并归类；信息描述和揭示，根据信息组织和检索的需要，对信息的主题内容、形式特征、物质形态等进行分析和记录；信息存储，将经过加工整理序化后的信息按一定格式与顺序存储在特定的载体中。

随着信息技术的进步与发展，网络时代的到来，不仅改变了人们的生活，也改变了信息资源的种类，进而需要解决如何对网络信息资源进行整理、排序，这也是图书馆面临的一项课题。数字图书馆时代的到来，使得图书馆编目的对象不再局限于传统的实体型信息资源，网络信息资源也成为图书馆编目工作的对象。“文献编目”的概念已经不能涵盖图书馆实际编目工作的内涵和外延，因此“信息组织”“信息描述”“信息标引”等概念被逐

① 杨玉麟. 信息描述[M]. 北京：高等教育出版社，2004.

② 叶继元. 信息组织[M]. 北京：电子工业出版社，2010.

渐提出。

从内容而言，“信息组织”的概念最为广泛。信息组织，就是按照一定的原则和方法，使原本无序化的大量信息资源有序化，形成可以供人们利用的有价值的信息系统。“文献编目”的概念一般只针对传统文献，尤其是纸质印刷文献，如果涉及网络信息资源，就应该使用“信息组织”的表述。所以，“信息描述”是“信息组织”的一部分，“信息描述”与“信息标引”“信息排序”等概念构成了“信息组织”的内涵。

1.1.2.3 文献编目与信息描述

文献编目包括两部分：其一是对文献内容的概括和揭示，主要通过分类标引和主题标引来实现；其二是对文献内容和形式特征进行的分析、选择和记录，即著录，也就是英美国家所谓的描述性编目(descriptive cataloguing)或实体描述(physical cataloguing)。①

信息描述(information description)，是网络时代学术界对传统“文献编目”概念的一种继承和发展。如果针对的是传统印刷型和非印刷型文献实体信息资源，仍然可以称为文献编目；如果其对象还包括网络信息资源，就应当称为信息描述。

从内容而言，信息组织包括信息选择、信息分析、信息描述和信息存储。

1.1.2.4 网络信息资源描述②

对网络信息资源进行描述，主要包括以下四种方式：①采用 ISBD 格式描述网络信息。国际图联(IFLA)1997 年为电子信息资源的著录制定出版了 ISBD(ER)，对信息资源的获取增加了获取方式注明(Mode of Access)，可著录信息获取的方式及 URL 地址。②采用 MARC 格式描述网络信息。1991 年 LC 提出了以 USMARC 为主要架构，制定了囊括网络信息的相关字段，以后又不断修订，包括扩大网络信息资源的涵盖范围；增加、修改 008 字段第 26 位数据元的代码；5—相应字段增加 $u 以记录资源的 URL；增设 856 电

① 吴丽坤，殷洁．文献编目理论研究[M]．北京：中央编译出版社，2013.

② 鞠英杰．信息描述[M]．合肥：合肥工业大学出版社，2010.

子文件地址与检索。③使用专门的网络数据描述语言进行网络信息资源描述，如XML和DC。④Web 3.0、关联数据和语义网。Web 3.0意味着开放和结构化数据，让网络更加智能。关联数据(Linked Data)是结构化数据，提供了关联结构化数据的新媒介，可以让机器更好地读取这些数据，它可以在数据层面建立关联，为真正的语义网铺平道路。

1.1.3　信息描述的目的和原则

1.1.3.1　信息描述的目的

信息描述的对象可以是实体信息资源，也可以是网络信息资源，但不论描述对象是什么，信息描述的最终目的是要实现对信息资源的有效排序，形成文献目录或者信息资源数据库，最终揭示实体信息资源或网络信息资源的外在特征与内在特征，并为人们提供信息检索的途径。

1.1.3.2　信息描述的原则①

信息描述是信息组织的一部分，是信息组织中的重要一环，也是图书馆等信息服务机构的业务工作之一。为了更好地对信息资源进行描述，揭示信息资源特征，在信息描述时要遵循一定的原则。

(1)客观性原则

不论是实体信息资源，还是网络信息资源，在对其进行描述时要如实、客观，坚持做到真实、客观、全面地反映信息资源的外在特征和内容特征，反映其原始情况，不能受主观因素的干扰。

(2)实用性原则

实用性原则就是要坚持在描述各类信息资源时，从利用者的真实需求出发，提供全面的信息资源特征，并选取丰富的检索点，以满足多样化的检索需求。

(3)规范性原则

信息描述也是一项具有较高技术含量的工作，在信息描述的过程中必须遵守规范性的原则，要选取统一的、标准的描述规则进行信息描述。

(4)制度化原则

---

① 杨玉麟．信息描述[M]．北京：高等教育出版社，2004.

信息描述是一项长期的工作，要适应社会经济、信息技术的发展需要，适应信息资源不断变化的需要，也要保持信息描述工作的连贯性和持续性。因此信息描述工作必须形成可持续发展的、严格的制度，在信息描述工作中要时刻遵守这些规则，保证信息描述的质量。

1.2 文献信息编目理论与方法

1.2.1 文献信息编目的发展历程

1.2.1.1 中国古代文献信息编目的发展历程①②

(1)先秦、两汉时期的编目思想

在中国，“目录”一词虽然在西汉时期的《七略》中就已出现，但文献编目的实践早已展开。对甲骨文的考古发现证明，中国的目录工作早在殷商时期就已出现，这也是我国古代目录工作的起源。

春秋战国时期，礼崩乐坏，孔子以个人政治理想为出发点开始了删定六经的工作。孔子删定六经，是我国历史上第一次大规模的图书整理工作，孔子在整理六经的工作中，确立了“述而不作”“不与怪力乱神”等原则，孔子与其弟子还对一经或者一经中的各篇作了必要的说明，即后世所称的“大序”和“小序”，便于读者了解全书的大意，这在当时起到了提要目录的作用，也被认为是现代文献目录中内容提要的雏形。

自孔子整理六经至战国时期百家争鸣，这是中国历史上第一个文化繁荣时期。秦始皇统一六国后，焚书坑儒，致使文化事业遭受重大的破坏。刘邦建汉后，与民生息，并重视图书档案文献资料的收藏和整理。至汉成帝年间，刘向开始了中国历史上第一次由官方组织进行的文献整理工作。

刘向等人的校书编目程序是：广罗异本，相互补校；条别篇章，确定书名与篇名；校勘脱文脱简，写成定本；提要钩玄，编写叙录；种别分类，编写目录。叙录中，介绍作者生平、时代背景、全书的主要内容以及对该书的评论。刘向由此开创了评价图书的叙录体，他将叙录一式两份，一份

① 吴丽坤，殷洁．文献编目理论研究[M]．北京：中央编译出版社，2013.

② 杨玉麟．信息描述[M]．北京：高等教育出版社，2004.

奏报朝廷，另一份汇总收集起来，编写为《别录》。《别录》是我国历史上第一部书目提要。

刘向故后，其子刘歆子承父业，不到两年时间，在总结刘向成果的基础上，删繁就简，按图书性质，编制了我国第一部系统的综合性图书分类目录——《七略》，《七略》的出现比欧洲第一部正式的图书分类法《万象图书分类法》早了近 1500 年。《七略》将当时的图书分为六大类，每一大类称为“略”，共有六艺略、诸子略、诗赋略、兵书略、数术略、方技略，每一大类之下又有若干小类，称为“种”。在以上“六略”之外，另撰“辑略”，即全书的叙录，说明“略”和“种”的内容与意义。从《别录》到《七略》，体现了以刘向、刘歆为代表的古代学者对于国家藏书进行系统的校勘、编纂工作的成果，开创了后世对图书进行整理、校对的先例，对中国传统的编目理论与编目实践产生了重要的作用，虽然《别录》与《七略》均已亡佚，但其蕴含的编目思想对后世有着深远的影响。

东汉时期，班固历时二十余年撰写了《汉书》，其中《汉书 · 艺文志》尊重了刘向的编目思想，并在刘歆的《七略》已有成果的基础上经剪裁、编次而成，保留了《七略》的主要内容。《汉书 · 艺文志》的出现标志着新的目录体裁——史志目录的诞生，促成了我国正史艺文志目录系统的形成，也是现存最早的一部国家藏书目录。

(2)魏晋南北朝时期的编目思想

魏晋南北朝时期，朝代更迭频繁，战乱不断，但同时也是中国古代历史上文化发展的一个繁荣时期。这一时期，图书的编目思想发生了较大的变化，在分类法、著录方式上都发生了较大的变革。

曹魏时期，郑墨的《中经簿》中已出现了四分法的雏形。西晋武帝时，荀勖在郑墨的基础上，并“依刘向别叙，整理记籍”，编修了官修目录《中经新簿》，在著录和分类方法上对《七略》进行了较大的改进，《中经新簿》中确立了“四分法”，分为甲乙丙丁四部，改“七分法”为“四分法”，这是四部分类的起点。《中经新簿》虽然开创了四分法，但尚未提出经、史、子、集的概念。

荀勖的《中经新簿》开创的四部分类法，适应了当时文化典籍发展的历史情况，南朝 300 年间的官修目录基本上采用了这一分类法。

自《中经新簿》后，当时的私家藏书目录也得以发展。南朝宋齐的王俭认为荀勖的《中经新簿》中提出的四分法较为粗疏，撰写了《七志》。《七志》

在《七略》的六分法之外，补充了“图谱志”，随后又增加道经、佛经为两个附志，因此《七志》采用了九分法。此后，阮孝绪的目录学巨著《七录》中，采用了七分法，分为内篇和外篇。内篇包括了经典、纪传、子兵、文集、术技五录；外篇有佛法和仙道两录。

(3)隋唐五代时期的编目思想

自唐代开始，印刷术的发展推动了文化典籍的广泛传播。隋唐五代这一时期，我国古代的编目思想日趋成熟。

在唐初，魏征编撰的《隋书·经籍志》中，明确了经、史、子、集四部，并运用了分类、著录、编写大序和小序的方法统一了唐代官修目录的修纂方式，自此确定了古代官修目录中四分法的主导地位。此后四部分类法成为我国古代文献分类体系的正统，成为流传时间最长、应用范围最广、影响最为深远的一种分类方法。

唐代还产生了一种杰出的编目方法——千字文索书号。它的出现是当时佛教空前繁荣的产物，也反映了我国当时在藏书和索书上的技术水平已经达到了非常科学的高度。

(4)宋代时期的编目思想

宋代是中国古代政治相对稳定的一段时期，文化事业的发展十分繁荣，也是我国文献编目发展史上的一个重要阶段。这一时期，中央政府和地方政府都十分重视收藏图书，而雕版印刷术的发展也推动了藏书事业的发展。

王尧臣和欧阳修参照了唐代的《开元四部录》的体例，详实地著录、编制了宋代官方的国家图书目录——《崇文总目》。《崇文总目》共六十六卷，按经史子集四部共分为四十五类。而在史志目录方面，宋代尤其重视编纂本朝的《国史·艺文志》。宋朝四次修国史，均对其进行了修订，因此《国史·艺文志》既是一部国家藏书目录，又开创了编写当代艺文史志目录的先河。

郑樵是宋代最重要的目录学家，在中国文献编目历史上具有重要的地位。郑樵对历代修史提出了“会通古今”的思想，这一思想也体现在其目录学思想中。郑樵提出了“剖析学术源流”“类例既分，学术自明”“以人类书”“著录亡书”“泛释无义”等目录学思想，流传后世。

宋代的官修目录众多，同时私人藏书目录也得以发展。晁公武编撰的《群斋读书志》延续了《崇文总目》的类例，分四部为四十五类。陈振孙的私修目录《直斋书录题解》按四部分为五十三类，并根据郑樵的“泛释无义”的思想对《崇文总目》的编目方法进行了修改。《群斋读书志》和《直斋书录题解》是宋代私家藏书目录中影响较为深远的两部私修目录。

(5)元、明时期的编目思想

元朝统治时期，统治集团并未充分重视文化事业的发展，文献的发展也进入历史上增长较为缓慢的一个时期。元代的国家总数目《秘书监志》只是掌管图书的秘书监罗列的一本图书清册。私家藏书目录方面，相比前代，成果也并不丰富。钟嗣成编撰的《录鬼簿》是第一部戏曲类专题目录。

自明代开始，印刷技术与手段的不断进步推动了书籍事业的繁荣，公私藏书都得到了极大丰富，但官私目录呈现了两极分化的现象。明朝一朝虽然收藏了大量的藏书、抄本，但是并没有很好地编制目录。正统年间的杨士奇等撰修的《文渊阁书目》只有 20 卷，在历代藏书目录中较为草率。

私家目录则延续着宋代以来的发展态势。胡应麟对前朝历代的史志目录进行了系统研究，评述了前人的编目思想，是对中国古典文献编目思想的一次较为全面的总结。胡应麟提出了“综核”的思想，主张对历史材料要综合、连贯地分析。他撰写的《经籍会通》系统分析了前朝至当代的图书发展史和编目史。同时，胡应麟还总结了“辨伪八法”，是辨伪学史上一位重要的实践家。

明代著名的藏书家祁承㸁总结其读书、藏书的经历，撰写了《澹生堂书约》，针对图书采访、馆藏分类、前人读书实例进行了深入和系统的论述，这是我国最早的一部关于馆藏建设的著作。同时，他还将自己的编目理论用于实践，编制了《澹生堂藏书目》，《澹生堂藏书目》采用了丛书整套著录的方法，设有固定的子目，并有意识地采用分析著录的方法揭示文献的篇章内容。

(6)清代时期的编目思想

作为中国封建社会的最后一个王朝，清朝是中国古代书目编制发展的鼎盛时期。目录的质量、数量都远远超过之前历代，这一时期的编目思想也走向成熟。

在官修目录方面，《古今图书集成 · 经籍典》的出现较早，它采用了书目和书籍性质相结合的分类方法，汇总了历代文献。乾隆时期，于敏中等编纂官方藏书目录《天禄琳琅书目》，初步确立并完善了版本项，奠定了版本目录学的基础。此后嘉庆年间，又对其进行了续编。

乾隆中叶时期，乾隆皇帝下令开始编纂《四库全书》。在修书的同时，戴震等撰修官延续了“辨章学术，考镜源流”的目录学传统，为入藏《四库全书》的每本书撰写提要，最终形成了《四库全书总目》。《四库全书总目》被公认为我国古代图书目录编目方法和优秀传统的集大成者，是古典提要目录的典范。

清朝年间的私家藏书目录也十分繁荣，尤其是江南一带最为兴盛。一些藏书家均组织撰写了私家藏书目录，如常熟藏书家钱曾撰《读书敏求记》四卷，张金吾著《爱日精庐藏书志》三十六卷等。

1.2.1.2 中国近现代文献信息编目的发展历程

(1)近代中西方编目思想的交融①

清朝末期，统治阶级昏庸腐败，封建社会逐渐走向衰亡。鸦片战争以后，西方列强用坚船利炮打开了中国的大门，西方资本主义国家的科技、文化、思想不断输入我国，新型的出版物如报纸等逐渐增多，原有的经史子集的四部分类法已经不能再完全适应。

1896 年，梁启超撰写了《西学书目表》。此后，有识之士纷纷开始著书立说，介绍西方的编目理论与方法。1904 年，徐树兰编写的《古越藏书楼书目》概述首次采用新旧图书统一的分类法，开近代图书编目之先河。1909 年，徐树兰又在《教育杂志》上开始连载《图书馆》一文，介绍了西方目录工作和杜威十进分类法，推动了中国近代目录学的新发展。

(2)1949 年前文献信息编目的发展

“五四运动”以来，倡导民主和科学的思潮渗透到社会生活的各个方面，对我国图书馆事业的影响也极其深刻。早在“五四运动”开始前的 1917 年，中国图书馆界就兴起了“新图书馆运动”，“五四运动”的爆发再次推动了“新图书馆运动”的新发展。

这一时期，我国文献编目工作也发生了变化。首先，卡片式目录开始流行起来。“五四运动”以后，许多只有书本式目录的图书馆，也逐渐开始改用卡片式目录。其次，图书馆目录的类型比之前增加了许多，出现了书名目录和著者目录，一些图书馆还特别针对外文图书资料编制了书名、著者、主题词混排的“字典式目录”。

此后，不断有有识之士开始介绍西方图书馆的编目实践情况和理论，

---

① 高红．编目思想史[M]．北京：北京图书馆出版社，2008.

并开始探讨将英文图书的编目条例应用到中文图书的编目工作中去。至此，我国的文献编目活动已跳出了传统的目录学领域，开始逐渐成为图书馆查阅检索馆藏的工具，现代意义上的图书馆编目活动逐渐开始展开。

1931 年，著名学者刘国钧在长期对编目方法研究的基础上，结合西方国家的编目思想和理论，制定了《中文图书编目条例(草案)》，草案分为上下两编，上编论著录项目，下编论著录格式。这是我国第一部现代意义上的图书编目条例，对我国的编目理论与实践有着深远的影响。

在这一时期，我国各图书馆也开始组织编制藏书目录。1936 年，国立北平图书馆发行了印刷卡片目录，供全国图书馆采用。中央图书馆也发行过相同性质的印刷目录。

(3)1949 年后文献信息编目的发展①

中华人民共和国成立后，我国的图书馆事业有了很大的发展，但是尚未有统一的编目规则，导致图书馆编目活动各自为政，编目质量并不高。

1958 年，在全国第一中心图书馆委员会的领导下，中国人民大学图书馆、北京图书馆和中科院图书馆等单位合作组成了中文、西文、俄文 3 个图书卡片联合编辑组，并陆续编印发行 3 个文种图书的统编卡片，这是中华人民共和国全国性集中编目的开端。

改革开放后，随着文化事业的发展，我国文献编目事业也逐渐与国际接轨。1974 年，北京图书馆中文统一编目组成立，在总结之前编目经验的基础上，制定了《中文图书著录条例》。此后，全国图书馆的编目工作开始陆续恢复。

1979 年 4 月，中国标准化协会加入国际标准化组织(ISO)，并在当年 11 月成立了全国文献工作标准化技术委员会第六分委员会——目录著录分委员会。1983—1987 年，中国国家标准总局正式颁布了《文献著录总则》(GB3792. 1-83)以及针对各类型文献著录的一系列国家标准，这是我国文献著录工作正式走向标准化的标志。

1979 年，我国对机读目录的研究也进入实质性阶段；1992 年，出版了《中国机读目录通讯格式》(CNMARC)；1995 年，《中国机读目录格式使用手册》出版；2001 年，《中国机读目录格式使用手册》(修订版)出版。

---

① 刘秉文，王志国，李志勇．现代文献信息资源建设[M]. 呼和浩特：内蒙古人民出版社，2008.

1990 年，国家技术监督局颁布国家标准《图书书名页》(GB12450-90)、《图书在版编目数据》(GB12451-90)。1985 年，中国图书馆学会根据《英美编目条例》(第二版)编辑了《西文文献著录条例》，虽然没有正式出版，但在统一、规范西文文献著录方面起到了重要作用。

1996 年，《中国文献编目规则》(第一版)出版，这是我国图书馆界在文献编目标准化领域取得的重大成果。2005 年，《中国文献编目规则》(第二版)出版。

1.2.1.3 西方文献信息编目的发展历程

(1)早期的西方文献编目思想①

西方国家的编目历史同样悠久。“目录”一词最早源于希腊语的“katalogos”。目前有据可查的最早的西方目录是古希腊诗人卡里马赫编制的《在全部学术领域指引人们写作之表记》，这套目录是当时亚历山大图书馆的馆藏分类目录。

西方早期的目录基本是一份“财产清单”，大多是在粗略的分类下不规范地著录图书，类下款目的排列也没有形成便于检索的序列。当时的图书馆主要是以寺院图书馆为主，图书被认为是寺院的财产，极少提供给社会公众使用。

随着罗马帝国的衰亡，西方古代文化进入一个衰落的时期，封建统治下的文化专制阻碍了科学文化事业的发展，西方的早期目录在这一时期发展也十分缓慢。随着中世纪末期古典文化的复苏，寺院图书馆开始向学院图书馆和私人藏书转变，藏书的使用范围不断扩大，“财产清单”式的目录逐渐开始向“查检目录”转变。

(2)现代西方文献编目思想的基础②

19 世纪中叶是现代编目学的开创、奠基时期，编目学界公认的西方第一部完整的编目条例当推帕尼齐(Panizzi)出版的“91 条”(Ninety—One Rules)。

“91 条”是应当时为大英博物馆印本图书编制一套查检式目录的需要而制定的编目条例。它具有明确的指导思想，强调的是目录的清单职能、检

① 高红．编目思想史[M]．北京：北京图书馆出版社，2008.

② 段明莲．信息资源编目[M]．北京：北京大学出版社，2008.

索职能，其主要内容有：设置了主要款目、附加款目及参照；规定“书名页”是著录的主要信息源，主要款目的标目选取应基于图书上所提供的信息；引入了“团体著者”的概念，即认为法人团体可以作为文献的著者；对特殊类型文献的著录引入了“形式标目”。

“91 条”一出版，就立即受到了英、美编目界人士的关注，它解决了许多编目实践中一直争论不休的问题，被誉为“现代编目法”的开山之作。

1852 年，朱厄特(Jewet)提出的《朱厄特规则》39 条，被认为是美国第一部自己的编目条例，它标志着美国在编目学方面走上了独立、成熟的发道路。

西方编目学发展的第一次辉煌时期是 1876 年克特的《字典式目录规则》的发表。克特以探求编目技术之科学原理为出发点，首次明确阐明了目录的功能。他认为目录必须做到：使读者能够通过著者、书名或主题的途径查找到一本书；揭示图书馆藏有一个特定著者、一个特定主题、一种特定文献类型的藏书；帮助读者选择不同版本和不同特征(指语词和主题)的文献。

(3)西方两大编目体系的形成①

19 世纪末，英、美图书馆界的人士普遍意识到各自为正文重复编目是一种人、财、物的极大浪费，纷纷希冀实行集中编目。然而，合作的首要前提是标准化。1901 年 1 月 1 日起，国会图书馆向全国发行统一的印刷卡片，这是编目工作标准化的重要一步。此时，美国图书馆学家杜威首先倡导编目条例的标准化、国际化。他认为：美、英两国图书馆协会应积极合作，以实现全世界英语地区编目工作的统一。在他这一思想的启发影响下，1904 年，英国图书馆协会首先提出与美国图书馆协会联合制定编目条例。经双方努力，1908 年，《英美编目条例：著者和题名款目》(*American & British Library Associations*, *Cataloguing rules*: *author and title entries*, AA1908)出版了。至此，英美编目体系开始逐渐形成和不断发展。

20 世纪初，以德国为代表的普鲁士体系在欧洲编目理论与实践中的影响最大。1896 年，德国为了编制《普鲁士联合目录》，决定根据当时较著名的《齐亚茨科规则》制订一个能为各图书馆共同遵守的著录规则。1897 年，由 K. F. O. 齐亚茨科等 5 人起草，1899 年，德国皇家图书馆编制的《普鲁士

① 李晓新. 新编文献编目[M]. 天津：南开大学出版社，2006.

图书馆字顺目录适用规则》问世，1905 年，出版了该规则的著录实例本和解释本。1908 年，又将这些材料组织在一起出版了《普鲁士规则》的修订版，标志着普鲁士编目体系的正式形成。《普鲁士规则》在 1975 年再版发行。

(4)现代西方文献编目走向国际化①

1954 年，国际图联成立了工作小组，专门研究编目条例国际化、标准化的问题。经过几年的准备，由图书馆资源委员会提供资金，于 1961 年 10 月 9 日至 18 日在巴黎召开了“国际编目原则会议”(International Conference on Cataloguing Principles)，53 个国家、12 个国际机构的代表出席了会议。

“国际编目原则会议”本着建立一套全球性公认的编目原则，在此基础上确立较为一致的、所有国家及地区和各语种均可大体接受的著录标准的指导思想，主要就“在著者和书名字顺目录中对款目的选择与著录形式的基本原则取得了一致看法”。

这次会议的主要成就是世界两大编目体系——英美体系、普鲁士体系的进一步相互接受、融合，特别是基本上解决了几个长期争端的问题。“国际编目原则会议”的召开及“原则声明”的发表应该说是全球编目国际化、标准化的真正开端。

(5)世界书目控制②

1969 年，国际图联为进一步促进著录工作的标准化、统一化，在哥本哈根举行了“国际编目专家会议”(International Meeting of Cataloguing Expert)。会上通过了世界书目控制(Universal Bibliographic Control，UBC)的决议。

从编目机构分别进行各个文献编目，到不同形式的合作编目，经历了较长时期的发展过程。不同形式的编目合作方式历经集中编目、联合编目、共享编目、在版编目、联机共享编目，最终促使不同国家和地区间的书目信息交换，为实现世界书目控制的理想创造了条件。

1.2.2 文献信息编目工作

1.2.2.1 文献信息编目的原则

文献信息编目的原则是在长期的文献编目工作实践中形成的理论化成

① 娄策群. 信息管理学基础[M]. 北京：科学出版社，2005.

② 段明莲. 信息资源编目[M]. 北京：北京大学出版社，2008.

果，它根据古今中外的文献编目理论与实践，总结文献编目工作的基本原理、方法与规律，是文献编目工作各个环节需遵守的准则。

印度著名图书馆学家阮冈纳赞①在 20 世纪 30 年代提出了文献编目的几大原则：一是经济原则，即以节省的方式进行文献编目，不提倡繁琐臃肿的规定，以便于图书馆员和读者能够有效地利用目录。二是选择性编目原则，倡导图书馆并不一定为一切图书编制目录，也不一定为目录上的一切著录项目都编制出独立的款目。三是一致性原则，即目录需依据编目条例进行描述，与编目条例保持一致；编目条例也应该遵守一致性原则。四是相关性原则，倡导目录著录项目和款目结构要同目录的功能相关联；目录的功能要与读者的需求和图书馆目标相关联，做到层层关联。五是准确性原则，即书目款目上的著录信息必须准确无误。六是稳定性原则，针对著录项目发生变化的情况，选取最原始名称作为标目，为以后变化的名称作直接参照。七是新颖性原则，这一原则与稳定性原则相反，用最新的名称作标目，持续地为之前的旧名称作直接参照。八是优先性原则，针对款目内不同的著录单元重要性不一致的情况，提倡对决定款目性质和款目排列位置的单元优先考虑。随后，阮冈纳赞在 1955 年的《目标与规则：五种条例的比较研究》中，对当时全球几部主要的编目条例的优缺点进行了比较分析。

美国著名编目学家柳别茨基于 1953 年发表了《编目规则与原则》，在编目领域具有划时代的意义。他主张，编目规则要概括出有效的编目原则，用总则控制编目的思想，编目原则要建立在对大量文献实例细节特征详尽归纳综合的基础上。

我国学者孙更新②提出了文献信息编目工作的四个主要原则。一是思想性原则，即文献信息编目工作必须具有一定的政治倾向性。二是客观性原则，即文献信息编目需要从文献信息本身的实际情况出发，符合读者检索文献信息的特点与规律，编目人员应该客观、准确、全面地记录文献的各种特征。三是实用性原则，即文献信息编目必须满足编目机构与读者的需求，做到便于人们利用；实用性原则也要求编目工作中要灵活地运用编目

---

① ［印］阮冈纳赞. 图书馆学五定律［M］. 夏云，等，译. 北京：书目文献出版社，1988.

② 孙更新. 文献信息编目［M］. 武汉：武汉大学出版社，2006.

规则。四是一致性原则，提出不同的个人和团体所编的目录必须在编目原则和规则上保持一致。

黄俊贵、潘妙辉①则认为，文献编目要遵从五个原则，即互相协调原则、优化选择原则、习惯认同原则、疏而不漏原则、经济实用原则。

1.2.2.2 文献信息编目的工作内容

文献信息编目工作包含了一系列的内容，如：制定总体规划；设立专门的编目机构与人员；制定相关规则与细则；编制书目款目记录；建立书目系统；维护和更新目录等。总体来说，文献信息编目工作包括两个环节的内容。

(1)文献信息著录

文献信息著录是将文献的形式特征与内容特征记录下来，主要包括描述著录和检索点著录。

描述著录是依据一定的文献著录规则，客观全面地著录文献信息的形式特征与内容特征。检索点著录的内容主要有：题名、责任者、主题词与分类号等。文献信息著录的最终结果是要形成目录的组成单元，即在机读目录中形成若干记录，或在手工目录中形成款目。

(2)目录组织

在文献信息著录这一环节完成后，则需将形成的记录或款目依据一定的方法和标准组织起来，使无序的款目形成有序的目录。目录组织是编目工作的一项重要内容，目录组织的方法、手段、标准随着科学技术、社会经济的发展而不断创新。

传统的目录组织法主要有分类目录组织法和字顺目录组织法。分类目录组织法是一种按照款目标目的类目(号)进行排序的目录组织法，主要依据特定文献信息分类法的体系和号码排列，如依据《中国图书馆图书分类法》等。字顺目录组织法则是一种根据款目标目的字顺来排序的方法。

对机读目录进行组织时，机读目录数据库往往由一个顺排文档(件)和多个倒排文档(件)组成。顺排文档是指直接录入书目记录的机读目录数据库，根据存储记录的录入先后顺序进行排列。倒排文档是顺排文档衍生出

---

① 黄俊贵，潘妙辉．我国现代文献编目的发展及其问题(1996—2000年)[J]．晋图学刊，2001(1)：1-8.

的一种文件，是由具有某种属性的字段值与具有该字段值得记录存取号构成的文档。机读目录组织法也应遵守一定的目录组织规则，这些规则内嵌于机读目录数据库的编目软件中。

1.2.3　文献信息编目规则

1.2.3.1　ISBD

ISBD 的全称是 International Standard Bibliographic Description(《国际标准书目著录》)，它是国际图联 IFLA 根据 1969 年国际编目专家会议的建议而制定的一套供各类信息资源著录的国际标准。

(1)ISBD 产生的背景①

ISBD 的历史可以上溯到 1969 年。当时，国际图联编目委员会(IFLA Committee on Cataloguing)召开了一次国际编目专家会议。会议作出决议，起草一个规范书目著录的形式和内容的标准。于是，编目委员会开始着手工作，试图促进书目数据的共享和交换。该工作就导致了 ISBD 的构想，到现在为止已经存在了 30 多年。

《国际标准书目著录》有三个主要目的：第一，使得不同来源的数据之间的交换成为可能。第二，它可以跨越语言的障碍，帮助人们解释书目记录。第二，它使得书目数据转换为电子格式更为容易。

由于可以促进编目记录的共享，ISBD 的构想被各个书目机构、全国性的和多国性的编目规则以及全世界各国的图书馆员所采纳，成为国际图联在编目标准化领域中最成功的工作。

(2)ISBD 的发展②

ISBD 中第一个出现的是 ISBD(M)(普通图书国际标准书目著录)(1971 年)。到 1973 年，ISBD(M)已经被一些国家书目所采纳，被翻译成其他文字，并被一些国家的编目委员会用于起草自己的编目规则。在大家提出意见的基础上，ISBD(M)经过了修订，并于 1974 年出版了“第一标准版”。

1975 年，《英美编目条例》修订指导委员会(Joint Steering Committee for

---

①　徐美莲，柯平．关于《国际标准书目著录》的研究与出版进展[J]．图书馆杂志，1994(4)：52-54.

②　段明莲．信息资源编目[M]．北京：北京大学出版社，2008.

Revision of the Anglo-American Cataloguing Rules)向国际图联编目委员会建议起草一个适用于大多数图书馆资源的一般的国际书目著录标准。于是，ISBD(G)(国际标准书目著录总则)于1977年出版。此后，ISBD(M)再一次修订，与ISBD(G)取得一致，并于1978年出版了"第一标准版的修订版"。

(3)ISBD的作用

ISBD的作用主要体现在三个方面：一是使各国的书目著录具有互换性，促进国际书目情报的交流；二是使各国的书目著录具有易于识别性；三是便于将目读的书目著录转换成机读目录格式，利于馆际间书目数据的交换。

1.2.3.2 AACR2

(1)AACR2的诞生背景

《国际标准书目著录》(ISBD)的问世与成功使用，计算机在编目领域的应用，以及文献类型与载体的急剧增长，都使AACR1难以适应。自1974年起，美国图书馆协会、美国国会图书馆、英国图书馆协会、英国不列颠图书馆和加拿大编目委员会的编目专家组成了"英美编目条例联合修订指导委员会"，对AACR1进行全面修订。于1978年分别在美国、英国、加拿大三国出版AACR2。

(2)AACR2的变化①

与AACR1相比，AACR2在总体结构和具体规则上均有变化：编者认为编目工作的第一步应是对文献的特征进行客观描述，而不是选择标目，因而把著录规则列为《条例》的第1部分；AACR2虽然保留了"主要款目"概念，但认为标目作为文献检索的入口(检索点)不止一个，是独立于对文献特征的客观描述的，因此关于标目的确定原则和表述形式的规则被列为《条例》的第2部分；全部采用了《国际标准书目著录》关于著录项目的设置、顺序、标识符号，以及详简著录级别的规定，使著录规则具有更大的灵活性，适应于各类图书馆的需要并能满足计算机编目的要求，有利于国际书目情报交流的开展；可适应现有全部文献类型资料著录的需要；消弭了AACR1"北美版"和"英国版"之间的分歧。

---

① 吴龙涛，叶奋生，吴晓静．最新详解英美编目规则[M]．北京：北京图书馆出版社，2006.

(3)AACR2 的发展①

1978 年以后，AACR2 做过多次修订，以适应变化了的情况。1988 年 11 月出版的修订版，包括以前历次修订本(1982 年、1983 年和 1985 年)的内容，以及 1986 年经联合修订指导委员会认可的新的修订意见，1990 年在 1988 年修订版基础上出版的 AACR2 第 2 版，主要增加了根据《国际标准书目著录》(计算机文件)扩充的有关机读文献的著录规则。2002 年 AACR2 的 2002 年修订本问世，这一版本特别考虑了日益增多的数字化信息资源编目问题。

AACR2 自 1978 年发布以来，就在世界范围内被广泛地使用，生成了亿万条书目记录。但是，在过去的 10 年中，数字时代新的资源和出版方式对 AACR2 提出了新的要求，对它的某些部分作出了相应的修改，使其变得更加复杂。

1.2.3.3　中国文献著录国家标准②

中国文献著录标准体系孕育于本国文献工作的迅速振兴和编目业务的社会化。

20 世纪 70 年代末，文献著录的标准化开始步入有组织、有计划的制定与实施阶段。1979 年 11 月，经国家标准局批准，成立与国际标准化组织第 46 文献工作技术委员会相对应的 ISO/TC46 中国委员会(即全国文献工作标准化技术委员会)，组织全国文献工作机构积极制定和实施一系列文献著录国家标准。

1983 年 7 月，《GB3792.1-83 文献著录总则》和《GB3793-83 检索期刊条目著录规则》问世，这是中国首次经国家相关权威机构批准实施的首批文献著录国家标准。

1985 年，《GB3792.2-85 连续出版物著录规则》和《GB3792.4-85 非书资料著录规则》相继出版。

此后，一系列文献著录国家标准相继问世。经过全国文献工作机构的共同努力，包括基础标准和一系列方法标准、相关标准的中国文献著录国家标准体系初步形成，并且成为中国有史以来首次在全国文献著录领域广

① 维基百科 .AACR2[EB/OL].[2020-07-20]. https://en.wikipedia.org/wiki/AngloAmerican_Cataloguing_Rules.

② 孙更新 . 文献信息编目[M]. 武汉：武汉大学出版社，2006.

泛实施的崭新的国家标准体系。

1.2.3.4 《中国文献编目规则》

(1)《中国文献编目规则》的发展①

1996年，《中国文献编目规则》由广东人民出版社出版，这是我国图书馆界第一部完整、系统的编目规则，它作为描述性编目规则具有著录法与标目法两部分，共24章。

全书分“著录法”“标目法”两部分。内容有：普通图书著录法；学位论文、科技报告、标准文献著录法；乐谱著录法；影像资料著录法；连续性资源著录法等。

2005年，国家图书馆《中国文献编目规则》修订组组织编写的《中国文献编目规则(第二版)》由北京图书馆出版社出版发行，这是我国编目研究和实践一个重要的阶段性成果。

(2)《中国文献编目规则》(第二版)的特点②

《中国文献编目规则》(第二版)相比1996年的版本，主要存在以下特点：第一，在编制的体例方面，保持与1996年版《中国文献编目规则》的一致性；第二，内容方面，对1996年版本的一些细节内容进行了修订，细化了很多规则；第三，在章节名称方面，根据ISBD修改了个别章节的题名；第四，在名词术语方面，规范了标目法中一些名词术语的使用。

2005年版的《中国文献编目规则》更加紧密结合我国编目工作的实际，具有我国编目特色，同时还增强了实用性。

1.2.3.5 FRBR③

(1)FRBR产生的背景

20世纪90年代，图书馆的编目环境发生了很大变化。一方面，信息资源的海量增长和新的文献类型的推陈出新给传统的编目工作带来了很大压力，图书馆必须考虑简化编目过程和开展合作编目来最大程度实现书目控

---

① 刘秉文，王志国，李志勇. 现代文献信息资源建设[M]. 呼和浩特：内蒙古人民出版社，2008.

② 富平，黄俊贵；国家图书馆《中国文献编目规则》修订组. 中国文献编目规则(第2版)[M]. 北京：北京图书馆出版社，2005.

③ 数字时代的中国国家书目建设及其FRBR化服务[M]. 北京：国家图书馆出版社，2018.

制；另一方面，用户对图书馆服务的期望和需求越来越高，要求图书馆尽可能提供详尽和高效的服务。

面对不断发生的这些变化，图书馆界开始重新探讨书目记录的功能，IFLA 于 1990 年在瑞典的斯德哥尔摩召开了书目记录专题讨论会，会议重点讨论了书目记录的质量和功能，提出应对书目记录中各个数据元素的关系及其用户需求等进行研究，认为应该建立“基本级”或“核心级”的书目记录来实现国内或国际范围的编目资源共事。这次研讨会提出了 9 种解决方案，其中之一就是研究书目记录的功能需求与多样化的用户需求、多样化的资料类型的关系。

为此 IFLA 专门成立了一个国际研究小组来对这一专题进行研究和探讨，研究小组于 1998 年发表了它的最终研究报告——*Functional Requirements of Bibliographic Records*，简称 FRBR。

(2)FRBR 的概念

FRBR 是 Functional Requirements of Bibliographic Records 的简称，中文可译为“书目记录功能需求”。是 IFLA 于 1998 年出版的一份研究报告，对书目记录描述的对象在整个生命周期过程中不同阶段的不同实体类型进行了详细的分析。

FRBR 应用“实体—关系”模型(E-R Model)来构建概念框架，为探讨书目记录的结构和关系提供了一个新视点。对沿袭了一个多世纪的编目理论提出了挑战，在编目界引起了强烈反响。

FRBR 的书目模型包括实体、属性、实体间关系、实体及其属性与用户任务的映射关系以及基于 FRBR 模型的国家级书目记录的基本需求。

FRBR 将书目记录涉及的实体分成三组，第一组是通过智慧和艺术创作的产品，包括作品(work，一种特有的智慧和艺术的创作，抽象的实体)、内容表达(expression，通过数字、音乐、声音、图像、动作或这些形式的组合对智慧或艺术作品的实现)、载体表现(manifestation，通过物理介质实体化内容表达的实体)和单件(item，载体表现的实例或个体)；第二组是对智慧和艺术创作产品负责任的个人和团体，这些个人和团体与第一组中的实体间存在着各种角色关系；第三组是产品的主题内容，包括概念、实物、事件、地点、第一组和第二组实体本身等。后面二者是 FRBR 延伸项目 FRANAR(Functional Requirements and Numbering of Authority Records)探讨的核心内容。

(3)FRBR 的影响

FRBR 出版以后，给国际图书馆编目界带来了深远的影响，《国际标准书目著录》(ISBD)、《国际编目原则声明》(*Statement of International Cataloguing Principles*)、《英美编目条例》(AACR)等随之进行了修订或起草，直到 2011 年前后才有初步的结果。

与 FRBR 相关的还有 IFLA 出版的另两个文件：《规范数据的功能需求》(*Functional Requirements for Authority Data*, FRAD)(2009 年出版)和《主题规范数据的功能需求》(*Functional Requirements for Subject Authority Data*, FRSAD)(2011 年出版)。

1.2.3.6 RDA①

(1)RDA 诞生的背景

数字技术的发展为图书馆等信息服务机构的数据库建设、信息资源的描述与检索带了新的挑战，为了适应全新的数字环境下信息资源描述与检索的需求，2009 年《资源描述与检索》(*Resource Description & Access*, RDA)出版，成为一种新的信息资源描述的标准。

RDA 的诞生源于 1997 年英美编目条例修订联合指导委员会(JSC)举办的"AACR 原则与未来发展国际会议"，会上提议将 AACR2 进一步国际化，扩展到更广泛范围内使用。RDA 的编制出于两方面的原因：一是网络环境下编目工作新的概念模式《书目记录的功能需求》(FRBR)和《规范数据功能需求》(FRAD)的出现，使编目规则也要适时地做出修改；二是 AACR2 的不适应性，其规则不能完全适用于内容和载体交叉的资源，特别是不断涌现的数字资源，都对现有编目规则提出了新的挑战。

2004 年，JSC 的主管机构"负责人委员会"(COP)宣布编制 AACR3。2005 年，出于对 AACR3 可以成为超越图书馆界的世界性规则的期望，AACR3 被更名为《资源描述与检索》(RDA)。历经艰苦而漫长的过程，RDA 于 2009 年完成编制。

2010 年 6 月，联机版"RDA 工具套件"(RDA Toolkit)正式发布，标志着 RDA 的正式诞生。2012 年 2 月，美国国会图书馆宣布将于 2013 年 3 月 31 日全部采用 RDA 编目，这天就是 RDA 实施切换日(Day One)。

① 周德明．RDA：从理论到实践[M]．北京：海洋出版社，2014.

(2) RDA 的设计目标与原则

RDA 是由美国、英国、加拿大及澳大利亚联合编制的元数据内容标准，是在《英美编目条例(第 2 版)》(AACR2)的基础上更新发展，其目的在于满足数字环境下信息资源著录与检索的新要求，成为全球信息资源描述与检索标准。

(3) RDA 的特点

RDA 提供了有关数字资源和传统资源的编目的规定，将图书馆推向数字时代。它基于 AACR2 的优点，重视用户便捷地发现、标识、选择和获得他们所需的资料，在不同的元数据领域内支持元数据的共享，并支持图书馆记录在联机服务中的新用途。

RDA 是一个为数字世界设计的新的资源描述和检索的标准。RDA 侧重于需要描述资源的信息，而不是要说明如何显示该信息。

用户可以将 RDA 内容与许多编码方案[例如 MODS(元数据对象描述标准)、MARC 21 或都柏林核心元数据]一起使用。RDA 具有适应性和灵活性，具有被其他信息行业和图书馆使用的潜在可能性。

RDA 关于款目选择和形式的规定从 AACR2 发展而来。采用 RDA 以后，有一些标目的形式要变化，但是任何变化的实现都将会因为日益复杂的联机系统而变得容易。

(4) RDA 的实践

2007 年 10 月，英国国家图书馆、加拿大图书馆和档案馆、美国国会图书馆以及澳大利亚国家图书馆达成协议，通过协调培训资料和实施计划来支持 RDA 的工作。主任委员会和联合指导委员会(JSC)正在考察该工作的最佳方法，有足够的时间用于 RDA 采用后的测试、培训和平稳过渡。尽管 RDA 将在 2009 年第三季度发布，但是其实施是分阶段的，图书馆有足够的时间来规划 RDA 的实施工作。

1.2.4　文献信息编目的基本方法

1.2.4.1　著录法①

在编目领域，“著录”一词是国际通用的专业术语。其英文为:

① 孟雪梅. 信息资源建设[M]. 哈尔滨: 黑龙江人民出版社, 2002.

description、descriptive 或 bibliographical description(书目著录)。著录是揭示文献信息的有效方法，也是编制文献信息目录的基本方法。

著录法内容主要包括明确了著录的对象；明确了著录的基本方法与工作环节以及明确了著录的依据。著录的结果为款目或记录。著录信息源是指款目或记录中著录信息的来源，包括主要信息源、参考信息源、规定信息源。著录项目(Area)是指用以揭示文献信息形式特征与内容特征的记录事项，如题名与责任说明项、出版发行项等。著录项目可以包括著录单元。著录单元(Element)是著录项目的组成部分，如出版发行项中的出版地、出版者、出版年。按其重要程度，著录项目又可以分成主要项目与选择项目。著录项目的设置一般具有规定性、兼容性和灵活性的特点。

著录法可以划分为以下五种：①按编目技术手段分为手工著录、机编著录；②按著录对象的类型分为普通图书著录、连续出版物著录、标准文献著录、科技报告著录、地图资料著录、连续出版物著录、缩微资料著录、录音资料著录、影像资料著录、电子资源著录等；③按传统的著录程序分为基本著录、辅助著录；④按当前的著录程序分为描述著录、检索点著录；(5)按著录对象的编辑或出版结构特点分为单独著录、综合著录以及分析著录。

1.2.4.2 标目法①

标目是指按照特定编目规则确定的、作为目录款目排序和检索依据的名称、词或短语、代码或编号等。标目的主要特征为从编目对象中选出的、具有实际检索意义的文献信息特征，它还有一个重要的特征，即在款目上居于最显眼的位置。

标目的类型主要有：(1)按其反映的文献信息特征，标目可以分为题名标目、责任者标目、主题标目、分类标目、责任者名称—题名标目等。(2)按其重要的程度，标目可分为主要款目标目与附加款目标目。(3)按其形式的不同，标目可分为固定标目与交替标目。

标目的作用为决定款目的性质，确定款目在检索性目录中的位置，集中相同特征的文献信息，提供检索途径。

---

① 薛红．浅析《中国文献编目规则》第二部分《标目法》——与《普通图书著录规则》附件 A《标目》的比较[J]．图书馆工作与研究，1999(3)：43-47.

标目法的基本内容包括：①检索点的选择。中编规则中检索点选取的内容为检索点范围与数量的确定；西编条例中检索点选取的内容为检索点范围与数量的确定，主要款目标目、附加款目的选择。②统一标目的确定。即统一责任者名称、统一题名以及确定统一标目的基本原则(惯用原则)。③标目形式的确定。对一些标目的形式要做规范化处理；确定标目形式的信息来源依次为：规范文档、文献的主要信息源、文献的其他信息源、工具书和其他参考资料、编目员依据实际需要自行拟定的信息。④标目参照。应用标目参照法，揭示非规范检索点与标目的关系、标目与标目之间的关系或说明标目选择与规范处理的特点，以指引目录排检途径。

1.3　网络信息描述的理论与方法

1.3.1　网络信息描述规则

1.3.1.1　元数据标准①

元数据(Meta Data)是关于数据仓库的数据，指在数据仓库建设过程中所产生的有关数据源定义、目标定义、转换规则等相关的关键数据。同时元数据还包含关于数据含义的商业信息，所有这些信息都应当妥善保存，并很好地管理，为数据仓库的发展和使用提供方便。

国外描述元数据主要集中于各类数字资源对象，依据作品或文献的特征分为若干类型。对文献资料的描述，一般有 MARC DTD 系列、MODS、Z39.50 Profile、ONIX、ETD-MS 等元数据标准；对音频资料的描述，有 MusicBrainz Metedata Initiative；对于藏品的描述，有 CDWA、VRAcore、REACH 元素集等标准；对教育资源的描述，一般有 DC-Education、ADL/SCOM、IEEE LOM、GEM 元数据等标准；对于网络资源，一般用 ROADS 标准；此外还有 OAIS、METS、CDL、CEDARS 等元数据标准。

国内描述元数据所覆盖的文献类型也十分广泛。针对文献资料的描述，常见的元数据标准有 CNMARC、CDLS 期刊论文元数据规范、国家科技图书文献中心文献加工细则等。对古文献系列资料的描述，一般采用 CDLS 古籍元数

① 孙晓菲．数字时代的元数据实践[M]．杭州：浙江大学出版社，2013.

据规范、CDLS 拓片元数据规范、CDLS 舆图元数据规范等。对电子图书的描述，有超星电子图书元数据、高等学校中英文图书数字化国际合作计划项目 CADAL 元数据、CDLS 电子图书元数据规范等。此外，还有国家基础地理信息系统(NFGIS)元数据标准草案、CDLS 网络资源元数据规范等标准。

1.3.1.2 DC 元数据抽象模型①

作为通用的元数据标准，DC 元数据致力于描述网络上的各种资源，以使其更加容易被发现。为实现这个目标，DC 元数据从诞生之日起就不断发展和完善。DC 元数据的不断发展使 DCMI 意识到，要实现 DC 元数据的理性发展和机器可处理，需要一个内在一致的数据模型，于是提出了"DC 元数据抽象模型"(DCMI Abstract Model, DCAM)。

DC 元数据抽象模型更加明确地定义了 DC 元数据描述所使用的概念、DC 元数据描述所使用的术语词汇类别及其相互关系以及 DC 元数据描述记录的基本结构。抽象模型清晰地定义了 DC 元数据描述的各类实体对象及其相互之间的关系，明确了一些长期争论或者容易引起歧义的概念，描述了 DC 元数据所使用的描述资源的信息结构，定义了各个组成部分，说明了这些组成部分如何组织在一起，及如何解释这个信息结构。DC 元数据抽象模型描述了 DC 描述集的结构，但没有规定如何用具体的形式表达 DC 描述集；描述了元数据术语词汇的各种类型，但没有规定任何固定词汇集合或词表的使用。因而，它提供了一个独立于任何特定编码方式的信息模型，这有助于更好地理解所编码的元数据描述的种类，便于元数据之间的映射和语法翻译。

1.3.1.3 元数据编码和传输模型②

《元数据编码和传输模型》(Metadata Encoding and Transmission Schema, METS)，是一个数字对象的元数据编码和传输的标准，适用于在一个数字仓储中管理数字对象，以及在多个仓储中或者在仓储和其他用户之间交换对象。可以说 METS 突破了 DC 元数据的限制，融合了 MARC 元数据的结

① 赵以安．新版 DC 元数据抽象模型研究[J]．图书情报工作，2008，52(12)：129-129.

② 孙晓菲．数字时代的元数据实践[M]．杭州：浙江大学出版社，2013.

构，提出了一个类似于 MARC 结构的新的元数据编码与传输标准结构。该模型较好地解决了数字资源的创建、对象描述、组织与管理、资源服务、资源长期保存的问题。

1.3.2　网络信息描述的基本方法

1.3.2.1　元数据置标[①]

置标语言，也称标记语言，是人工语言的一种，它是一种将文本(Text)以及文本相关的其他信息结合起来，展现出关于文档结构和数据处理细节的电脑文字编码。与文本相关的其他信息(例如文本的结构和表示信息等)和原来的文本结合在一起，但是使用标记(markup)进行标识。当今广泛使用的两种置标语言是超文本置标语言(Hyper Text Markup Language，HTML)和可扩展置标语言(eXtensible Markup Language，XML)。置标语言广泛应用于网页和网络应用程序。标记最早用于出版业，是作者、编辑以及出版商之间用于描述出版作品的排版格式所使用的。

从文献资源处理的角度来说，我们不仅需要对一个资源作结构上的分解(以发掘结构成分)，而且需要对其作语义上的分解(以发掘有用的内容成分)。元数据的方法对于结构上的分解和描述可以做得很好，但对于语义上的分解和描述则能力有限，而这正是置标语言的特长。

元数据与置标语言的结合可以提升它们在知识表述方面的功能，有利于实现对信息资源内部内容的发掘，形成或产生新的资源，对电子资源进行组织，有利于互操作，有助于数字鉴别，以及有助于存档和保存。

元数据与置标语言的结合使它们在知识表述方面的功能增加，使数字图书馆的工作从仅仅描述文献资源和指向信息容器的地址上升到详细地描述资源内部的丰富内容，从作为一个供存储、查找、索取资源的仓库上升到一个能生产和再生产及反复利用新资源的车间。但是要达到这一理想目标，我们还需要对元数据与置标语言的相互关系和结合方法进行大量研究和试验，还需要从根本上解决机器自动生成元数据记录或抽取元数据信息、自动或半自动置标，自动或半自动联系和管理相关数据记录等问题。

---

① 曾蕾．元数据与专业置标语言在数字图书馆中知识表述方面的功能[J]．图书情报工作，2002(10)：14-22.

1.3.2.2 资源描述框架 RDF

(1)资源描述框架 RDF 的概念①

RDF 指资源描述框架(Resource Description Framework),是一个用于描述 Web 上的资源的框架;提供了针对数据的模型以及语法,这样独立的团体们就可以交换和使用它;RDF 被设计为可被计算机阅读和理解,它通过 XML 语言来编写,RDF 使用的 XML 语言被称为 RDF/XML。通过使用 XML,RDF 信息可以轻易地在使用不同类型的操作系统和应用语言的计算机之间进行交换。

RDF 是 W3C 语义网络活动的组成部分,也是一个 W3C 推荐标准。它可以用来描述购物项目的属性,比如价格以及可用性;描述有关网页的信息,比如内容、作者以及被创建和修改的日期;描述网络图片的内容和等级;描述电子图书等。

(2)资源描述框架 RDF 的规则②

RDF 使用 Web 标识符(URIs)来标识资源,通过属性和属性值来描述资源。资源是可拥有 URI 的任何事物,比如 http://www.phpStudy.net/rdf。属性是拥有名称的资源,比如"author"或"homepage"。属性值是某个属性的值,比如"David"。

资源、属性和属性值的组合可形成一个陈述(被称为陈述的主体、谓语和客体)。如陈述:"The author of http://www.phpStudy.net/rdf is David."在这个陈述的例子中,陈述的主体是 http://www.phpStudy.net/rdf,谓语是 author,客体是 David。

(3)RDFS③

RDFS,是资源描述框架模式,即 RDF Schema。

由于 RDF 只定义用于描述资源的框架,并没有定义使用哪些词汇来描述资源;而且 RDF 允许任何人用词汇集描述语言来创建词汇集。这就带来了一些问题,如 RDF 没有提供任何机制来说明类的特性、类与类之间的关系、特性之间的关系以及特性与类之间的关系。

① 鞠英杰. 信息描述[M]. 合肥:合肥工业大学出版社,2010.

② 汤大权,等. 信息资源管理技术概论[M]. 长沙:国防科技大学出版社,2009.

③ 杨玉麟. 信息描述[M]. 北京:高等教育出版社,2004.

RDFS 就是一种 RDF 词汇集描述语言，它定义了如何用 RDF 来描述词汇集，并提供了一个用来描述词汇集的词汇集。简单地说，RDFS 提供了一个应用于 RDF 模型中的基本类型系统(而不是具体类型)，定义了用来描述类、特性和其他资源及它们之间关系的类和特性。

RDFS 的设计思想就是视一切为资源，包括实例、类、属性和陈述，资源可以被划分为各种类(class)，类的成员称类的实例(Instance)。类(rdf：Class)本身也是资源(rdfs：Resource)，用 RDF URI 标识，用 RDF 的性质(rdf：Property)描述。

1.3.2.3　关联数据①

(1)关联数据的概念

关联数据是国际互联网协会(W3C)推荐的一种规范，用来发布和链接各类数据、信息和知识，它希望在现有的万维网基础上，建立一个映射所有自然、社会和精神世界的数据网络，通过对大千世界万事万物及其相互之间关系进行机器可读的描述，使互联网进化为一个富含语义的、互联互通的知识海洋，从而使任何人都能够借助整个互联网的计算设施和运算能力，在更大范围内，准确、高效、可靠地查找、分享、利用这些相互关联的信息和知识。

(2)关联数据的作用

关联数据可以看成是语义万维网的一种简化实现，作为一种语义信息的编码、发布和利用方式，它的作用是基础性和多方面的。从目前的研究开发项目来看，对关联数据的应用主要体现了两个方面的作用：①提供“可信网络”的语义要素；②作为跨网域数据整合的通用 API。它最终是为了用户更准确地、从更大范围、适时适地(just-in-time 和 just-incase)地获取信息而服务的，但最终用户无需知道这些服务背后的技术细节，因此关联数据的用户，目前还主要是指图书馆、网站、信息提供商之类的机构组织，常被称为“信息中介”。

(3)关联数据的实践②

---

① 刘炜．关联数据：概念、技术及应用展望[J]．大学图书馆学报，2011(2)：5-12.

② 林海青，楼向英，夏翠娟．图书馆关联数据：机会与挑战[J]．中国图书馆学报，2012(1)：58-67，112.

特定领域、组织的关联数据构成关联数据集。目前，越来越多的团体、个人开始发布关联数据集。为了提升不同关联数据集之间的关联度，增强关联数据集的开放性，以实现建设语义 Web 的最终目标，开放关联数据计划(The Linking Open Data Project，LOD)于 2007 年 2 月开启，目前的参与者包括：大学、公司、个人等。计划参与者将其关联数据集在 LOD 网站上进行发布，并通过 LOD 云图链接在其网站上提供数据集的免费下载。根据《开放关联数据云 2014 状况》(http://linkeddatacatalog.dws.informatik.uni-mannheim.de/state/)报告，目前共有 1014 个关联开放数据集，分为政府、出版、生命科学、用户生成内容、跨领域、媒体、地理、社交网络八大类。该报告对开放关联数据的最佳实践进行了分析评估，包括数据集关联性最佳实践、词表最佳实践、应用元数据最佳实践。在数据集关联性最佳实践方面，报告主要使用数据集引用量(包括数据集引用其他数据集数量和被引用数量)作为关联性最佳实践的评估标准。

(4)图书馆发布关联数据的意义

图书馆发布书目记录关联数据具有重要意义。图书馆在新的网络环境下面临严峻挑战，迫切需要拓展服务模式，提升信息服务的便捷性，以在网络环境下的信息服务业中保持竞争力；同时图书馆拥有大量高质量的书目信息资源以及其他信息资源，但是这些资源却不能被方便地查找、获取，不被大众所熟悉、使用。通过发布书目记录的关联数据，使书目记录与网络信息资源关联起来，从而能够促进书目记录的利用率，提升图书馆在信息社会中的地位。

课后习题

1. 请说明信息资源的概念与类型。
2. 请比较说明信息组织、文献编目与信息描述的联系与区别。
3. 请说明文献信息编目的基本规则有哪些？
4. 请说明网络信息描述规则的内容。
5. 请说明进行网络信息描述的基本方法有哪些？

机读目录
MARC

第 2 章　机读目录 MARC

2.1　MARC 概述

机读目录(Machine-Readable Cataloging, MARC)，也称机器可读目录，是指以代码形式和特定结构记录在计算机存储载体上，由计算机识别、处理、编辑与输出的目录。

2.1.1　MARC 的发展

MARC 产生于美国国会图书馆，自 MARC 正式发行至今已有约 50 年的历史。

(1)MARC 的开发与发展

20 世纪五六十年代，应用计算机成为一种新的发展方向，当时美国国会图书馆(Library of Congress, LC)开展了计算机技术在图书馆编目方向的应用研究。1964 年，Informatics 公司的 L. F. 巴克兰提交了《美国国会图书馆机编书目数据》的研究报告，表明研制机读目录的可行性。LC 以机器可读形式记录图书馆的书目记录，从而开创了文献资源信息描述的新阶段。

1965 年，LC 提交了《第三号计划备忘录：标准机读目录记录推荐格式》的研究报告，进一步提出书目记录应包括的著录项目和识别各著录项目的方法。

1966 年，LC 开始实施 MARC 试验计划，并推出 MARC I 格式，该格式适用于英语专著类文献。①

1968 年，LC 与英国国家书目部的专家合作，通过对 MARC I 的改进，成功研制出 MARC II 格式，也称 LCMARC，该格式适用于所有的资料类型。

1969 年年初，LC 正式发行 MARC II 格式磁带，这标志着 MARC 作为产品走上了图书馆自动化舞台。

1971 年，美国国家标准局将 LCMARC 格式定为美国国家标准，即《美国书目信息磁带交换格式》(ANSI Z39.2—1971)。

1973 年，国际标准化组织(ISO)将 MARC II 作为国际标准颁布，即《文献目录信息交换用磁带记录格式》(ISO 2709)。②

1982 年，LCMARC 改称为 USMARC。

1999 年，美国 USMARC，加拿大 CANMARC 与英国 UKMARC 融合成一种格式，并以 MARC21 的名字发布了新版本。MARC21 是一套顺应网络时代而产生的一种通用的开放的资料格式。

(2)MARC 的国际化

20 世纪 70 年代，随着 MARC 的问世以及 ISO 2709 国际标准的颁布，世界各国都开发了自己的 MARC 格式。除了美国的 USMARC，还有英国的 UKMARC，澳大利亚的 ANBIMARC，加拿大的 CANMARC，法国的 MONOCLE，意大利的 ANNAMARC 等。由于各国机读目录格式的差异性阻碍了书目资源共享，MARC 格式有待于向国际化和通用性方向发展。

1976 年，国际图书馆协会联合会(The International Federation of Library Associations and Institutions，IFLA)以统一各国 MARC 为目标，主持制定了《通用 MARC 格式》(Universal Machine-Readable Catalogue，UNIMARC)。UNIMARC 将不同文种、不同载体的信息资源的机读目录实现了格式一体化。

1983 年，联合国教科文组织(United Nations Education，Scientific and Cultural Organization，UNESCO)组织制定了书目文献公共交换格式规范(Common Communication Format，CCF)，并于 1984 年出版，以便国际图书情报界各系统之间交换书目数据。

---

① 胡小菁，李恺. MARC 四十年的发展及其未来[J]. 中国图书馆学报，2010，36(2)：83-89.

② 鞠英杰. 信息描述[M]. 合肥：合肥工业大学出版社，2010.

(3)CNMARC 的开发与发展

我国对机读目录的研究始于 20 世纪 70 年代。1975 年，刘国钧发表了《马尔克计划简介——兼论图书馆引进电子计算机问题》，揭开了我国计算机编目和机读目录研制工作序幕。

1979 年，“北京地区机读目录研制协作组”开始研制 LCMARC 磁带。①

1980 年，我国正式颁布了国家文献书目信息交换用的编码字符集。

1982 年，在主要参考 ISO 2709 的基础上，完成了《文献目录信息交换用磁带格式》(GB2901-82)，确定了我国文献目录信息交换用磁带格式的形式。

1986 年，北京图书馆依据 UNIMARC，开始编写我国的 MARC 格式。

1989 年，《中国机读目录通讯格式》(CNMARC)产生。

1995 年，北京图书馆出版了《中国机读目录格式使用手册》，标志着 CNMARC 走向成熟。

2.1.2　MARC 与 RDA

随着信息技术的发展和图书馆编目环境的改变，采用共同的图书馆数据描述标准有助于书目数据国际间的交换与重复利用，这直接催生了 RDA。

《资源描述与检索》(Resource Description and Access，RDA)是应数字环境的发展而制定的国际化编目规则，由英美编目条例(AACR)的修订版 AACR3 发展而来，其创建的数据旨在帮助用户查找、识别、选择、获取其所需的信息资源，与 FRBR(*Functional Requirements for Bibliographic Records*，《书目记录的功能需求》)关系密切。RDA 由美国、英国、加拿大和澳大利亚四国参与编制，在编制过程中，JSC(英美编目条例修订指导委员会)也参与了对 MARC 21 的修订，确保可以用 MARC 21 来编码 RDA。

MARC 与 RDA 存在着一定的联系，RDA 是对 MARC 的继承与发展，是信息资源交流与共享需求提高的情况下编目技术的革新；RDA 独立于应用框架，用户可以使用任何编码标准，包括现有的 MARC 编码格式。

MARC 与 RDA 也存在着区别。IFLA 于 1998 年出版《书目记录的功能需求》(FRBR，Functional Requirements of Bibliographic Records)提出“作品—内

① 鞠英杰．信息描述[M]．合肥：合肥工业大学出版社，2010.

容表达—载体表现—单件”概念模型，是对文献间衍生关系的深层揭示。① 从整体结构来看，RDA 放弃了按文献类型、著录事项来组织编目规则的传统格局，完全按照 FRBR 的实体、属性、关系来安排规则的架构，而 MARC 书目记录基于“载体表现”，不能实现 FRBR 显示。MARC 是一种编码标准，而 RDA 不是编码标准，其不规定如何对信息进行编码。此外，MARC 21 的子字段作为标识，在语义上存在很大模糊性。从 2008 年开始，MARC 21 每年都会针对 RDA 进行一些更新，包括增加字段、子字段、增加对关系的揭示等。表 2.1 列出了 MARC 21 针对 RDA 所做的部分常用字段的修改。

表 2.1　**MARC 21 更新常用字段**

字段	更新	对应原 MARC 21	说明
264	制作/出版/发行/生产/版权通告	260	细化
336	内容类型	245 $h	替代 GMD
337	媒介类型	245 $h	替代 GMD
338	载体类型	245 $h	替代 GMD
588	描述来源附注	500	细化

2.2　MARC 的结构

2.2.1　ISO 2709

ISO 2709 是书目描述的标准，MARC 遵循 ISO 2709 标准。ISO 2709 格式仅在数据交换时采用。

一条记录的 ISO 2709 格式包括头标区、目次区、数据字段区与记录分隔符。如图 2-1 所示，该图为一条记录的 ISO 2709 格式。

① 胡小菁，李恺．MARC 四十年的发展及其未来[J]．中国图书馆学报，2010，36(2)：83-89.

图 2-1　ISO 2709 样例

2.2.2　记录头标区

记录头标区(leader)，位于每个记录的开端，每一个 MARC 记录都必须具备，且不可重复，固定长度为 24 个字符，头标区提供本记录的有关参数，如记录长度、状态、数据基地址等信息，其数据元素由一系列按字符位置定义的数字代码和字母代码组成。头标不包括字段标识符、字段指示符和子字段标识。如图 2-1 中序号①所示，该处为该记录的头标区。

头标区由 24 个字符组成，字符位置从 0 开始编号，一直到 23。表 2.2 给出了字符位置从第 0 至 23 位的数据元素名称以及注释等。

表 2.2　**头标区各位置字符含义**

字符位置	数据元素名称	字符数	注释
0~4	逻辑记录长度	5	由计算机自动生成，5 位数字
5	记录状态	1	人工赋值
6	记录类型	1	人工赋值
7	书目级别	1	人工赋值
8	控制类型	1	人工赋值
9	字符编码系统	1	人工赋值
10	指示符长度	1	由计算机自动生成：2
11	子字段标识符长度	1	由计算机自动生成：2
12~16	数据基地址	5	由计算机自动生成：5 位数字
17	编目等级	1	人工赋值
18	著录格式	1	人工赋值
19	多部分资源记录层次	1	代码：#、a、b、c
20~23	目次区结构	4	由计算机自动生成：4500

在头标区的 24 个字符中，除了 5 至 9 字符位以及 17 与 18 字符位需要编目员根据文献特征来选择数据元素之外，其他位均为系统自动生成或系统固定的字符。

如图 2-2 所示，图中“00890cam##2200277#a#4500”为某记录的头标，头标区中的“#”代表空格。头标区用来记录长度、状态、数据基地址等。

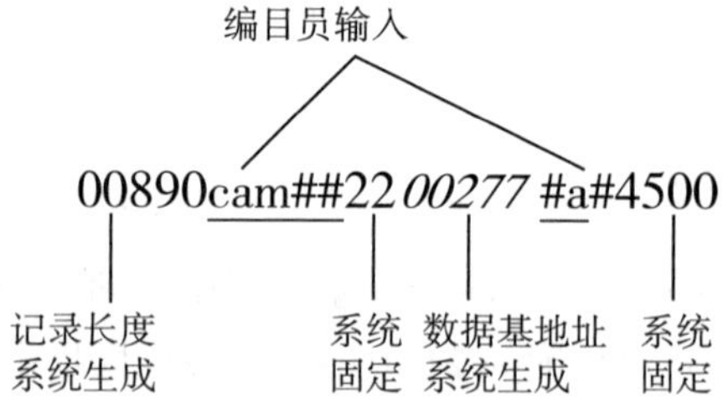

图 2-2　某记录头标区

将需要编目员手动输入的头标区 5、6、7、8、9、17 与 18 字符位分解来说明。

(1)记录状态(字符位 5)

记录状态反映记录是新记录，或是被更新的记录、不再有效(删除)的记录，或反映在此记录编制前是否已有相关较高层次的记录，或替代早先的不完整记录。描述时用 1 位小写字母代码表示，可以根据不同的记录处理状态，选择下列一个代码。

代码	含义	注　　释
c	修改过的记录	表示修改过或更新过的记录。凡是对原记录状态为“n”“o”“p”的记录所做的任何更新而产生的新记录，其处理状态均为“c”
d	删除的记录	凡是记录处理状态为“d”，则表示该记录不再有效。可在 300 一般附注字段说明该记录删除的原因
n	新记录	表示进入书目文档后一直没有被修改过的记录。新记录也包括在编资源在出版前就编制的记录(如 CIP 在版编目记录)，还包括简编记录

续表

代码	含义	注　释
o	已有较高层次的记录	凡是数据库中已有与在编文献相关的较高层次的集中描述记录，此处均为“o”
p	由在版编目升级的记录	表示由在版编目记录(CIP)升级而成的记录

(2)记录类型(字符位 6)

头标区 6 字符位代表“记录类型”，用 1 位小写字母表示，在普通图书著录中常用的代码有“a”和“t”。

代码	含义	注　释
a	文字资料(印刷品)	包括印刷型文字资料及其缩微品、电子型文字资料，但是不包括手稿型文字资料
t	手稿型文字资料	包括手稿型文字资料及其缩微品，例如手写稿、打字稿、计算机打印资料、未正式出版的论文和学位论文等

(3)书目级别(字符位 7)

书目级别表示对在编文献的描述是按成套处理还是按单本处理，或者采用分析的方法为文献的组成部分进行描述，用 1 位小写字母代码表示，适合图书编目和连续性资料编目的代码有 3 种：m、s 和 i。

代码	含义	注　释
m	专著	一册或多册按照一定计划出版的资料。在图书编目范畴，通常指单行本专著或多卷本专著(多卷书)
s	连续出版物	印刷型连续出版物主要包括期刊、报纸，以及集中著录的丛书(编)、年鉴、工具书、会议录等
i	集成性资源	以更新方式增补或修改原有资料，并与原资料整合为一体。如定期或不定期被更新的活页出版物

(4)层次等级代码(字符位 8)

层次等级代码表示该记录以层次性的关系与数据库中的其他记录连接，

并表明它在层次中的相对位置。其定义的代码有：

#=层次关系未定或不采用层次结构

0=无层次等级关系

1=最高层次的记录

2=低于最高层次的记录(所有低层次记录)

(5)字符编码系统(字符位9)

头标区9字符位代表“字符编码系统”，说明记录采用的字符编码体系，定义了2种代码：#和a。其中“#”代表MARC-8字符编码体系，“a”代表UCS/Unicode字符编码体系，CALIS系统缺省用“a”。

(6)编目等级(字符位17)

用1位字符表示该记录的完整程度及其在描述时是否核对过原文献。

代码	含义	注　　释
#	完全级	最完整的MARC记录，编制记录时与编目实体核对过
1	次级1	最完整的MARC记录，但编制记录时未与编目实体核对。主要用于回溯转换的记录，某些控制字段的代码和某些数据元素仅基于卡片目录的著录信息
2	次级2	表示该记录为在文献出版前预先编制的记录(如CIP数据)，书目数据可能不完整
3	次级3	表示该记录的数据不完整，将来可能会被升级为完整级记录

(7)著录格式(字符位18)

著录格式用来说明编制记录依据的标准和规则，定义了5种代码，CALIS联合目录常用代码“a”或“i”。“a”表示AACR2，是指依据英美编目条例二版或二版以上编制的记录；“i”表示含有ISBD标识符，其记录的描述部分包含国际标准书目著录(ISBD)的标识符。

2.2.3 地址目次区

地址目次区(directory)，是记录中每个可变长控制字段和可变长数据字段位置的索引，由计算机自动生成。通过目次区可以查找记录中某个特定字段的起始位置，一般供系统管理员排除该记录故障时使用，编目员并不直接使用目次区的数据。

目次区位于记录头标区之后，由若干个款目构成，每个款目的长度为 12，如图 2-1 中的序号②所示，该处为该记录的地址目次区。目次区由字段标识符、字段长度和字段起始字符位置三个部分组成，款目数与字段数相等。

一个目次区的总长度＝12N(款目数)+1(字段终止符)。

字段标识符 <3>	字段长度 <4>	字段起始符 <5>	……	……	……	字段分隔符
款目 1	款目 1	……	款目 N	终止符		

如目次区“0010023000000080032002120100012000110200000260070325002100 79<”，该目次区的总长度为 12×5+1＝61。

2.2.4　数据字段区

数据字段区(data fields)位于地址目次区之后，是编目的主要字段区，由可变长控制字段和可变长数据字段构成。如图 2-1 中的序号③所示，该处为该记录的数据字段区。

(1)可变长控制字段

可变长控制字段的字段标识符为 00X，目前定义有 6 个字段，分别为 001 控制号字段、003 控制号标识字段、005 最后一次记录处理时间字段、006 附件特征字段、007 载体形态定长字段和 008 定长数据单元字段。可变长控制字段的特点有：①均无字段指示符和子字段代码，只有数据元素(即内容)；②数据内容大部分是定义过的代码，由单个或多个数据元素组成；③通过字符位置识别相关数据元素；④除 003 字段以外，大多数字段的长度为固定长度。

可变长控制字段的结构为：

数据	字段终止符

根据控制字段所提供的数据元素，MARC 编辑器或图书馆自动化系统等

可以识别书目记录，并按照需要对书目数据库中的 MARC 记录进行检索或批处理，也可以根据某些数据元素对书目数据库中的某些文献类型进行统计。

(2)可变长数据字段

可变长数据字段的字段标识符为 01X-9XX，其特点有：①均有字段指示符和子字段代码；②由单个或多个子字段组成；③通过子字段标识相关数据元素；④均为可变长度。

可变长数据字段的结构为：

指示符 1	指示符 2	子字段代码 $a	数据	…	字段终止符

(3)数据字段区的标识系统

各字段之间的区分是靠标识系统来实现的。数据字段区的标识系统包括内容标识符和分隔符。

数据字段区的标识系统之一为内容标识符。内容标识符是指用于标识 MARC 记录的数据元素，或提供有关数据元素附加信息的编码。内容标识符包括字段标识符、子字段标识符和字段指示符。

字段标识符用于识别各个字段的三个数字或字符代码，其中第一位用以区分不同的功能块。

子字段标识符是用于识别子字段的由两个字符组成的代码，其中第一个字符为国际标准 ISO 646 中规定的专用符号 IS1，在格式文本中用 $ 表示；第二个字符可以是数字，也可以是字母。

字段指示符是指字段中头两个字符位的值，其提供字段内容、字段之间的相互关系以及数据处理过程中所需操作的附加信息，其是从属于字段标识符的，不同字段的指示符含义不同，每个指示符的值都有独立的含义，指明了字段的特点和字段之间的相互关系，同时也能指示计算机作特殊处理。字段指示符一般为数字或空位。

在一条记录“490 0# $a Library and Information Management”中，“490”为字段标识符，“0#”为该字段的指示符，“ $a”为子字段标识符。

除了内容标识符之外，分隔符作为数据字段区的标识系统的另一部分，也发挥着重要的作用。分隔符包括记录分隔符和字段分隔符。记录分隔符位于每条机读记录的结尾，用来区分记录的控制号，通常标志着本记录的结束。字段分隔符是在每个可变长字段的结尾用以分隔字段的控制符号。在机读目录中，记录分隔符和字段分隔符可通过编目系统由计算机自动生成。如图 2-1 的序号④所示，该处为该记录的分隔符，代表着该记录的结束。

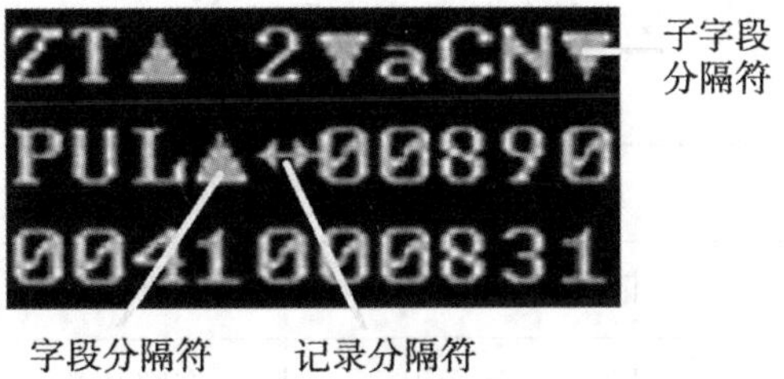

2.3　CNMARC

CNMARC 中的每一条记录均由记录头标、地址目次区、数据字段区、记录分隔符四个部分构成。其中数据字段区分为三个层次：功能块、字段、子字段或数据元素。CNMARC 有十大功能块，分别是：

0——标识块：存放记录控制号，国际标准刊号等各类标识号。

1——编码信息块：存放描述连续出版物性质及特征的各种编码。

2——著录信息块：该部分是书目记录的主题，存放题名及责任说明、版本说明、载体形态等信息。

3——附注块：存放各种附注信息。

4——款目连接块：存放与本记录有关的其他记录信息，以实现与相应记录连接。

5——相关题名块：存放除正题名外的其他题名信息，作为数据库的检索点。

6——主题分析块：存放编目员为此记录分配的各种分类号，以及为之标引的主题词。

7——知识责任块：存放对此连续出版物负有知识责任的个人、团体的规范名称。

8——国际使用块：存放国际上一致约定的内容。

9——国内使用块：存放馆藏、索刊号等信息。①

2.3.1 0——标识块

标识块包含了标识记录或标识出版物实体并记载在实体上的号码，在普通图书著录中，0—标识块中常用的相关字段包括001、005、010字段，这是普通图书著录时一般应具备的数据字段。

字段标识	字段名称	必备性	重复性
001	记录标识号	必备	不可重复
005	记录处理时间标识	有则必备	不可重复
010	国际标准书号(ISBN)	有则必备	可重复

(1)001 记录标识号

001字段包含了与记录唯一相关的标识符号，即编制该书目记录的机构分配给该记录的控制号。001字段必备，不可重复，且无指示符，也不设子字段。

编目机构可以使用其他标识号，如国际标准书号、国际标准连续出版物编号作为记录标识号，但是同时也需要将它们记录到规定的字段。

(2)005 记录处理时间标识

005字段包含最后处理记录的日期和时间，以便系统判断所处理记录的版本情况。本字段选择使用，不可重复。005字段无指示符，不设子字段。

(3)010 国际标准书号

010字段包含国际标准书号和区分记录中多个国际标准书号的限定信息，与ISBD中的“标准号和获得方式”相对应。即使没有国际标准书号，本字段也可记入获得方式和/或价格。010字段有则必备，可重复，且ISBN号在著录时需保留连字符“-”。

010字段的指示符：

① 鞠英杰．信息描述[M]．合肥：合肥工业大学出版社，2010.

指示符 1：#(空，未定义)

指示符 2：#(空，未定义)

010 字段的子字段有：

子字段	描述	重复性
$a	国际标准书号(ISBN)	不可重复
$b	限定信息	不可重复
$d	获得方式和/或价格	不可重复
$z	错误的 ISBN	可重复

与 010 字段相关的字段有：

011 国际标准连续出版物号(ISSN)。该字段在使用上与国际标准书号相似，是分配给连续出版物的号码。

2.3.2　1——编码信息块

编码信息块是在编制普通图书的 MARC 记录时使用，主要使用的字段为 100、101、102 字段。

字段标识	字段名称	必备性	重复性
100	通用处理数据	必备	不可重复
101	文献语种	必备	不可重复
102	出版或制作国别	有则必备	不可重复

(1)100 通用处理数据

100 字段包含的定长编码数据适用于任何载体文献的记录，对所有在编文献而言，100 字段均为必备，不可重复。

100 字段的指示符：

指示符 1：#(未定义)

指示符 2：#(未定义)

100 字段的子字段有：

子字段	描述	重复性
$a	通用处理数据	不可重复

子字段 $a 字符位置从 0 到 35，见表 2.3。已定义的所有字符位都必须赋值。

表 2.3 **100 字段的子字段 $a 定长数据元素表**

数据元素名称	字符位置	字符数	注　释
记录生成时间(必备)	0~7	8	YYYYMMDD(不可更改)
出版时间类型	8	1	根据在编图书出版发行状态设定的 10 种状态
出版时间 1	9~12	4	最初出版时间(年)：YYYY
出版时间 2	13~16	4	最后出版时间(年)：YYYY
阅读对象代码	17~19	3	由左向右填写，不用位置填#
政府出版物代码	20	1	1 位字符
修改记录代码	21	1	0 未修改；1 修改过
编目语种代码(必备)	22~24	3	3 位字符代码标识编目所用语种
音译代码	25	1	a 代表 ISO 音译表；b 代表其他；c 代表多种音译法(ISO 或其他)；y 代表未用音译表
字符集(必备)	26~29	4	标识在记录交换中所用的主要图形字符集。不用则填##
补充字符集	30~33	4	标识在记录交换中所用的补充图形字符集。不用则填##
题名文字代码	34~35	2	2 位字符代码记录在编文献正题名所用文字

(2)101 文献语种

101 字段包含在编文献的整体、部分或题名的语种代码。如果该文献是译著，则还需记录其原著的语种代码。只要在编文献有语言文字，则 101 字段为必备，不可重复。

101 字段的指示符：

指示符 1：翻译指示符，该指示符标识文献是否为译著或含译文

0　文献为原著

1　文献为译著，译自原著或非原著的中间语言

2　文献含有译文，不包括提要译文

对于从其他途径转换过来的记录，若未能在该指示符位置分配到相应的值，则指示符 1 的位置应标识填充符(｜)。若文献中的译文仅为提要，则指示符 1 的位置不能置“2”。

指示符 2：#(未定义)

101 字段的子字段有：

子字段	描　　述	重复性
$a	正文、声道等语种	可重复
$b	中间语种(作品非译自原著)	可重复
$c	原作语种	可重复
$d	提要或文摘语种	可重复
$e	目次页语种(与正文语种不同时)	可重复
$f	题名页语种(与正文语种不同时)	可重复
$g	正题名语种(与正文或声道的第一语种不同时)	不可重复
$h	歌词等的语种(适用于含有文字资料的声乐制品)	可重复
$i	附件语种(非文摘、提要或歌词)	可重复
$j	字幕语种(与声道语种不同时)	可重复

(3)102 出版或制作国别

102 字段包含在编文献的一个或多个出版或制作国的国别代码。本字段有则必备，不可重复。

102 字段的指示符：

指示符 1：#(未定义)

指示符 2：#(未定义)

102 字段的子字段有：

子字段	描　　述	重复性
$a	出版或制作国别	可重复

续表

子字段	描　　述	重复性
$b	出版地区代码(非国际标准)	可重复
$c	出版地区代码(国际标准)	可重复
$2	非国际标准出版地区代码来源	可重复

2.3.3　2——著录信息块

著录信息块包含 ISBD 规定的有关著录项目，但附注项和标准号除外。在 CNMARC 中，普通图书著录一般采用著录信息块中的 200、205、210、215 和 225 字段。

字段标识	字段名称	必备性	重复性
200	题名与责任说明项	必备	不可重复
205	版本说明项	有则必备	可重复
210	出版发行项	有则必备	不可重复
215	载体形态项	有则必备	可重复
225	从编项	有则必备	可重复

(1)200 题名与责任说明项

200 字段包含题名、其他题名信息、与题名相关的责任说明以及用其他语言重复的上述信息(并列题名、并列责任说明等)。这些数据元素通常以其在文献上出现的形式和次序进行著录。200 字段必备且不可重复。

200 字段的指示符：

指示符 1：题名检索意义指示符。指明编目机构是否把记入第一个 $a 子字段的正题名作为检索点处理。

0　题名无检索意义，不由该题名生成检索点

1　题名有检索意义，由该题名生成检索点

指示符 2：#(未定义)

200 字段的子字段有：

子字段	描　　述	重复性	注　　释
$a	正题名	可重复	必备，包括交替题名与合订题名
$b	一般资料标识	可重复	
$c	其他责任者的正题名	可重复	合题书名
$d	并列正题名	可重复	以标识符号"＝"开始，在编文献规定信息源中出现的对应于正题名的另一语种的题名成为并列题名
$e	其他题名信息	可重复	从属于 $a、$c、$d
$f	第一责任者	可重复	在 $a、$c、$d、$e、$h、$i 之后
$g	其他责任说明	可重复	
$h	分辑(册)、章节号	可重复	
$i	分辑(册)、章节名	可重复	
$v	卷标识	不可重复	
$z	并列正题名语种	可重复	与 $d 对应，描述 $d 的语种代码
$5	使用本字段的机构	不可重复	
$9	正题名汉语拼音	不可重复	计算机可自动生成

在 200 字段中，其子字段 $a 中正题名语种与作品正文第一语种不相同时，正题名语种代码记入 101 字段 $g，正文第一语种代码记入 101 字段的第一个 $a。并列题名的语种代码应该记入 200 字段 $z。

(2)205 版本说明项

205 字段包含了文献的版本说明、附加版本说明以及与该版本相关的责任说明。205 字段有则必备，可重复。

205 字段的指示符：

指示符 1：#(未定义)

指示符 2：#(未定义)

205 字段的子字段有：

子字段	描述	重复性	注释
$a	版本说明	不可重复	第 2 版；第 3 版；影印本；新 1 版
$b	附加版本说明	可重复	修订本；增订本；重印本
$d	并列版本说明	可重复	以标识符号“=”开始
$f	与版本有关的责任说明	可重复	作叙者；修订者；增补者等
$g	与版本有关的次要责任说明	可重复	作叙者；修订者；增补者等

(3)210 出版发行项

210 字段包含文献的出版、发行、制作及其相关时间的信息，本字段有则必备，不可重复。

210 字段的指示符：

指示符 1：#(空)

指示符 2：#(空)

210 字段的子字段有：

子字段	描述	重复性	注释
$a	出版、发行地	可重复	可著录“出版发行地不详”
$b	出版、发行者地址	可重复	需要说明的详细地址
$c	出版、发行者名称	可重复	可著录“出版发行者不详”
$d	出版、发行时间	可重复	可著录起讫年；可开口著录；可推测著录
$e	制作地	可重复	
$f	制作者地址	可重复	
$g	制作者名称	可重复	
$h	制作时间	可重复	

(4)215 载体形态项

215 字段包含在编文献载体形态特征等方面的信息，本字段有则必备，可重复。

215 字段的指示符：

指示符 1：#(未定义)

指示符 2：#(未定义)

215 字段的子字段有：

子字段	描述	重复性	注释
$a	特定文献类型标识和文献数量	可重复	页数；卷数；册数；1 册
$c	其他形态细节	不可重复	图表：冠图、插图、附图；彩图；照片等
$d	尺寸	可重复	高 * 宽
$e	附件	可重复	

(5)225 丛编项

225 字段包含按文献上出现的形式和顺序著录的丛编题名以及与该丛编题名有关的其他题名信息和责任说明，包括用其他语种重复的上述各项信息。225 字段有则必备，当文献从属于多个丛编时，本字段可重复。

225 字段的指示符：

指示符 1：题名形式指示符。从编题名的检索点形式应记入 4XX 款目连接块。指示符 1 指明本字段的丛编说明是否与 4XX 字段中记录的检索点形式相同。

0　与检索点形式不同

编目机构认为 225 字段著录的丛编说明数据与 4XX 字段中的检索点形式不同。

1　无检索点形式

225 字段著录的丛编说明数据在 4XX 字段中没有检索点形式。

2　与检索点形式相同

编目机构认为 225 字段著录的丛编说明数据与 4XX 字段中的检索点形式相同。

指示符 2：#(未定义)

225 字段的子字段有：

子字段	描述	重复性
$a	丛编题名	不可重复
$d	并列丛编题名	可重复
$e	其他题名信息	可重复
$f	责任说明	可重复
$h	附属丛编号	可重复
$i	附属丛编名	可重复
$v	卷标识	可重复
$x	丛编的国际标准连续出版物号	可重复
$z	并列丛编题名语种	可重复

若在编文献规定信息源上出现了国际连续出版物编号(ISSN)时，说明该套丛书同时具备了连续出版物的特征(即无限期连续分套出版)。将其ISSN号描述在$x子字段，省略ISSN字母前缀，但需保留连字符号“-”。此外，若对丛书按整套进行著录，则该丛书的ISSN号需描述在011字段。

2.3.4 3——附注信息块

附注信息块记录的是对在编文献的著录单元或检索点的补充说明，描述不适合在其他字段描述的任何附注内容。在普通图书的著录中，常用的字段有300、304—308、312、314、320、327、330和345等字段。

字段标识	字段名称	必备性	重复性
300	一般性附注	可选用	可重复
304	题名与责任说明附注	可选用	可重复
305	版本与书目史附注	可选用	可重复
306	出版发行附注	可选用	可重复
307	载体形态附注	可选用	可重复
308	丛编附注	可选用	可重复
312	相关题名附注	可选用	可重复
314	知识责任附注	可选用	可重复

续表

字段标识	字段名称	必备性	重复性
320	文献内书目、索引附注	可选用	可重复
327	内容附注	可选用	可重复
330	提要或文摘附注	可选用	可重复
345	采访信息附注	可选用	不可重复

(1)300 一般性附注

300 字段记录在编文献不适于著录于其他附注字段的任何附注内容。本字段可选用，可重复。

300 字段指示符：

指示符 1：#(未定义)

指示符 2：#(未定义)

300 字段的子字段有：

子字段	描述	重复性
$a	附注内容	不可重复

(2)304 题名与责任说明附注

304 字段记录有关在编文献 200 字段中的题名与责任说明的附注。本字段可选用，可重复。

304 字段的指示符：

指示符 1：#(未定义)

指示符 2：#(未定义)

304 字段的子字段有：

子字段	描述	重复性
$a	附注内容	不可重复

(3)305 版本与书目史附注

305 字段记录在编文献版本及书目沿革的说明或补充。本字段可选用，可重复。

305 字段的指示符：

指示符 1：#(未定义)

指示符 2：#(未定义)

305 字段的子字段有：

子字段	描述	重复性
$a	附注内容	不可重复

(4)306 出版发行附注

306 字段记录在编文献出版发行方面的说明或补充。本字段可选用，可重复。

306 字段的指示符：

指示符 1：#(未定义)

指示符 2：#(未定义)

306 字段的子字段有：

子字段	描述	重复性
$a	附注内容	不可重复

(5)307 载体形态附注

307 字段记录在编文献载体形态方面的补充说明或详细说明。本字段可选用，可重复。

307 字段的指示符：

指示符 1：#(未定义)

指示符 2：#(未定义)

307 字段的子字段有：

子字段	描述	重复性
$a	附注内容	不可重复

(6)308 丛编附注

308 字段记录在编文献丛书项的补充说明。本字段可选用，可重复。

308 字段的指示符：

指示符 1：#(未定义)

指示符 2：#(未定义)

308 字段的子字段有：

子字段	描述	重复性
$a	附注内容	不可重复

(7)312 相关题名附注

312 字段记录在编文献题名页以外其他位置出现的题名文字和说明。本字段可选用，可重复。当在编文献题名页与其他位置出现的题名含义相同但措辞有差异时，用 312 字段记录这些有差异的题名文字与说明，并前置相应的导语。312 字段的内容只作附注显示，不作检索点使用。若要作检索点，则应选择相应的 5XX 字段著录，同时要注意与 304 字段著录内容(即对 200 字段著录内容的附注)的区别。

312 字段的指示符：

指示符 1：#(未定义)

指示符 2：#(未定义)

312 字段的子字段有：

子字段	描述	重复性
$a	附注内容	不可重复

(8)314 知识责任附注

314 字段记录在编文献负有知识责任的个人或团体的文字说明。本字段可选用，可重复，其内容仅供附注说明，若需作为检索点，则应在相应的 7XX 功能块的相关字段著录。

314 字段的指示符：

指示符 1：#(未定义)

指示符 2：#(未定义)

314 字段的子字段有：

子字段	描述	重复性
$a	附注内容	不可重复

(9)320 文献内书目、索引附注

320 字段记录图书内部所含参考书目或索引附注，有时也著录书目及索引所在的页码。本字段可选用，可重复。

320 字段的指示符：

指示符 1：#(未定义)

指示符 2：#(未定义)

320 字段的子字段有：

子字段	描述	重复性
$a	附注内容	不可重复

(10)327 内容附注

327 字段记录在编文献所包含内容的说明文字。本字段可选用，可重复。

327 字段的指示符：

指示符 1：完整程度指示符，表示本字段是否完整地记录了在编图书的全部内容。

0　内容附注不完整

1　内容附注完整

指示符 2：结构指示符

#　非结构式附注

1　结构式附注

327 字段的子字段有：

子字段	描述	重复性
$a	附注内容	可重复

(11)330 提要或文摘附注

330 字段记录在编文献的简单内容提要或文摘。本字段可选用，可重复。

330 字段的指示符：

指示符 1：#(未定义)

指示符 2：#(未定义)

330 字段的子字段有：

子字段	描述	重复性
$a	附注内容	不可重复

(12)345 采访信息附注

为方便图书馆信息资源采访，345 字段可记录图书的出版发行者或其他采访信息源的名称与地址，还可以记录所编文献或文献的不同载体形式的库存号、载体和获得方式。本字段可选用，不可重复。

345 字段的指示符：

指示符 1：#(未定义)

指示符 2：#(未定义)

345 字段的子字段有：

子字段	描述	重复性
$a	采访源/订购地址	可重复
$b	订购号	可重复
$c	载体形式	可重复
$d	获得方式	可重复

2.3.5 4——款目连接块

款目连接块用来揭示相关书目记录之间的关系，这些关系可分为三类：①层次关系，如总集、分集等；②平行关系，如同一作品的不同语种、不同载体形式的记录等；③时间关系，如更名连续出版物的先前款目和后续款目等。

对于丛书、丛刊等类型的丛编文献，图书馆等信息机构既可以将整套文献作为一个组织单元处理，也可以将丛编中的每一个组成部分(如丛书中的单本专著)作为一个组织单元处理。图书馆可以同时采取两种方式分别处理，以提供给读者更多检索途径。

对于同时出现在书目数据库中的丛编记录和单本文献记录、正编文献记录和补编文献记录，可以使用4xx款目连接块来进行连接，以反映其内在关联性。在著录普通图书时，常用的字段包括410、423、451、454等字段。

记录中每个连接款目字段所包含的数据字段，都要嵌入(或使用标准子字段技术)被连实体的字段符、指示符和子字段符，以标识被连接的书目记录实体。任何一个MARC记录都可包含有任意个连接字段。

款目连接块中的所有连接字段的指示符为：

指示符1：#(未定义)

指示符2：提供该记录的机构是否利用此字段的数据作打印附注或显示记录。

0　不需作附注

1　需作为附注打印或显示记录

①嵌入字段的子字段技术

这种技术只设置一个子字段“$1”，用来嵌入被连接实体的数据内容。采用嵌入字段技术，每个连接字段的构成见表2.4：

表2.4　**嵌入字段连接字段的构成**

指示符	子字段标识符	子字段数据	子字段标识符	子字段数据		F/T
#0或#1	$1	嵌套的字段符、指示符和子字段	$1	嵌套的字段符、指示符和子字段	……	字段结束符

②标准子字段技术

标准子字段技术是指在连接款目时，在所有的连接字段中都设立了若干子字段，直接凸显被连接实体的有关书目信息，而不再出现原书目记录有关信息的字段符、指示符及其子字段。其连接字段的标准子字段见表 2.5 所示。

表 2.5　　**连接字段所含标准子字段**

子字段符	子字段内容	重复性	注　释
$a	著者	不可重复	被连接文献的主要知识责任者
$c	出版地	不可重复	所连接文献的 210 $a 子字段
$d	出版日期	不可重复	所连接文献的 210 $d 子字段
$e	版本说明	不可重复	所连接文献的 205 $a 子字段
$h	分辑号	不可重复	所连接文献的 200 $h、225 $h、500 $h 子字段
$i	分辑名	不可重复	所连接文献的 200 $i、225 $i、500 $i 子字段
$p	载体形态项	不可重复	所连接文献的 215 $a 子字段
$t	题名	不可重复	必备。所连接文献的 200 $a、225 $a、500 $a 子字段
$u	统一资源地址	不可重复	本字段 $a 或 $t 的源，记录的 856 $u 的内容
$v	卷期号	不可重复	所连接文献的 200 $h、225 $v 子字段
$x	ISSN	不可重复	所连接文献的 011 $a、013 $a 子字段
$y	ISBN/ISRC	不可重复	所连接文献的 010 $a、013 $a 子字段
$z	CODEN	不可重复	所连接文献的 040 $a 子字段
$0	书目记录号	不可重复	所连接文献的 001 字段
$3	规范记录号	不可重复	本字段 $a 或 $t 的来源信息
$5	使用本字段机构	不可重复	本字段 $a 或 $t 的来源信息

(1)410 丛编

410 字段用于实现在编文献记录与含有该文献的丛编记录的连接。

若在编文献为单本著作，尽管属于某一丛编（或丛书），但正在按单本文献做信息描述时，则可以使用 410 字段与含有在编文献的丛编记录相连接。

如：200 1# $a 斯大林传

225 2# $a 世界名人传记丛书

410 #0 $12001# $a 世界名人传记丛书

注：该例使用的是嵌入字段技术。若需使用标准子字段技术，则为：

200 1# $a 斯大林传

225 2# $a 世界名人传记丛书

410 #0 $t 世界名人传记丛书

若在编文献本身也属于更高一级丛编的子丛编，且正在按子丛编做整套信息描述时，也可以用 410 字段向上连接到其所属的更高一级的丛编。

如：200 1# $a 百科丛书

225 2# $a 万有文库

410 #0 $12001# $a 万有文库

若在编文献为单本著作，既属于一套大的丛编，也属于其下面的一个子丛编。当需要将该本文献同时向上连接所属的丛编和子丛编时，可重复使用 410 字段；第一个 410 字段向上连接大丛编名，第二个 410 字段向上连接子丛编名。

如：200 1# $a 农村爱情故事

225 2# $a 农村文化站文艺丛书 $h 第五辑 $i 现代白话小说

410 #0 $12001# $a 农村文化站文艺丛书

410 #0 $12001# $a 现代白话小说

(2)423 合订、合刊

423 字段用于实现在编文献记录与同其一起发行的另外文献（如与之合订、合刊的文献）记录的连接。

两部或几部文献合订出版，彼此间并非主次、包含或补充关系时，则可以使用 423 字段将组成集合题名的所有单独文献题名都连接起来，从而为读者提供一种合订本文献集合题名中的所有单独题名检索点。

(3)451 同一载体的其他版本、印刷状态或印次

对于普通图书而言，同一载体的其他版本主要是指同一作品的不同名称，如《红楼梦》和《石头记》、《三个火枪手》和《侠隐记》等。它们的物质载

体相同，但因名称不同而形成不同的版本，此时可以使用 451 字段来连接，从而扩大读者的检索与阅读范围。

(4)454 译自

若图书馆收藏有某一文献的原文版本和译本，也可以予以链接。当在编文献为译本时，可以使用 454 字段连接其原文版本。

2.3.6　5——相关题名块

相关题名块用以记录图书正题名以外的其他题名。这些题名通常出现在著作上，但不出现在题名页上，与 200 字段的正题名不相同，且具有检索意义。普通图书著录时，一般选用其中的 500、510、512、513、514、515、516、517 字段。

字段标识	字段名称	必备性	重复性
500	统一题名	可选用	可重复
510	并列正题名	可选用	可重复
512	封面题名	可选用	可重复
513	附加题名页题名	可选用	可重复
514	卷端题名	可选用	可重复
515	逐页题名	可选用	可重复
516	书脊题名	可选用	可重复
517	其他题名	可选用	可重复

(1)500 统一题名

当一部著作有多个题名时，编目机构可以选择出一个为人所熟知的题名作为统一题名来标识该著作。500 字段所著录的统一题名可作为检索点或附注。本字段可选用，可重复。

500 字段的指示符：

指示符 1：题名检索意义指示符。指明是否将统一题名作为独立的题名检索点处理，即是否由该题名生成检索点(或附加款目)

0　统一题名无意义，不产生独立的题名检索点

1　统一题名有意义，由此题名产生检索点

指示符 2：主款目指示符。指明统一题名是否为主款目。若是，则不以作者作为主款目

0　题名不作主款目

1　题名是主款目。此时指示符 1 必须得置“1”，即为该题名建立独立检索点

500 字段的子字段有：

子字段符	子字段内容	重复性	子字段符	子字段内容	重复性
$a	统一题名	不可重复	$q	版次	不可重复
$b	一般资料标识	可重复	$v	卷标识	不可重复
$h	分辑号	可重复	$x	主题复分	可重复
$i	分辑名称	可重复	$z	地理复分	可重复
$k	出版日期	不可重复	$2	年代复分	可重复
$l	形式副标目	不可重复	$3	系统代码	不可重复
$m	作品语种	不可重复	$9	统一题名汉语拼音	不可重复
$n	其他信息	可重复			

(2)510 并列正题名

凡记入 200 $d 字段的并列题名，若需作检索点，则应记入 510 并列正题名字段。510 字段记录的是需要作检索点的不同语言或文字的正题名。本字段可选用，可重复。

510 字段的指示符：

指示符 1：题名检索意义指示符。说明是否用并列题名生成检索点(或附加款目)

0　并列题名无检索意义，不由并列题名作检索点

1　并列题名有检索意义，由并列题名生成检索点

指示符 2：#(未定义)

510 字段的子字段：

子字段符	子字段内容	重复性	子字段符	子字段内容	重复性
$a	并列题名	不可重复	$j	与题名有关的卷、期	不可重复
$e	其他题名信息	可重复	$n	其他信息	不可重复
$h	分辑、章节号	可重复	$z	并列题名语种	不可重复
$i	分辑、章节名	可重复	$9	并列题名汉语拼音	不可重复

(3)512 封面题名

文献封面上的题名如果明显区别于 200 字段中的正题名，可作为生成检索点的依据，并描述于 512 封面题名字段中。

512 字段的指示符：

指示符 1：题名意义指示符。说明是否用封面题名生成检索点(或附加款目)

0　封面题名无检索意义，不由封面题名作检索点

1　封面题名有检索意义，由封面题名生成检索点

指示符 2：#(未定义)

512 字段的子字段：

子字段符	子字段内容	重复性
$a	封面题名	不可重复
$e	其他题名信息	可重复
$A	封面题名汉语拼音	不可重复

(4)513 附加题名页题名

513 字段用来记录出现在附加题名页的题名，且该题名与正题名有很大的差别，有必要作为检索点或生成附注。513 字段可选用，可重复。

513 字段的指示符：

指示符 1：题名检索意义指示符。说明是否用附加题名页题名生成检索点

0　附加题名页题名无检索意义，不由附加题名页题名作检索点

1　附加题名页题名有检索意义，由附加题名页题名生成检索点

指示符 2：#(未定义)

513 字段的子字段：

子字段符	子字段内容	重复性
$a	附加题名页题名	不可重复
$e	其他题名信息	可重复
$h	分辑、章节号	不可重复
$i	分辑、章节名称	不可重复
$9	附加题名页题名汉语拼音	不可重复

(5)514 卷端题名

514 字段记录的是与正文第一页开头处及 200 字段的正题名有很大区别且有必要作为检索点的题名。本字段可选用，可重复。

514 字段的指示符：

指示符 1：题名检索意义指示符。说明是否用卷端题名生成检索点

0　卷端题名无检索意义，不由卷端题名作检索点

1　卷端题名有检索意义，由卷端题名生成检索点

指示符 2：#(未定义)

514 字段的子字段：

子字段符	子字段内容	重复性
$a	卷端题名	不可重复
$e	其他题名信息	可重复
$9	卷端题名汉语拼音	不可重复

(6)515 逐页题名

逐页题名也称为页头题名，出现于文献各页的顶部或底部。515 字段记录的是与正题名有很大区别的且需要作为检索点的逐页题名。本字段可选用，可重复。

515 字段的指示符：

指示符 1：题名检索意义指示符。说明是否用逐页题名生成检索点

0　逐页题名无检索意义，不由逐页题名作检索点

1　逐页题名有检索意义，由逐页题名生成检索点

指示符 2：#(未定义)

515 字段的子字段：

子字段符	子字段内容	重复性
$a	逐页题名	不可重复
$9	逐页题名汉语拼音	不可重复

(7)516 书脊题名

516 字段用于著录书脊题名明显不同于正题名且需用来作检索点的题名。本字段可选用，可重复。

516 字段的指示符：

指示符 1：题名检索意义指示符。说明是否用书脊题名生成检索点

0　书脊题名无检索意义，不由书脊题名作检索点

1　书脊题名有检索意义，由书脊题名生成检索点

指示符 2：#(未定义)

516 字段的子字段：

子字段符	子字段内容	重复性
$a	书脊题名	不可重复
$e	其他题名信息	可重复
$9	书脊题名汉语拼音	不可重复

(8)517 其他题名

凡是 500—516 字段未定义的，而著录实体出现的其他不同题名，如版权页题名、装订题名、书套题名等，具有独立检索意义的其他题名可以记录在 517 字段。本字段可选用，可重复。

517 字段的指示符：

指示符 1：题名检索意义指示符。说明是否用其他题名生成检索点

0　其他题名无检索意义，不由其他题名作检索点

1　其他题名有检索意义，由其他题名生成检索点

指示符 2：#(未定义)

517 字段的子字段：

子字段符	子字段内容	重复性
$a	其他题名	不可重复
$e	其他题名信息	可重复
$9	其他题名汉语拼音	不可重复

2.3.7　6——主题分析块

主题分析块包含按照词语或符号的不同体系构成的主题数据，常用字段为 600、601、606、690、692 字段。

字段标识	字段名称	必备性	重复性
600	个人名称主题	可选用	可重复
601	团队名称主题	可选用	可重复
606	论题名称主题	可选用	可重复
690	中国图书馆分类号	可选用	可重复
692	中国科学院图书馆图书分类号	可选用	可重复

(1)600 个人名称主题

600 字段记录著作的个人名称。该名称应为检索点形式，并附以其他附加信息。本字段可选用，可重复。

600 字段的指示符：

指示符 1：#(未定义)

指示符 2：名称形式指示符。指明名称是按直序方式(即按名或直序方式的姓名)著录，还是按倒叙方式(即按姓)著录

0　直序方式。个人名称以名或姓名直序方式著录，如中国和日本人名等

1　倒叙方式。个人名称按姓氏著录，如西方人名中的姓等

600 字段的子字段：

子字段符	子字段内容	重复性	子字段符	子字段内容	重复性
$a	款目要素	不可重复	$j	形式复分	可重复
$b	名称其余部分	不可重复	$x	论题复分	可重复
$c	名称附加(除年代)	可重复	$y	地理复分	可重复
$d	罗马数字	不可重复	$z	年代复分	可重复
$f	年代	不可重复	$2	系统代码	不可重复
$g	名字首字母展开形式	不可重复	$3	规范记录号	不可重复
$p	任职机构/地址	不可重复			

(2)601 团体名称主题

601 字段记录作为文献著录的团体名称。该名称应为检索点形式，有时可附以其他附加信息。本字段可选用，可重复。

601 字段的指示符：

指示符 1：会议指示符。指明该团体名称是否为会议名称

0　团体名称

1　会议

如果源格式不区分会议名称和团体名称，则指示符 1 应标识填充符(｜)。

指示符 2：名称形式指示符。指明团体名称的著录形式

0　倒序著录。若团体或会议名是以首字母缩写形式/人名起头，可采用倒序著录

1　以地区或辖区著录。与政府等辖区机构有关的团体名称按所属辖区地名著录，与地名有关的大学、学术团队等其他类型的机构按所冠地名著录

2　直序著录

601 字段的子字段：

子字段符	子字段内容	重复性	子字段符	子字段内容	重复性
$a	款目要素	不可重复	$h	除款目和倒置部分之外的名称	不可重复
$b	按地名著录的名称	可重复	$j	形式复分	可重复
$c	名称附加或限定	可重复	$x	论题复分	可重复
$d	会议届次	不可重复	$y	地理复分	可重复
$e	会议地点	不可重复	$z	年代复分	可重复
$f	会议日期	不可重复	$2	系统代码	不可重复
$g	倒置部分	不可重复	$3	规范记录号	不可重复

(3)606 论题名称主题

606 字段记录著作的内容主题。主题词为检索点形式。本字段可选用，可重复。

606 字段的指示符：

指示符 1：主题词层级指示符。指明主要词和次要词

0 未指定层级。当不需区分主要词和次要词时，取值为“0”

1 主要词。所选词语涵盖了文献中心内容或主题则称为主要词

2 次要词。所选词语涵盖了文献较为次要方面内容则视为次要词

指示符 2：#(未定义)

606 字段的子字段：

子字段符	子字段内容	重复性	子字段符	子字段内容	重复性
$a	款目要素	不可重复	$z	年代复分	可重复
$j	形式复分	可重复	$2	系统代码	不可重复
$x	论题复分	可重复	$3	规范记录号	不可重复
$y	地理复分	可重复			

(4)690 中国图书馆分类号

690 字段记录《中国图书馆图书分类法》分配给在编文献的分类号，并附以所用分类法的版次。本字段可选用，可重复。

690 字段的指示符：

指示符 1：#(未定义)

指示符 2：#(未定义)

690 字段的子字段：

子字段符	子字段内容	重复性
$a	分类号	不可重复
$v	版次	不可重复
$3	分类记录号	不可重复

(5)692 中国科学院图书馆图书分类号

692 字段包含根据《中国科学院图书馆图书分类法》分配给在编文献的分类号，并附以所用分类法版次。本字段可选用，可重复，其指示符与子字段、子字段内容和重复性与 690 字段相同。

2.3.8　7——知识责任块

知识责任块是记录对受编文献内容的创作或完成负有某种责任的所有个人、团队或家族责任者的名称，不论是否在 200 字段记录，都予以在 7XX 知识责任块反映。如需作检索点，均可启用该功能块中的有关字段。在普通图书著录时，常用 700、701、702、710、711、712 字段。

字段标识	字段名称	必备性	重复性
700	个人名称——主要知识责任	可选用	不可重复
701	个人名称——等同知识责任	可选用	可重复
702	个人名称——次要知识责任	可选用	可重复
710	团体名称——主要知识责任	可选用	不可重复
711	团体名称——等同知识责任	可选用	可重复
712	团体名称——次要知识责任	可选用	可重复

(1)700 个人名称——主要知识责任

700字段主要在著录规则承认“责任者主要款目”时使用。它包含的个人名称是对著作内容负有主要知识责任的个人责任者，该名称以检索点形式出现。700字段不能与710、720字段同时存在。本字段可选用，不可重复。

700字段的指示符：

指示符1：#(未定义)

指示符2：名称形式指示符。指明名称是按直序方式(即按名或直序方式的姓名)著录，还是按倒叙方式(即按姓)著录

0　直序方式。个人名称以名或姓名直序方式著录，如中国和日本人名等

1　倒叙方式。个人名称按姓氏著录，如西方人名中的姓等

700字段的子字段：

子字段符	子字段内容	重复性	子字段符	子字段内容	重复性
$a	款目要素	不可重复	$3	规范记录号	不可重复
$b	名称其余部分	不可重复	$p	任职机构/地址	不可重复
$c	名称附加(除年代)	可重复	$g	名字首字母展开形式	不可重复
$d	罗马数字	不可重复	$4	关系词代码	可重复
$f	年代	不可重复			

(2)701个人名称——等同知识责任

701字段记录的个人名称是对著作内容负有等同知识责任(即都负有主要知识责任)的个人著作者，记录的是著作的个人主要责任名称，且该名称为检索点形式。701字段可选用，可重复，其指示符与700字段相同。除以下子字段以外，其余子字段均与700字段相同。

子字段符	子字段内容	重复性
$9	款目要素汉语拼音	不可重复

(3)702个人名称——次要知识责任

702字段记录的个人名称是对著作内容负有次要知识责任者的个人责任者(如编者、译者、注释者等)，该名称以检索点形式出现。本字段可选用，

可重复，其指示符与 701 字段相同。除下述子字段外，其他子字段与 701 字段相同。

子字段符	子字段内容	重复性
$5	使用本字段的机构	不可重复

(4)710 团体名称——主要知识责任

710 字段主要在著录规则承认“责任者主要款目”时使用。在同一记录中，710 字段不能与 700、720 字段同时存在。本字段不可重复，其指示符与 601 字段相同。

710 字段的子字段：

子字段符	子字段内容	重复性	子字段符	子字段内容	重复性
$a	款目要素	不可重复	$g	倒置部分	不可重复
$b	次级部分	可重复	$h	除款目和倒置部分之外的名称	不可重复
$c	名称附加或限定	可重复	$p	机构/地址	不可重复
$d	会议届次	不可重复	$3	规范记录号	不可重复
$e	会议地点	不可重复	$4	关系词代码	可重复
$f	会议日期	不可重复			

(5)711 团队名称——等同知识责任

711 字段记录的团队名称是对著作内容负有等同知识责任(即都负有主要知识责任)的团队著作者，记录的是著作的团队主要责任名称，且该名称为检索点形式。711 字段可选用，可重复，其指示符与 710 字段相同。除以下子字段以外，其余子字段均与 710 字段相同。

子字段符	子字段内容	重复性
$9	款目要素汉语拼音	不可重复

(6)712 团体名称——次要知识责任

712 字段记录的是团队名称次要知识责任者，该名称以检索点形式出现。本字段可选用，可重复，其指示符与 711 字段相同。除下述子字段外，其他子字段与 711 字段相同。

子字段符	子字段内容	重复性
$5	使用本字段的机构	不可重复

2.3.9 8——国际使用块

国际使用块记录不适于在 0XX 至 7XX 处理的、国际上一致约定的书目交换数据。在普通图书著录中常用字段有 801、830 字段。

(1)801 记录来源

801 字段记录在编图书 MARC 记录数据的来源，包括书目数据的产生机构、将数据录制成机读格式的机构、更改原始记录的机构等。

801 字段的指示符：

指示符 1：#(未定义)

指示符 2：功能指示符。指明子字段 $b 中的机构的功能

0 原始编目机构。编制书目数据的机构

1 转录机构。将数据转换成机读形式的机构

2 修改机构。修改记录的机构

3 发行机构。发行记录的机构

801 字段的子字段有：

子字段符	子字段内容	重复性	注释
$a	国家	不可重复	双字符代码
$b	机构	不可重复	3 位大写字母或全称(自动生成)
$c	处理时间	不可重复	YYYYMMDD(自动生成)
$g	著录规则	可重复	
$2	系统代码	不可重复	机读记录所使用的格式名称

(2)830 编目人员注释

830 字段记载编目员对该记录的书目信息、历史沿革信息等方面的注释。本字段可重复。

830 字段指示符:

指示符 1: #(未定义)

指示符 2: #(未定义)

830 字段的子字段:

子字段符	子字段内容	重复性
$a	附注内容	不可重复

2.3.10　9——国内使用块

国内使用块用来定义本国书目信息交换特殊需要使用的数据。目前只有 905 馆藏信息字段。905 字段记录在编文献的馆藏信息,其可选用,可重复。

905 字段的指示符 1 和指示符 2 均为#(未定义),其子字段有:

子字段符	子字段内容	重复性	子字段符	子字段内容	重复性
$a	收藏单位代码/名称	可重复	$f	复本数	可重复
$b	登录号	可重复	$s	索取号	不可重复
$c	排架区分标识	可重复	$v	入藏卷期	可重复
$d	分类号	可重复	$y	年代范围	可重复
$e	书次/种次号	可重复	$z	复本号	可重复

2.4　MARC 21

我国众多的图书馆从 OCLC 的 WorldCat 数据库中直接下载西文文献的书目数据,导致我国出现了中文和日文书目记录采用 CNMARC 格式,而俄文、英文以及其他外文语种的书目记录采用 MARC 21 格式。MARC 21 经历了 MARC I 和 MARC II 两个阶段,是将美国的 USMARC 和加拿大的 CANMARC

统一的产物，旨在建立一种基于 USMARC 的全球统一的 MARC 格式。

MARC 21 机读记录的基本结构如下：

头标区(leader) 地址目次区(directory) 变长字段区(variable fields) 　　变长控制字段(variable control fields) 　　00X 字段 　　变长数据字段(variable data fields) 　　01X-8XX 字段

MARC 21 的字段块如下：

00X　控制字段

01X~09X　各种号码和代码字段

1XX　主要款目字段

20X~24X　题名字段

25X~28X　版本、出版说明字段

3XX　载体形态等字段

4XX　丛编说明字段

5XX　附注字段

6XX　主题检索字段

700~75X　名称等附加款目字段

76X~78X　连接款目字段

80X~83X　丛编附加款目

841~88X　馆藏、电子资源定位与检索字段

9XX　本地预留字段

2.4.1　00X ——控制字段

在普通图书著录中，MARC 21 的 001 控制号字段是记录的标识号，005 字段用来记录最近一次对本记录进行业务处理的日期和时间，与 CNMARC

相同。在 CNMARC 常用的定长字段中，100 通用处理数据字段和 105 编码数据字段反映的是本记录的入档日期、出版类型和日期、读者对象等。而在 MARC 21 中只用 008 定长数据元素字段就集中反映了 CNMARC 中的 100 字段和 105 字段所反映的信息。MARC 21 的 008 字段长 40 位，数据元素按字符位置定义，每一个数据元素又定义了若干代码供选择，并随着资料类型的不同而有不同的定义。

2.4.2　20X—24X ——题名字段

(1)245 题名与责任说明项

CNMARC 的题名与责任说明项为 200 字段，而 MARC 21 的题名与责任说明项为 245 字段。与 CNMARC 格式的 200 字段不同的是，MARC 21 格式的 245 字段的子字段较少且多为不可重复使用，且子字段前置标识符需编目员自己添加。

MARC 21 格式的 245 字段的指示符：

指示符 1：题名附加款目。说明是否提供题名附加款目

0　不提供题名附加款目

1　提供题名附加款目

指示符 2：不排档字符。即在检索与排序时，不作为检索入口词的字符数

0　无不排档字符

1—9　不排档字符数

245 字段的子字段：

常用子字段	描述	必备性	重复性
$a	题名	必备	不可重复
$b	题名其余部分	有则必备	不可重复
$c	责任说明等	有则必备	不可重复
$n	著作分卷/分辑号	有则必备	可重复
$p	著作分卷/分辑题名	有则必备	可重复

(2)24X 相关题名

MARC 21 根据书目记录中题名著录与检索的要求，设置了具备相应功能的题名字段 210、222、24X 以及其他相关字段，对于 CNMARC 格式中的 5XX 相关题名块。MARC 21 与 CNMARC 的相关题名块除了字段编号、子字段等存在少许不同以外，在用法上基本相同。

CNMARC 格式		MARC 21 格式	
字段	描述	字段	描述
500	统一题名	240	统一题名
		246	变异题名
510	并列正题名	246(当指示符 2 为“1”时)	并列正题名
512	封面题名	246(当指示符 2 为“4”时)	封面题名
513	附加题名页题名	246(当指示符 2 为“5”时)	附加题名页题名
514	卷端题名	246(当指示符 2 为“6”时)	卷端题名
515	逐页题名	246(当指示符 2 为“7”时)	逐页题名
516	书脊题名	246(当指示符 2 为“8”时)	书脊题名
517	其他题名	246(当指示符 2 为“3”时)	其他题名

2.4.3 25X—28X ——版本、出版说明字段

(1)250 版本项

CNMARC 格式中的版本项为 205 字段，子字段有 $a(版本说明)、$b(附加版本说明)、$d(并列版本说明)、$f(与版本相关的责任说明)、$g(次要责任说明)。在 MARC 21 格式中版本项是 250 字段，子字段只有 $a(版本说明)、$b(版本说明的其余部分)两个子字段，但是其 $b 子字段所能反映的信息已包括了 CNMARC 的 205 字段的 $b、$d、$f、$g 所反映的信息。

(2)260 出版发行项

MARC 21 和 CNMARC 的出版发行项分别用 260 字段和 210 字段著录，它们的子字段基本相同，除了 MARC 21 的出版发行者名称用 $b 表示，出版发行日期用 $c 表示，而 CNMARC 分别用 $c 和 $d 表示。如：

MARC 21 格式：260 ## $aNew York： $bSimon Press， $c2010

CNMARC 格式：210 ## $a 北京 $c 北京大学出版社 $d2010

2.4.4　3XX——载体形态等字段

MARC 21 的载体形态项是 300 字段，对应 CNMARC 的 215 字段。MARC 21 的 300 字段必备，可重复。

MARC 21 的 300 字段指示符：

指示符 1：#(未定义)

指示符 2：#(未定义)

300 字段的子字段有：

常用子字段	描述	必备性	重复性
$a	篇幅	必备	可重复
$b	其他形态细节	有则必备	不可重复
$c	尺寸	必备	可重复
$e	附件	有则必备	不可重复

2.4.5　4XX——从编说明字段

MARC 21 的 490 字段著录从编说明。一般而言，490 字段不作检索点，若需作检索点，则记录在 800~830 字段。490 字段有则必备，可重复。

490 字段的指示符：

指示符 1：说明从编是否作检索点

0　从编不作检索点

1　从编作检索点，其检索点记录在 800~830 字段

指示符 2：#(未定义)

490 字段的子字段有：

常用子字段	描述	必备性	重复性
$a	从编说明	必备	可重复
$v	从编卷期/序号标识	有则必备	可重复
$x	国际标准连续出版物号(ISSN)	有则必备	可重复
$3	专指资料	可选用	不可重复

2.4.6 5XX——附注字段

MARC 21 的附注项有近 50 个字段，500 字段为一般性附注，501—588 字段记录的是各种专指性附注，59X 是本地附注字段。在 MARC 21 的附注项中，常用的附注项约为 10 种，主要包括题名与责任者附注、版本沿革附注、出版发行附注、载体形态附注、丛编附注、书目索引附注、内容附注、获得方式附注等。各附注项除了子字段等与 CNMARC 的附注项有所不同外，用法与 CNMARC 相同，其著录的附注信息可取自任何来源。著录的附注项信息要有助于使用者对该资源的了解，文字清晰明了即可，不必面面俱到。

课后习题

1. 请简述 MARC 与 RDA 的关系。
2. 请简述 MARC 的结构。
3. CNMARC 有哪些功能块？分别有什么作用？
4. 请说明 CNMARC 格式的特点。

FRBR 与
RDA

第 3 章　FRBR 与 RDA

3.1　FRBR——书目记录功能需求

3.1.1　FRBR 的产生

20 世纪 90 年代，随着计算机和互联网技术的快速发展，图书馆的编目环境发生了巨大变化。信息资源的海量增加和新型信息资源类型的出现，给传统的编目工作带来挑战；同时，用户的信息需求和对图书馆的服务也有了更高的要求。为了尽可能减少重复劳动，降低编目成本，图书馆必须简化编目过程，寻求合作编目；同时也要改造编目规则，使之适应新型信息资源类型。1990 年，国际图联(IFLA)在斯德哥尔摩召开书目记录研讨会，以应对各种环境变化给编目工作带来的挑战。会议共通过了 9 项决议，其中一项要求委托人员开展研究，来确定书目记录的功能需求，目的是以清晰的语言界定书目记录相对于各种载体、各种应用、各种用户需求所发挥的功能。① 这项决议直接导致了 FRBR 的产生。会后 IFLA 专门成立国际研究小组，探讨书目记录的功能需求，并在 1998 年发布了最终研究报告 *Function Requirements for Bibliography Records*，简称 FRBR。

FRBR 是书目记录的功能需求的英文缩写。它建立了一种书目记录的模

① IFLA. 书目记录的功能需求中文版[EB/OL]. [2016-07-20]. http://www.ifla.org/files/assets/cataloguing/frbr/frbr-zh.pdf.

型，用来表示实体、属性以及各实体之间的关系，为探讨书目记录的结构和关系提供了一种新的理念。这一新理论框架是1961年“国际编目原则会议”以来，国际编目原则和编目思维模式上的重大突破，它从理论上探索编目实体所具有的客观属性，以及实体之间的相互关系。

3.1.2 FRBR的实体关系模型

FRBR引用“实体—关系”模型（又称E-R模型）来描述书目记录的结构及其之间的关系，如图3.1所示。传统书目记录只注重文献的物理形态，无法同时展现作品不同载体、不同内容表达之间的关系，[①] FRBR改变了传统书目记录的扁平化结构，根据用户需求将书目信息分成若干层次，揭示同一作品不同内容形式、不同载体表现形式之间的关联，更强调编目对象之间的相互关系。

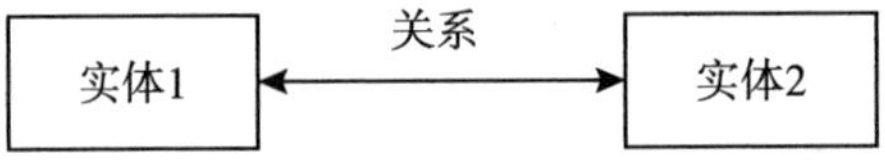

图3.1 FRBR的E-R模型

在FRBR模型中，用方框表示实体，圆形表示实体所具有的属性，用带有方向的箭头表示实体间的关系，箭头的指向显示一个实体对另一个实体的作用。

3.1.2.1 实体

FRBR模型中的实体是指编目对象。FRBR将其分为三组：第一组实体是通过智力或艺术创作的产品，包括作品、内容表达、载体表现、单件，这是FRBR概念模型的核心内容。第二组实体是对智力或艺术内容的生产、传播或保管负有责任的个人和团体。第三组实体是智力或艺术创作的主题，包括概念、实物、事件和地点。

其中，第一组实体的作品（work）是指独特的知识或艺术创作即知识或艺术的内容，这是一个抽象的实体，必须通过文字、图像等一定的表现方

① 金晶，姜恩波．FRBR、RDA与eXtensible Catalog[J]．图书馆杂志，2012，31(11)：30-34.

式才能被人感知；内容表达(expression)是指作品的知识或艺术创作得以实现的方式，如数字、音乐、声音、图像等；载体表现(manifestation)是指作品的一个内容表达的物理体现，是对“内容表达”的实现，目前书目记录的著录都是建立在这一层面上的；① 单件(item)是指载体表现的一个实例，如图书馆收藏的某一本图书。从“作品”到“单件”是一个由抽象到具体的过程。

3.1.2.2　属性

FRBR 模型根据每个实体体现的书目特征，归纳出实体的若干属性。属性的作用是作为检索的途径，用户在查找某个特定实体的信息时，可通过这个属性来组织检索并分析获得的反馈信息。

FRBR 的属性分为两大类：一是实体内在的固有的属性，如题名、出版者名称等；另一类是外部分配给实体的符号代码或识别信息，如分类号、主题、馆藏信息等。如“作品”的属性包括题名、形式、日期、其他典型特征、内涵等；“内容表达”的属性包括题名、形式、日期、语言、其他典型特征、可扩展性、可修订性等；“载体表现”的属性包括题名、责任说明、版本标识、出版地、出版者、出版日期、载体形态、丛编说明、容器的形式和容量、检索模式、检索限制、载体表现识别符等；“单件”的属性包括单件标识号、来源、状态、维护史等。

3.1.2.3　关系

FRBR 模型中的实体并不是孤立存在的，它们之间存在着各种关联。在 FRBR 中三组实体的关系分别为书目实体关系(如图 3.2 所示)、责任关系(如图 3.5 所示)、主题关系(如图 3.6 所示)。

由图 3.2 可知，FRBR 模型的书目实体关系可以表述为：一部作品可以通过一个或多个内容表达来实现；一个内容表达是一部且只是一部作品的实现；一个内容表达由一个或多个载体表现来体现，一个载体表现是一个或多个内容表达的体现；一个载体表现被一个或多个单件代表，一个单件代表一个载体表现。例如，文学名著《简·爱》，“英国女子简·爱在各种磨难中不断追求自由与尊严，坚持自我，最终获得幸福的故事”是作品，它可

① 刘素清．IFLA 书目记录功能需求(FRBR)初探[J]．大学图书馆学报，2004，22(6)：65-69.

以通过小说和电影两种“内容表达”方式来实现，小说又有“原著”“译注”“评注”等不同的表达方式；电影有“原声片”和“译制片”两种版本，每一种“内容表达”方式可以通过多种载体来体现。如“评注版”有印刷本、光盘、PDF 文档等多个“载体表现”，每个“载体表现”又有多个“单件”。

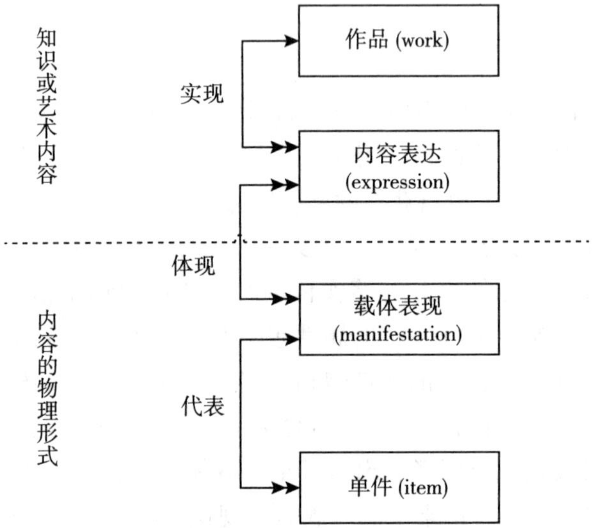

图 3.2　FRBR 书目实体关系

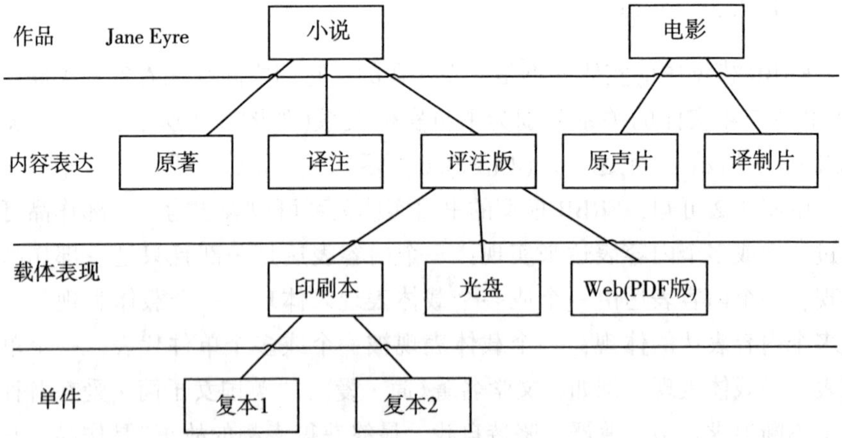

图 3.3　FRBR 实体层次关系

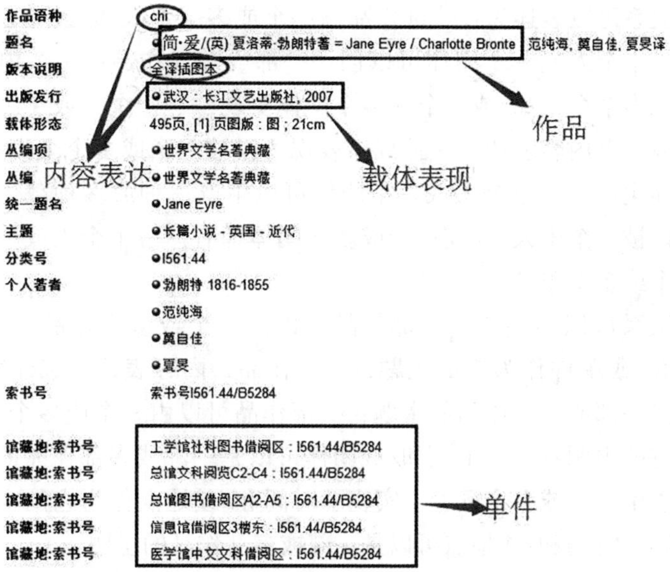
作品语种 chi
题名 ●简·爱/(英) 夏洛蒂·勃朗特著 = Jane Eyre / Charlotte Bronte 范纯海, 萬自佳, 夏旻译
版本说明 全译插图本
出版发行 ●武汉：长江文艺出版社, 2007
载体形态 495页, [1] 页图版：图；21cm
丛编项 ●世界文学名著典藏
丛编 ●世界文学名著典藏
统一题名 ●Jane Eyre
主题 ●长篇小说 - 英国 - 近代
分类号 ●I561.44
个人著者 ●勃朗特 1816-1855
●范纯海
●萬自佳
●夏旻
索书号 索书号I561.44/B5284
馆藏地:索书号 工学馆社科图书借阅区：I561.44/B5284
馆藏地:索书号 总馆文科阅览C2-C4：I561.44/B5284
馆藏地:索书号 总馆图书借阅区A2-A5：I561.44/B5284
馆藏地:索书号 信息馆借阅区3楼东：I561.44/B5284
馆藏地:索书号 医学馆中文文科借阅区：I561.44/B5284

图 3.4　武汉大学图书馆《简 · 爱》的书目记录

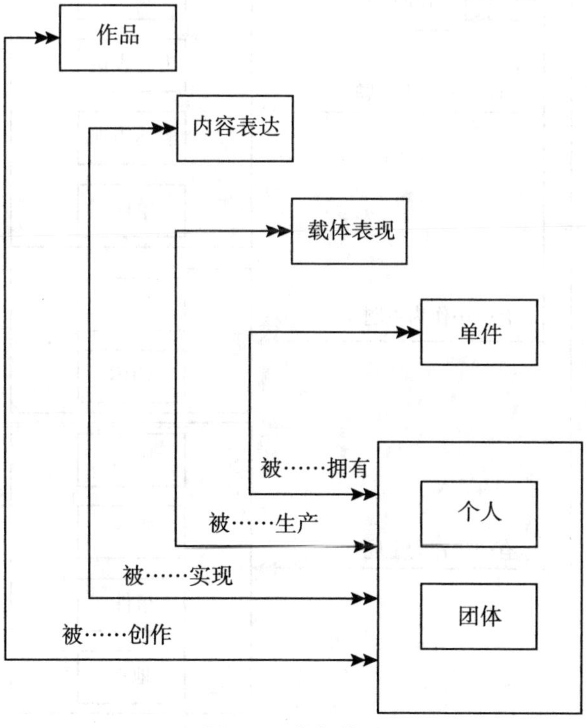

图 3.5　责任关系

责任关系可以表述为：一部作品由一个或多个个人和/或一个或多个团体创作；一个个人或一个团体可以创作一部或多部作品；一个内容表达可以被一个或多个个人和/或一个或多个团体实现，一个个人或一个团体可以实现一个或多个内容表达；一种载体表现可以被一个或多个个人和/或一个或多个团体生产，一个个人或一个团体可以生产一种或多种载体表现；一个单件可以被一个个人和/或一个或多个团体拥有，一个个人或一个团体可以拥有一个或多个单件。

主题关系可以表述为：一部作品可以由一个或多个作品、内容表达、载体表现和/或单件作为它的主题；一个作品、内容表达、载体表现和/或单件可以是一部或多部作品的主题；一部作品可以由一个或多个个人和/或团体作为它的主题；一个个人和/或团体可以是一部或多部作品的主题。一部作品可以由一个或多个概念、实物、时间和/或地点作为它的主题；一个概念、实物、时间和/或地点可以是一部或多部作品的主题。

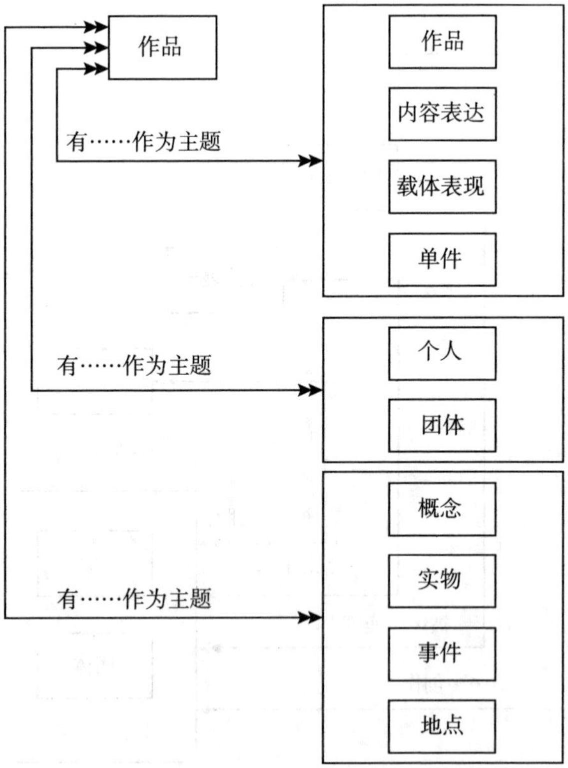

图 3.6　主题关系

图 3.7 更直观地解释了 FRBR 模型中各个实体间关系的表示。

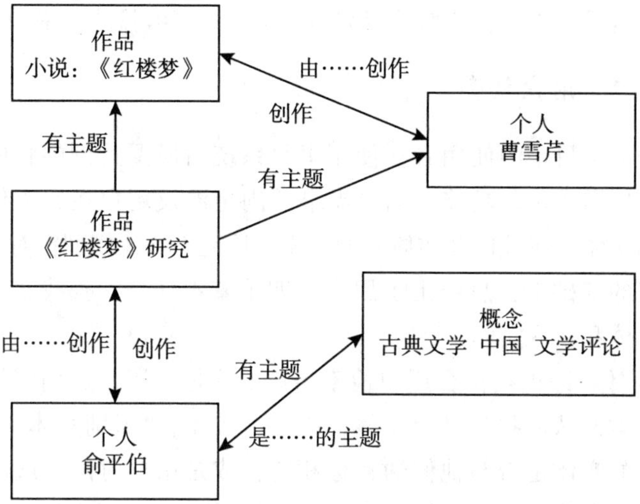

图 3.7　各个实体间的关系举例

3.1.3　FRBR 的作用

3.1.3.1　FRBR 对编目工作的意义

FRBR 模型为图书馆的编目工作提供了新的理论框架，突破传统的书目结构，将不同的实体实现相互关联，注重实体的创作内容和创作过程，更好地体现了文献的本质特征。

FRBR 使图书馆书目结构立体化，改善目录组织，提供多样化的展示机制。FRBR 打破了传统编目的单一性和平面性，将目录解释的对象归纳成各类实体，解析出它们的属性以及关系，通过实体、属性和关系来组织目录。FRBR 模型为不同载体形态的单件建立高层次的作品记录，并与低层次记录链接，使各书目记录之间、书目记录中各著录对象之间建立逻辑关系。这种以作品为基础的书目记录的树形结构，方便编目人员对各种非书目资源进行整合和标引；同时改善了图书馆 OPAC 的显示模式，有利于用户进行扩检和缩检。

采用 FRBR 模型有利于简化编目程序，降低编目成本。FRBR 规定了基本级国家书目的数据元素，因此在编目过程中可以确定书目系统的“核心元素”以及可选元素，从而最大限度地简化书目记录。这种基于模型的编目，能够将不同载体的同一作品信息集中在一起，减少较费时的作品与内容表达层次的编目重复工作，从而缩减编目成本，提高编目的效率和质量。

3.1.3.2 用户任务

用户任务是目录的使用者在使用书目系统后所要达到的目的，它决定了书目记录所需满足的功能。用户需求的满足涉及用户在完成任务过程中所感兴趣的实体、属性以及实体间的关系，因此 FRBR 模型在对实体、属性和关系研究的基础上，总结出了用户的四个基本任务：查找实体、识别实体、选择实体和获取实体。

“查找实体”即查找符合用户检索条件的实体，用户运用实体的属性或关系进行检索，从而找到某个实体，或一组实体。“识别实体”是指用户要确认查找到的实体是否与他们的目标相符，或是用户对两个或两个以上具有相似特征的实体进行区分的过程。“选择实体”是指用户从内容和形式等方面选定符合自己要求的实体。“获取实体”是指获得或访问所描述的实体，即用户通过购买、借阅或在线链接的电子访问等方式获取所需要的实体。

随着对目录功能研究的不断深入，用户任务也不再局限于四个基本任务。FRBR 提出了第五个用户任务，即在数据库中能够“导航”。用户在目录、书目或数据库里用各种关系和属性查找资源，帮助用户从一个实体“关联”到另一个实体。①

3.1.4 FRBR 家族其他成员

FRBR 通过提供清晰的结构化架构，改变了传统文献描述的单一化特征，通过建立实体之间的联系，为网络环境下信息资源组织与描述提供了新思路。但是 FRBR 只关注书目记录的内容以及书目记录的检索点，没有深入研究规范记录。随着编目过程中对规范控制的要求越来越高，1999 年，IFLA 成立了“规范记录的功能需求和编号”工作组(Functional Requirements and Numbering Authority Records，FRANAR)，在对 FRBR 研究的基础上，开始依照 FRBR 模式研制《规范记录的功能需求》(*Functional Requirements for*

① 马澄宇．书目记录的功能需求及其影响分析[J]．图书馆工作与研究，2010(11)：64-66.

Authority Records，FRAR)，并于 2005 年 6 月公示。FRAR 是 FRBR 模型的扩展，规范记录的国际共享是 FRAR 思想的重要方面。该模型研究的目的，第一是为规范记录中所记载的规范资料提供一个明确的定义及结构，以符合规范记录使用者的需求；第二是阐明规范资料识别码或标准号码(ISDAN)的功能；第三是协助图书馆及相关单位评估规范资料的国际共享与利用。①

在 FRBR 模型中，第三组实体需要涉及大量与主题词表、分类法控制的主题，因此 IFLA 在 2005 年 4 月成立了"主题规范记录的功能需求"工作组(Functional Requirements for Subject Authority Records，FRSAR)，并制定《主题规范记录的功能需求》(*Functional Requirements for Subject Authority Records*，FRSAR)。该模型建立了一个 FRBR 框架中第三组实体的概念模型；提供了明确定义的结构框架，关联主题规范记录中的数据与用户需求；帮助评价主题规范数据在图书馆界内外国际共享的潜力。

规范数据的概念模型是 FRANAR 工作组在 2008 年 12 月形成的最终报告《规范数据的功能需求》(*Functional Requirements for Authority Data*，FRAD)中提出的，并在 2009 获得批准。FRAD 模型的目的是：提供一个明确定义的、结构化的参考框架，这个框架将规范记录创建者制作的数据与用户需求关联；协助评估图书馆内外规范数据国际共享和使用的潜在可能性。②FRAD 将 FRBR 的实体扩充至 16 个，增加的实体包括：家族、名称、标识符、受控检索点、规则、机构，并定义了这些实体之间的关系。最后，FRAD 定义了规范数据的用户任务，并将实体属性和实体关系与用户任务之间进行了映射。FRBR 和 FRAD 成为 RDA 的编制基础。

由于编目领域仍然缺少对主题规范的实体、属性关系的全面分析，FRSAR 工作组针对编目领域的主题数据的规范控制进行研究，2011 年，正式出版了《主题规范记录的功能需求》(*Functional Requirements for Subject Authority Records*，FRSAD)。FRSAD 将一个事物本身和它的名称区别开来，引进了 Thema(主题，用于一件作品的主题的任何实体)和 Nomen(主题表

---

① 付蔚，王海兰．从 FRBR 到 FRAR——兼述中文文献资源的规范控制工作[J]．大学图书馆学报，2007，25(2)：97-101.

② IFLA Working Group on Functional Requirements and Numbering of Authority Records (FRANAR). Functional Requirements for Authority Data A Conceptual Model[R]. IFLA, 2008.

述，任何一个已知、被引用、被标记的主题的符号或符号序列）。① FRSAD的模型可以表示为如图 3. 8 所示。

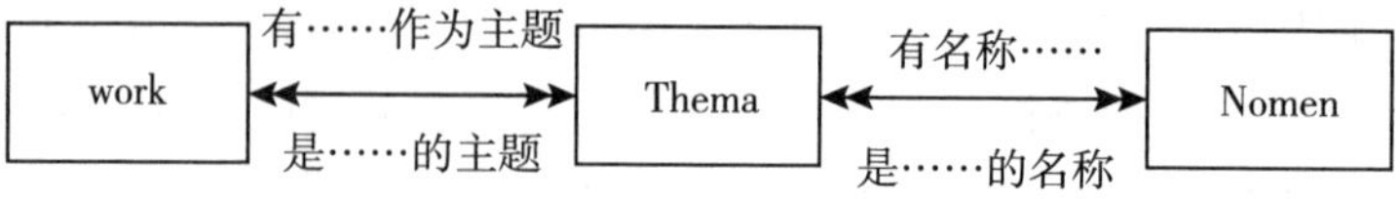

图 3. 8　FRSAD 概念模型

2017 年 3 月，国际图联标准委员会发布了 FRBROO 的定义，它是面向对象的形式化的书目信息概念模型。FRBROO 是书目数据的一个本体或更高层次的概念模型，意在抓取书目信息的潜在语义，方便书目与博物馆信息的集成、中介与交换。② PRESSOO 是 FRBROO 模型的扩展，也是正式本体，设计用于表达与连续出版物和连续性资源相关的书目信息。当图书馆界在开发最初的 FRBR 实体关系模型时，博物馆社区也在为博物馆数据开发自己的概念模型，因此，FRBROO 由国际图联概念模型社区与国际博物馆理事会（ICOM）共同探索对话、协作编写，为支持未来数据集成和互操作性、发展双方文化遗产资源发挥巨大价值。③

2017 年 8 月，国际图联专业委员会审查通过 IFLA Library Reference Model（LRM），IFLA LRM 是在实体—关系模型框架下开发的高层概念参考模型，是对 FRBR、FRAD、FRSAD 这三个独立发展的国际图联概念模型的整合。IFLA LRM 的推出旨在解决这三个独立模型之间的不一致。新的模型对原有三个模型中的每一个用户任务、实体、属性和关系都做了修订，也进行了一些模型重构以构建一个有意义的整合。其结果是目前这个单一、线型且逻辑一致的模型，涵盖书目数据的所有方面，同时与当下概念模型实践同步。IFLA LRM 旨在应用于关联数据环境，支持并推动关联数据环境

① 冯亚惠. AACR 的替代品——资源描述与检索（RDA）介绍［J］. 图书情报工作，2007，51（1）：129-131.

② 胡小菁. 国际编目标准现状与进展（2015—2017）［J］. 图书馆论坛，2018，38（6）：124-131.

③ Definition of FRBRoo：A Conceptual Model for Bibliographic Information in Object-OrientedFormalism［EB/OL］.［2020-06-30］. https：//www. ifla. org/publications/node/11240.

下的书目数据使用。①

3.1.5　FRBR 在图书馆检索系统中的应用

自 FRBR 模型提出以来，IFLA 一直在积极倡导它的应用。最早体现 FRBR 理念的是澳大利亚国家图书馆的 AustLit(Australian Literature Gateway)项目。对 FRBR 研究较深入的是 OCLC，OCLC 从 2001 年开始致力于 FRBR 及其应用研究，开发了一个基于 FRBR 的原型系统——FictionFinder。下面介绍几个国内外应用 FRBR 的检索系统。

例一：OCLC FictionFinder

FictionFinder 是基于 FRBR 的原型，提供了超过 290 万小说、电子书和音频资源的书目记录。

图 3.9　OCLC FictionFinder 主页

在 OCLC FictionFinder 以“J. K. Rowling”作为作者项的关键词，OCLC 能够将其检索作品罗列出来，并且在左侧可以选择不同的文献类型，如图 3.10 所示。

① IFLA—IFLA Library Reference model (LRM)[EB/OL].[2020-06-30]. https://www.ifla.org/publications/node/11412.

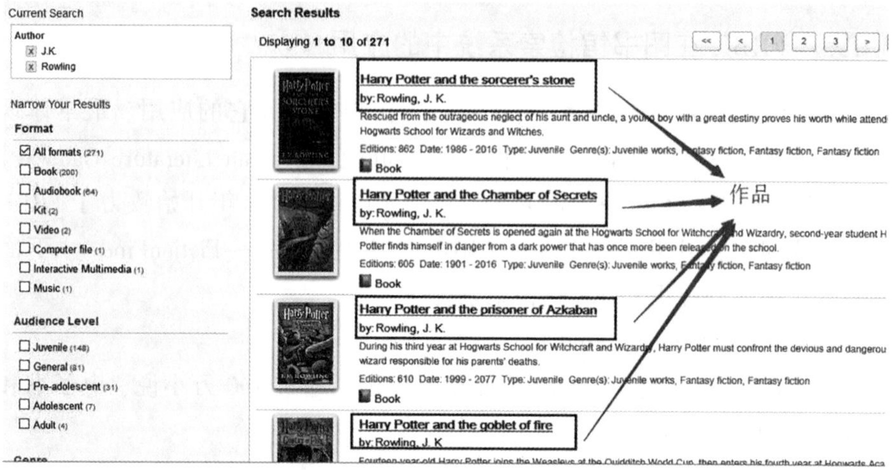

图 3.10 OCLC FictionFinder 检索结果

选择其中一个作品，OCLC 能够显示其版本数以及不同语种的译本，实现了将同一作品的不同版本关联起来，并且具体显示了每个版本的详细信息，如图 3.11 和图 3.12 所示。

例二：FirstSearch 数据库

OCLC 的 FirstSearch 数据库，涵盖的文献类型多样，包括图书、硕博士论文、学术期刊、会议论文、百科全书、年鉴等。包含 Worldcat、ECO、Ebooks 等多个数据库。

在 OCLC 的 Worldcat 数据库中以"Harry Potter and the Goblet of Fire"作为题名关键词进行检索，如图 3.13 所示。

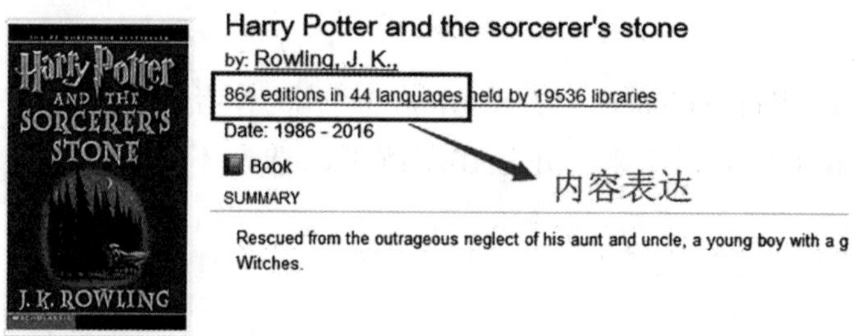

图 3.11 OCLC FictionFinder 的 FRBR 模型思想的体现

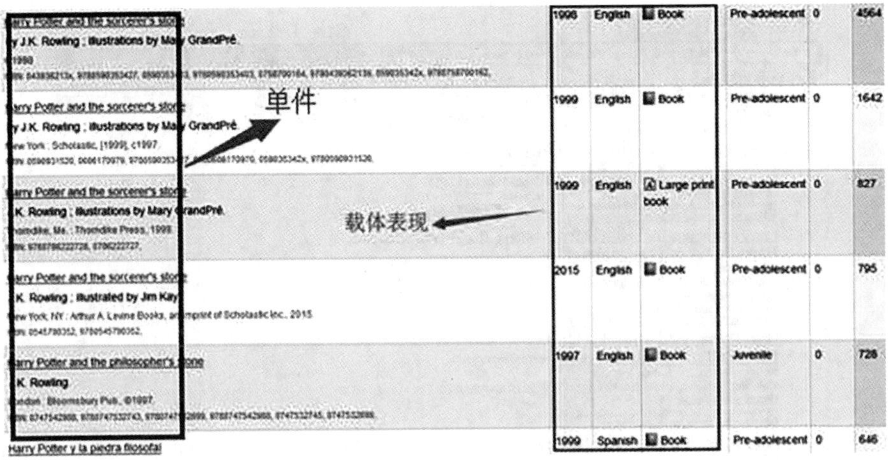

图 3. 12　OCLC FictionFinder 每个版本的详细书目信息

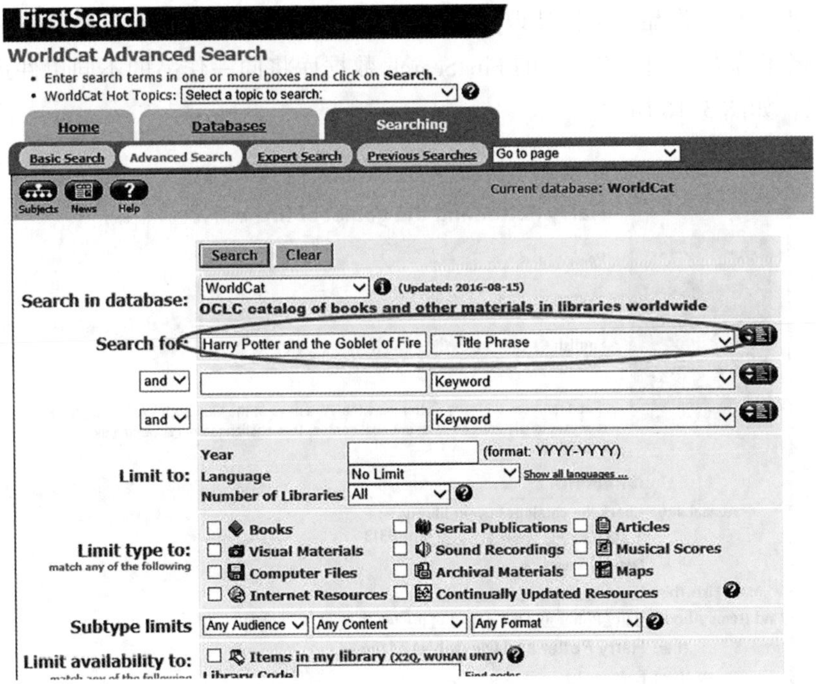

图 3. 13　FirstSearch 数据库检索界面

从检索结果列表的呈现方式可以看出，OCLC 的 FirstSearch 将不同版本的作品关联在一起，如图 3. 14 所示。

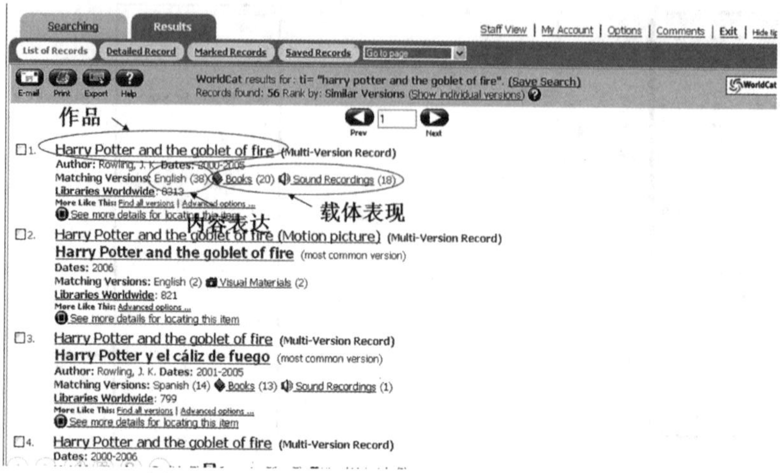

图 3.14 FirstSearch 数据库检索结果

点击检索作品，可以获取更多书目信息，如图 3.15 所示，并且能够获得每个作品的单件。OCLC 的 FirstSearch 数据库将同一作品的不同单件进行关联，如图 3.16 所示。

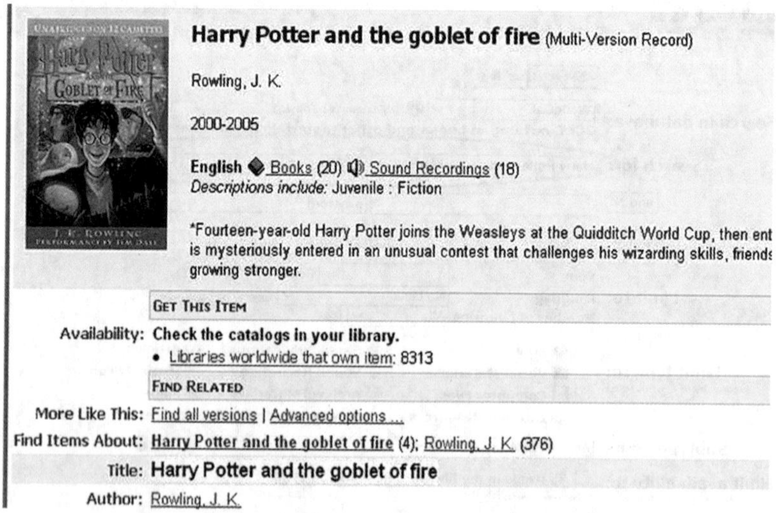

图 3.15 作品的详细书目信息

例三：中国国家图书馆

中国国家图书馆作为亚洲规模最大的图书馆，馆藏资源丰富。国家图

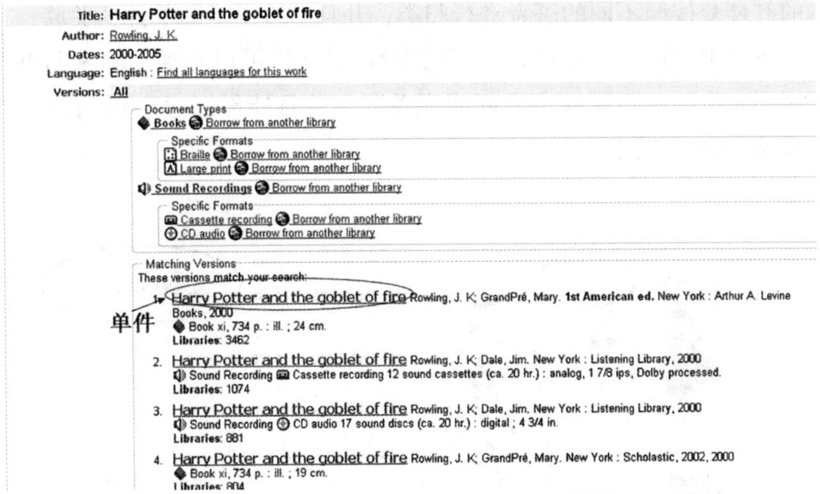

图 3.16　不同单件的关联

书馆在 21 世纪初便开始了对 FRBR 模型及其应用的探索研究，并实现了部分单件的关联。

在国家图书馆的首页进行搜索，以“红楼梦”为检索关键词，得到检索结果列表如图 3.17 所示。从检索结果列表中可以看出，国家图书馆将不同

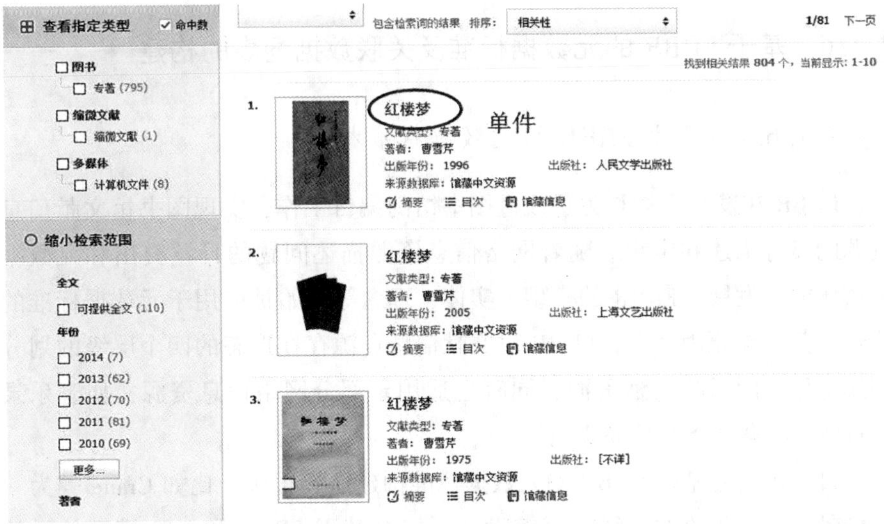

图 3.17　国家图书馆的 FRBR 的应用

版本的红楼梦按照不同的著者进行归类，并且实现了不同单件的关联。

如图 3.18 所示，点击“查看其他版本或分册”可以看到，国家图书馆实现了将同一作品的不同版本之间实现关联，并且能够通过左侧的限定条件进一步缩小检索范围。

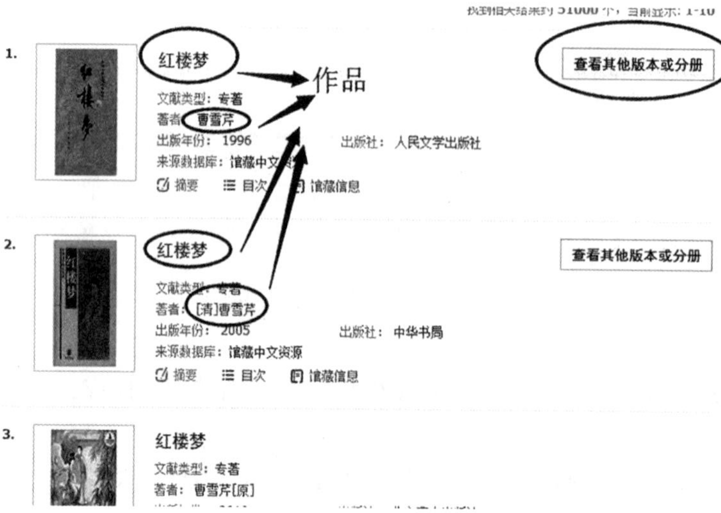

图 3.18　国家图书馆“红楼梦”的检索结果

3.1.6　基于 FRBR 的元数据标准及关联数据词表的构建

3.1.6.1　基于 FRBR 的元数据标准构建

FRBR 在发布之初是为了改进图书馆的编目工作，实现图书馆文献信息资源的良好描述和组织。随着网络信息资源描述问题的日益突出和元数据领域研究的发展，FRBR 的模型、实体、理念等开始被应用于元数据标准的构建。其主要原因在于，FRBR 对文献信息资源存在形态的四个层级的划分不仅适用于图书馆文献资源，同时也适用于部分网络信息资源，如音乐录音资源、文化遗产数字资源等。

目前出现的基于 FRBR 的元数据标准构建已有很多，比如 Crane 等为一个希腊语、拉丁语的在线图书馆设计了一个基于 FRBR 和 CTS 模型的元数据标准。这一元数据标准不仅包括了标准元数据的要素，而且提供了一个完整的文字作品引用参照体系，用户不仅能够通过作品链接到其各个版本，而且能够引用一部作品的每个版本的每个单词。① 为了解决实时研究信息系统(CRIS)的资源描述问题，Dvořák、Drobíková 和 Bollini 受到 FRBR 模型的启发，开发了 CERIF 元数据标准。② 该元数据标准中包含了学术作品、学术表达方式、学术表现形式等来源于 FRBR 模型的主要实体。为了更好地管理模拟摄影资料和原生的数字图片资源，伍斯特艺术博物馆采用了一种基于 FRBR 和 TMS 的元数据标准。利用该元数据标准，数字图片资源与其模拟的父资源(Analogue Parents)的关系能够得到揭示，从而实现更好的资源描述和组织。③ Signoles、Bitoun 和 Valderrama 为了解决联合国教科文组织下国际教育规划研究所的各个数据的统一检索问题，基于 FRBROO 设计了数据库元数据标准④等。

3.1.6.2 基于 FRBR 的关联数据词表的构建

除了在 MARC 书目记录、OPAC 以及元数据领域的应用之外，FRBR 还被应用于语义网环境下网络信息资源的描述和组织，作为关联开放词表进行发布。语义网(Semantic Web)是一种可以被计算机理解的方式描述事物的网络，由 Web 之父 Berners-Lee 等提出，是现有 Web 的扩展，让 Web 上的数据以一种良好的方式表示和连接，使机器和人都能理解和处理它们，使数据在不同应用系统之间自动整合和重用，而不仅仅是显示数据而已。而关联数据则是语义网环境下数据存在的具体形式。关联数据是一组最佳实践的集合，它采用 RDF 数据模型，利用 URI 命名数据实体，来发布和部署实例数据和类数据，从而可以通过 HTTP 协议揭示并获取这些数据，同时它

① Crane G, Almas B, Babeu A, et al. Cataloging for a billion word library of Greek and Latin[C]//Proceedings of the First International Conference on Digital Access to Textual Cultural Heritage. ACM, 2014: 83-88.

② Dvořák J, Drobíková B, Bollini A. Publication metadata in CERIF: Inspiration by FRBR[J]. Procedia Computer Science, 2014(33): 47-54.

③ Gillis S L. FRBR and TMS: Applying a Conceptual Organizational Model for Cataloguing Photographic Archives[J]. VRA Bulletin, 2015, 41(2): 7.

④ Signoles A, Bitoun C, Valderrama A. Implementing FRBR to Improve Retrieval of In-House Information in a Medium-Sized International Institute[J]. Cataloging & Classification Quarterly, 2012, 50(5-7): 402-421.

强调数据的相互关联和有益于人机理解的语境信息。Berners-Lee 提出了创建关联数据的四个基本原则：①使用 URI(统一资源标识符)作为事物的名称；②使用 HTTP URI 让这些名称可以访问；③当访问 URI 时，提供有用的信息，并且要采用一定的标准(RDF、SPARQL)；④尽可能提供其他 URI 的链接，以便发现更多信息。① 在关联数据之上的语义网概念为关联数据词表和本体。关联数据词表通常采用 RDF Schema(RDFS)定义。RDFS 在 RDF 的基础上为 RDF 关联数据集提供基本词表，包括类、属性的定义和约束。关联数据词表是一种原始的本体定义框架，而本体则通常采用 OWL 语言进行定义。OWL 语言以"描述逻辑"为基础，在 RDFS 基础上，为类、属性的定义提供更加复杂的约束条件，并具有逻辑推理功能。语义网环境下的关联数据与关联数据词表可以看作基于语义的资源描述方式，而本体则可以视为一种知识组织的模式。

FRBR 是书目模型在语义网环境下可以转化为信息资源关联数据的基本词表。目前基于 FRBR 的关联数据词表的构建已有一些实践研究，比如 Datos. bne. es，一个西班牙国家图书馆发布的关联数据服务平台。通过这一平台，西班牙国家图书馆向公众提供书目关联数据、权威关联数据的查阅、下载、引用等服务。在关联数据集的词表设计中，西班牙国家图书馆选择了 FRBR 模型作为其基本架构。② 社交网络是目前互联网中较为热门的领域，Li 等设计了一个专门面向学术领域的社交网络云 SOSN。为了实现学术社交网络中人、学术资源等实体关系的良好构建，SOSN 在 FRBR、FOAF 等词表或资源描述模型的基础上，构建了 Scholar、AcademicWork 等一系列关联数据词表。③ 这些词表是 SOSN 数据保存、关联、共享的基本模型。

除了上述研究之外，目前在关联开放数据项目(Linking Open Data)中，FRBR 已经被转化为多个关联开放词表，包括"frbr""frbrer""frbre""fabio"

---

① Bizer C, Heath T, Berners-Lee T. Linked Data-The Story So Far[J]. International Journal on Semantic Web and Information Systems, 2019, 5(3): 1-22.

② Santos R, Manchado A, Vila-Suero D. Datos. bne. es: a LOD service and a FRBR-modelled access into the library collections[J]. 2015.

③ Li J, Zhao G, Rong C, et al. Semantic description of scholar-oriented social network cloud[J]. The Journal of Supercomputing, 2013, 65(1): 410-425.

“rdafrbr”等。[①] 这些关联开放数据词表的发布通过词表间的互相引用、关联数据集对词表元素的应用，进一步扩大了 FRBR 模型在语义网中资源描述、组织的应用范围。其中“frbr”词表与其他关联数据词表的关联度最高，目前已经被其他 19 个词表所引用，被 12 个关联数据集所应用，并引用了其他 10 个词表的元素。[②] “frbrer”则是 IFLA 发布的 FRBR 关联数据词表的官方版本，但目前该词表的关联度较低，只有“frad”和“isbd”两个 IFLA 自有的词表引用了该词表，同时也只有 2 个关联数据集应用了该词表。另外，该词表主动引用其他词表的数量也较少，只有 5 个。[③] “frbrer”的接受程度并不如非官方的“frbr”。除了将 FRBR 模型直接转化为关联数据词表之外，“fabio”“rdafrbr”等词表的发布是为了满足某一特定需求而构建的，并不是 FRBR 的完整再现。“fabio”是一个用于描述语义网环境下学术成果书目记录的词表,[④] 而“rdafrbr”则对 RDA 继承自 FRBR 模型的主要实体进行了定义,[⑤] 而不是对 FRBR 模型进行完整定义。另外，通过对这些词表的关联词表的分析，发现这些词表之间互相并不引用，可见目前 FRBR 相关的关联数据词表存在着重复建设问题，这不利于关联数据集的数据交换和共享。

3.2　RDA——资源描述与检索

3.2.1　RDA 的目标、特点与任务

RDA 作为一种数字环境资源描述与检索的新标准，它为描述所有资源提供了灵活的框架，能够与数据库以及图书馆的联机目录兼容。

RDA 的计划目标是：①建立在原则基础上；②世界范围内使用(但由英

① Linked Open Vocabularies[EB/OL]. [2020-05-10]. https://lov.linkeddata.es/dataset/lov.l.

② Linked Open Vocabularies. frbr[EB/OL]. [2020-05-10]. https://lov.linkeddata.es/dataset/lov/vocabs/frbr.

③ Linked Open Vocabularies. FRBRER model (frbrer) [EB/OL]. [2020-05-10]. https://lov.linkeddata.es/dataset/lov/vocabs/frbrer.

④ Linked Open Vocabularies FRBR-aligned Bibliographic Ontology (fabio) [EB/OL]. [2020-05-10]. https://lov.linkeddata.es/dataset/lov/vocabs/fabio.

⑤ Linked Open Vocabularies. FRBR Entities for RDA (rdafrbr) [EB/OL]. [2020-05-10]. https://lov.linkeddata.es/dataset/lov/vocabs/rdafrbr.

语语言习惯衍生)；③易于使用与说明；④能在联机、基于网络的环境里应用；⑤适合所有类型的媒介；⑥与其他资源描述标准相兼容；⑦应用范围拓展至图书馆领域外。

RDA 的特点包括：①具有满足新生资源特点的灵活性和可扩性；②提供与其他领域开发的资源著录与检索标准的参照；③建立在 FRBR 和 FRAR 模型下的标准。

RDA 的任务是提供一个框架，全方位地支持对不同内容和媒体资源的著录，针对规范的控制功能有三个：①作为规范控制的原则性指导；②解释规范记录的结构；③解释规范记录的元素(内容)。

3.2.2 RDA 的组织结构

RDA 的组织结构围绕 FRBR/FRAD 的任务进行组织，以帮助用户从馆藏中“识别”和“关联”用户所需资料。其中，通用规则适用于所有资源，对特定类别的则提供了具体规则加以说明。RDA 结构①如下：

(1)目次表

(2)一般说明(第 0 章)

(3)具体规则(Section 1-10)

(A)实体及其属性

第一组实体(第 1—7 章)(Section 1-2)

第二组实体(第 8—11 章)(Section 3)

第三组实体(第 12—16 章)(Section 4)

(B)关系

各组实体间的关系(第 17—22 章)(section 5-7)

各组实体的内部关系(第 23—37 章)(section 8-10)

(4)附录

A Capitalization(大写)

B Abbreviations(缩写)

C Initial Articles(首冠词)

D Record Syntaxes for Descriptive Data(描述数据记录的句法)

E Record Syntaxes for Access Point Control(检索点控制记录的句法)

---

① 王松林. RDA 的结构与特点[J]. 山东图书馆学刊, 2013(4): 1-6.

F Additional Instructions on Names of Persons(个人名称的补充说明)

G Titles of Nobility, Terms of Rank, Etc.(贵族头衔或等级)

H Dates in the Christian Calendar(公历日期)

I Relationship Designators: Relationships between a Resource and Persons, Families, and Corporate Bodies Associated with the Resource(资源和与其相关的个人、家族、团体间的关系识别)

J Relationship Designators: Relationships between Works, Expressions, Manifestations, and Items(作品、内容表达、载体表现、单件间的关系识别)

K Relationship Designators: Relationships between Persons, Families, and Corporate Bodies(个人、家族、团体间的关系识别)

L Relationship Designators: Relationships between Concepts, Objects, Events, and Places(概念、实物、事件、地点间的关系识别)

(5)术语表

(6)索引

3.2.3　RDA 工具包(RDA Toolkit)

RDA 工具包按年订购，除英文版外，还有法文版、德文版和西班牙文版，方便小语种编目。RDA 工具包包括 RDA、联机工具及观众资源三部分，三部分之间实现了相互链接，同时提供检索、设置等功能。如图 3.19 所示。

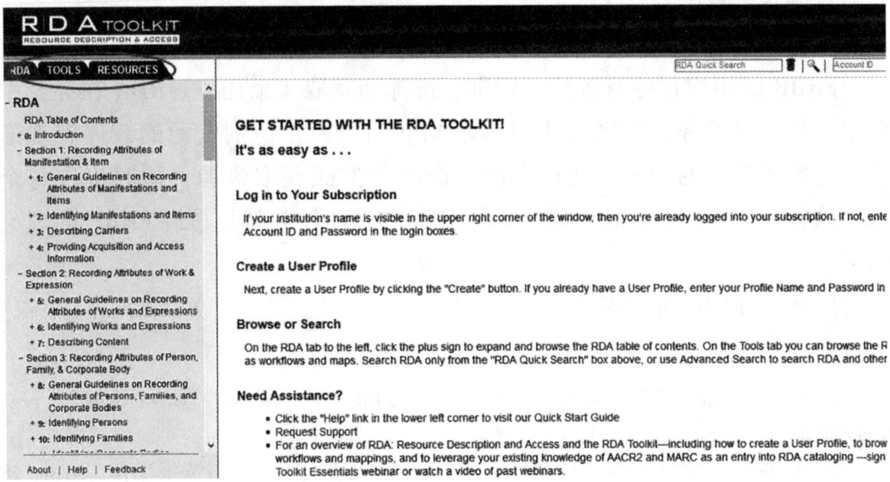

图 3.19　RDA Toolkit

为增加条目显示的灵活性与实用性，让 RDA 数据更模块化、动态化，RDA 工具包宣布自 2017 年 4 月起实施为期一年的“RDA 工具包重构与重新设计计划”（简称“3R 计划”）。原定 2018 年 4 月完成，后宣布将延期到 6 月。计划在重新设计 RDA 工具包网站的同时，也对 RDA 内容框架进行重构。

2019 年 10 月，RDA 工具包官网正式宣布 3R 项目完成。随着 2019 年 4 月和 9 月 RDA 工具包测试版站点（RDA Toolkit Beta Site）的发布，RDA 文本已经稳定，站点已经达到了可访问性和修订报告的项目目标，结束了英文版本的工作。下一步的工作重点将转移到其他语种翻译、政策声明和应用程序概要的开发上。目前翻译工作进展顺利，预计在未来 15 个月内将有 9 个译本出版。政策声明和应用程序配置文件处于开发的早期阶段。RDA 工具包测试版站点转换为官方 RDA 站点预计将会在 2020 年年底完成。①

3.2.4 RDA 与 FRBR 的关系

RDA 与 FRBR 的相同点：

（1）RDA 与 FRBR 的目的相同

FRBR 的目的包括：①书目记录适用于各种载体和各种相关用户；②满足各种用户对书目资源的各种需求。RDA 的目的则是提供一套组织数据、支持资源发现的规则，并适用于各种内容和各种载体的资源描述与检索，可以随资源类型的不断复杂化而扩展，增强其国际通用性。由此可见，二者的目的是一致的。

（2）用户任务一致

FRBR 的用户任务有查找、识别、选择和获取 4 个任务。RDA 在导言中介绍了其用户任务：发现与用户请求相同的资源，识别资源的载体表现形式，选择所需要的资源，通过借阅、访问等方式获取资源，同时也在每个部分的各章中支持特定用户任务。② RDA 的总体任务就是再现 FRBR 的理论框架。

RDA 与 FRBR 的区别：

---

① Completion of 3R Project［EB/OL］.［2020-06-30］. https：//www.rdatoolkit.org/node/202.

② 唐亦玲．编目工作人员视角下的 RDA 与 FRBR［J］．图书情报工作，2014，58（2）：228-230.

(1)RDA 发展了 FRBR 的设计理念

FRBR 从编目对象的实体、属性和关系出发，来揭示书目记录功能需求，以此建立书目记录之间、书目记录各个著录对象之间的关系。RDA 是以 FRBR/FRAD 为基础编制的：它引进了 FRBR 中实体、属性、关系、内容表达、载体表现等术语；采用 FRBR 的 E-R 模型建立其内容框架；在章节顺序上，RDA 与 FRBR 概念模型保持一致；它是按照 FRBR 模型定义的实体、属性和关系来组织的各个部分。

(2)RDA 依据 FRBR 概念更新了名词术语

RDA 彻底废除了主要款目(main entry)、附加款目(added entry)的概念，代之以主要检索点(primary access point)和次要检索点(secondary access point)的概念。此外，RDA 还对其他一些不清晰或与 FRBR 不一致的概念进行了必要的修正。RDA 将 FRBR 实体-属性-关系各个元素以及元素之间的关系用附录方式表示出来。

3.2.5　RDA 与 AACR2 的关系

(1)主要特点的比较

AACR2 的主要特点：

①AACR2 主要适用于以英语为母语的国家(如英国和北美)，且编目规则的原始设计较适用于卡片目录的环境。

②积极采用了 ISBDs，使英美编目条例与 ISBDs 有机地结合，并根据 ISBD 模式发展 USMARC。

③全面考虑了非书资料的编目问题，大量扩充了非书资料与舆图资料的著录规则。

④在检索点选取方面贯彻著者原则，根据著者对文献的知识内容或艺术内容所负的责任，而不是凭文献类型选择标目。

⑤适应计算机编目的要求，贯彻了 ISBD 著录项目的设置、顺序及标识符号的使用等规则，使之能适应计算机编目的需求。

RDA 的主要特点：

①RDA 基本上是基于 IFLA 提出的两个本体 FRBR 和 FRAD，在内容和结构的安排上与 FRBR 概念模型相一致，并全面支持 FRBR 的 4 个用户任务，即查找、识别、选择、获取。

②以国际编目原则为编制基础，全面贯彻了 ICP 的原则和精神。

③在著录元素(ISBD的著录项目)的顺序、安排及标识符号的使用等方面与ISBD保持一致。

④为数字环境而设计，产品的记录适用于数字环境。而数字环境至少包括三个方面：基于网络的工具、能满足数字和其他类型资源编目的工具、能产生用于数字环境(通过因特网、OPAC)的记录工具。

⑤跨国内容标准，以英语背景开发，但也适用于其他语言环境，能够提供所有媒体的书目著录和检索。

(2)RDA与AACR2的主要区别

①RDA将ISBD标点符号与公用目录显示规定列入选项，各机构可自行选择及设计公用显示格式。

②RDA对一般资料标识(GMD)提供更完善的清单使用规则，同时注重资源内容与载体的类型与格式。

③RDA将以FRBR使用者作为章节排列的准则。

④因主要款目的观念不适用于线上目录，RDA用“主要检索点”取代“主要款目”。

⑤RDA不再以资源类型分章，而尽量用一致性的原则贯通各类型资料，与资源类型有关的特别规则将在通用规则之下，方便编目员查询、使用。

⑥RDA将连续性资源(continuing resources)改名为连续发行的资源(resources issued in successive parts)。

3.3 记录载体表现和单件的属性

3.3.1 记录载体表现和单件属性的一般规则

3.3.1.1 相关术语

作为独立单元发行的资源：作为独立的物理单元(例如作为单卷本的专著)，或对于无形的资源是指作为独立的逻辑单元(例如作为网络上登载的一个PDF文件)发行的资源。

多部分专著：以两个或两个以上的部分(同时或陆续)发行，已经出齐或计划以有限的部分出齐的资源。

连续出版物：以连续性分布方式发行的资源，通常载有编号，没有事先确定的终止期限。

集成性资源：以更新的方式进行增补或更改的资源，更新部分与整体不是分离的而是融为一体的。集成性资源可以是有形的(如通过换页方式进行更新的活页手册)或无形的(如通过持续或循环方式进行更新的网站)。

3.3.1.2　核心元素

核心元素是指描述载体表现，至少包括使用且易于确定的元素。

表 3.1　核心元素

元素	子元素
题名	正题名
责任说明	与正题名相关的责任说明(如果有多个，则仅第一个所记录的说明是必需的)
版本说明	版本标识
	特定修订版标识
连续出版物编号	序列首期或第一部分的数字和/或字母标识(对于第一个或唯一的序列)
	序列首期或第一部分的年代标识(对于第一个或唯一的序列)
	序列末期或最后一部分的数字和/或字母标识(对于最后一个或唯一的序列)
	序列末期或最后一部分的年代标识(对于最后一个或唯一的序列)
制作说明	制作日期(适用于非出版形式资源)
出版说明	出版地(如果有多个，则仅第一个所记录的地点是必需的)
	出版者名称(如果有多个，则仅第一个所记录的名称是必需的)
	出版日期
发行说明	发行地(适用于出版地未能识别的已出版资源；如有多个，则仅第一个所记录的地点是必需的)
	发行者名称(适用于出版者未能识别的已出版资源；如有多个，则仅第一个所记录的名称是必需的)
	发行日期(适用于出版日期未能识别的已出版资源)

续表

生产说明	生产地(适用于出版地和发行地均未能识别的已出版资源；如有多个，则仅第一个所记录的地点是必需的)
	生产者名称(适用于出版者和发行者均未能识别的已出版资源；如有多个，则仅第一个所记录的名称是必需的)
	生产日期(适用于出版日期、发行日期和版权日期均未能识别的已出版资源)
版权日期	版权日期(如果出版日期、发行日期均未能识别)
从编说明	丛编正题名
	丛编编号
	分丛编正题名
	分丛编编号
载体表现标识符	载体表现标识符(如有多个，在适用的情况下，首选国际公认的标识符)
载体类型	载体类型
数量	数量(仅当资源完整或全部数量已知)

3.3.1.3 著录方法的确定

RDA 根据资源类型和著录目的的不同，可分为三种著录方式。

综合著录是将资源作为一个整体进行描述，包括作为独立单元发行的资源、多部分专著、连续出版物、集成性资源等类型；分析著录也称单独著录，是对资源的组成部分进行描述，包括作为独立单元发行的更大资源的一部分、多部分专著的一部分、连续出版物的一部分、集成性资源的一部分等资源类型；分级著录是包含两个或两个以上部分的任何资源可以同时采用整体的综合著录和描述部分的分析著录。如果资源的部分被进一步分为它们自己的部分，则可为那些进一步复分的部分创建分析著录。

RDA 针对资源类型的不同采用不同的著录方法。

单卷本专著：采用综合著录方式，将资源作为一个整体，编制一条书目记录。

多部分专著：多卷书，是指在物理形态上分为有限的几个部分，作为一个整体出版的专著出版物。多部分专著既可采用综合著录方式，也可以采用分析著录。应根据文献本身的书目特征、馆藏情况等因素选择。一般优先选择综合著录。无论哪一种方式，都要记录其相关资源或相关部分的细节，保持足够的检索点。同一数据库内，同一种多部分专著的著录方式应保持一致。

专著丛编：收入专著丛编的各个单册具有独立识别的意义，应采用分析著录方式，记录各单词的属性，并将整个丛编题名记录在丛编说明中。

连续出版物和集成性资源：一般采用综合著录方式。

补编：补编和主书不是同时发行的，为补编创建新的书目记录；补编的题名或责任说明与主书有明显不同时，为补编创建新的记录。连续出版物的所有补编，除了补编为连续出版物的索引或者补编只能和著述一起使用时两种情况外，均创建新的书目记录。

根据不同的资源类型，RDA 需要创建新著录，多部分专著在以下两种情况下需要创建一种新著录：①发行方式的变化，如多部分专著变为连续出版物或集成性资源，连续出版物或集成性资源变为多部分专著。②当多部分专著的媒介类型发生变化。连续出版物的发行方式、媒介类型、正题名、责任、版本说明等发生变化时，需要创建一条新记录；集成性资源的发生方式、媒介类型、基础卷、版本说明等发生变化时需要创建一条新记录。

3.3.1.4　录入规则

转录能够反映文献原始信息状态的描述方式，“所见即所得”和“照实转录”是 RDA 关于数据转录的最重要原则。在转录时，应遵循以下规则：

(1)大小写

个人、家族、团体和地点名称的首字母大写；

正题名、交替题名、并列题名、引用题名及部分、卷期或补编题名的首字母大写，其他题名信息根据语言规则确定大小写；

版本标识、附注首字母大写；

连续出版物编号序列首期或第一部分的数字/字母/年代标识的首字母大写；

丛编和分丛编题名的首字母大写，丛编或分丛编中编号部分不需要大写(特定语言的大写规则除外)；

其他著录信息依相关语言的规则视情况选择大写；

如果书目数据衍生自采用扫描、收割方式得到的数字信息源，则可以接受数据中的大小写形式，不做修改。

(2)标点符号

资源上出现的标点符号按信息源上所见形式进行转录，著录标识符按ISBD的有关规定著录。

(3)变音符号

按信息源上出现的形式转录。对于无法录入的标识或字符，可对其进行描述，并置于方括号中。如有必要可用附注形式说明。

(4)空格

如果信息源上单独的字母或首字母之间没有句点，则不管信息源上是否有空格，转录字母时中间没有空格；如果字母或首字母之间有句点，省略任何中间的空格。

(5)缩写

对于转录元素而言，仅使用元素的信息源中所见的缩写。如果自拟转录元素的有关信息，一般不采用缩写。

(6)差错

当要求按信息源上出现的形式转录元素时，按信息源转录差错或拼写错误的单词，除非另有规定；如果对识别或检索重要，则为差错的订正编制一个附注；如果差错出现在题名中，且对识别或检索重要，则将题目的正确形式作为变异题名记录。

数字或日期的著录有以下两种情况：①在转录元素中记录用数字或词表达的数时，按信息源上所见形式著录。②在记录连续出版物编号、制作/出版/发现/生产/版权日期、丛编编号、分丛编编号及学位授予年时，应遵循以下规则：按信息源上出现的形式记录数字；将用词表达的数替换成数字；采用来源上出现的形式记录日期，同时用方括号补上阿拉伯数字形式的日期。

序数词的转录：转录来自英语信息源时，用1st，2nd，3rd，4th等形式记录；转录来自中、日、韩语信息源时，用数字附带表示序数词的字符进行记录；转录来自其他外文语种的信息源时，用该语言的序数词的用法。

3.3.2　识别载体表现和单件

3.3.2.1　识别资源的依据

当选择信息源作为识别资源的依据时，根据著录的类型和资源的类型进行选择。

综合著录时，根据资源的发行方式，选择相应的信息源：

作为独立单元发行的资源，选择识别资源整体的信息源。

多部分发行的资源：

各部分为顺序编号，则选择可识别已有编号最小的卷期或部分的信息源；

各部分为无编号或者非顺序编号，则选择可识别具有最早发行日期的卷期或部分的信息源；

各部分顺序发行的概念不适用(如多载体配套资料)，则选择可识别资源整体的信息源；否则，将识别单独部分的来源作为资源整体的集合性信息源；

如果资源不适用各部分有序排列的概念，且没有识别资源整体的信息源，则选择资源主要部分的信息源。

集成性资源：选择可识别资源整体的当前更新后的整体的信息源。

分析著录时，当对资源的单部分(如杂志中的一篇文章、多卷书的一卷)进行著录时，选择识别所描述特定部分的信息源；对资源的多部分进行分析著录时，选择使用与所描述部分的信息源；对作为集成性资源发现的一个或多个部分(如活页出版物发现的多卷集的一卷)分析著录时，选择识别所描述部分的当前更新后的整体的一个或多个信息源。

3.3.2.2　信息源

RDA 允许从任何来源获取书目著录数据，但是规定了首选信息源，以保证著录的规范性和一致性。

(1)一个或多个页、叶、张或卡片组成的资源

即资源由一个或多个页、叶、张或卡片(如一本书、一期期刊等)，或者页、叶、张或卡片的图像(如文本的 PDF 文档、地图的缩微复制品等)组成。其首选信息源如下：

题名页、题名张或题名卡片

封面

文首

刊头

书末出版说明

如果上述来源都没有题名信息，则将载有题名的资源内的另一来源作为首选信息源，并且优先考虑正规形式的来源；如果资源未包含上述来源，则将构成资源本身一部分的另一来源作为首选信息源，优先考虑正规形式的来源。

(2)动态图像组成的资源

资源由动态图像组成，如视频游戏、开盘电影胶片等，首选信息源如下：

一个或多个题名帧或题名屏

永久固定在资源上的载有题名的标签，不包括附带的文字材料或容器(如视盘上的标签)。

包含题名的文本形式的嵌入元数据(如嵌入 MPEG 视盘文件的元数据)。

(3)其他资源

除上述资源类型外的其他资源，其首选信息源如下：

永久印制于或固定于资源的载有题名的标签，不包括所附的文字资料或容器；

包含题名的文本形式的嵌入元数据。

如果从资源本身找不到识别资源所需信息，一般按照以下顺序优先选择信息源：

附件；

不作为资源组成部分分析的容器(如拥有者制作的盒子)；

其他出版的资源描述资料；

任何其他来源。

3.3.3 描述载体

记录资源载体特征的属性时，以资源本身或其附件和容器所呈现的信息作为依据。如有必要，可以从任何来源获取补充依据。描述载体的一般规则如下：

如果作品有不同格式的载体表现(如印刷文本和缩微胶卷、录音盘和卡式录音带)，则为不同载体上的每个不同格式的载体表现编制单独的书目记录，并记录描述载体的元素。

当对由多个载体类型组成的资源进行综合著录时，根据资源的性质与描述的目的，可以分为三种描述方法：仅记录每个载体的载体类型和数量；记录每个载体的载体类型、数量和其他特征；用通用术语记录主要的载体类型和数量。

对于附件的著录如果对识别或选择重要，则记录特定载体的附加特征。

当对收藏整体进行描述时，根据收藏的性质和描述的目的，依据不同的描述方法记录数量：单件数、容器数或册数应记录单件的具体数或估算数，或容器或册的具体数；存储空间应用公制给出收藏占据的存储空间量，酌情采用 cm、m、cm^3或 m^3等公制符号；记录单元数和类型数量时，应给出每个类型的单元数和适用的术语。

对于多部分专著和连续出版物，如果后继卷期或部分的媒介类型发生变化，则创建一个新著录，如果载体类型或载体的其他特征发生变化，则依这些元素的说明，记录变化了的特征，如果变化对识别或选择重要，则编制一个附注。

对于集成性资源，如果后继更新后的整体的媒介类型发生变化，则创建一个新著录。如果更新后的整体中载体类型或载体的其他特征发生变化，则修改载体描述以反映当前更新后的整体，如果变化对识别重要，则为先前特征编制一个附注。

3.3.4　提供获取和检索信息

RDA 定义了载体表现和单件用来支持用户获取和检索资源的相关属性及其著录规则。

获得方式：出版者、发行者等正常提供资源的条件或资源的价格。记录资源的获得方式，如果该资源供出售，则获得方式由价格(记录为带标准符号的数字)组成；如果该资源不供出售，则获得方式是其他方式的简短说明。如：$6.5 per year/ Not for sale, for promotion only。

联络信息：与组织等相关的信息。对于已出版的资源，联络信息通常包括资源的出版者、发行者等的名称地址等；对于档案资源和收藏，联络信息通常包括拥有该资源的档案保存机构的名称、地址等。记录已出版资源的联络信息时，如果出版者、发行者等的联络信息对获取或检索重要，则记录；对于档案资源和收藏，记录资源保存机构的名称和地点，记录保存机构的名称时，包括其任何上级机构的名称，如果对检索重要，还包括邮寄地址和其他联络信息。

获取限制：对资源获取设置的限制。应尽可能具体地记录用于资源检索的所有限制信息，包括限制的性质和持续时间。如果重要，对于限制信息的缺失也可标注。如：Open to researchers under library restrictions。

使用限制：对复制、出版、展览等使用设置的限制。应尽可能具体地记录资源使用的所有限制，包括限制的性质和持续时间。如：Certain restrictions to use or copying of materials may apply。

统一资源定位符：即URL，指远程访问资源的地址。包括使用标准的互联网浏览器对资源进行联机检索的所有资源标识符。如果统一资源定位符有多个，应根据著录机构的政策记录一个或多个；如果统一资源定位符增加或有变化，则酌情添加或修改。

3.4 记录作品和内容表达的属性

3.4.1 记录作品和内容表达属性的一般性规则

3.4.1.1 相关术语

作品首选题名：被选作代表某作品的规范检索点的基础部分的题名或题名形式。

作品变异题名：某作品为人所知但与其首选题名不同的题名或题名形式。

检索点：代表特定作品或内容表达的一个名词、术语、代码等。包括规范检索点、变异检索点。

规范检索点：代表一个实体的标准化检索点。用作品的首选题名并酌情前置以代表对此作品负有责任的个人、家族或团体的规范检索点，构建代表作品或内容表达的规范检索点。

变异检索点：代表一个实体的规范检索点的交替形式。用作品的变异题名并酌情前置以代表对此作品负有责任的个人、家族或团体的规范检索点，构建代表作品或内容表达的变异检索点。

3.4.1.2　核心元素

当识别作品的数据时，核心元素有：作品首选题名、作品标识符。如果需要区分作品首选题名、不同作品的题名，或个人、家族、团体的名称时，需要将作品形式、作品日期、作品原创地、作品的其他区别特征作为核心元素；当识别有非区别性题名的音乐作品时，可将表演媒介、数字标识、音调作为核心元素。

当识别内容表达的数据时，核心元素有：内容表达标识符、内容类型、内容表达的语言。如果需要区分，可将内容表达的日期、内容表达的其他区别特征作为核心元素；当描述地图的内容表达时，可将地图内容的水平比例尺、地图内容的垂直比例尺作为核心元素。

3.4.1.3　检索点

当构建代表作品或内容表达的规范检索点时，作品首选题名是检索点的基础。

构建代表作品的规范检索点时，应按如下顺序：①对作品负有责任的个人、家族或团体的规范检索点；②作品首选题名；③如果需要，用于区分的附加成分。代表作品和内容表达的规范检索点不仅用于汇集不同形式的一种作品，也用于识别相同题名的不同作品。如：莎士比亚原创作品《哈姆雷特》的规范检索点是"个人名称规范检索点+首选题名"形式 Shakespeare, William, 1564-1616. Hamlet，而另一同名动态图像作品的规范检索点是"首选题名"形式 Hamlet。

当构建代表作品或内容表达的变异检索点时，用作品变异题名作为检索点的基础。如果变异检索点代表一部作品，而该作品的规范检索点是用作品首选题名前置以代表个人、家族或团体的规范检索点所构成，则用作品变异题名并前置以代表该个人、家族或团体的规范检索点，构建变异检索点。

3.4.2　识别作品和内容表达

3.4.2.1　信息源

作品首选题名信息源：对于 1500 年以后(古代晚期和近现代)创作的作品，从体现作品的资源或参考源中确定用作作品首选题名的题名；对于

1501 年以前(古代早、中期)创作的作品，从现代参考源中确定用作作品首选题名的题名，如果现代参考源的证据无说服力，则按现代版本、早期版本、手稿版本的顺序选择信息源。

3.4.2.2 影响作品识别的变化

(1)作为多部分专著发行的作品

如果发行方式或媒介类型的变化，以及作品责任的变化导致创建一个多部分专著的新著录，则构建代表作品的规范检索点时，应反映出用作新著录基础的部分中所表现的作品责任。当下列责任变化出现时，需考虑构建代表一部新作品的规范检索点：

当代表个人、家族或团体的规范检索点用于构建代表作品的规范检索点时，对代表个人、家族或团体的规范检索点有影响的变化；

当个人、家族或团体名称用作代表作品的规范检索点的附加成分时，对个人、家族或团体名称有影响的变化。

(2)作为连续出版物发行的作品

当作品责任变化时，在构建代表作品的规范检索点时，应反映出用作新著录基础的卷期或部分中所表现的作品责任。当下列责任变化出现时，需考虑影响代表作品的规范检索点构建：

当代表个人、家族或团体的规范检索点用于构建代表作品的规范检索点时，对代表个人、家族或团体的规范检索点有影响的变化；

当个人、家族或团体名称用作代表作品的规范检索点的附加成分时，对个人、家族或团体名称有影响的变化。

当整体名有主要变化时，则在构建代表作品的规范检索点时，应反映作为新著录基础的卷期或部分中所表现的题名。

(3)作为集成性资源发行的作品

如果作品责任发生变化，则在修订代表作品的规范检索点时，应反映在较晚更新后的整体中所表现的作品责任，用先前的规范检索点作为代表作品的变异检索点。当下列责任变化出现时，需考虑影响代表作品的规范检索点的构建：

当代表个人、家族或团体的规范检索点用于构建代表作品的规范检索点时，对代表个人、家族或团体的规范检索点有影响的变化；

当个人、家族或团体名称用作代表作品的规范检索点的附加成分时，对个人、家族或团体名称有影响的变化。

当整体名有主要变化时，则在修订代表作品的规范检索点时，应反映较晚更新后的整体所表现的题名，用先前的规范检索点作为代表作品的变异检索点。

3.4.3　描述内容

描述内容有助于选择适合用户需要的相关内容或者帮助识别资源。包括的元素有内容特性、地图特征、学位论文、内容提要、读者对象、语言等。“描述内容”是对“识别作品和内容表达”在细节上的扩展补充。各个元素的记录应根据具体情况进行描述，如果识别或选择重要，则进行记录。

3.5　记录个人、家族、团体的属性

3.5.1　记录个人、家族和团体属性的一般性规则

3.5.1.1　相关术语

首选名称：被选作代表个人、家族或团体的规范检索点的基础部分的名称或名称形式。

变异名称：个人、家族或团体为人所知但与其首选名称不同的名称或名称形式。

3.5.1.2　核心元素

当记录识别个人、家族或团体的数据时，应至少包括使用且易于确定的下列元素(见表 3.2)。将这些元素作为代表个人、家族或团体的规范检索点的组成部分，或作为独立元素，或两者兼备予以记录。

表 3.2　**记录个人、家族和团体属性的核心元素**

个人	个人首选名称、个人头衔、出生日期、死亡日期、与个人相关的其他标识、职业或工作、个人标识符
家族	家族首选名称、家族类型、与家族相关的日期、家族标识符
团体	团体首选名称、会议等的地点、与团体相关的日期、相关机构、会议等的届次、与团体相关的其他标识、团体标识符

当个人、家族或团体的首选名称与另一个人、家族或团体记录的名称或名称形式相同或相似时，可按表3.3的元素区分。

表3.3 **区分元素**

个人	名称的更完整形式、职业或工作、个人活跃期
家族	与家族相关的地点、家族的著名成员
团体	总部所在地、相关机构、与团体相关的其他标识

记录名称的一般规则：

记录名称出现大写时，一般来说每个名称的首词应该大写，对于非常规大写的名称，应遵循其广为人知的大写形式；出现数字或词表达的数时，按信息源上出现的形式记录。

变音符号或重音应如实记录，如果确定这些符号是名称的组成部分，而获取该名称的信息源省略了它们，则不上这些符号。

如果名称拥有人在名之间使用连字符，则予以保留；如果音译系统有相应的规定，则在音译的名称中包含连字符。

记录个人或家族名称时，在代表名或姓的首字母缩写之后的句点与其后的首字母缩写的名称之间空一格；如果名称全部或主要由单独的字母组成，则在字母之间空一格；如果名称包含构成头衔、称谓的一部分的首字母缩写或缩写，则在首字母缩写或缩写与其后的首字母缩写、缩写、数字或词之间空一格。

记录团体名称时，在句点等和其后的首字母缩写之间不空格；如果信息源上出现的单独的字母或首字母缩写之间没有句点，则记录时在字母之间不空格。

3.5.1.3 检索点

构建代表个人、家族和团体的规范检索点时，用个人、家族或团体的首选名称作为检索点的基础；如果两个或两个以上的个人、家族或团体拥有相同或相似的名称，如使用，依其相应的附加成分的说明，为首选名称添加诸如日期、地名或其他区别性术语的元素。如果所有指定的附加成分都不确定，则执行该名称为未区分的名称。

构建代表个人、家族和团体的变异检索点时，用个人、家族或团体的变异名称作为检索点的基础；如果对识别重要，在适用情况下，用相关的附加成分所列的说明，为名称添加附加成分。

3.5.2　识别个人

3.5.2.1　个人的范围

个人指一个个人或是由个人建立的识别身份(单独的或与其他一个或多个个人的合作)。个人可以是真实的，也可以是虚拟的，非人类的。在书目记录中，个人可作为责任者，也可作为作品内容涉及的对象。

个人名称包括个人首选名称和个人变异名称。个人首选名称是个人规范检索点的基础，个人变异名称须记录在规范记录中，使用户可从其他名称或名称形式检索到所需的个人及相关资源。

3.5.2.2　识别个人的一般性规则

信息源：个人名称取自任何信息源。个人首选名称的来源依次为：①与个人相联系的资源中的首选信息源；②与个人相联系的资源中出现的其他正式说明；③其他来源。

使用检索点代表个人：当用规范检索点代表与资源相关的个人或代表相关个人时，用个人首选名称作为检索点的基础，并根据需要附加头衔、生卒年、名称的更完整形式、个人活动期、职业或工作等，以便区分相同名称的不同个人，或提供更多的名称信息。用变异检索点代表个人时，以变异名称为基础，并根据需要添加附加成分。如果没有合适的附加成分，则对具有相同名称的所有个人使用同一检索点，同时使用名称未区分的指示符表示名称未加以区分。

3.5.3　识别家族

3.5.3.1　家族的范围

家族是指通过出生、婚姻、收养、民事结合或类似的法律身份发生关系的，或以一个家庭的方式呈现的两个或两个以上的人。在书目记录中，家族可作为责任者，也可是作品内容涉及的对象。

家族名称包括家族首选名称和家族变异名称。家族首选名称是家族规范检索点的基础，家族使用的其他名称或名称形式(即变异名称)，须记录在规范记录中，使用户可从其他名称或名称形式检索到所需的个人及相关资源。

3.5.3.2 识别家族的一般规则

信息源：家族名称取自任何来源。家族首选名称的来源依次为：①与家族相联系的资源中的首选信息源；②与家族相联系的资源中出现的其他正式说明；③其他来源。

使用检索点代表家族：当用规范检索点代表与资源相关的家族或代表相关家族时，用家族首选名称作为检索点的基础，并根据需要添加家族类型、与家族相关的日期、与家族相关的地点、家族的著名成员等，以便区分相同名称的不同家族，或提供更多的名称信息。用变异检索点代表家族时，以变异名称为基础，并根据需要添加附加成分。代表家族的规范检索点记录在书目记录与规范记录中。变异检索点主要记录在规范记录中，以便从同一家族的其他名称或名称形式检索到所需的资源。

3.5.4 识别团体

3.5.4.1 团体的范围

团体指由特定名称识别，并作为一个单位进行或可能进行活动的一个组织或一群个人和/或组织。常见团体有协会、学会、工商企业、非营利事业单位、政府、政府机构、规划或项目、宗教团体、以教会名称识别的地方教会组织和会议；特别事件，如体育比赛、展览、考察、博览会和节日等，船(如船舶和航天飞船)也视为团体。

团体名称包括团体首选名称和团体变异名称。团体首选名称是家族规范检索点的基础，团体使用的其他名称或名称形式(即变异名称)，须记录在规范记录中，使用户可从其他名称或名称形式检索到所需的个人及相关资源。

3.5.4.2 识别团体的一般规则

信息源：团体名称取自任何来源。团体首选名称的来源依次为：①与团体相联系的资源中的首选信息源；②与团体相联系的资源中出现的其他正式说明；③其他来源。

使用检索点代表团体：当用规范检索点代表与资源相关的团体或代表相关团体时，用团体首选名称作为检索点的基础，并根据需要添加表示团体的标识、地名、相关机构、日期等，以便区分相同名称的不同团体，或提供更多的名称信息。用变异检索点代表团体时，以变异名称为基础，并根据需要添加附加成分。代表团体的规范检索点记录在书目记录与规范记录中。变异检索点主要记录在规范记录中，以便从同一团体的其他名称或名称形式检索到所需的资源。

3.6　RDA 中的关系

3.6.1　基础理论

RDA 中的关系是由 AACR2 发展而来的。RDA 的核心目标是识别属性和关联实体。识别属性即通过对实体自身特征的描述，使资源能被用户查找和识别，进而选择和获取，本质是对书目实体内在关系的揭示；关联实体是通过对实体间关系的描述，使资源相互联系，从而帮助用户由此及彼，获得更多相关资源，本质是对书目实体外在关系的揭示。① 内在关系是书目实体与其自身属性或特征之间的关系，外在关系是书目实体与其他书目实体之间的关系，我们通常所说的关系是指实体之间的关系，即外在关系。

RDA 中的关系是帮助用户找到所需资源的基础。通过对实体本质属性和特征的识别以及对实体相互关系的描述，使用户可以查找、识别、选择和获取所需资源，帮助用户了解和获取更多的相关资源。

RDA 中的关系由两部分组成：被关联的实体和关系类型。被关联的实体包括与所描述实体发生各种关系的作品、内容表达、载体表现、单件、个人、家族和团体，通常由规范检索点所代表。关系类型由指明关系的一个术语或代码表示通过关系说明与实现。RDA 将关系说明语按照不同的类型分列与 4 个附录中。根据关系说明可以直接判断出关系类型。

① 李蓓，周宇葵．RDA 的实体及关系解析[J]．新世纪图书馆，2014(2)：31-34.

3.6.2 RDA 中的关系种类

RDA 中的关系是依据 FRBR 和 FRAD 而构建的，包括 6 种关系，见表 3.4。

表 3.4 **RDA 中的关系**

部分	章节编号	名称	关系实质
第 5 部分	第 17 章	记录作品、内容表达、载体表现单件之间的基本关系	记录 FRBR 第一组实体之间的基本关系(内在关系)
第 6 部分	第18—22章	记录个人、家庭和团体的关系	记录 FRBR 中第二组实体与第一组实体之间的关系(内在关系)
附录 I	附录 I. 1—5	关系说明语：资源和与资源相关的个人、家族和团体之间的关系	
第 7 部分	第 23 章	记录概念、物体、事件和地点的关系	记录 FRBR 中第三组实体与第一组实体之间的关系(内在关系)
第 8 部分	第24—28章	记录作品、内容表达、载体表现和单件之间的关系	记录 FRBR 第一组实体之间的其他关系(外在关系)
附录 J	附录 J. 1-5	关系说明语：作品、内容表达、载体表现和单件之间的关系	
第 9 部分	第29—32章	记录个人、家族和团体之间的关系	记录 FRAD 中第二类关系(外在关系)
附录 K	附录 K. 1-4	关系说明语：记录个人、家族和团体之间的关系	
第10部分	第33—37章	记录概念、物体、事件和地点之间的关系	记录 FRSAD 中实体之间的关系(外在关系)
附录 L	附录 L	关系说明语：记录概念、物体、事件和地点之间的关系	

由于在 RDA 编制时，FRSAD 还未完成，因此与主题相关的实体、属性和关系未能涵盖在当前 RDA 中，有待进一步补充说明。

3.6.3　记录 RDA 中关系的方法

RDA 记录表达关系的方法包括规范检索点、标识符和描述三种。

规范检索点包括代表作品或内容表达的规范检索点以及代表个人、家族或团体的规范检索点。代表作品的规范检索点通常为“创作者规范检索点+作品首选题名”形式，而代表内容表达的规范检索点通常是在代表作品的规范检索点之后附加内容类型、日期、语言或其他特征等内容表达的识别元素。

标识符包括作品、内容表达、载体表现、单件的标识符以及个人、家族和团体的标识符。标识符是与实体唯一相关联的一组字符串，用来将一个实体与另一个实体相区别。标识符可用于记录作品、内容表达、载体表现和单件之间的基本关系，记录个人、家族和团体的关系以及记录作品、内容表达、载体表现和单件之间的关系。

描述是指使用结构化描述或非结构化附注说明提供对作品、内容表达、载体表现或单件的描述。描述可用于记录内容表达、载体表现和单件之间的基本关系以及作品、内容表达、载体表现和单件之间的关系。

3.6.4　RDA 中的关系说明语

RDA 指出，关系说明语细化关系，每个说明语应当作为 RDF 关系属性的子属性表达。关系说明语类型包括四种：资源和与资源相关的个人、家族和团体之间的关系(附录 I)；作品、内容表达、载体表现和单件之间的关系(附录 J)；个人、家族和团体之间的关系(附录 K)；概念、物体、事件和地点之间的关系(附录 L)。关系说明语是未来指明书目数据(元素)间关联关系的重要依据。

在使用关系说明语时，应根据实际需要选择较通用的关系说明语或更专指的关系说明语。例如，一部作品可以使用较通用的关系说明语“作者”，也可使用更专指的作者类关系说明语，“作词者”“编剧”等。

RDA 附录中的关系说明语列表是开放的词表，在具体的编目过程中，如果词表中没有合适的关系术语，编目人员可以根据实际需要自拟。

3.6.5 作品、内容表达、载体表现和单件之间的基本关系

3.6.5.1 一般规则

基本关系是指 FRBR 中所定义的作品、内容表达、载体表现和单件之间的内在关系，包括：作品和使作品得以实现的内容表达之间的关系、作品的内容表达和使内容表达具体化的载体表现之间的关系、载体表现和使载体表现得以例证的单件之间的关系。

记录基本关系的元素有 8 个，包括：作品的内容表达、被表达的作品、作品的载体表现、被表现的作品、内容表达的载体表现、被表现的内容表达、载体表现的例证、被例证的载体表现。其中，被表现的作品是核心元素，被表现的内容表达是需要区分时的核心元素。

3.6.5.2 记录基本关系

当记录基本关系时，应至少包括被表现的作品。如果作品的内容表达有多个，则记录被表现的内容表达；如果载体表现中体现了多部作品，则仅主要的或名列首位的被表现的作品是必要的；如果载体表现中体现了多个内容表达，则仅主要的或名列首位的被表现的内容表达是必需的。

记录基本关系的方法有三种：

标识符：参考“记录载体表现和单件的属性”以及“记录作品和内容表达的属性”的相关内容。

规范检索点：参考“记录作品和内容表达的属性”的相关内容。

混合著录：将识别作品和/或内容表达的一个或多个元素与载体表现本身的描述结合的描述，包括结构化描述和非结构化描述。

3.6.6 记录个人、家族和团体的关系

3.6.6.1 一般规则

RDA 记录个人、家族和团体的关系的元素有 11 个，分别是：创作者；与作品相关的其他个人、家族或团体；贡献者；未出版资源的制作者；出版者；发行者；生产者；与载体表现相关的其他个人、家族或团体；拥有者；保管者；与单件相关的其他个人、家族或团体。其中，创作者是核心元素，“与作

品相关的其他个人、家族或团体”是需要区分时使用的核心元素。

记录个人、家族和团体的关系包括：

记录与资源相关的个人、家族和团体关系：在记录时，依据标识符和/或规范检索点所列的说明，分别适用提供个人、家族或团体的标识符、规范检索点，记录资源和与该资源相关的个人、家族或团体之间的关系。在记录标识符和/或规范检索点的同时，记录一个适用的关系说明语比用关系元素本身所定义的范围更为专指地指示关系的本质。

记录与作品相关的个人、家族和团体：与作品相关的个人、家族和团体的信息取自出现在体现作品的资源的首选信息源上。如果这些说明不明确或不充分，则优先顺序为：在资源中显著出现的其他说明；仅在资源内容中出现的信息；其他来源。其核心元素包括：创作者；与作品相关的其他个人、家族或团体。

记录与内容表达相关的个人、家族和团体：内容表达与个人、家族和团体的关系是贡献关系。与内容表达相关的个人、家族和团体的信息取自出现在体现内容表达的资源的首选信息源上。如果说明不明确或不充分，则按在资源中显著出现的其他说明、仅在字眼的内容中出现的信息、其他来源的顺序选择信息。其对应的元素是：贡献者。

记录与载体表现相关的个人、家族和团体：载体表现与个人、家族和团体的关系是生产、出版和发行关系。对应的元素包括：未出版资源的制作者；出版者；发行者；生产者；与载体表现相关的其他个人、家族或团体。

记录与单件相关的个人、家族和团体：单件与个人、家族和团体的关系是拥有、保管等关系。对应的元素有：拥有者；保管者；与单件相关的其他个人、家族或团体。

3.6.6.2　记录的方法

记录个人、家族和团体的关系的方法有两种：标识符和规范检索点，参考“记录个人、家族和团体的属性”有关内容。

3.6.7　记录作品、内容表达、载体表现和单件之间的关系

3.6.7.1　一般规则

记录作品、内容表达、载体表现和单件之间的关系依据标识符、规范

检索点或描述所列的一个或多个规则，记录其之间的关系。记录适用的关系说明语，该说明语比用关系元素本身所定义的范围更为专指地指示关系的本质。如果重要且适用，则记录较大作品中部分的编号。

3.6.7.2 相关作品

相关作品是指与由标识符、规范检索点或描述所代表的作品相关的作品(如改编、评注、续集等)。相关作品的关系类型有：衍生关系、描述关系、整体-部分关系、伴随关系、连续关系。相关作品的关系说明语见 RDA 附录 J.2。

3.6.7.3 相关内容表达

相关内容表达是指与由标识符、规范检索点或描述所代表的内容表达相关的内容表达(如修订版、译本等)。相关作品的关系类型有：衍生关系、描述关系、整体-部分关系、伴随关系、连续关系。相关作品的关系说明语见 RDA 附录 J.3。

3.6.7.4 相关载体表现

相关载体表现是指与所描述资源相关的载体表现(如不同格式的载体表现等)。相关作品的关系类型有：等同关系、描述关系、整体-部分关系、伴随关系。相关作品的关系说明语见 RDA 附录 J.4。

3.6.7.5 相关单件

相关单件是指与所描述资源相关的单件(如作为缩微复制基础的单件)。相关作品的关系类型有：等同关系、描述关系、整体-部分关系、伴随关系。相关作品的关系说明语见 RDA 附录 J.5。

3.6.7.6 记录方法

记录作品、内容表达、载体表现和单件之间关系的方法有三种：

标识符：参考“记录载体表现和单件的属性”及“记录作品和内容表达的属性”的相关内容。

规范检索点：参考“记录作品和内容表达的属性”的相关内容。

描述：包括结构化描述和/或非结构化描述。

3.6.8　记录个人、家族和团体之间的关系

记录个人、家族和团体之间的关系依据标识符、规范检索点所列的一个或多个规则，记录其之间的关系。记录适用的关系说明语，该说明语比用关系元素本身所定义的范围更为专指地指示关系的本质。

相关个人是指与由规范检索点和/或标识符所代表的个人、家族或团体相联系的个人(如合作者、家庭成员、团体创建者)。相关个人包括由一个人所确立的不同识别身份。

相关家族是指与由规范检索点和/或标识符所代表的个人、家族或团体相联系的家族(如某一个人的家族、一个对团体机构拥有控制权的家族)。

相关团体是指与由规范检索点和/或标识符所代表的个人、家族和团体相联系的团体(如某一个人所属的一个组合、一个子公司)。相关团体包括由规范检索点和/或标识符所代表的团体由于更名而产生的先前或后续的团体。

课后习题

1. 如何理解 FRBR 的实体关系模型?

2. 设想一下 FRBRoo 有哪些应用场景?

3. RDA Toolkit 近年来做了哪些发展和创新? 自主调研 RDA 工具包的最新进展并尝试在官网上试用。

4. 辨析 FRBR 与 RDA 的关联和差异。

图书的描述

第4章　图书的描述

4.1　中文图书的描述

“图书”是将知识通过文字、图画或其他符号记录在一定形态的载体上，装订成册并具备一定篇幅的印刷出版物，其目的是为了传播知识、表达思想。国际标准《文献工作——情报与文献工作词汇》(ISO 5127/2)规定48页以上构成一个书目单元，而联合国教科文组织1964年定义的图书为除封面外篇幅不少于49页的、非定期的印刷出版物。中华人民共和国国家标准《普通图书著录规则》(GB/T 3792.2—2006)规定普通图书为“以一部分出全的，或拟分有限的若干部分出全的出版物”。普通图书只限于1912年以后(含1912年)出版的出版物；1911年以前(含1911年)的出版物称为古籍。

“中文图书”顾名思义是汉语写成的图书，包括国内出版的，含有中西文的会议录，以及以学习外语为目的的双语教材和读物。① 图书的描述是指根据一定的著录规则，揭示和描述图书的形式特征和内容特征，从而准确地反映图书的信息。图书的描述能够帮助图书馆揭示馆藏，实现馆藏的有序管理，方便读者检索，是图书馆业务工作的基础和依据。

中文图书的描述一般依据《国际标准书目著录》(ISBD)、《文献著录规则》(GB/T 3792.1-83)、《中国文献编目规则》等著录规则，中文图书的机读目录采用CNMARC格式，每条记录由记录头标区、地址目次区、数据字段

① 万爱雯．中文图书机读编目规则与实践[M]．北京：知识出版社，2012.

区和一个记录分隔符组成。一条完整的 CNMARC 中文图书书目记录中，除了计算机自动生成的内容外，还有四大部分内容需要人工输入：①头标区、标识信息块和编码信息块；②著录信息块、附注块和款目连接块；③相关题名块、主题分析块和知识责任块；④国际使用块和国内使用块。

4.1.1　中文图书著录原则①

《CALIS 联机合作编目手册》依据《国际标准书目著录》(ISBD)、《文献著录规则》(GB/T 3792.1-83)、《中国文献编目规则》，并参考《中国机读目录格式使用手册》制定了中文图书著录原则。该原则针对中文图书的著录项目、著录用文字、著录用标识符、著录信息源、集中著录与分散著录等内容均作出详细规定。

4.1.1.1　著录项目

中文图书的著录项目为 ISBD 规定的书目记录中统一的八大著录项目：题名与责任说明项、版本项、文献特殊细节项、出版发行项、载体形态项、丛编项、附注项、标准号及获得方式项。每一个著录项目下设有若干著录单元，有些单元还可以细分成若干数据元素。

4.1.1.2　著录用文字

在著录题名与责任说明项、版本项、文献特殊细节项、出版发行项和丛编项时一般按照所著录文献本身的文字著录(繁体字照录)，无法按文献本身文字著录的图形和符号可改用其他形式著录，并置于方括号“[ ]”内。除题名以外的数字，如版本项的版次、出版发行及印刷日期、载体形态项的卷册数、页数及其他形态数量、尺寸、价格、丛编项的卷标识，一律采用阿拉伯数字著录。载体形态项、附注项、标准编号与获得方式一般采用简体汉字著录(古籍可用繁体字)。如果所著录文献的所载文字出现谬误，如实进行转录，同时在附注项(3XX 字段)说明，必要时可在相关题名字段(5XX 字段)提供检索点。

---

① 谢琴芳．CALIS 联机合作编目手册(上)[M]．北京：北京大学出版社，2000.

4.1.1.3 著录用标识符

著录用标识符是标识著录项目或表达著录内容的符号系统，包括著录内容中的标点符号和ISBD中规定用标识符。著录内容中的标点符号若是汉语特有的标点符号，则采用中文全角输入，而ISBD规定标识符则采用西文半角输入。著录用标识符主要有逗号“,”、句号“.”、冒号“:”、分号“;”、圆括号“( )”、方括号“[ ]”、连字符“-”。使用标识符时需要注意空格，逗号“,”和句号“.”在其后有1个英文字符位空格，即“，#”“. #”；冒号“:”、分号“;”、圆括号“( )”和方括号“[ ]”在其前后各有1个英文字符位空格，即“#: #”“#; #”“#( )#”“#[ ]#”；连字符前后均不空格，即“-”。英文、数字与汉字相连接的地方不空格，即汉字、英文之间不空格，汉字、数字之间不空格，英文、英文之间要空格，英文、数字之间要空格。在编制CNMARC书目数据时，著录项目标识符原则上根据图书馆自动化管理系统的设置以及字段标识符、子字段标识符自动生成，无需编目人员人工输入。

4.1.1.4 著录信息源

著录中文图书的主要信息源来自所著录图书的题名页，题名页位于封面之后、正文之前，记载有完整题名、责任者、出版者等信息。若无题名页，则依次根据版权页、封面、书脊、序言、后记、出版说明等著录，亦可参考书之外的有关信息著录。规定信息源是针对图书著录的各个具体著录项目规定了一个或多个信息来源。普通图书各个著录项目的规定信息源规定见表4.1，当规定信息源信息不足时可参考其他信息源著录，但著录信息需置于方括号“[ ]”内，并在附注项说明。

表4.1　**著录项目的规定信息源及对应CNMARC字段**

著录项目	CNMARC对应字段	规定信息源
题名与责任说明项	200、5XX、7XX	题名页
版本项	205	版权页或题名页、封面、出版说明等处
文献特殊细节项		任何信息源
出版发行项	210	版权页或题名页、封面、出版说明等处

续表

著录项目	CNMARC 对应字段	规定信息源
载体形态项	215	整部图书及附件
丛编项	225、461、462	丛编/专著题名页、封面、其他
附注项	3XX	任何信息源
标准号及获得方式项	010	任何信息源

4.1.1.5　集中著录与分散著录

对于多卷书、丛书、年鉴，著录的原则是分卷题名是否有检索意义，一般采用集中著录，若分卷题名有检索意义可采用分散著录。具有连续出版物特性的文献、仅有分卷号无分卷题名或分卷题名无检索意义的多卷书、文史资料通常集中著录；丛编大多数分散著录，除非单册题名无独立识别和检索意义；多卷书有分卷题名，且分卷题名有检索意义的文献，可以分散著录。

4.1.2　头标区、标识信息块与编码信息块

4.1.2.1　头标区①

头标区提供书目记录的基本参数，位于每条记录的开头，固定长度为 24 个字符位置(0~23)。记录头标区是必备的、不可重复。在 MARC 记录中，字段是由字段标识符标识的被定义的字符串，记录头标区不是字段，因而没有字段标识符、字段指示符和子字段标识符。记录头标区包含 8 个数据元素：记录长度、记录状态、执行代码、指示符长度、子字段标识符长度、数据基地址、其他记录定义、目次项结构。除字符位置 5-8、17、18 由人工录入外，其余均由计算机自动生成。

记录长度(字符位置 0~4)：表示整个记录的字符总数，包括记录头标区、地址目次区和数据字段区以及记录分隔符。记录长度由 5 个十进制数字组成，右对齐，不足 5 个数字时前置数字 0 补齐。记录长度由计算机自动

① 秦小燕．中文普通图书分类方法与 CNMARC 书目数据编制技巧[M]．北京：国家图书馆出版社，2014.

生成。

记录状态(字符位置 5)：通过一个字符的代码(c、d、n、o、p)表示记录处理状态。c=修改的记录，即对原已发行且记录状态为 n、o、p 的记录进行修改更新后的记录；d=被删除的记录，表示原发行记录不再有效，可在一般性附注字段(300)说明删除原因；n=新记录，表示新发行的记录，若图书属多层次出版物且有总记录时，最高层以下的记录状态置 o，不置 n；o=已发行较高层记录，表示该记录为低于最高层的新记录；p=不完整的记录或出版前记录。

执行代码(字符位置 6~9)：字符位置 6 表示记录类型，通常使用代码 a=印刷的文字资料。字符位置 7 表示数目级别，与中文图书有关的代码有 m=专著、s=连续出版物、c=合集。字符位置 8 表示层次等级，与中文图书有关的代码有#=未定义层次级别，即对多层次出版物不采用多层次著录方法或不连接各层级记录；0=无层次的记录，表示该记录没有层次关系；1=最高层次的记录；2=低于最高层的记录，即所有低层次记录。字符位置 9 未定义，计算机自动生成#。

指示符长度(字符位置 10)：表示指示符长度的一个十进制数字，计算机自动生成 2。

子字段标识符长度(字符位置 11)：表示子字段标识符长度的一个十进制数字，计算机自动生成 2。

数据基地址(字符位置 12~16)：表示第一个数据字段相对于记录开始的起始字符位置，即头标区和目次区的字符数总和。该数值由 5 个十进制数字组成，右对齐，不足 5 个数字时前置数字 0 补齐，由计算机自动生成。

其他记录定义(字符位置 17~19)：字符位置 17 表示编目等级，通常使用代码#=完全级，即记录完整且核对过原文献；字符位置 18 表示著录格式，通常使用代码#=完全采用，即完全遵循 ISBD 的规定；字符位置 19 未定义，计算机自动生成#。

目次项结构(字符位置 20~23)：字符位置 20 表示“字段长度”长度，计算机自动生成 4；字符位置 21 表示“起始字符位置”长度，计算机自动生成 5；字符位置 22 表示“执行定义部分”长度，计算机自动生成 0；字符位置 23 未定义，计算机自动生成#。

头标区示例：00569nam0#2200157###450#

示例	数据元素名称	字符位置	字符位置名称	说明
00569	记录长度	0~4	记录长度	整个记录字符总数为569
n	记录状态	5	记录状态	新记录
a	执行代码	6	记录类型	印刷的文字资料
m		7	书目级别	专著
0		8	层次等级	无层次的记录
#		9	未定义	计算机自动生成
2	指示符长度	10	指示符长度	计算机自动生成
2	子字段标识符长度	11	子字段标识符长度	计算机自动生成
00157	数据基地址	12~16	数据基地址	计算机自动生成
#	其他记录定义	17	编目等级	完全级
#		18	著录格式	完全采用
#		19	无定义	计算机自动生成
4	目次项结构	20	"字段长度"长度	计算机自动生成
5		21	"起始字符位置"长度	计算机自动生成
0		22	"执行定义部分"长度	计算机自动生成
#		23	未定义	计算机自动生成

4.1.2.2 标识信息块

标识信息块共有20个字段，常用的字段有：

①001字段，又称为记录控制号，CALIS记录联合目录分配给书目记录的具有唯一性的标识号。通常情况下，该控制号由系统自动生成。本字段无指示符，无子字段。本字段必备，不可重复。记录控制号为固定的16个字符位置(0~15)，0~2位固定取值"CAL"，3位为MARC记录前缀(空位)，4位为资料类型代码(0=普通图书、1=连续出版物)、5位为语种代码(1=中文)，6~9位为记录入档年(采用"YYYY"形式)，10~15位为记录流水号(系统自动分配)。该字段可提供记录控制号检索点。

例：

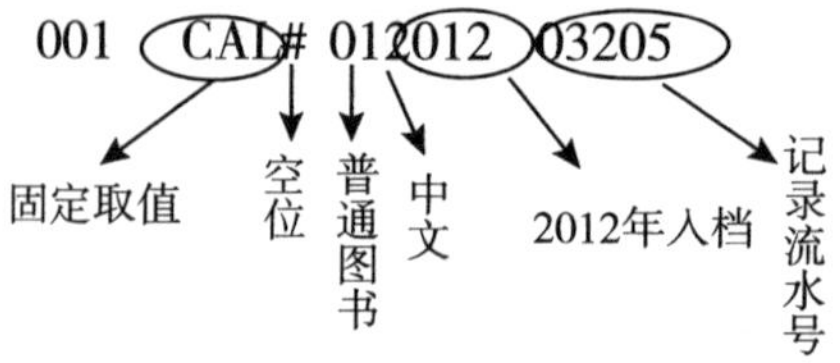

②005 字段，又称为记录版本标识，本字段记录最近一次对记录进行业务处理的日期和时间，由系统自动生成。本字段必备，不可重复，无指示符，无子字段。本字段长度为 16 个字符位置，日期和时间按照全数字式日期时间数据元素交换格式，即“YYYYMMDDHHMMSS. T”，其中 YYYY=年、MM=月、DD=日、HH=时、MM=分、SS=秒、T=秒的小数点后第 1 位。

相关字段：100(字符位置 0-7)　入档日期

例：005 20130528095021. 5

注：表示书目记录最近一次修改时间为 2013 年 5 月 28 日 9 时 50 分 21. 5 秒。

③010 字段，又称为国际标准书号 ISBN，本字段记录国际标准书号以及出版物的获得方式(如非卖品、价格等)。本字段选择使用，当有多个有效的 ISBN 数据时可重复。本字段指示符未定义，子字段有：

子字段标识	子字段名称	说　明
$a	国际标准书号 ISBN	有则必备，不可重复。记录正确的 ISBN，包括连字符
$b	限定、装帧	有则必备，不可重复。一般为出版物装订标记，除平装书可省略外，其他装帧形式(如精装、线装)均需著录
$d	获得方式和/或价格	有则必备，不可重复。采用“标准货币代码+价格”的形式，价格保留小数点后两位
$z	错误的 ISBN	有则必备，可重复

相关字段：011　国际标准连续出版物号

013　国际标准音乐出版物号

016　国际标准录音号

例：010 ## $a978-7-307-16869-5 $dCNY30.00

010 ## $a978-7-101-07986-9 $b 精装 $dCNY32.00

注：该记录的国际标准书号为 978-7-101-07986-9，书本为精装，且价格为人民币 32 元。

010 ## $a7-5007-1262-6 $b 精装 $dCNY15.40 $z7-5007-1212-7

注：ISBN 号 7-5007-1212-7 为被注销的或无效的错误的 ISBN 号。

010 ## $a7-81022-303-6 $dCNY27.80(上册)；CNY30.80(下册)

注：该记录的国际标准书号为 7-81022-303-6，上册的价格为人民币 27.8 元，下册的价格为人民币 30.8 元。

④016 字段，又称国际标准录音号 ISRC，本字段记录在编文献的 ISRC 号码以及说明获得方式和/或价格的词语。当音像资料作为图书附件著录时，在图书的记录中，可以用 016 字段记录录音资料的 ISRC 号码及相应的限定信息。本字段为可选用字段，可重复。本字段指示符未定义，子字段有：

子字段标识	子字段名称	说明
$a	国际标准录音号 ISRC	有则必备，不可重复
$b	限定信息	有则必备，不可重复
$d	获得方式/价格	有则必备，不可重复
$z	错误的 ISBN	有则必备，可重复

相关字段：010　国际标准书号

011　国际标准连续出版物号

013　国际标准音乐出版物号

例：016 ## $aCN-A05-87-317-01

⑤099 字段，又称 CALIS 联合编目系统控制号，本字段是 CALIS 联合目录系统自动分配的数据，由系统从 001 字段自动复制的联合目录记录控制号。该字段用于联系联合目录数据库和 CALIS 成员馆从联合目录数据库下载的相应书目记录，具有唯一识别意义。本字段必备，不可重复。本字段指示符未定义，子字段有：

子字段标识	子字段名称	说明
$a	CALIS 联合目录系统控制号	必备，可重复
$b	记录修改标识	有则必备，不可重复

相关字段：001　记录控制号

例：001 CAL#005697509

099 ## $aCAL#005697509

4.1.2.3　编码信息块

编码信息块记录定长编码元素，共 25 个字段，常用的字段有：

①100 字段，又称一般数据处理，本字段记录适用于各种文献载体的定长编码数据。本字段指示符未定义，包含一个子字段 $a，全部数据元素按照其在子字段中的位置定义，36 个字符位置(0~35)，本字段必备，不可重复。本字段一般通过系统模板编辑，以避免错位。本字段的数据元素有：

数据元素名称	字符位置	说　明
入档日期(必备)	0~7	“YYYYMMDD”形式表示日期，系统自动生成
出版日期类型	8	出版日期类型与出版日期 1 和出版日期 2 相匹配，对应 210 字段 $d 子字段
出版日期 1	9~12	
出版日期 2	13~16	
读者对象代码	17~19	a=普通青少年、b=学龄前儿童(0~5 岁)、c=小学生(5~10 岁)、d=少年(9~14 岁)、e=青年(14~20 岁)、k=研究人员、m=普通成人、u=不详，a 不可与 b、c、d、e 组配
政府出版物代码	20	表示所著录文献是否为政府出版物，以及出版该出版物的政府级别。共定义 11 种代码
修改记录代码	21	0=未修改、1=修改
编目语种(必备)	22~24	表示编目所用语种

续表

数据元素名称	字符位置	说　　明
音译代码	25	a = ISO 音译方案、b = 其他、c = 多种音译方案、y = 未使用音译方案
字符集(必备)	26~29	通常为 0121，01 = ISO 646 基本拉丁字符集，21 = 信息交换用汉字编码字符集基本集(双八位，辅 1、辅 3、辅 5 集为一个集合)
补充字符集	30~33	通常为空####
题名文字代码	34~35	通常为 ea = 中文

例：

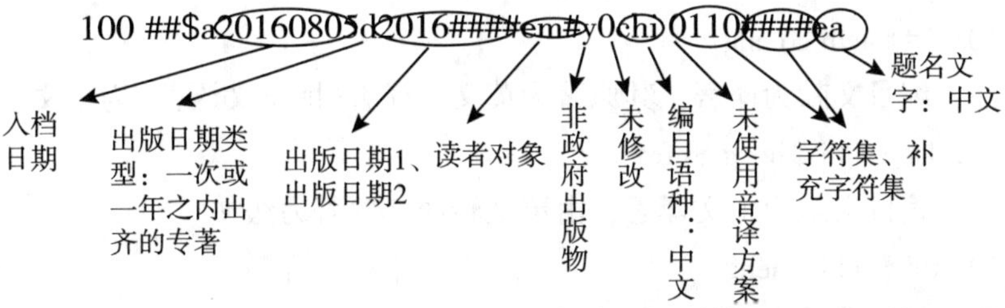

②101 字段，又称文献语种，本字段记录在编文献的正文、题名等项目的语种，若文献是译著，还应著录原著语种。本字段必备，不可重复。本字段指示符及常用子字段有：

字段	指示符	子字段/指示符标识	子字段名称	说　　明
101			文献语种	
	第 1		翻译指示符	
		0	原著	
		1	译著	
		2	含译文(摘要除外)	编译文献选此代码
	第 2		未定义	空位#

续表

字段	指示符	子字段/指示符标识	子字段名称	说　　明
		$a	正文语种	必备，可重复。正文不止一种语种时可重复
		$b	中间语种	文献不是直接译自原著。有则必备，可重复
		$c	原著语种	有则必备，可重复

相关字段：100(字符位置 22~24)　编目语种

200　题名与责任说明

510-541　相关题名

例：101 0# $achi

注：编目文献为原著，且该在编图书为中文图书。

101 1# $achi $ceng

注：编目文献为译著，其原著为英文，译著(即正文语种)为中文。

101 1# $achi $beng $cfre

注：编目文献为中文译著，由英文转译，原著为法文。

101 0# $achi $aeng

注：编目文献为中英文对照读物。

③102 字段，又称出版/制作国别，本字段记录文献的出版/制作国及地区代码。本字段有则必备，不可重复。本字段指示符未定义，子字段有：

子字段标识	子字段名称	说　　明
$a	出版/制作国代码	必备，可重复。CN=中国
$b	出版/制作地区代码	有则必备，可重复。国内地区代码参见 GB/T 2260-1999 中华人民共和国行政区划代码

相关字段：210　出版发行等

例：102 ## $aCN $b360000

注：编目文献由中国南昌出版。

102 ## $aCN $b110000 $aCN $b120000

注：编目文献由中国北京(出版地代码为 110000)和天津(出版地代码为 120000)出版。

④105 字段，又称编码数据字段：专著性文字资料，本字段用于著录专著性印刷型语言文字资料的编码数据。集中著录的连续出版物没有此字段。本字段有则必备，不可重复。本字段指示符未定义，仅一个子字段 $a，共 13 个字符位置(0~12)。子字段包含的数据元素有：

数据元素名称	字符位置	说　明
图表代码	0~3	根据文献图表特征选择相应代码，不足 4 位时用空位补齐
内容特征代码	4~7	根据文献内容特征选择相应代码，不足 4 位时用空位补齐
会议代码	8	0=非会议出版物、1=会议出版物
纪念文集指示符	9	0=非纪念文集、1=纪念文集
索引指示符	10	0=无索引、1=有索引
文学体裁代码	11	表示文学体裁，共定义 10 种代码
传记代码	12	表示是否为传记以及传记类别，共定义 5 种代码

相关字段：记录头标(字符位置 6~7)

106　编码数据字段：文字资料——形态特征

328　学位论文附注

例：

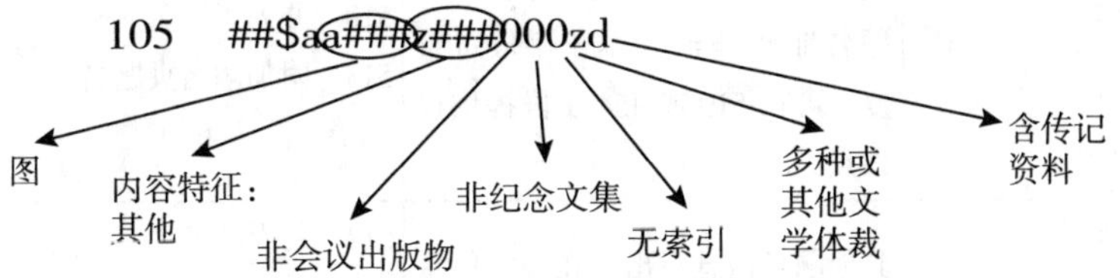

⑤106 字段，又称编码数据字段：文字资料——形态特征，本字段记录文字资料的物理形态代码。本字段有则必备，不可重复。本字段指示符未定义，仅一个子字段 $a，共定义了 9 种代码，常用的有 d=大型印刷品(宽

大于 35cm)、g=微型印刷品(宽小于 5cm)、j=小型印刷品(宽小于 10cm)、r=普通印刷品。

相关字段：记录头标(字符位置 6) 记录类型

例：106 ## $ar

4.1.3 著录信息块

著录信息块共有 10 个字段，其中常用的有：

①200 字段，又称题名与责任说明，本字段包含 ISBD 八大著录项中的题名与责任说明项，本字段记录图书的题名、并列题名、其他题名信息和与题名有关的责任说明。本字段必备，不可重复。本字段第 1 指示符一般采用“1”题名有检索意义，第 2 指示符未定义，常用子字段有：

子字段标识	子字段名称	说　　明	相关字段
$a	正题名	正题名所含标点、符号、数字、汉语拼音、外文字母及其语法标点作用的空位原则上客观照录。为避免与本项著录用标识符混淆，正题名所含方括号应改用圆括号；正题名中所含“/”用半角录入，不加任何空位	101　文献语种 304　题名与责任说明附注 311　连接字段附注 423　合订合刊
$d	并列题名	题名页有两种或多种文种的题名信息，未被选作正题名的其他文种题名应作为并列题名著录于正题名之后 $d 子字段，并在并列题名前加“=#”。本子字段可重复，可在 510 或 454 字段提供检索点	312　相关题名附注 434　译自 510　并列正题名 513　附加题名页题名
$e	其他题名信息	其他题名信息指出现在规定信息源正题名、并列题名之外的题名补充信息，应著录在与其相关的题名之后的 $e 子字段	512　封面题名 513　附加题名页题名 514　卷端题名 516　书脊题名 517　其他题名

续表

子字段标识	子字段名称	说　　明	相关字段
$f、$g	责任说明	责任说明主要指对文献的知识内容负主要责任的个人或团体，第一责任说明著录在 $f 子字段，其他责任说明著录在 $g 子字段。责任说明按规定信息源形式和顺序如实照录，责任说明应著录在其负有责任的相应题名之后	314　知识责任附注 701　个人名称(等同知识责任) 702　个人名称(次要知识责任) 711　团体名称(等同知识责任) 712　团体名称(次要知识责任)

例：200 1# $aAutoCAD#2008 项目教程 $f 主编皮杰，#刘正阳 $g 参编李星，#阳勇，#谢圣权

200 1#　$a80386/80486 原理及应用 $f 艾德才，#李文彬编著

200 1# $a 堕落诗，#原名，#不安 $f 陈继明

517 1# $a 不安

注：替题名著录于正题名第一部分之后，用“，#又名，#”(或“一名”“亦名”“或”等其他相应的词语)连接，并在 517 字段提供交替题名检索点。

200 1# $a 推拿(插图本)

517 1# $a 推拿

注：正题名组成部分如冠有责任者名称或冠于书名前的“钦定”“笺注”“校订”“袖珍”“插图”“图解”等字样，均应如实照录，并在 517 字段为排除这些字样的题名做检索点。

200 1# $a 西方经济学 $d=Micro#&#macro#economics $b 专著 $f 王少林主编 $zeng

510 1# $aMicro#&#macro#economics $zeng

200 1# $a 变波投资 $e 筛选下一只超常增长股 $f(美)#托宾·史密斯 $g陈舟平，#赵素红译

312 ## $a 英文题名取自版权页

500 10 $aChange#wave#investing#picking $ethe#nest#monster#stocks#of#the#new economy $mChinese

200 1# $a 偏微议程的奇性分析

513 1# $aAnalysis#of#singularities#for#partial#differential#equations $zeng

200 1# $aWTO 监督机制的法律与实践 $f 张军旗著

312 ## $a 并列题名取自封面

510 1# $aLaw#and#practice#of#supervisory#system#for#WTO $zeng

注：出现在题名页之外的并列题名不著录在 $d 子字段。若该并列题名为译著的原文，应在 312 字段做相关题名附注，并在 500 字段做统一题名；若该并列题名出现在附加题名页，则用 513 字段生成检索点；出现在其他信息源上的并列题名，应在 312 字段做相关题名附注，并在 510 字段生成检索点。

200 1# $a 微经济 $d= Micro#control $.e 让你更聪明地选择和生活 $f 陈冰著 $zeng

200 1# $a 集韻 $e 十卷 $f(宋)丁度撰

注：图书的卷数、章回数等应视作其他题名信息，一律用图书本身的文字著录。

200 1# $a 前进的历程 $e 中南工业大学研究生教育发展史 $e1954-1999 年 $f 主编毛杰，#贺芝臣

注：题名页如有多个其他题名信息，应按照排版顺序依次重复 $e 子字段。

200 1# $aC++ Primer 题解 $f(美)Clovis L. Tondo，#(美)Bruce P. Leung 著 $g 侯捷译

注：著录同一责任方式的多个责任者，一般不超过三个，除第一个外，其余责任者均用“，#”分隔；若超过三个只著录第一个，后加“…#[等]”表示[注意：如果规定信息源上责任者形式为“XXX 等著(译、编)”，则照录，即前面不必加…#的标识]。

200 1# $a20 世纪中国新闻学与传播学 $f 主编戴元光，#童兵，#金冠军 $i 宣传学和舆论学卷 $f 本卷主编邵培仁 $g 编著何扬鸣，#张健康

注：若文献题名页上的责任者既有主编，又有编者时，只著录主编，编者不著；若文献题名页上的主编为个人责任者，而编者为团体机构时，则该团体机构责任者须著录；既有主编，又有编著者、编纂者、编写者等不同于主编或编者的责任方式时，第一责任说明著录在 $f 子字段，其他责任说明著录在 $g 子字段，若其他责任方式不止一种，则重复 $g 子字段。责任说明应根据规定信息源所示如实著录，若著录信息源上的责任者与责任方式表现为“主编×××”，则相应的著录形式也是“主编×××”。

200 1# $a 集韻 $e 十卷 $f(宋)丁度撰

200 1# $aC++ Primer 题解 $f(美)Clovis L. Tondo，#(美)Bruce P. Leung 著 $g 侯捷译

注：若题名页上外国责任者标有国别或我国古代人名标有朝代时，可将国别或朝代著录于[ ]( )中，若没有标明，则不著录。国内责任者(包括香港、澳门、台湾)无论是否标明都不必著录国别或地区名称。

②205 字段，又称版本说明项，本字段包括 ISBD 著录项中有关文献的版本说明、与版本有关的附加版本说明及与版本有关的责任说明等信息。本字段有则必备，可重复。本字段指示符未定义，常用子字段有：

子字段标识	子字段名称	说　　明
$a	版本说明	必备，不可重复。除第 1 版外，其余版次均著录于 $a 子字段，版次一律用阿拉伯数字表示，采用“第 X 版”形式

续表

子字段标识	子字段名称	说明
$b	附加版本说明	有则必备，可重复。版次以外的版本说明著录于 $b 子字段，如“增订本”“修订本”等。若无版次说明，则“增订本”“修订本”等著录于 $a 子字段
$f	与版本相关的责任说明	可选用，可重复。著录于版本相关的任何第一责任说明

相关字段：200　题名与责任说明

305　版本与书目沿革附注

306　出版发行附注

7XX　知识责任块

例：205 ## $a 第 3 版

205 ## $a 第 2 版 $b 修订本

205 ## $a 第 3 版 $b 增订本 $f 王明订补

205 ## $a 海外版 $d=Overseas ed.

③210 字段，又称出版发行项，本字段包含 ISBD 著录项中的出版、发行和制作及其相关日期的信息。本字段有则必备，不可重复。本字段指示符未定义，常用子字段有：

子字段标识	子字段名称	说明
$a	出版发行地	有则必备，可重复
$c	出版发行者名称	有则必备，可重复
$d	出版发行日期	有则必备，可重复

相关字段：100　一般处理数据

102　出版制作国别

205　版本说明

306　出版发行附注

311　连接字段附注

7XX　知识责任块

例：210 ## $a 上海 $c 复旦大学出版社 $d2001

210 ## $a 南京 $c 江苏人民出版社 $a 北京 $c 清华大学出版社 $d2010

注：当文献题有两个出版发行地时，应重复 $a 子字段；若题有三个以上(包括三个)时，按原题顺序著录第一个地名，后加“等”字，并置方括号“[ ]”内。

210 ## $a 武汉 $c 武汉大学出版社 $a 香港 $c 三联书店[发行] $d2010. 4

注：编目文献由武汉大学出版社出版，由香港三联书店发行，出版发行日期为 2010 年 4 月。

210 ## $a 北京 $c 华[文]出版社 $d1996

306 ## $a 出版社误题为：华天出版社

注：原出版发行者(或出版发行地)有误，可将正确的著录于方括号内，并在 306 出版发行附注字段说明。

210 ## $a[郑州] $c 中州古籍出版社 $d1991. 2

注：出版地不是取自主要信息源，因此要置于方括号内。

210 ## $a 芒市[云南] $c 德宏民族出版社 $d[2004?]

注：出版地不太有名，而地区名是编目员补充的，因此要置于方括号内。出版日期不确定。

④215 字段，又称载体形态项，本字段说明图书的形态特征，包括 ISBD 载体形态项的数量、单位、图标及其他形态细节、尺寸、附件等。本字段有则必备，可重复。本字段指示符未定义，子字段有：

子字段标识	子字段名称	说　明
$a	特定资料标识和文献的数量	必备，可重复。著录图书的页码或卷册数，图像的张幅数，磁带的盒数等

续表

子字段标识	子字段名称	说　明
$c	其他形态细节	有则必备，不可重复。著录插图、文献色彩、音响等细节
$d	尺寸	有则必备，可重复。一般只著录高度，用阿拉伯数字表示，单位为 cm
$e	附件	有则必备，可重复。著录附件类型、附件数量及计量单位

相关字段：105(字符位置 0-3)　图表代码

307　载体形态附注

例：215 ## $a465 页 $d23cm

215 ## $a530 页 $c 图 $d26cm　$e 图片 1 袋

215 ## $a3 册(330，290，310 页) $c 折图 $d30cm　$e 附图 2 袋(16 张)

⑤225 字段，又称丛编项，本字段是对文献丛编的客观性描述，包括丛编的正题名、并列题名、其他题名、责任说明、卷册标识及有关丛编的其他信息。本字段有则必备，可重复。本字段指示符和常用子字段有：

字段标识符	指示符	子字段/指示符标识	名称	说明
225			丛编项	
	第 1		题名形式指示符	
		0		与检索点形式不同
		1		不提供检索点
		2		与检索点形式相同
	第 2		未定义	空位#
		$a	丛编正题名	必备，不可重复
		$e	其他题名信息	可选用，可重复
		$h	附属丛编号	可选用，可重复
		$i	附属丛编题名	可选用，可重复
		$v	卷册标识	可选用，可重复

相关字段：410　丛编

411　附属丛编

461　总集

462　分集

7XX　知识责任块

例：200 13 $a 双下山 $f 武汉市戏协汉剧分会整理 $g 李罗克执笔 $g 武汉市汉剧团艺术委员会修订 $g 武汉市戏曲改进委员会编辑

225 2# $a 汉剧丛书 $h 第二十二辑

410 #0 $12001 $a 汉剧丛书

225 0# $a 英语世界丛书 $d=The World of English Books $e 英语问题研究四种丛书之一 $f 赖春主编

注：该丛编题名为"英语世界丛书"，并列丛编题名为"The World of English Books"，其他题名信息有"英语问题研究四种丛书之一"，主编为赖春。

4.1.4　附注块

附注块采用自由行文方式，凡是因著录规则的规定未著录而又必须进一步补充说明的内容均著录在附注块字段。3XX 字段一般不做检索点(全文检索除外)，但有些字段可做关键词索引。在 CNMARC 格式中，若有其他字段可生成附注，如 4XX 或 5XX 字段，则不必重复著录 3XX 字段。附注块共 34 个字段，常用的字段有：

①300 字段，又称一般性附注，本字段包含编目文献或其相关记录的任何方面的附注，不能著录到专指附注字段的内容均可著录于 300 字段。本字段可选用，可重复。本字段指示符未定义，仅有一个子字段 $a。

相关字段：301-345　其他附注字段

例：300 ## $a 汉阅学术文库

300 ## $a 电工参考资料

300## $a 本标准由农业部 2005 年 7 月 1 日颁布，自 2006 年 1 月 1 日起实行

②303 字段，又称著录信息一般性附注，本字段记录与文献著录有关的附注，如著录的依据。本字段可做关键词索引。本字段可选用，可重复。

本字段指示符未定义，仅有一个子字段 $a。

相关字段：304　题名与责任说明附注

305　版本与书目沿革附注

306　出版发行附注

308　丛编附注

310　装订及获得方式附注

例：303 ## $a 据第 2 册著录

注：多卷书是依据某一卷著录时，说明信息记录在 303 字段。

③304 字段，又称题名与责任说明附注，本字段著录与题名和责任说明有关的附注。本字段可选用，可重复。本字段指示符未定义，仅有一个子字段 $a。

相关字段：200　题名与责任说明

305　版本与书目沿革附注

312　相关题名附注

314　知识责任附注

7XX　知识责任块

例：304 ## $a 译者还有：李放、张秀琦、金毅

304 ## $a 正题名取自封面

304 ## $a 本书原名：《逻辑推理》

④305 字段，又称版本与书目沿革附注，本字段著录与版本和书目历史沿革有关的附注。本字段可选用，可重复。本字段指示符未定义，仅有一个子字段 $a。

相关字段：205　版本说明

306　出版发行附注

311　连接字段附注

324　原作版本附注

4XX　连接款目块

例：305 ## $a 根据 1851 年佛罗伦萨 Felice le Monnier 第 3 版，并参照多种法译本和英译本译出

305 ## $a 美国西蒙出版社授权翻译出版

⑤306 字段，又称出版发行附注，本字段著录未记录在 210 字段中有关出版、发行信息的附注。多卷书集中著录时，若不同卷册的出版者不同，

需在306字段说明。本字段可选用，可重复。本字段指示符未定义，仅有一个子字段 $a。

相关字段：210　出版发行等

620　出版地/制作地检索点

例：306 ## $a第2卷出版者为：三联书店

210 ## $a[北京] $c人民出版社 $d2004

306 ## $a出版地误题：上海

306 ## $a本书无出版者，以发行者代替

306 ## $a本书限中国大陆发行

⑥307字段，又称载体形态附注，本字段著录与文献载体物理形态有关的附注。本字段可选用，可重复。本字段指示符未定义，仅有一个子字段 $a。

相关字段：215　载体形态项

例：307 ## $a2014年3月第2次印刷，页数为：438页

205 ## $a[579]页 $d19cm

307 ## $a页数误印：571

307 ## $a本书上册尺寸为20cm，下册尺寸为25cm

307 ## $a附光盘ISRC CN-X11-00-0002-0

⑦311字段，又称连接字段附注，本字段著录与4XX连接字段有关的附注。本字段可选用，可重复。本字段指示符未定义，仅有一个子字段 $a。

相关字段：300　一般性附注

305　版本与书目沿革附注

327　内容附注

例：200 1# $a古今注 $Agu jin zhu $f(晋)#崔豹撰 $g焦杰校点#...

311 ## $a本书与：中华古今注#/#(五代)#马缟撰#；#封氏闻见记#/#(唐)#封演撰#；#资暇集#/#(唐)#李匡乂撰#；#刊误#/#(唐)#李涪撰#；#苏氏演

义#/#(唐)#苏鹗撰#;#兼明书#/#(五代)#丘光庭撰 合订一册

423 #0 $12001# $a 中华古今注 $1701#0 $a 马缟

423 #0 $12001# $a 封氏闻见记 $1701#0 $a 封演

423 #0 $12001# $a 资暇集 $1701#0 $a 李匡义

423 #0 $12001# $a 刊误 $1701#0 $a 李涪

423 #0 $12001# $a 苏氏演义 $1701#0 $a 苏鹗

423 #0 $12001# $a 兼明书 $1701#0 $a 丘光庭

⑧312 字段，又称相关题名附注，本字段是关于正题名出处、变异题名和并列题名等信息的附注说明。本字段不做检索点，若要做检索点，应选择 5XX 字段。本字段可选用，可重复。本字段指示符未定义，仅有一个子字段 $a。

相关字段：304 题名与责任说明附注

305 版本与书目沿革附注

5XX 相关题名块

例：312 ## $a 并列题名取自封面

510 1# $aLaw of international economy and trade $zeng

200 1# $a 桥牌皇后杨小燕 $f(美)杨小燕，(美)奎宁著

312 ## $a 本书又名：二女儿

⑨314 字段，又称知识责任附注，本字段著录与知识责任有关的附注，对于规定信息源以外的责任者可在 7XX 字段做检索点，再在 314 字段附注说明。本字段指示符未定义，仅有一个子字段 $a。

相关字段：304 题名与责任说明附注

7XX 知识责任块

例：314 ## $a 由中国信息素养协会主办

314 ## $a 摄影作者：#张枫

702 #1 $a 张枫 $4 摄影

⑩320 字段，又称内部书目/索引附注，本字段记录有关文献内部是否含有书目、索引以及书目的页码，与 105 字段的书目代码和索引代码对应使用。本字段可选用，可重复。本字段指示符未定义，仅有一个子字段 $a。

相关字段：105 编码数据字段：专著性文字资料

例：105 ## $ay###z###001yy

320 ## $a 有索引

⑪330 字段，又称提要或摘要附注，本字段记录在编文献的提要或文摘，当有多语种提要均有必要著录时，可以重复本字段。本字段可选用，可重复。本字段指示符未定义，仅有一个子字段 $a。

相关字段：327　内容附注

例：330 ## $a 本书是从头到尾的高尔夫进化史，包括了皇室贵族的唧唧歪歪、木头杆杆、摩登时代富豪大亨、亨誉全球的运动盛典、最早的神球手哈利 · 瓦尔顿和老虎伍兹等高尔夫故事。

⑫333 字段，又称用户/使用对象附注，本字段著录有关编目文献的使用和适用对象的附注。本字段可选用，可重复。本字段指示符未定义，仅有一个子字段 $a。

相关字段：100　通用处理数据，读者对象代码(字符位置 17~19)

例：333 ## $a 儿童不宜

4.1.5　款目连接块

款目连接块字段主要用于连接与在编文献实体有关的其他实体的记录，或当无被连文献的记录时，用于标识被连文献实体本身。在一条记录中可以包括任意多个连接字段。记录中的每一个连接款目字段均包含识别被连接文献的子字段。这些字段中的数据应当足够标识被连记录，或当无被连文献记录时，应当足够标识被连文献实体本身。

款目连接块字段的第 1 指示符未定义，第 2 指示符为“附注指示符”，0=不作附注，1=作附注。款目连接块字段的子字段采用“嵌入字段技术”，子字段标识符为“ $1”，子字段数据包括被嵌套的字段标识符、字段指示符和子字段。对每个嵌套字段， $1 子字段可重复。

例：200 1# $a 艺术经济理论：嬗变与现状 $b 博士后论文 $dArts economic theory：historical evolution&development $f 张凤华著 $zeng

461 #0 $12001# $a 武汉大学博士后研究工作报告

#0	461 字段的指示符
$1	461 字段的子字段标识符

续表

200	被嵌套字段的标识符
1#	被嵌套字段的指示符
$a	被嵌套字段的子字段标识符
武汉大学博士后研究工作报告	被嵌套字段的数据

款目连接块常用字段有：

①410 字段，当编目文献是单册或附属丛编时，本字段用于实现著录实体与实体所属的丛编的连接。编目文献与它所属的丛编之间是层次关系。本字段有则必备，可重复。

相关字段：225　丛编项

461　总集

462　分集

例：200 1# $a 路漫脩遠 上下求索 $e 澳門教育論文集 $f 陳志峰編

225 2# $a 澳門教育叢書

410 #0 $12001# $a 澳門教育叢書

注：当 225 字段第 1 指示符的值为 0 和 2(提供检索点)时，书目记录中应包含相应的 410 字段，并需要为其建立丛编规范记录，即 410 字段中丛编的检索点必须是规范的丛编名称。若在编文献隶属于多种丛编，则重复 225 字段和 410 字段。

②421、422 字段，当编目文献是正编或正刊时，421 字段用于实现著录实体与其补编、增刊的连接；当编目文献是补编或增刊时，422 字段用于实现著录实体对其正编、正刊的连接。仅当增刊或补编有独立记录时，才需要使用 421 字段；在编文献必须是补编、增刊时，才使用 422 字段。当一条记录中出现 421 字段时，其所连接的另一条记录中应具备一个相应的 422 字段连接正编记录。421、422 字段有则必备，可重复。

例：200 1# $a 微型计算机的原理与利用 $f……

421 #0 $12001# $a 微型计算机 IBM-PC 的原理与利用

200 1# $a 微型计算机 IBM-PC 的原理与利用 $e《微型计算机的原理与利用》续篇 $f……

422 #0 $12001# $a 微型计算机的原理与利用

③430、440 字段，430 字段用于实现所编文献与其先前题名的连接；440 字段主要用于实现所编文献与其后续题名的连接。若其先前题名等信息在 311(连接附注)字段已做说明，则 430 第 2 指示符为 0，否则为 1，生成导语“继承:”；440 第 2 指示符为 0，否则为 1，生成导语“改名:”。430、440 字段有则必备，可重复。

例：200 ## $a 武汉大学学报 $i 人文科学版 $dWuhan University journal $zeng $f 武汉大学

430 ## $12001# $a 武汉大学学报(人文科学版)

440 ## $12001# $a 武汉大学学报(社会科学版) $1207#0 $a1981，no. 2

4.1.6　相关题名块

本字段块用于著录正题名以外的与在编文献有关的题名。这些题名不一定出现在题名页，并且与正题名的形式有所不同。相关题名块常用字段有：

①500 字段，又称统一题名，为了在目录中识别某一种著作而在编目时选择一个最普遍为人所知的题名，具有把同一著作集中起来、不同著作区分开来的作用。本字段指示符通常选取“10”，常用子字段有 $a 统一题名、$A 统一题名汉语拼音、$m 作品语种。本字段可选用，可重复。

相关字段：501　作品集统一题名

例：200 1# $a 三国志演义

500 10 $a 三国演义

②510 字段，又称并列正题名，本字段著录不同语言或文字的正题名，用于生成附注或检索点。本字段指示符通常选用“1#”，常用子字段有 $a 并列题名、$e 其他题名信息、$h 分辑号、$i 分辑名等。本字段可选用，可重复。

例：200 1# $a 创新展馆 $b 专著 $e 上海世博会德国馆 设计建造使用与回收全记录 $ dDerDeutsche pavillon $eplanung，konstruktion，nutzung und ruckbau Deutschland auf der Weltausstellung 2010 in Shanghai，China $f安建华，尤兰达，塞风编 $zeng $zger

510 1# $aGerman pavilion $eplanning，construction，usage and recycl | ng Germany at the World Exposition 2010 in Shanghai，China $zeng

510 1# $ aDer Deutsche pavillon $ eplanung，konstruktion，nutzung und

ruckbau Deutschland auf der Weltausstellung 2010 in Shanghai, China $zger

③512 字段，又名封面题名，本字段著录出现在文献封面上的，明显不同于 200 字段正题名的封面题名，用于生成附注或检索点。本字段指示符通常选用“1#”，常用子字段有 $a 并列题名、$e 其他题名信息等。本字段可选用，可重复。

例：200 1# $a 太平御览引得

512 1# $a 太平广记篇目

注：本书题名页题名为《太平御览引得》，而封面题名为《太平广记篇目》用作检索点。

200 1# $a 三命通会注评

512 1# $a 古代算命术注评 $e 三命通会

④516 字段，又名书脊题名，本字段著录出现在文献书脊上的，明显不同于 200 字段正题名的书脊题名，用于生成附注或检索点。本字段指示符通常选用“1#”，常用子字段有 $a 并列题名、$e 其他题名信息等。本字段可选用，可重复。

例：200 1# $a 困境与出路 $e 中国企业兼并与破产手册

516 1# $a 中国企业兼并与破产手册

⑤517 字段，又名其他题名，凡在 500-516 字段未定义的在所编文献上出现的其他题名，如版权页、书套题名、装订题名、副题名、分卷题名、综合著录的丛书或多卷书的子目等，只要是具有独立的检索意义，对揭示文献内容有意义的题名信息都在 517 字段生成检索点。本字段指示符通常选用“1#”，常用子字段有 $a。本字段可选用，可重复。

例：200 1# $a 设计就是与众不同 $b 专著 $dDesign is difference $e2012 年世界平面设计师协会作品精选 $f 世界平面设计师协会编 $g 贺丽译 $zeng

517 1# $a2012 年世界平面设计师协会作品精选

200 1# $a 巨富的 10 个条件

312 ## $a 本书有另外 2 种译名：成功的哲学；智慧人生

517 1# $a 成功的哲学

517 1# $a 智慧人生

4.1.7　主题分析块

主题分析块记录由词语或符号构成的不同标引体系的主题数据。主题分析块共 20 个字段，其中包含的相同的子字段有：

子字段标识	子字段名称	说　明
$a	款目要素	必备，不可重复
$x	论题复分	有则必备，可重复。为进一步指明主题标目所描述的主题，而加在主题标目后的词语
$y	地理复分	有则必备，可重复。为进一步指明主题标目的相关地点，而加在主题标目后的词语
$z	年代复分	有则必备，可重复。为进一步指明主题标目的相关时间，而加在主题标目后的词语
$j	形式复分（资料类型复分）	有则必备，不可重复。为进一步指明主题标目相关的文献类型或形式，而加在主题标目后的词语，如教材、年鉴、文集、手册等

主题分析块常用的字段有：

①600 字段，又称个人名称主题，若在编文献论述的中心主题是某个(些)人，则将个人名称作为主题记录在 600 字段。本字段第 1 指示符未定义，第 2 指示符为“名称形式指示符”，0=直序，1=倒序。本字段可选用，可重复。600 字段的结构与 701 字段的基本相同，但增加了 $x、$y、$z、$j 等复分子字段。

相关字段：601　团体名称主题

602　家族名称主题

604　名称和题名主题

例：600 #0 $a 鲁迅，$f1881-1936 $x 自传

600 #0 $c(宋) $a 苏洵 $c 眉州 $f(1009—1066) $x 年谱 $2ct

②601 字段，又称团体/会议名称主题，若在编文献的主题为团体名称或会议名称时，将其著录在 601 字段。本字段第 1 指示符为“会议指示符”，0=团体名称，1=会议；第 2 指示符为“名称形式指示符”。本字段可选用，可重复。601 字段的基本结构同 711 字段，增加了 $x、$y、$z、$j 等复

分子字段。

相关字段：600　个人名称主题

602　家族名称主题

604　名称和题名主题

607　地理名称主题

例：601 02 $a 世界贸易组织 $x 规则 $x 案例

③606 字段，又称论题主题，本字段记录用作主题目的的除名称、题名、地名之外的名词或短语。本字段第 1 指示符为"主题词层级指示符"，第 2 指示符未定义。本字段可选用，可重复。

相关字段：607　地理名称主题

例：606 0# $a 机器可读目录 $x 文献著录 $x 高等学校 $j 教材

200 1# $a 信长之棺 $b 专著 $f 加藤广[著] $g 曹宇译

606 0# $a 长篇历史小说 $y 日本 $z 现代

④690 字段，又称中国图书馆图书分类号，本字段记录中国图书馆图书分类号。本字段指示符未定义。本字段可选用，可重复。

例：690 ## $aI313. 45 $v5

4. 1. 8　知识责任块

知识责任块包含对编目文献的创作只是负有责任形式的个人或团体的名称，为其提供检索点。知识责任块共 9 个字段，常用字段有：

①701、702 字段，对著作内容负有等同知识责任的个人责任者名称著录在 701 字段；对著作内容负有次要知识责任的个人责任者名称著录在 702 字段。701、702 字段均提供检索点。701、702 字段的第 1 指示符未定义，第 2 指示符为"名称著录形式指示符"。两者有则必备，可重复。

例：200 1# $a 骨屋 $b 专著 $dThe bone house $f[澳]贝弗利 · 法默(Beverley Farmer)著 $g 陈达[等]译 $zeng

701 #0 $c(澳) $a 法默 $c(Farmer, Beverley $f1941-) $4 著

702 #0 $a 陈达 $4 译

②711、712 字段，对著作内容负有等同知识责任的团体责任者名称著录在 711 字段；对著作内容负有次要知识责任的团体责任者名称著录在 712 字段。711、712 字段的第 1 指示符为"会议指示符"，第 2 指示符为"名称著

录形式指示符”。两者有则必备，可重复。

例：200 1# $a 全国应用气候会议论文集 $f 中央气象局研究所编

711 02 $a 中央气象局研究所 $4 编

200 1# $a 第十五届全国桥梁学术会议论文集 $f 中国土木工程学会桥梁及结构工程分会主办

712 02 $a 中国土木工程学会桥梁及结构工程分会 $4 主办

200 1# $aACCESS 资源指南 $f[(美)西蒙出版社]Simon Press 著 $g 民丘工作室译

711 02 $c(美) $a 西蒙出版社 $4 著

712 02 $a 民丘工作室 $4 译

4.1.9　国际使用块与国内使用块

国际使用块包含国际上一致约定的不适合在 0XX-7XX 字段处理的字段。国内使用块包含超出 CALIS 联合目录通用范围又具有交换意义的数据字段。常用字段有：

①801 字段，又称数据来源，本字段是对记录来源的说明。本字段著录格式：801 #0 | aCN | b 原始编目机构代码 | c 处理日期(用 YYYYMMDD 的形式)。本字段必备，可重复。

例：801 #0 $aCN $b 浙江省新华书店集团公司 $c20160205

801 #2 $aCN $bWHU $c20160715

②920 字段，又称馆藏信息，本字段确认所编文献的馆藏信息。本字段指示符未定义，子字段有 $a 馆藏机构代码， $z 馆际互借方式。本字段为自定义字段，必备，可重复。

例：920 ## $a242010 $z2

注：所编文献仅由武汉大学图书馆收藏，提供文献传递。

4.2　西文图书的 RDA 描述

“西文图书”是指授权影印书以及正文为西文的学术专著、专业文献汇编、双语教材等。我国西文图书机读目录的编制借鉴美国国会图书馆发行的机读规范数据，以《国际标准书目著录》(ISBD)、《英美编目条例(第2版)》(AACR2)、《西文文献著录条例》、《中国文献编目规则》等规则为依据，采用MARC21格式。① 每条西文图书机读目录由记录头标区、地址目次区和可变长字段区3部分组成。

《资源描述与检索》(RDA)由AACR3更名而来，是适应数字环境发展而制定的最新的国际编目规则。它继承了以AACR2为代表的传统编目规则，又融入了《书目记录的功能需求》(FRBR)、《规范数据的功能需求》(FRAD)等现代编目理念。以美国、英国、加拿大、澳大利亚为代表的国家不仅全程参与了RDA的编制，还开发出了RDA工具包(RDA Toolkit)，将RDA实施到实际编目工作中。我国编目界也对RDA持有浓厚兴趣，在相关研究成果的基础上尝试实施RDA。目前，CALIS联机合作编目中心已编写完成《CALIS外文书刊RDA编目培训教材》，按照RDA规则，采用MARC21格式进行外文书刊编目。②

CALIS联合目录规定，对于英文文献采用英文著录，对于其他语种西文文献既可采用英文著录，也可采用所选信息源上的语种著录。著录时采用“转录”方式如实照录，RDA规定转录元素有：题名、责任说明、版本说明、制作说明、出版说明、发行说明、生产说明和丛编说明。对大多数元素，RDA允许从任何来源获得数据，但给出了首选信息源。图书著录的首选信息源顺序为：题名页、封面或护封、文首、书末出版说明。其他信息源有：附件、不作为资源组成部分的容器(如所有者制作的封套)、其他已出版的有关资源的描述信息、任何其他来源。③

表4.2 **著录项目对应MARC21字段**

著录项目	MARC21对应字段
题名与责任说明项	245
版本项	250

① 国家图书馆MARC21格式使用手册课题组. MARC21规范数据格式使用手册[M]. 北京：北京图书馆出版社，2005.

② CALIS联机合作编目中心. CALIS外文书刊RDA编目培训教材[M]. CALIS联机合作编目中心，2016.

③ 罗翀. RDA全视角解读[M]. 北京：国家图书馆出版社，2015.

续表

著录项目	MARC21 对应字段
文献特殊细节项	
出版发行项	264
载体形态项	300
从编项	490
附注项	5XX
标准号及获得方式项	020

4.2.1　头标区、目次区和控制字段

与 CNMARC 记录相同，MARC21 记录的记录头标位于每条记录开头，固定长度为 24 个字符位置(0~23)，除系统自动生成的部分外，还有 7 种数据元素需要编目人员手工录入，分别是：记录状态(字符位置 5)、记录类型(字符位置 6)、书目级别(字符位置 7)、控制类型(字符位置 8)、字符编码系统(字符位置 9)、编目等级(字符位置 17)、著录标准(字符位置 18)。每个数据元素均定义了若干不同含义的代码。目次区位于记录头标之后，由计算机自动生成。

可变长字段区由可变长控制字段和可变长数据字段两部分组成。控制字段的字段标识符为 00X，均无字段指示符，无子字段，只有数据元素。00X 控制字段包含用于处理 MARC 规范记录的记录控制号、其他控制信息和代码信息。具体字段有：

字段标识	字段名称	说明
001	控制号	必备，不可重复
003	控制号标识	必备，不可重复
005	最近一次处理记录的日期和时间	必备，不可重复
008	定长数据元素	必备，不可重复

008 字段，本字段以代码形式反映整个规范记录或记录中 1XX 或 4XX/5XX 字段信息，该字段的数据元素主要用于数据检索和数据管理，共包含

40 个字符位置(0~39)。根据 RDA 规则，若 008 的字符位置 10 为代码“z”，表示规范记录采用的编目规则为其他编目规则，则将具体编目规则著录于 040 $e 子字段，记录为“rda”。

例：008/10 z

040## $aUKWOH $cUKWOH $dYDXCP $dCEG $erda

4.2.2 号码和代码字段

01X-09X 为号码和代码字段，包含与编目文献有关的控制号、标准号、代码等信息，部分可做检索点。010 字段美国国会图书馆控制号、020 国际标准书号对应 RDA 核心元素“载体表现标识符”。041 字段 $h 翻译原语言、$k 翻译中介为 MARC21 为 RDA 新增的子字段。常用字段有：

①010 字段，又称美国国会图书馆控制号，本字段著录美国国会图书馆(LC)分配给 MARC 记录的控制号，一般取自文献上的 CIP(在版编目)数据。本字段指示符未定义，子字段 $a 表示“美国国会图书馆控制号”、$z 表示“注销/无效的 LC 控制号”。本字段有则必备，不可重复。

例：010 ## $a##2008045954

②020 字段，又称国际标准书号，本字段著录编目文献的 ISBN 号，不录连字符“-”。本字段有则必备，可重复。本字段指示符未定义，常用子字段有：

子字段标识	子字段名称	说明
$a	国际标准书号	有则必备，不可重复
$c	文献获得方式	有则必备，不可重复
$q	限定信息	有则必备，可重复
$z	注销/无效的 ISBN	有则必备，可重复

例：020 ## $a9780807865880#：$cCNY253.00

020 ## $a0788716492 $qset

③040 字段，又称编目源，本字段著录创建原始记录、转录和修改记录的机构代码或机构名称。本字段由计算机自动生成，必备，不可重复。本字段指示符未定义，常用子字段有：

子字段标识	子字段名称	说明
$a	原始编目机构	有则必备，不可重复
$c	转录机构	有则必备，不可重复
$d	修改机构	有则必备，可重复

例：040 ## $aDLC $cDLC

④041 字段，又称语种代码，当 008 字段字符位置 35~37 语种代码不能完全揭示文献的语种信息时启用 041 字段，即 a）文献中出现一种以上文字时；b）文献是译著或包含译著时；c）文摘、提要或目次的语种与正文语种不一致时。本字段有则必备，可重复。本字段指示符和子字段有：

字段标识符	指示符	子字段/指示符标识	名称	说　明
041			语种代码	
	第 1		译著说明	
		#	无信息提供	
		0	非译著/不含译著	
		1	译著/含译著	
	第 2		来源代码	
		#	MARC 语种代码	
		$a	正文/篇名语种代码	必备，可重复
		$b	文摘或摘要语种代码	有则必备，可重复
		$f	目次表语种代码	可选用，可重复
		$h	原文语种代码	有则必备，可重复
		$k	转译著作语种代码	有则必备，可重复

例：008/35-37 eng

041 1# $aeng $hfre

注：编目文献根据法文原著翻译成英语。

⑤093 字段，又称中图分类号，本字段著录中图分类号，中图法代码为“CLC”。本字段有则必备，不可重复。本字段指示符未定义，子字段 $a 表示“中图分类号”，$2 表示“版次”。

例：093 ## $aI106 $24

4.2.3 主要款目字段和附加款目字段

1XX 字段为主要款目字段，包含个人名称、团体名称、会议名称和统一题名在内的代表作品规范检索点的一组字段。在 RDA 规则中，“主要款目”这一术语和概念已被“代表作品的规范检索点”取代，“统一题名”也被“作品首选题名”代替，但在 MARC21 中仍沿用“主要款目”“附加款目”“统一题名”的说法。常用字段有：

①100 字段，又称主要款目——个人名称，本字段提供代表创作者的规范检索点的个人名称或家族名称。若有多个被视为创作者的个人，只著录第一个，其余的著录在 700 字段。100 字段对应 RDA 核心元素“创作者”中的“个人”和“家族”。本字段有则必备，不可重复。本字段结束时标“.”，或根据编目条例标识其他符号，如“)”“]”。本字段常用指示符和子字段有：

字段标识符	指示符	子字段/指示符标识	名称	说　明
100			主要款目——个人名称	有则必备，不可重复
	第 1		个人名称款目要素类型	
		0	名	
		1	姓	
		3	家族名称	
	第 2	未定义		为空#
		$a	个人名称	必备，不可重复
		$b	世次	有则必备，不可重复。个人名称检索点中的罗马数字或与罗马数字相连的词

续表

字段标识符	指示符	子字段/指示符标识	名称	说　　明
		$c	称谓和其他与名称相关的词	有则必备，不可重复。包括等级、官衔、贵族身份称谓(sir)；一般称呼(Mr.)；首字母缩略词；与姓连用的罗马数字或其他与名称连用的词语(Saint)
		$d	与名称相关的日期	有则必备，不可重复。用连字符“-”连接出生日期与死亡日期，不确定的日期后面添加“?”
		$e	关系词	必备，可重复。描述个人、家族与编目文献之间关系的词语，如 creator

例：100 1# $aKritzman，Lawrence D.

注：$a 记录倒序形式的个人名称。

100 0# $aJohn Paul $bII，$cPope，$d1920-2005，$eauthor.

注：$a 记录直序形式的个人名称。$a 和 $b 子字段之间无标点符号，当出现 $b 时，第 1 指示符为 0。CALIS 联合目录规定，没有合适关系说明语时，可直接用 RDA 元素名“creator”作说明语。

②110 字段，又称主要款目——团体名称，本字段提供代表创作者的规范检索点的团体名称。若有多个被视为创作者的团体，只著录第一个，其余的著录在 710 字段。隶属于一个团体的会议，例如年会，应著录在 110 字段，而不使用 111 字段。110 字段对应 RDA 核心元素“创作者”中的“团体”。本字段有则必备，不可重复。本字段结束时标“.”，或根据编目条例标识其他符号，如“)”“]”。本字段常用指示符和子字段有：

字段标识符	指示符	子字段/指示符标识	名称	说　　明
110			主要款目——团体名称	有则必备，不可重复
	第 1		团体名称款目要素类型	

续表

字段标识符	指示符	子字段/指示符标识	名称	说　明
		0	倒置式名称	
		1	行政管辖区名称	
		2	直序式名称	
	第 2	未定义		为空#
		$a	作为款目要素的团体名称或行政管辖区名称	必备，不可重复。当第 1 指示符为 1 时，记录政府或政府机构的行政管辖区名称；当第 1 指示符为 2 时，记录整个团体名称或多层次团体的上级机构名称
		$b	下属单位	有则必备，可重复。记录从属 $a 的机构名称、城市名称或会议名称。$b 前置下圆点(.)
		$c	会议地点	有则必备，可重复。记录会议召开地的地名或机构名。$c 前置空格、冒号(#:)，多个 $c 之间用空格、分号(#;)隔开
		$d	会议日期或签约日期	有则必备，可重复。以公元纪年表示。$d 前置空格、冒号(#:)
		$e	关系词	必备，可重复。没有合适关系说明语时，可直接用 RDA 元素名“creator”作说明语
		$n	会议届次、著作分卷/分辑号	有则必备，可重复。常用模式为 $n (会议届次#: $d 会议日期#: $c 会议地点)

例：110 1# $aEngland and Wales. $bCourt of High Commission, $ecreator
注：团体名称为行政管辖区。

110 2# $aEnconometric Society. $bWorld Congress $n(7th: $d1995: $

cTokyo, Japan), $eauthor.

注：团体名称以直序方式著录。"World Congress""Meeting""Conference"等会议类属词作为次级名称著录在 $b。隶属于一个团体的会议，例如年会，应著录在 110 字段，而不使用 111 字段。

③111 字段，又称主要款目——会议名称，本字段提供代表创作者的规范检索点的会议名称。若有多个被视为创作者的团体，只著录第一个，其余的著录在 711 字段。111 字段对应 RDA 核心元素"创作者"中的"团体"。本字段有则必备，不可重复。本字段结束时标"."，或根据编目条例标识其他符号，如")""]"。本字段常用指示符和子字段有：

字段标识符	指示符	子字段/指示符标识	名称	说　明
111			主要款目——会议名称	有则必备，不可重复
	第 1		会议名称款目要素类型	
		0	倒置式名称	
		1	行政管辖区名称	
		2	直序式名称	
	第 2	未定义		为空#
		$a	作为款目要素的会议名称	必备，不可重复。会议、大会、集会、展览、博览会及节日等均可作会议名称，省略其中指示其届次或召开时间的词，但保留会议频次，如 annual
		$c	会议地点	有则必备，可重复。记录会议召开地的地名或机构名。$c 前置空格、冒号(#:)，多个 $c 之间用空格、分号(#;)隔开
		$d	会议日期	有则必备，可重复。以公元纪年表示。$d 前置空格、冒号(#:)

续表

字段标识符	指示符	子字段/指示符标识	名称	说　明
		$b	下属单位	有则必备，可重复。记录从属会议名称或下属机构名称。本子字段结束时标句点(.)
		$j	关系词	必备，可重复。没有合适关系说明语时，可直接用 RDA 元素名“creator”作说明语
		$n	会议届次、著作分卷/分辑号	有则必备，可重复。常用模式为 $n(会议届次#：$d 会议日期#：$c 会议地点)

例：111 2# $aCanadian conference for computing and data processing $d (1958#：$cToronto)，$jauthor.

④130 字段，又称主要款目——统一题名，记录代表作品的首选题名。当书目记录没有 100、110、111 字段时才使用 130 字段。这类资源主要包括宗教经书、经典佚名著作或连续出版物、条约和政府间的协议等。130 字段对应 RDA 核心元素“作品首选题名”。本字段有则必备，不可重复。本字段结束时标“.”，或根据编目条例标识其他符号，如“)”“]”。第 1 指示符为不排档字符，第 2 指示符未定义，常用子字段有：

子字段标识	子字段名称	说　明
$a	统一题名	必备，不可重复。记录代表作品的首选题名，用于识别题名的附加信息置于“( )”内
$d	签约日期	有则必备，可重复。记录条约或政府间协议签订日期，一般置于“( )”内
$l	作品语种	有则必备，不可重复
$n	作品分卷/分辑号	有则必备，可重复
$p	作品分卷/分辑号题名	有则必备，可重复

例：130 0# $aBible. $lEnglish. $f1902.

700-740 为附加款目字段，其中 700、710、711、730 字段的 $i 关系信息子字段为 MARC21 为 RDA 新增子字段，表达附加款目与资源的关系，采用 RDA“关系说明语”附录。具体常用字段有：

①700 字段，又称附加款目——个人名称。本字段记录除 100 字段已记录的创作者之外的其他创作者和贡献者的名称规范检索点。本字段有则必备，可重复。本字段结束时标“.”，或根据编目条例标识其他符号，如“)”“]”。本字段子字段可参考 100 字段。

例：100 1# $aBonnefoy, Yves.

245 10 $aSecond simplicity: $bnew poetry and prose, 1991-2011/ $cYves Bonnefoy; selected, translated, and with an introductionby Hoyt Rogers.

700 1# $aRogers, Hoyt.

②710 字段，又称附加款目——团体名称，本字段记录除 110 字段已记录的创作者之外的其他创作者和贡献者的名称规范检索点。本字段有则必备，可重复。本字段结束时标“.”，或根据编目条例标识其他符号，如“)”“]”。本字段子字段可参考 110 字段。

例：245 04 $aThe artist\'s hand: $bAmerican works on paper 1945-1975, from the Washington Art Consortium collection / $cWashington State University. Museum of Art.

710 2# $aWashington State University. $bMuseum of Art, $ehost institution.

③711 字段，又称附加款目——会议名称，本字段记录除 111 字段已记录的创作者之外的其他创作者和贡献者的名称规范检索点。本字段有则必备，可重复。本字段结束时标“.”，或根据编目条例标识其他符号，如“)”“]”。本字段子字段可参考 111 字段。

例：111 2# $aIEEE International Conference on Plasma Science $d(1980: $dMadison, Wis.)

245 10 $aConference record-abstracts / $csponsored by IEEE Nuclear and Plasma Sciences Society.

711 2# $aIEEE Nuclear.

711 2# $aPlasma Sciences Society.

④730 字段，又称附加款目——统一题名，本字段记录不适合记录在 130、630、830 字段的但与在编资源相关的作品首选题名，适用于没有创作者的资源。本字段有则必备，可重复。本字段结束时标“.”，或根据编目条

例标识其他符号，如“）”“］”。本字段子字段可参考 130 字段。

例：245 00 $aForeign affairs bibliography.

580 ## $aBased upon the bibliographical notes appearing quarterly in: Foreign affairs.

730 0# $aForeign affairs (Council on Foreign Relations)

4.2.4 题名、版本、出版发行项等字段

2XX 为题名、版本、出版发行项相关的字段，常用字段有：

①245 字段，又称题名说明，本字段记录在编资源的正题名、其他题名信息、并列题名、分辑题名以及责任者，并且提供题名检索点。本字段必备，不可重复。第 1 指示符通常取 1，表示提供题名附加款目，第 2 指示符为不排档字符。本字段结束时标“.”。常用子字段有：

子字段标识	子字段名称	说明
$a	题名	必备，不可重复。正题名按照信息源上呈现的形式转录
$b	题名其余部分	有则必备，不可重复。其他题名信息、并列题名等著录于此
$c	责任说明等	有则必备，不可重复。记录与正题名相关的责任说明。按信息源上出现的形式如实转录。与创作者相关的责任说明不可省略，其他责任说明可省略第一个之外的其他名称，用各语种的编目语言总括地说明所做省略①
$n	作品分卷/分辑号	有则必备，可重复
$p	作品分卷/分辑题名	有则必备，可重复

本字段有 9 种著录模式：

$a 正题名 / $c 责任说明

$a 正题名：$b 其他题名信息 / $c 责任说明

① 国家图书馆．国家图书馆外文文献资源 RDA 本地政策声明暨书目记录操作细则［M］. 北京：北京图书馆出版社，2017.

$a 正题名第一部分，or，交替题名 / $c 责任说明

$a 正题名 = $b 并列题名 / $c 责任说明

$a 正题名 / $c 责任说明 = 并列题名 / 责任说明

$a 正题名：$b 其他题名信息 = 并列题名：并列其他题名信息 / $c 责任说明

$a 题名 1：$b 题名 2 / $c 责任说明

$a 题名 1 / $c 责任说明 1. 题名 2 / 责任说明 2

$a 共同题名. $n 分辑标识，$p 分辑题名 / $c 分辑责任说明

例：24510 $aMexico today：$ban encyclopedia of life in the republic / $cAlex M. Saragoza, Ana Paula Ambrosi and Silvia D. Zaarate, editors.

245 00 $ a150 years of humanitarian action in 71 photos：$ bmarking milestones and celebrating memories/ $ ceditors, Christine Cipolla [and 4 others].

注：责任说明不是与创作者相关的，因此可以省略。

②250 字段，又称版本说明，本字段著录版本相关信息。信息源的优先顺序为 a)与正题名相同的信息源；b)资源本身的另一来源；c)其他信息源。本字段有则必备，可重复。本字段结束时标“.”。本字段指示符未定义，子字段有：

子字段标识	子字段名称	说　明
$a	版本说明	必备，不可重复。照实转录，不可以使用序数词或缩写形式
$b	版本说明的其他部分	有则必备，不可重复

例：250 ## $a2nd ed.

注：在编资源题名页上版本说明形式为：2nd ed.，照实转录，非人为缩写。

③264 字段，又称制作、出版、发行、生产及版权声明，此字段为 MARC21 为 RDA 新增字段，取代原 260 字段。本字段著录包括制作说明、出版说明、发行说明、生产说明和版权日期在内的多个 RDA 元素。本字段有则必备，可重复。本字段结束时标“.”。本字段常用指示符和子字段有：

字段标识符	指示符	子字段/指示符标识	名称	说明
264			制作、出版、发行、生产及版权声明	有则必备，可重复
	第1		出版顺序说明	
		#	不适用/无信息提供/最早的	
		2	中间的	用于连续出版物
		3	当前/最新的	用于连续出版物
	第2		实体作用	为空#
		0	制作	
		1	出版	
		2	发行	
		3	生产	
		4	版权声明日期	
		$a	制作、出版、发行、生产的地点	有则必备，可重复
		$b	制作、出版、发行、生产者的名称	有则必备，可重复
		$c	制作、出版、发行、生产或版权声明的日期	有则必备，可重复

例：264 #1 $aNew York：$bColumbia University Press，$c2011.

4.2.5 载体形态等字段

3XX为载体形态等字段，包含编目文献载体的物理形态特征、出版频率、卷期标识等信息。336、337、338字段为MARC21为RDA新增字段，取代了245 $h一般资料标识，取值为RDA的内容类型、媒介类型、载体类型词表。常用字段有：

①300字段，又称载体形态，本字段著录数量、单位、尺寸、其他形态细节、附件的相关信息。本字段必备，可重复。本字段指示符未定义，子字段有：

子字段标识	子字段名称	说　明
$a	篇幅	必备，可重复。记录页码、卷数、资源运行时间等
$b	其他形态细节	有则必备，不可重复。记录插画内容、色彩内容、声音内容
$c	尺寸	必备，可重复。记录编目文献的高度，以 cm 为单位
$e	附件	有则必备，不可重复

例：300 #3 $a450 pages; $c21 cm

300 ## $a200 pages,30 pages of plates: $billustrations; $c20cm

注：在编资源由文本页和编号的图版页组成，在页码后记录图版页；文本页中另有插图，在 $b 中著录。

②336 字段，又称内容类型。内容类型是 RDA 核心元素，反映资源内容被表达的基本交流形式的类别以及被人类感知的感官类别。本字段必备，可重复。本字段指示符未定义，子字段有：

子字段标识	子字段名称	说　明
$a	内容类型术语	必备，可重复。术语取自 RDA 内容类型词表，图书和连续出版物选用术语“text”
$b	内容类型代码	可选用，可重复。术语取自 RDA 内容类型词表，图书和连续出版物选用代码“txt”
$2	来源	必备，不可重复。选用代码“rdacontent”
$3	专指资料	可选用，不可重复

例：336 ## $atext $2rdacontent

注：在编资源为文本。

③337 字段，又称媒介类型。媒介类型是 CALIS 核心元素，反映资源内容进行浏览、播放、运行等所需中间设备的通用类型分类。本字段必备，可重复。本字段指示符未定义，子字段有：

子字段标识	子字段名称	说　明
$a	媒介类型术语	必备，可重复。术语取自 RDA 媒介类型词表，图书和连续出版物选用术语“unmediated”
$b	媒介类型代码	可选用，可重复。术语取自 RDA 媒介类型词表，图书和连续出版物选用代码“n”
$2	来源	必备，不可重复。选用代码“rdamedia”
$3	专指资料	可选用，不可重复

例：337 ## $aunmediated $2rdamedia

注：在编资源为纸本图书。

④338 字段，又称载体类型。载体类型是 RDA 核心元素，结合资源内容进行浏览、播放、运行等所需中间设备的类型，反映资源内容存储介质或载体装置的分类。本字段必备，可重复。本字段指示符未定义，子字段有：

子字段标识	子字段名称	说　明
$a	载体类型术语	必备，可重复。术语取自 RDA 载体类型词表，图书和连续出版物选用术语“volume”
$b	载体类型代码	可选用，可重复。术语取自 RDA 媒介类型词表，图书和连续出版物选用代码“nc”
$2	来源	必备，不可重复。选用代码“rdacarrier”
$3	专指资料	可选用，不可重复

例：338 ## $avolume $2rdacarrier

注：在编资源为纸本图书。

4.2.6 丛编说明字段与丛编附加款目字段

490 字段为丛编说明字段，800、810、811、830 字段为丛编附加款目字段。490 字段为 MARC21 为 RDA 新增字段，取代原有 440 字段。8XX 字段提供丛编的规范检索点，但在 CALIS 联合目录的编目实践中，大多数丛编题名的检索点可从 490 字段获取，仅少数需要启用 8XX 字段。原有 400、

410、411 字段被取消，若套录外来数据源中包含此 3 个字段，则需删除，并把丛编信息转录到 490 字段。

①490 字段，又称丛编说明。两种情况可使用 490 字段：a)丛编说明不需提供检索点；b)若需提供检索点，将信息源中的丛编说明记录在 490 字段，在 8XX 字段记录丛编规范形式。本字段有则必备，可重复。本字段常用指示符和子字段有：

字段标识符	指示符	子字段/指示符标识	名称	说　明
490			丛编说明	有则必备，可重复
	第 1		说明丛编是否做检索点	
		0	不做检索点	
		1	在 8XX 字段做检索点	用于连续出版物
	第 2	未定义		为空#
		$a	丛编说明	必备，可重复。包括丛编题名以及与之相关的丛编责任说明、其他题名信息、分丛编标识、分丛编题名和出版日期等信息
		$v	丛编卷期/序号标识	有则必备，可重复
		$x	ISSN 号	有则必备，可重复
		$3	专指资料	可选用，不可重复

例：490 1# $aUniform crime reports

830 #0 $aUniform crime reports(Washington, D. C)

490 0# $aCanadian essays andstudies; $vIV

②800 字段，又称丛编附加款目——个人名称。本字段有则必备，可重复。本字段指示符和子字段参考 100 和 490 字段。本字段结束时标“.”，或

根据编目条例标识其他符号，如“）”“］”。

例：490 1# $aHacker series; $v1

800 1# $aWild, Meredith. $tHacker series; $v1.

③810 字段，又称丛编附加款目——团体名称。本字段有则必备，可重复。本字段指示符和子字段参考 110 和 490 字段。本字段结束时标“.”，或根据编目条例标识其他符号，如“）”“］”。

例：490 1# $aEngineering extension series; $vno. 115

490 1# $aEngineering bulletin of Purdue University; $vv. 48, no. 3

810 2# $aPurdue University. $tEngineering bulletin; $vv. 48, no. 3.

④811 字段，810 字段，又称丛编附加款目——会议名称。本字段有则必备，可重复。本字段指示符和子字段参考 111 和 490 字段。本字段结束时标“.”，或根据编目条例标识其他符号，如“）”“］”。

例：490 1# $aNutrition and food science; $vv. 1

811 2# $aInternational Congress of Nutrition $n(11th: $d1978; $cRiode Janeiro, Brazil). $tNutrition and food science; $vvolume1.

⑤830 字段，811 字段，810 字段，又称丛编附加款目——统一题名。本字段有则必备，可重复。本字段指示符和子字段参考 130 和 490 字段。本字段结束时标“.”，或根据编目条例标识其他符号，如“）”“］”。

例：490 1# $aA Margellos world republic of letters book

830 #0 $aMargellos world republic of letters book.

4.2.7 附注字段

5XX 为附注字段，500 字段为一般性附注，501-588 字段为各种专指性附注，59X 字段为本地附注字段，其中 590-594 字段为 CALIS 联合目录预留附注字段，595-599 字段可作为各成员馆的自定义附注字段，一般不提交。588 字段为 MARC21 为 RDA 新增字段。常用字段有：

①500 字段，又称一般性附注，记录未在 501-588 专指性复制字段中记录的附注信息。本字段有则必备，可重复。本字段第一字母大写，结束时标“.”，或根据编目条例标识其他符号，如“）”“］”。本字段指示符未定义，子字段有：

子字段标识	子字段名称	说明
$a	一般性附注	必备，不可重复
$3	专指资料	可选用，不可重复
$5	本字段适用机构	有则必备，不可重复

例：500 ## $aCover title.

注：正题名出自封面。

500 ## $aSometimes attributed to Thomas Dekker, but more probably by Robert Tofte.

注：关于责任说明的附注。

500 ## $aEdition statement from jacket.

注：版本说明出自护封。

②504 字段，又称书目等附注，记录出现在在编资源及其附件中的书目、唱片目录、电影目录或其他参考文献信息。本字段有则必备，可重复。本字段第一字母大写，结束时标“.”，或根据编目条例标识其他符号，如“)”“]”。本字段指示符未定义，子字段有：

子字段标识	子字段名称	说明
$a	书目等附注	必备，不可重复
$b	参考文献的数量	可选用，不可重复

例：504 ## $aIncludes bibliographical references and index.

③588 字段，又称著录来源附注，本字段用于追踪和控制本书目记录中所含元数据的信息。由于此字段为新增字段，大部分图书馆自动化系统无法自动生成本字段的附注导语，故第 1 指示符取“#”，第 2 指示符未定义，为“#”。本字段仅一个子字段 $a。本字段第一字母大写，结束时标“.”，或根据编目条例标识其他符号，如“)”“]”。本字段有则必备，可重复。

例：588 ## $aIndentification of the resource based on: part 2, published 1998.

注：在编文献为多部分专著，未按最先发布的卷期或部分识别资源，故辅助说明识别依据。

4.2.8 主题字段

6XX 为主题字段，记录主题的规范检索点，主要用于主题检索。主题分为名称主题、论题性主题和非控主题，名称主题又包括个人名称、团体名称、会议名称、统一题名和地理名称。CALIS 联合目录规定，英文资源主题标引主要依据美国国会图书馆主题词表(LCSH)，医学资源依据美国医学主题词表(MeSH)。英文以外的西文资源的主题标引可采用任意一种主题词表。

主题字段相同的子字段有：

子字段标识	子字段名称	说明
$v	形式复分	有则必备，可重复
$x	通用复分	有则必备，可重复
$y	年代复分	有则必备，可重复
$z	地理复分	有则必备，可重复

①600 字段，又称主题附加款目——个人名称。当在编资源涉及个人或家族的生平事迹、学术思想、书信日记、个人收藏、旅游活动等内容，但这些内容占资源总篇幅的 20%以上时，需启用此字段。有关个人的纪念文集、作品评论与研究、通信集等也应启用此字段。本字段有则必备，可重复。本字段第 1 指示符参考 100 字段第 1 指示符，第 2 指示符表示“主题标引体系/叙词表”，英文资源编目取用“0”LC 主题标目/LC 规范文档和“2”美国医学主题标目/NLM 规范文档。本字段 $a、$b、$c、$d、$q 子字段参考 100 字段。本字段结束时标“.”，或根据编目条例标识其他符号，如“)”“]”。

例：245 10 $aNotes on Arthur Miller\'s Thecrucible/ $cRobert Wilks.

600 10 $aMiller, Arthur, $d1915-2005. $tCrucible.

②610 字段，又称主题附加款目——团体名称。当在编资源以某一团体为主题研究内容时，启用此字段。本字段有则必备，可重复。本字段第 1 指示符参考 110 字段第 1 指示符，第 2 指示符参考 600 字段第 2 指示符。本字段 $a、$b、$c、$d、$n 子字段参考 110 字段。本字段结束时标“.”，或

根据编目条例标识其他符号，如“)”“]”。

例：245 13 $aAn introduction to the House of Commons/ $cRobert Rhodes Jones.

610 10 $aGreat Britain. $bParliament. $bHouse of Commons.

③611 字段，又称主题附加款目——会议名称。当在编资源以某一会议为主题研究内容时，启用此字段。本字段有则必备，可重复。本字段第 1 指示符参考 111 字段第 1 指示符，第 2 指示符参考 600 字段第 2 指示符。本字段 $a、$c、$d、$e、$n、$q 子字段参考 111 字段。本字段结束时标“.”，或根据编目条例标识其他符号，如“)”“]”。

例：245 00 $aShanghai & Expo 2010 Shanghai China.

611 20 $aExpo(International Exhibitions Bureau) $d(2010: $cShanghai, China)

④630 字段，又称主题附加款目——统一题名，记录作品首选题名为主题规范检索点。本字段有则必备，可重复。本字段第 1 指示符参考 130 字段第 1 指示符，第 2 指示符参考 600 字段第 2 指示符。本字段 $a、$d、$f、$k、$l、$n、$p、$s、$t 子字段参考 130 字段。本字段结束时标“.”，或根据编目条例标识其他符号，如“)”“]”。

例：245 10 $aStones and stories: $ban introduction to archaeology and the Bible / $cDon C. Benjamin.

630 00 $aBible. $pOld Testament. $xAntiquities.

注：在编资源为关于宗教经书的研究时，以宗教经书的作品首选题名为主题规范检索点。

⑤650 字段，又称主题附加款目——论题性词语，本字段记录论题性词语为主题规范检索点。本字段有则必备，可重复。若 650 字段记录 LCSH 主题，则第 1 指示符为“#”，第 2 指示符参考 600 字段第 2 指示符。本字段的子字段有 $a、$v、$x、$y、$z、$2。本字段结束时标“.”，或根据编目条例标识其他符号，如“)”“]”。

例：245 14 $aThe snowy day and the art of Ezra Jack Keats / $cClaudia J. Nahson; with an essay by Maurice Berger.

650 #0 $aPicture books for children $xSocial aspects $zUnited States $xHistory $y20th century $vExhibitions.

4.2.9 连接款目字段

76X-78X 为连接款目字段，用于记录与在编资源相关的其他作品、内容表达或载体表现的书目记录，反映相关资源和在编资源之间的相互关系，便于读者对在编资源的查找和理解。在编资源被称为目标资源，目标资源和相关作品或内容表达之间可分为衍生关系、描述关系、整体-部分关系、伴随关系、连续关系。目标资源和相关载体表现之间可分为等同关系、描述关系、整体-部分关系和伴随关系。连接款目字段可使记录在显示时生成相应的附注信息，并由系统自动连接到相关资源的书目信息，增强相关资源的索引。

CALIS 联合目录规定，780、785 字段只在英语以外的语种原编时启用，除这 2 个字段以外的连接款目字段的指示符都相同。连接款目字段指示符和常用子字段有：

字段标识符	指示符	子字段/指示符标识	名称	说　明
76X-78X（除 780、785）			连接款目	
	第 1		附注控制符	
		0	显示附注	
		1	不显示附注	
	第 2		显示常数控制符	
		#	根据要求自动生成导语	
		8	不生成附注导语	
		$a	主要款目	有则必备，不可重复。记录相关资源 100、110、111 字段信息
		$b	版本	有则必备，不可重复。记录相关资源 250 字段资源

续表

字段 标识符	指示符	子字段/指 示符标识	名称	说　明
		$d	出版地、出版者、出版时间	可选用，不可重复
		$h	载体形态	可选用，不可重复
		$s	统一题名	有则必备，不可重复。信息取自相关资源的 240、243 字段
		$t	题名	有则必备，不可重复。记录相关资源的 245 字段和 130 字段中的 $a、$n、$p 子字段

①765 字段，又称原著款目，本字段记录与译著相关的原著信息，实现在编资源和原著之间的连接，二者为衍生关系。本字段有则必备，可重复。

例：765 0# $tAstrofizicheskie issledovaniia $w(DLC)###78634838 $w(OCoLC)3827493

注：目标资源和相关资源之间为衍生关系，$t 记录原著题名，$w 记录原著记录控制号，识别控制号的机构代码置于()中。

②767 字段，又称译著款目，本字段记录与原著有关的译著信息，二者为衍生关系。本字段可选用，可重复。

例：767 0# $aAstrofizicheskie issledovaniia. English. Bulletin of the Special Astrophysical Observatory $w(DLC)###28439471 $w(OCoLC)2749208

注：在编资源"Astrofizicheskie issledovaniia"为原著，$t 记录译著的题名规范检索点，由统一题名"Astrofizicheskie issledovaniia"和正题名"Bulletin of the Special Astrophysical Observatory"组成。

4.2.10　电子资源定位与检索字段

856 字段为电子资源定位与检索字段，包含记录所描述的电子文献的获取信息，是 MARC 记录中对电子资源最能完全和准确揭示的一个专门字段，包括可获取文献的电子地址和检索方法。在两种情况时使用：(a)在编资源本身或其子集是电子版；(b)在编资源本身不是电子资源，但该资源有电子版或相关资源有电子版。必须在 856 字段著录最确切的地址，而不是它的相关或上级资源地址，要著录 CALIS 用户广泛可得的检索方式。

本字段有则必备，可重复。需要经常维护。本字段第 1 指示符常取“4”表示超文本传输协议(HTTP)，第 2 指示符取值有 0=电子资源、1=有电子版、2=相关资源有电子版，子字段常用 $u 统一资源定位标识。

字段标识符	指示符	子字段/指示符标识	名称	说　　明
856			电子资源定位与检索	
	第 1		检索方法	
		#	无信息提供	
		0	电子邮件(Email)	
		4	超文本传输协议(HTTP)	
	第 2		关系	
		0	资源	
		1	资源的版本	
		$u	统一资源标识	有则必备，可重复。指使用已有的 Internet 协议提供定位目标的标准句法
		$2	链接文本	新增字段，一段用来在网页显示的文字，同时隐藏文献的链接
		$z	公共附注	包含与 856 字段标识的电子资源地址相关的附注，该附注打算用于公共显示

例：856 40 $uhttps://www.researchgate.net/publication/234782656_Questions_not_answers_A_novel_mobile_search_technique

010 $a7-5083-3262-8 $dCNY42.00（含光盘）

010 $a7-900181-80-6 $b 光盘

856 0# $umailto：cdload@mail.lib.xjtu.edu.cn $z 发送索书号至 cdload

@ mail. lib. xjtu. edu. cn 获取光盘 FTP 服务

注：在 $z 说明了给读者的注释。因支持通过调用本地机的默认电子邮件程序发送电子邮件，指示符选“0#”，子字段选“ $u”。

4. 2. 11　本地使用块

9XX 为本地使用块，包括 CALIS 联合目录和成员馆的自定义数据字段。目前 CALIS 联合目录定义的字段有：

字段标识	字段名称	说　明
920	馆藏信息	必备，可重复。记录所编文献的馆藏机构代码及馆际互借方式
921	专项文献信息字段	有则必备，可重复
998	书目记录所属成员馆代码	必备，不可重复

例：920 ## $a211010 $z2

注：所编文献为北京大学图书馆馆藏，提供文献传递。

921 ## $aCASHL　$bCEPIEC　$c9780813536556

998 ## $aWHU

课后习题

1. 简述中文图书的著录项目，以及其分别对应的 CNMARC 字段。

2. 思考西文图书著录为 RDA 新增的字段主要有哪些？它们有什么作用？

3. 比较中文图书著录原则和 RDA 中关于著录信息源的规定存在哪些差异。

4. 思考图书的描述主要有哪些步骤和流程，并尝试为一本图书进行编目。

网络信息资源的元数据描述

第 5 章 网络信息资源的元数据描述

随着计算机的发展，网络信息资源爆炸性增长，诸如各类电子文献、软件、原始数据、多媒体等，种类繁多，且浩如烟海。这些网络信息资源与传统信息资源如图书、期刊、报纸等相比，呈现出动态性、分布性、多元性和无序性的特点，这些特点使得网络信息资源的描述、定位、检索和应用不如传统信息资源准确规范。充分利用网络信息资源依赖于对这些信息资源准确规范的描述和组织，这促使学术界研究和制定一系列能规范描述且易于被公众接受的网络信息资源描述格式，由此促成了元数据的产生与发展。

5.1 元数据基础

5.1.1 元数据的概念

元数据的英文原文是 Metadata，它是组织数字化信息的基本工具，该名词最早出现于美国航空航天局(National Aeronautics and Space Administration, NASA)的《交换格式目录》中。国内学者基本把它翻译成“元数据”，而在台湾则有“诠释资料”“超资料”等多种译名。

对元数据最常见的定义是“元数据是关于数据的数据”(Metadata is data about data)。或者说元数据就是用来描述数据的数据。抽象的定义难以理解，可以将元数据与传统编目进行类比。图书馆中描述一本书，编目人员会对图书的题名与责任说明项、版本项、出版发行项、载体形态项等进行描述，这些条款综合起来就构成且锁定了该本图书。与传统编目类似，元数据就是对网络信息资源进行描述，以定位此项资源。比如，生活中填写的《个人信息登记表》，包括姓名、性别、民族、政治面貌、学历等条款，这些条款就是元数据，一张表格填写完成就形成了一条元数据记录。再比如，网络上一张图片，图片本身就是一项数据，而描述它的数据（如作者、图像来源、像素等信息）就是所谓数据的数据，即元数据。

迄今为止，对元数据并没有统一的定义。比较有代表性的定义可以概括为：

元数据是数据之数据。国际图联（International Federation of Library Associations & Institutions，IFLA）将元数据定义为："元数据是数据的数据，用于帮助对任何一种网络电子资源的辨识、描述和定位。"①美国国家航空与航天局提出："元数据是数据集的描述与说明，或对数据集中数据项的解释；是应用系统的辅助信息，能提高数据的利用价值；是数据的数据，并包括使数据可以使用的辅助信息。"

元数据是关于数据的结构化的数据。美国图书馆协会（The American Library Association，ALA）对元数据的定义为："元数据是数据的数据，它可以描述一个数据集、数据对象或资源，包括格式、收藏时间等。元数据一般指网络资源，但它也能描述实体资源和电子资源。"

元数据是与对象相关的数据。W3C（World Wide Web Consortium）提出："元数据是与对象相关的数据，此数据使其潜在的用户不必预先具备对这些对象的存在或特征的完整认识。它支持各种操作。用户可能是程序，也可能是人。"

元数据是对信息包的编码描述。1999 年，Arlene G. Taylor 在《信息组织》（*The Organization of Information*）②一书中说道："元数据是对信息包（Information package）的编码描述［如，用 MARC 编码的 AACR2 记录、都柏林核心记录、GILS 记录（政府信息元数据）等］，元数据之目的在于提供一个中间级别的描述，使得人们据此就可以做出选择，确定孰为其想要浏览或检索的信息包，而无需检索大量不相关的全文文本。"

---

① 杨艳丽. 元数据与网络信息资源的管理[D]. 太原：太原理工大学，2003.

② Taylor A G. The Organization of Information. Library and Information Science Text Series[M]. Libraries Unlimited，1999.

5.1.2 元数据的类型

元数据的分类并没有严格的标准，按照不同的分类标准，元数据可以分为不同的类型。以下从几个主要的分类标准进行划分。

5.1.2.1 按照元数据结构与语义的复杂程度划分

美国联机计算机图书馆中心 OCLC 的首席战略家、研究部副总裁 Lorcan Dempsey 和 Rachel Heery 依据元数据结构和语义的复杂程度，将元数据分为简单格式、简单结构格式、复杂结构格式三类：

(1)简单格式元数据

简单格式元数据，属于一种未经结构化的元数据，是从资源中自动抽取并建立索引，一般由搜索引擎产生源自资源本身的全文索引的数据。搜索引擎所建立的全文索引是先定义一个词库，然后在文章中查找每个词条出现的频率和位置，把这样的频率和位置信息按照词库的顺序归纳，这样就相当于对文件建立了一个以词库为目录的索引，这种词库是非结构化的数据，因此称为简单格式元数据。这些数据已被结构化并支持字段查询，查全率高，但是查准率不高，发现服务作用有限，比如 Yahoo，Alta vista。

(2)简单结构格式元数据

简单结构格式元数据是一种格式结构化的元数据，允许使用者利用元数据对资源的潜在用途或重要性进行判断，都已被结构化并支持字段查询。简单结构格式的简单，主要指的是文本数据。各种数据库提供的对资源描述的字段就是简单结构格式的元数据。例如，我们在图书馆联机目录查询系统中检索一本图书，系统返回结果会提供对这本书的字段描述：ISBN 号、语种、题名、出版发行、载体形态、摘要等字段，这些就是简单结构格式的元数据，最有代表性的就是 DC 元数据。

(3)复杂结构格式元数据

复杂结构格式元数据是特定领域使用的结构更为复杂的元数据格式。它通常是非文本数据，如化学结构、基因图谱、地理空间数据等。例如，在化学文献数据库中，可以输入查询分子的化学结构，并自动地进行本地文献数据库的检索和相应化合物性质的计算。这种格式的元数据结构完善，描述详尽，可用于资源定位和发现，但是需要专家来创建和维护，例如 MARC。

5.1.2.2　按照元数据的功能划分

从数字信息资源的组织与管理的角度，其中一个划分方法是按照其功能将元数据划分为知识描述型元数据、结构型元数据以及存取控制型元数据三大类。

美国 Getty 信息研究所(Getty Information Institute)①尽管也是按其功能划分元数据的类型，却将元数据分为五大类，即管理型元数据、描述型元数据、保存型元数据、技术型元数据和使用型元数据。这是从元数据所承担的功能来划分的，即看元数据所起的作用是管理资源、描述资源，还是保存资源，或者资源数字化和资源使用。如：描述该照片备份频率为每周备份一次，其存储方式为硬盘存储等，则属于保存型元数据；若描述该照片的拍摄设备为索尼 A9 相机，则为技术型元数据；若描述该照片的使用对象为旅游爱好者则为使用型元数据。

(1)管理型元数据(Administrative)

管理型元数据是用于管理馆藏和信息资源的元数据。如购置和评估信息资源，版权和再版的记录跟踪，法律文档、文化文档、团体访问权限要求和协议文档，地点信息，资源数字化的选择标准，数字化的遣返文件等。

(2)描述型元数据(Descriptive)

描述型元数据是用于识别、认证和描述集合以及相关可信信息资源的元数据。如由原始创建者和原始系统生成的元数据，提交信息的数据包，编目记录、检索型工具、版本控制、专业索引、策展信息、资源间的关联关系，创建者和其他用户的描述、注释和修订等。

(3)保存型元数据(Preservation)

保存型元数据是与馆藏和信息资源的保存管理有关的元数据。如资源物理状态的记录，为保留物理和数字版本资源而采取的措施的记录(例如，数据刷新和迁移)，在数字化或保存期间发生的任何变化的记录。

(4)技术型元数据(Technical)

技术型元数据是与系统功能或元数据的行为有关的元数据。如硬件软件文档，系统生成的过程信息(如路由和事件元数据)，技术数字化信息(如格式、压缩率、缩放例程)，系统响应时间跟踪，认证和安全性数据(如加

① Baca Murtha. Introduction to Metadata[M]. Getty Publications, 2016.

密密钥、密码)。

(5)使用型元数据(Use)

使用型元数据是与馆藏和信息资源的使用水平和类型有关的元数据。如流通记录，实物和数字展览记录，使用和用户跟踪，内容重用和多版本信息，搜索日志，权限元数据。

5.1.2.3 按照元数据的作用划分

计算机界按元数据的作用将元数据分为管理元数据(Administration Metadata)和用户元数据(User Metadata)两大类，分别从管理员身份看元数据和从用户身份看元数据。

(1)管理元数据

在图书馆界，管理元数据即为图书馆员视角的元数据。如“MARC格式”是从图书馆员视角展现的一种对该书描述的原始元数据，这是该条记录的原始数据，MARC是机读目录，是在图书馆中对一本图书从不同的字段角度进行的内容特征与形式特征的描述，是以字段标识符、子字段标识符等形式呈现的。

(2)用户元数据

用户元数据则为读者视角的元数据。如：书目的“标准格式”“卡片格式”“引文格式”“字段名格式”等是一种读者视角的元数据，为读者展现了题名与责任、出版项、载体形态项、语言、附注、内容提要等信息。

5.1.2.4 按照元数据的来源划分

按照元数据的来源分类，可将元数据分为两种类型：

一类是在藏品建立或数字化时产生的内部元数据。如对一件博物馆藏品的年代、作者等的信息描述。

另一类是在藏品建立或数字化之后才产生的外部元数据，如对该藏品的三维动画本身的描述。

5.1.2.5 按照元数据的建立方式划分

元数据按照建立方式可分为人工建立的元数据和电脑自动产生的元数据。

(1)人工建立的元数据

当前数字图书馆建设过程中，由于没有规定作者必须提交文档的元数据信息，元数据大部分仍由图书馆员逐条人工输入。通常是先生成元数据模板，再逐字段录入数据。如在 GreenStone 中构建数字图书馆资源，可以先根据资源特点设计好元数据的元素集，再对每个元素填入具体的值，就完成了对一条资源的描述。

(2)电脑自动产生的元数据

由于人工建立元数据不仅花费了大量的人力、物力和时间，而且也越来越不能满足海量文献描述的需要。因而目前出现了一些元数据自动生成工具，它们可以从文档中自动抽取元数据，如：新西兰国家图书馆开发的 NLNZ Metadata Extractor，主要用于处理数字化文档和提取元数据信息，它可以对各种类型电子文档进行元数据抽取。

5.1.2.6　按照元数据的专业性划分

按照元数据的专业性，可分为无需由主题或信息组织专家便能建立的元数据和由主题或信息组织专家所建立的元数据。

(1)非专业性的元数据

都柏林核心元数据 DC 是 1995 年诞生的专门用于描述数字资源的元数据，它是一种非专业性的元数据，可以用于描述任何类型的网络资源，其实现工具是 HTML、XML 等网络标记语言。当前在元数据有了一定发展的基础上，各行各业基本上陆续编制了用来描述不同类型的文字形和非文字形物体的元数据标准。技术的应用与革新，也大大提高了行业的专业性。

(2)专业性元数据

1970 年产生的图书馆的机读目录 MARC 也可以看做一种元数据，是专门用于图书馆资源描述的专业性元数据，主要针对的是印刷型资源，其字段、指示符等非自然语言表示元素，要在遵循 Z39.50 协议的图书馆编目系统中传输。

5.1.2.7　按照元数据的应用领域划分

将元数据按照应用领域划分，可以分为描述科技文献的元数据，如 BibTex、EELS、SGML 等；描述一般文献资料的元数据，如 MARC、Dublic Core；描述人文及社会科学的元数据，如 SGML、TEI Header 等；用于政府信息领域的元数据，如 GILS；用于地理空间信息领域的元数据，如 FGDC/

CSDGM；用于博物馆与艺术作品描述的元数据，如 CIMI、CDWA、VRA Core 等；用于档案库与资源集合的元数据，如 EAD；用于描述数字图像的元数据，如 MOA2 metadata、CDL metadata、Open Archives Format、VRA Core 等；用于描述广泛的网络信息资源的元数据，如 Dublin Core、IAFA Template、CDF、Web Collections、EDF、PICS 等。

除了以上几种分类标准，还有计算机界按元数据作用将其分为管理元数据(Administration Metadata)和用户元数据(User Metadata)两大类。按照元数据的来源(Source)，将元数据分为在藏品建立或数字化时便产生的内部元数据和在藏品建立或数字化之后才产生的外部元数据两类。按照元数据的建立方式，可分为电脑自动产生的元数据和人工建立的元数据。按照元数据的专业性，可分为不须由主题或信息组织专家便能建立的元数据和由主题或信息组织专家所建立的元数据。按照元数据的编码语言，可以分为使用 SGML 编码的元数据、使用 XML 编码的元数据、使用 ASCII 编码的元数据、使用 MARC 编码的元数据。按照元数据的支撑协议还可以划分为使用 Z39.50 协议的元数据、使用 HTTP 协议的元数据、使用 WAIS 协议的元数据、使用 Whois++协议的元数据、使用 LDAP 协议的元数据、使用 PICA3 协议的元数据。

5.1.3 元数据的特征

随着互联网的发展，信息描述方式逐渐向网络化发展，在网络信息资源动态性、分布性、多元性和无序性的特点的影响下，作为网络资源描述规范的元数据也随之具有灵活性、可操作性、可扩展性和多语种的特征。

5.1.3.1 灵活性

元数据并非什么新生事物，图书馆书目记录就是一种元数据。但是在网络环境下，元数据突破了 MARC 格式大而全、统一化的局限。

对于一种资源来说，可以采用一种或多种元数据格式进行描述，比如图书馆中的随书光盘，既可以采用 MARC 格式描述，也可以采用 DC 或者其他格式元数据进行描述，这种灵活多变的特点，可以使资源得到充分的描述，提高资源识别效率。另外，元数据具有多种格式和多种表现形式，它具有多样性，可以从多个层次来表征信息、揭示资源内容、描述数据格式。对一种资源的描述，可以采用描述、管理、保存、技术等不同类型的元数据分别加工完成，再根据一定的结构衔接起来，比如一个网页，网页题名、创建者、主题等内容利用描述性元数据进行规范描述，而网页的使用和用户追踪等使用型数据则由后台技术人员进行规范描述。再比如，数字化后的拓片，其名称、录文等内容的描述可以由拓片专家在描述元数据系统中操作填写，而其技术处理部分(如拓片扫描的分辨率等)则由数字加工人员另外负责。

5.1.3.2　互操作性

由于不同领域(甚至同一领域)往往存在多个元数据格式，当在用不同元数据格式描述的资源体系之间进行检索、资源描述和资源利用时，就存在元数据的互操作性问题。① 也就是说，元数据不仅要能方便地为自己建立的系统所操作，还应该尽可能为其他系统所操作。这种特征既能满足资源有多层次、多样化的规范描述，也能提高资源被识别和利用的效率。在具体的数据级别应用上，互操作性可以表现为易转换性，即通过对不同的元数据格式的元素对照和映射，可方便地转换为其他系统常用的元数据。

5.1.3.3　可扩展性

元数据既能建立最基本、简单的核心集来揭示资源最基本的特征，也能建立扩展机制，根据资源情况和用户需求，添加新的描述内容，使资源满足特定团体的需要。比如都柏林核心元数据的 15 个核心元素揭示了资源最基本的特征，修饰词的使用可以使资源在某一方面更加具体化，以提高资源的使用效果。

比如，对个人信息进行描述，元数据可以对个人的姓名、性别、年龄、居住地等基本特征进行规范描述，假如该元数据记录是为了建立数据库用户信息，那么可以对这个人的检索历史、检索偏好等进行扩展处理，假如该元数据记录是为公安局公民信息收录而建立，那么对这个人的生命特征信息，比如身高、指纹、犯罪史等，进行扩展。

5.1.3.4　多语种

互联网连接世界各地，资源来源地域、文化、语种等千差万别，在逐

① 李荣艳，梁蕙玮，曲云鹏，冯红娟，张彪．我国政府信息资源元数据标准研究[J]．图书馆学研究，2012(11)：42-46.

渐的发展中，元数据打破了以往单一语种类型的局限，逐步走向多语种化。

除此之外，元数据还具有描述性和动态性的特征，描述性是所有元数据最基本的特征，它就是用来描述数据的数据；动态性特征是以描述性为基础的，信息对象一旦发生变化，用来描述信息对象的元数据为了正确及时地描述信息对象，就应该相应地发生变化，这使元数据随时都处于不断地变化之中。并且，元数据还具有复杂性，网络环境下资源具有多种表现形式、多种载体介质、多种格式、多种用途，因此用来描述资源的元数据也必然具有一定的复杂性。元数据的标引方式、涵盖数据范围也不是一件简单的事情。当然，元数据作为一种描述数据的数据，它虽然不能代表所描述的数据，但是它能有效维护所描述数据对象的原始性和完整性，是数据得到识别和利用的窗口，是数据的必要支撑，因此，元数据具有支撑性。

5.2　元数据的功能

元数据是网络环境下信息资源描述的重要工具，有助于实现复杂的信息资源的管理与利用。在元数据的发展过程中，元数据可以描述的资源类型不断扩大，早期的元数据描述对象主要指网络资源的描述数据；后来元数据的描述对象逐步扩大到各种以电子形式存在的信息资源的描述数据；现在的元数据适用于各种类型信息资源的描述记录。

不管元数据的描述对象如何扩大，也不能改变其“描述数据的数据”的本质，元数据具有传统编目的“著录”功能，帮助资源管理者和使用者了解和辨别资源，进而利用和管理，为由形式管理转向内容管理奠定必要的基础。

5.2.1　资源描述功能

元数据是描述数据的数据，是一种描述资源的工具，它最基本的功能就在于对信息资源的内部特征和外部特征进行描述，诸如资源内容、载体、位置与获取方式、制作与利用方法等，从而为使用者获取与利用资源奠定必要的基础。元数据的描述功能一是为识别资源，比如用歌曲名称、作曲人、作词人等属性字段定义一首歌曲，从这些属性字段的内容就可以达到识别歌曲的目的；二是为了定位资源，即描述资源的位置，从而明确定位信息对象，便于使用者查找并利用，比如在搜索引擎中检索一个数据，点击检索所得的 URL，就可能找到所需要的资源。

以 DC 元数据为例，DC 元数据中题名、创建者、主题、描述、出版者等都是用来描述资源的基本特征，便于区分和识别资源；而来源(source)元素揭示被描述信息资源的出处信息，通过以一标记指向参考的文献资源，可指明来源的物质形式、出版日期、URL 地址等。如图 5.1 所示，对一个拓片进行描述，著录了其责任者、年代、地点、书体与行款、数目与尺寸、题跋印记、文种和馆藏信息。

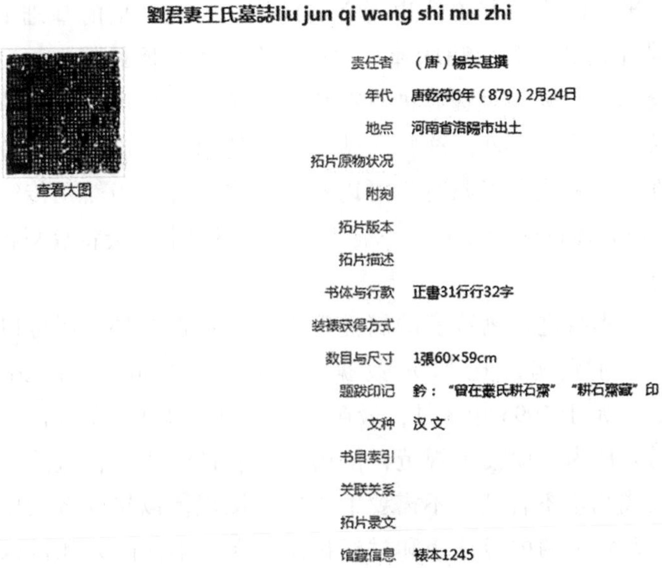

图 5.1 拓片的元数据记录

5.2.2 资源索引功能

元数据应用于网络信息资源中，使得网络信息资源的描述和检索具有传统编目的索引功能。正如传统索引工具对图书进行索引，便于多途径查找资源一样，元数据在对网络信息资源进行描述的过程中，可以将信息对象中的重要信息抽出标引并加以组织，建立它们之间的关系，为用户提供多层次、多途径的检索。这样的资源索引功能可以优化搜索引擎查准率不高的缺陷，为用户查找和利用资源提供不同的检索途径。比如，以资源的创建者为标引对象，将同创建者的资源组织起来，这样可以增加不同资源之间的关联性，帮助用户扩展检索深度。

例如，电商网站上对不同商品进行分类分栏浏览，人们可以选择关键词对商品名进行检索，就可以迅速找到资源。并且，索引提供了与要检索的资源有某些关联关系的资源，可以帮助用户拓展信息。

5.2.3 资源选择功能

元数据提供网络信息资源的题名、创建者、主题、日期等基本属性，使用户在无需浏览资源本身的情况下，就能够对其具备基本了解和认识，参照有关标准，即可对其价值进行必要的评估，在评估的基础上，结合自身需求，对资源做出取舍和选择。比如社会化编目网站豆瓣、LibraryThing等网站都会用社会标签对资源进行粗略的描述，用户可以根据这些标签进行判断和选择，除此之外，这些网站还有其他用户对该项资源的评价和评分，用户在选择和取舍资源时就可以参考这些标准。当然在传统的图书馆OPAC中是没有评价或者评分这一描述的，个别图书馆会将豆瓣评论引用到OPAC目录中。

除了用户本身进行浏览资源属性以进行评估选择外，还可以采用技术规范轻松选择资源。比如元数据PICS（Plat-form for Internet Content Selection），它始于1995年8月，最初用于帮助父母和老师控制儿童获取网络资源，后来作为一项技术规范，使用户能够轻松找到合适的内容又避免那些对自己或儿童不合适、不需要的内容。该规范以接受者为中心，标记各种系统以及相关的内容选择和过滤机制，允许不同的人和机构以最适合各自情况的方式标记网页内容，从而实现网络内容控制。

5.3 元数据应用于网络信息资源描述

互联网时代，信息资源无处不在，那么用于描述信息资源的元数据自然也无处不在，它可以应用的领域十分广泛，光从元数据的类别，如描述文献资料的元数据、政府信息元数据、地理空间信息元数据、描述档案的元数据等，就能看出元数据涉及的领域十分广泛。元数据标准在不同领域、不同机构中都有具体实际应用。在应用中，元数据的核心集可以作更进一步的详细诠释，元数据也可以在元素核心集基础上伸缩扩展，增加/减少元素或修饰词，或复用其他元数据规范的元素，以适应不同资源的不同表现形式、格式、载体、用途等。元数据的应用服务于各个领域的资源规范描述、检索、利用和管理，反过来说，活跃且广泛的实践应用增加了元数据的生命性，使其在使用中不断优化和完善。

5.3.1　Web2.0 环境下的元数据

网络信息的爆炸促使元数据不断产生与发展，而 Web2.0 使得元数据的使用更加多样化。Web2.0 是相对于 Web1.0 而言的新的时代，它改变了以往以网站雇员为主导生产网站内容的互联网产品模式，转变为由用户主导而生成网站内容。

这种互联网模式，具有几个特点：①用户参与内容的制造。与 Web1.0 环境下网络信息发布模式单一不同，Web2.0 环境下网络信息的生产者不仅有网站发布者，也有用户，这使得用户既是网站内容的浏览者也是网站内容的制造者。比如，博客和 Wiki 就是典型的用户创造内容的网络模式。②交互性成为一个重要特征。网站用户不仅可以与网站发布者进行交互，也可以与不同用户进行交互，还有不同网站之间也存在交互。信息通过交互而流通。③内容开放性强。传统网站往往具有封闭性，外部用户添加和输出数据都很困难。Web 2.0 网站则鼓励用户这样做，提供 RSS 等手段供用户在其他地方使用它们的数据。④信息资源描述更加复杂。由于内容生产源增加，网站交互性强，导致信息增长速度、流通速度加快，信息资源的种类、表现形式、载体、信息来源、关联等更加复杂化，对于信息资源的描述更加困难。

在这样的互联网环境下，生成了大量以用户为中心的网络服务，例如 RSS、博客、播客、维基、P2P 下载、社会书签、SNS、社区和分享服务等，这些服务使得用户扩充了网络的资源，同时也给其他用户提供了有价值的信息产品。但是同时也促使网络信息资源海量增长，那么对于这些资源的描述、管理、检索和利用就成为一个难点。

5.3.1.1　元数据与社会网络平台

Web2.0 是一个众多用户相互参与的网络时代，在这样的环境下，用户参与建立资源的元数据成为网络信息描述的一个重要方向。诸如标签、注释和链接等简单的数据描述方式，使得资源得到简单的分类，帮助用户在分享资源的同时也可以提供一种迅捷的搜索渠道。

(1)社会标签(Tag)

Web2.0 环境下，一系列的在线分享网站给予用户很大的发展空间，他们能通过互相分享信息资源，以最少时间获取到更多内容，如相片分享网站 Flickr、网站分享网站 StumbleUpon、视频分享网站 Youtube、在线书签网站 Delicious 等，这些网站应用了社会标签，使这些本来无序海量增长的文本和非文本信息资源得到过滤分类。这些网站最大的特点就是用户参与建立资源的元数据。

社会标签，就是让用户对某一条目进行标注，如添加词语以及短语。这些标签可以描述资源基本特征，并通过标签进行聚类，以实现分类和检索的目的。

豆瓣图书标签

分类浏览 / 所有热门标签

文学 · · · · · ·

小说(6573437)	外国文学(2557089)	文学(2413655)	经典(1564319)
中国文学(1481299)	随笔(1405857)	日本文学(1135853)	散文(843084)
村上春树(503879)	诗歌(422281)	童话(378563)	名著(355672)
儿童文学(343169)	古典文学(320522)	余华(294032)	王小波(276739)
杂文(255549)	当代文学(239493)	张爱玲(219925)	外国名著(155610)
钱钟书(140801)	鲁迅(128491)	诗词(104600)	茨威格(78682)
米兰·昆德拉(62973)	杜拉斯(47368)	港台(9648)	

流行 · · · · · ·

漫画(1492724)	推理(1230154)	绘本(1074805)	东野圭吾(789559)
青春(785736)	悬疑(745586)	科幻(706880)	言情(594756)
推理小说(427097)	奇幻(412782)	武侠(372330)	日本漫画(351932)
耽美(327721)	韩寒(270200)	网络小说(268777)	科幻小说(256522)
三毛(256386)	亦舒(243060)	阿加莎·克里斯蒂(208994)	金庸(189300)
安妮宝贝(177194)	穿越(170448)	郭敬明(158497)	轻小说(157209)
魔幻(156444)	青春文学(146597)	几米(121142)	J.K.罗琳(114817)
幾米(104846)	张小娴(98600)	古龙(83958)	校园(83345)
高木直子(77691)	沧月(68300)	余秋雨(62220)	落落(58480)

文化 · · · · · ·

历史(2793332)	心理学(1812846)	哲学(1579683)	社会学(1068810)
传记(986783)	文化(943139)	艺术(696595)	社会(645340)
政治(519506)	设计(480575)	宗教(330269)	政治学(329622)
建筑(318343)	电影(306901)	数学(286428)	中国历史(276554)

图 5.2 豆瓣网站的图书标签①

① 豆瓣图书[EB/OL].[2020-7-13]. https://book.douban.com/tag/?view=type&icn=index-sorttags-all.

国内应用社会标签的代表性网站有豆瓣、微博等。豆瓣是一个社区网站，提供关于书籍、电影、音乐等作品的信息，无论描述还是评论都由用户提供。豆瓣上用户可以对书籍、电影、音乐等作品添加标签，题写评论和评分，标签可以起到分类和检索的作用。以豆瓣图书为例，用户利用标签对图书进行基本的描述，就是一种简单的元数据描述，这些标签聚类起来加以组织排列就形成索引，用户可以浏览标签列表进行选择，或者在后下方的“标签直达”中直接按照标签对图书进行简单检索。但是这种标签检索的明显缺点就是，有可能用户选择检索的关键词尚未形成标签，因而无法按照标签进行下一步检索。

(2)资源定位

社会标签提高了网络信息资源检索的效率，而对资源位置或获取方式的描述能够帮助用户获取和利用资源。在图书馆中，编目人员不仅会对图书馆的题名、责任者、出版发行项、版本项、载体等特征进行描述，还会提供索引书号帮助用户获取图书。在网络中也一样。

仍旧以豆瓣为例。比如在豆瓣读书中，书籍页的右侧会提供两种资源获取方式，一种是提示用户在哪儿买这本书，比如京东、当当等在线书城；一种是在哪儿借这本书，豆瓣聚类了部分图书馆的馆藏信息，提供给用户另一种获取途径。

除此之外，豆瓣读书还对书籍的版本做出描述，提醒用户这本书的其他版本，并且与其他版本的同一本书籍做出关联，这种方式可以提高资源的利用程度。

(3)社会编目网站

随着网络信息技术的发展，信息描述的工作逐渐向自动化、网络化和社会化方向发展。随着社交网络在互联网领域的巨大发展，越来越多的领域都在应用这种新兴的交互平台，在图书编目领域，也出现了一种由用户参与的编目方式，称为社会编目(social cataloging)，用户参与书目建设，共享编目成果。在社会编目网站中，用户不仅是信息的使用者，也是信息的提供者。用户可以对某本图书进行评论、评级，并对图书添加标签，也可以上传图书封面等书目信息。同时，通过标签也可以找到同类的图书，甚至可以找到具有相同喜好的其他用户与之进行交流。这种特别的服务可以吸引更多的用户参与编目工作中，形成集群效应，更加符合用户的需求。在国内比较典型的是豆瓣网(如图 5.3 所示)，在国外比较典型的是

Goodreads 和 LibraryThing。

图 5.3　豆瓣的资源定位①

LibraryThing 是一家社会编目网站，保存和共享书籍目录和各种各样类型的书籍元数据，深受作者、个人、图书馆和出版商的欢迎。用户注册后可以创建、添加自己的书目数据记录，对感兴趣的书籍进行收藏、编目、发表评论、评级、贴标签（分类）、上传封面、上传作者图片等操作。LibraryThing 的书目数据主要来自两方面：一是用户贡献内容，即注册用户

① 豆瓣图书，我们仨[EB/OL].［2020-7-13］. https://book.douban.com/subject/1052212/.

上传的个人编目数据，以及挖掘书目内在数据(类似图书)；二是集成外部信息(Mashup)，指的是从 LibraryThing 图书馆目录、网上书店、WorldCat、Google 图书搜索等途径获取的高质量专业书目信息。在书目数据规范控制方面，LibraryThing 和图书馆、WorldCat 等专业信息机构合作，通过 Z39.50 协议从这些专业机构获取规范数据嵌入网站服务中。但是这种方式可能因为编目人员的加工偏差、词表和主题库的更新滞后等问题严重影响用户的检索效率和对信息资源的合理利用。因此，LibraryThing 通过"用户贡献内容"补充和完善了规范数据，更加深入和准确地揭示信息资源内涵。LibraryThing 应用了 OpenAPI、wiki、tag 等 Web2.0 技术，使用户可以上传图书封面、简便访问图书数据、改进网站、使用标签实现大众分类等。LibraryThing 的书籍页面如图 5.4 所示，从图中可以看出书籍题名、作者、评分、评分用户、标签。另外，注册用户还可以增添该书籍的基本信息，以达到进一步揭示资源的目的，如题名、原始出版日期、人物、重要事件、相关电影、奖项荣誉、原始语种等字段。

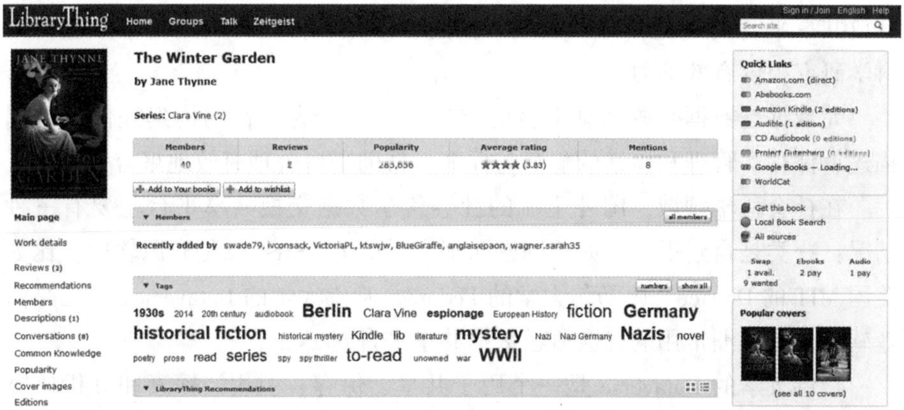

图 5.4　LibraryThing 书籍页面①

除了豆瓣、Goodreads 和 LibraryThing 这样以 tag 为信息描述主要方式的网站外，还有 WorldCat、Biblios.net 这样的专门网络编目网站。Worldcat 是 OCLC(联机计算机图书馆中心)的在线编目联合目录，Worldcat 是世界范围图书馆和其他资料的联合编目库，同时也是世界最大的联机书目数据库。

① LibraryThing [EB/OL]. [2020-7-13]. https://cn2.librarything.com/.

Biblios. net 目前是世界上最大的可免费获取记录的图书馆书目系统。它具有强大的检索功能，支持多种格式(MARC21、MARCXML)且可以扩展为其他格式，数据开源，有便捷的记录创建功能和导出功能，并且提供实时嵌入式聊天、论坛、私人信息和电子邮件集成等功能，用户可以寻求帮助、交流编目经验等。

5.3.1.2 元数据与数据开放共享平台

科学数据是指人类在认识世界、改造世界的科技活动中所产生的原始性、基础性数据，以及按照不同需求系统加工的数据产品和相关信息。它既包括了社会公益性事业部门开展的大规模观测、探测、调查、实验和综合分析所获得的长期积累与整编的海量数据，也包括国家科技计划项目实施与科技工作者长年累月科学实践所产生的大量数据。

科学数据的收集和管理需要耗费巨大的人力、物力以及时间成本，因此对其的共享与服务对国家、研究机构和研究者个人具有重要的意义，能最大化利用现存的社会科学数据，产生更大的研究成果。因而，科学数据开放共享平台的建立，可以收集、描述、保存、管理和利用科学数据，为科学研究提供有效助力。

元数据是数据开放共享平台的支撑之一，它为平台的构建提供了数据描述、保存、管理和检索的规范与标准，帮助平台合理有效地聚合资源。

在社会科学领域，国外主流的社会科学数据交换共享平台主要有三种情况：一类是自建平台，如美国密西根大学的 ICPSR；二是开源软件，比如美国 MIT 的 Dspace，康乃尔大学的 Fedora，哈佛大学的 Dataverse；① 三是商业软件，如欧洲常用的社会科学数据共享平台 Nesstar。

哈佛大学的 Dataverse 是一个用于共享、保存、引用、探索和分析研究数据的数据开放共享平台，选取一条记录"A Survey on Wireless Sensor Networks Architectural Model, Topology, Service and Security"，它的元数据记录如图 5.5 所示。该条记录包括三部分，第一部分是 Citation Metadata，包括数据集永久 ID(Dataset Persistent ID)、出版数据(Publication Date)、标题(Title)、作者(Author)、内容(Contact)、描述(Description)、主题(Subject)、关键词(Keyword)、提交者(Depositor)、提交日期(Deposit Date)

① Dataverse[EB/OL]. [2020-7-13]. https://dataverse. org/.

款目；第二部分是 Geospatial Metadata，包括地理覆盖范围（Geographic Coverage）款目；第三部分是 Journal Metadata，包括期刊（Journal）款目。

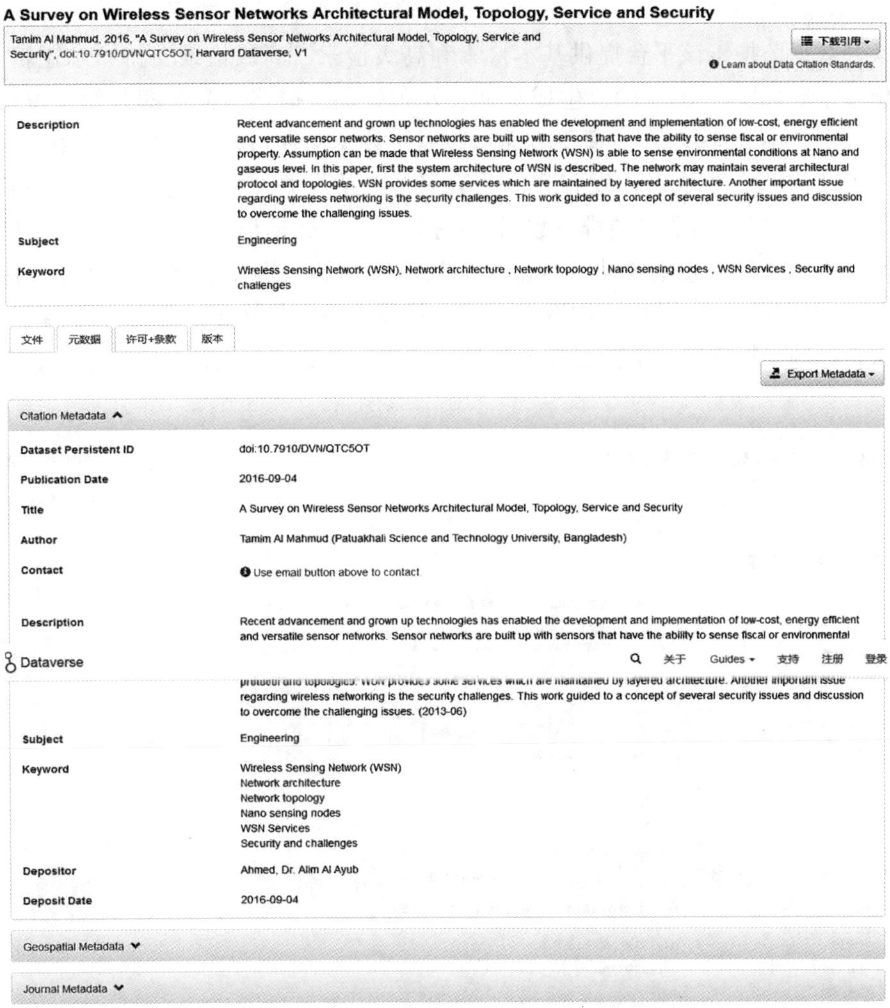

图 5.5　Dataverse 的一条元数据记录

国内有代表的社会科学数据开放共享平台有复旦大学社会科学数据平台，①

① 复旦大学社会科学数据平台[EB/OL].[2020-7-13]. https://dvn.fudan.edu.cn/home/.

它是一个为研究人员提供数据的访问、长期保管、传播共享以及研究方法学习交流的平台，提供提交、保存、共享、发现、交换、传播复旦大学各研究团队的社会科学数据及其研究成果的服务。该平台建立在哈佛大学Dataverse的技术支持之上。它主要的功能有数据管理、数据服务、数据交换和数据监护。该平台提供基本检索和高级检索，高级检索支持布尔逻辑，检索字段标题、全局ID、生成日期、发布日期、描述、覆盖期开始、覆盖期结束、国家/国籍、地理覆盖面、数据所涉及的人口范围、数据类型、其他ID、作者、生成者、发布者、关键字、主题分类、相关发表。选取一条记录，“人口、消费与碳排放数据库数据集”，元数据记录如图5.6，从图中可以看出资源描述主要从详细数据引用、描述和范围、数据可用性和使用条款四部分组成。其中详细数据引用、描述和范围描述了资源的基本特征，包括标题、提交者、提交日期、出处、描述、关键字、主题分类等条款。

图5.6 复旦大学社会科学数据平台的一条元数据记录

5.3.2 网络信息资源揭示与描述的优化

5.3.2.1 网络信息资源的揭示与描述

互联网环境下，传统的信息组织模式并不一定适合网络信息资源，因此，网络信息资源的揭示与描述的新课题研究中，机读目录格式和元数据方式是最主要的两种揭示方式。

其一，以机读目录格式揭示网络信息资源。采用 MARC 格式和 AACR 格式，或促进网上资源描述格式的统一，增强信息的相容性；或对 MARC 格式进行修改，采用 5-字段和 865 字段，专门对网络信息资源进行描述。

其二，以元数据方式揭示网络信息资源。一次信息是原始的信息资源，将一次信息资源进行描述、揭示、分析和存贮后，形成了动态、有序化、系统的二次信息。① 元数据是数据的数据，通过对一次信息的信息特征进行压缩，使之成为二次信息，最终实现对一次信息的控制，完成对网络信息资源的优化和有序化。在诸多元数据标准(或规范)中，最受关注且应用最广泛的是都柏林核心集（Dublin Core，DC）。②

5.3.2.2 元数据保存与寿命问题

在开放链接的网络环境中，过去的网络信息存储方式对于信息揭示与优化并没有优势，元数据是关于数据的数据，它存储着数据的格式等基本信息，元数据的保存，是保存数字资源长期有效性(Viability)、可操作性(Renderability)和可理解性(Understandability)的必要信息。③ 元数据的保存一直是数字资源长期保存的重要问题，据 Shigeo Sugimoto④ 研究，元数据寿命风险主要有三个方面：

---

① 曹咏梅，宋金燕，吴桂萍，张勤业 . DC 元数据与 MARC 的分析比较[J]. 情报杂志，2004(3)：105.

② 徐建华 . 论网络信息资源的组织与揭示方式[J]. 情报科学，2000(6)：497-501.

③ 黄如花，邱春艳 . 数字信息资源长期保存元数据的管理策略[J]. 信息资源管理学报，2014，4(2)：58-64.

④ Sugimoto S，Li C，Nagamori M，et al. Permanence and temporal interoperability of metadata in the linked open data environment[C]//International Conference on Dublin Core and Metadata Applications. 2017：45-54.

元数据实例(即某信息的元数据)的时间可解释性。随着时间流逝，元数据实例的时间可用性会因系统、工具、技术等的发展变化而不同，低效的元数据会使得机器难以解释。

元数据模式的应用配置文件框架选取。元数据是关于数据的数据，元数据模式是基于元数据的讨论，新加坡框架(SF)对元数据模式的5个组件的分隔有助于元数据模式的维护，因此元数据可以在结构上降低元数据寿命的风险。

元数据的共享词汇表和术语选取。由于元数据术语的确切含义取决于其版本，因此保留版本信息对于长期使用元数据至关重要。元数据采用的术语词汇的版本也是支持长期维护元数据的关键。

5.3.3 元数据语义描述与知识发现

英文单词 Semantic 指有意思的或与之相关的，语义网络(Semantic Web)是一种使用可以被计算机理解的方式描述事物的网络。它是由 Web 之父 Berners-Lee 等人提出，是现有 Web 的扩展，让 Web 上的数据以一种良好的方式表示和连接，使机器和人都能理解和处理它们，使数据在不同应用系统之间自动整合和重用，而不仅仅是显示数据而已。语义 Web 和传统 Web 的根本区别就在于它把数据组织成具有语义结构的 XML 文档。XML 这种置标语言，具有良好的扩展性，它采用 DTD 或 XML Schema 通过定义标记及其相互间的关系，来定义 XML 文档的语义元素及其语义结构，使得计算机能够准确“理解”XML 文档中数据的定义,① 以此为语义描述提供良好的实现环境。

语义关系的构成需要语言、语法提供规则支持。现实生活中，人与人的交流通过语言的语法；在语义网环境中则是通过 RDF 这种语法进行交流。RDF 是 W3C 制定的一个推荐标准，它的目的是利用当前存在的多种元数据标准来描述各种网络资源，形成人机可读的并可以由计算机自动处理的文件。

当我们在搜索引擎中输入“阿里巴巴公司的创始人年龄”时，搜索引擎直接给出了这个问题的答案，而非关键词匹配，如图 5.7。

① 孙晓菲．数字时代的元数据实践[M]．杭州：浙江大学出版社，2013.

图 5.7　问题检索结果

这句检索询问包括两个问题，阿里巴巴公司的创始人是谁？他的年龄是多少？

搜索引擎将文本“阿里巴巴公司”识别为阿里巴巴公司这一大的实例，并通过这一实例的属性“创始人”，关联到马云这个人，并继续通过其属性“年龄”获取对应属性值 55 岁。

实际上这一过程就是一个知识链条：阿里巴巴公司的创始人—马云—年龄—55 岁。那么，这一链条该如何搭建呢？

人与人的交流语句通常是由主语、谓语、宾语三部分构成，如阿里巴巴公司的创始人是马云。这样的陈述句是由语法规则构建起来的，一门语言的语法定义了构建该语言陈述所需的规则。通过语法，人们能够理解这个陈述句的内容。

在语义网络环境中，RDF 模型可看作有着主语、谓语、宾语的类似陈述句的三元组(triples)：

URIs：一个适合于网上使用的标识符系统，用来标识一个语句中的主语、谓语、宾语，不会与其他标识相混淆。网络可访问资源(电子文档、图片)、非网络可访问资源(人、大学、书籍，一切客观实在)、具体事物的抽象概念(如“公司”“创始人”)。

该标识符系统是机器可处理的。

XML：使用一种机器可处理的语言，用于表达这些陈述句并且在机器之间进行。

那么对于上述例句“阿里巴巴公司的创始人是马云”，就能以“主体”“谓词”“客体”构成的三元组进行语义的陈述，如图 5. 8 所示。

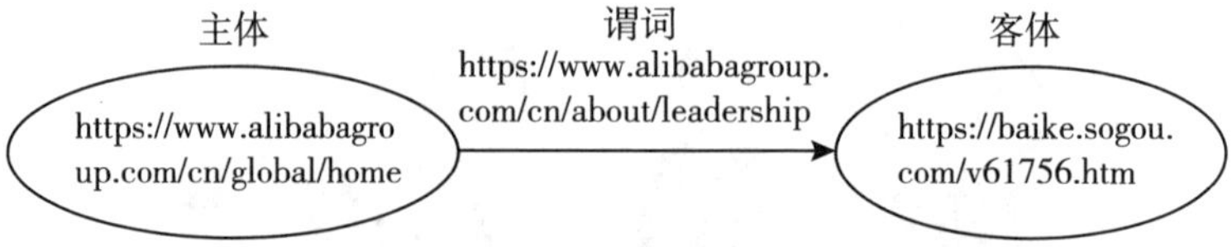

图 5. 8　RDF 模型

5. 3. 4　元数据与数字图书馆

随着信息技术的发展，需要存储和传播的信息量越来越大，信息的种类和形式越来越丰富，传统图书馆的机制显然不能满足这些需要，随之数字图书馆逐渐产生。数字图书馆(Digital Library)是用数字技术处理和存储各种图文并茂文献的图书馆，它把各种不同载体、不同地理位置的信息资源用数字技术存贮，以便于跨越区域、面向对象的网络查询和传播。它涉及信息资源加工、存储、检索、传输和利用的全过程。它是传统图书馆在信息时代的发展，不仅包含了传统图书馆的功能，而且可以为公众提供综合的公共信息访问服务。

与传统图书馆相比，数字图书馆的资源以数字化的形式加以储存，信息储存空间小，不易被破坏，有利于资源的保存和便捷使用；数字图书馆的信息检索更加方便，并且可以获取大量的相关信息；数字图书馆可以远程迅速地传递信息，无需花费更多的时间和精力；数字图书馆的统一信息可以供多人同时使用，大大提高了信息的使用效率，也方便了图书馆用户。

而数字图书馆正是元数据的众多应用领域中非常突出的一个领域。目前，所有正在开发中的数字图书馆项目都必须解决元数据方面的问题。数字图书馆中的馆藏资源不仅包括全文数据，还包括参考资料集以及视频和声频多媒体资料等，目前元数据框架已经能够适用于大部分数字图书馆的资源描述。在数字图书馆中，元数据的主要作用是为分布式资源发现和检索奠定基础，要实现资源描述、整合、控制和代理四个基本功能。

目前在国外，元数据应用于数字图书馆的实例有不少，比如欧洲数学图书馆和电子资源(The EULER project, European Libraries and Electronic Resources in Mathematical Sciences)、亚历山大数字图书馆(Alexandria Digital Library)等。在中国大陆，比较突出和初显成效的数字图书馆中元数据应用实例有中国试验型数字式图书馆、中国数字图书馆工程、清华大学建筑数字图书馆等。

本节从数字资源建设、数字图书馆服务来看元数据在数字图书馆中的应用。

5.3.4.1　元数据与数字资源建设

数字图书馆是将图像、文字、声音等信息数字化，并通过网络传播，从而使信息资源能够全球共享。对数字资源的建设就是数字图书馆工作的重点，元数据是其进行的基础。元数据在数字图书馆的资源建设中要实现资源描述、资源组织与管理、资源保存等基本功能。

(1)数字资源描述

元数据是描述数据的数据，描述功能是元数据的基本功能。在数字图书馆中，元数据的描述功能包括三个方面：①描述数字化信息的基本特征，即对具体的数字对象的内容和外观特征进行格式化揭示和描述。例如，一本数字化图书的篇名、作者、出版者、大小等。对数字化信息的描述可以帮助用户发现存在于互联网络上的数字化信息，为信息检索提供基础。②描述提问，数字化图书馆本质上是一个基于互联网络的文献信息检索系统，在信息检索中，系统需要将用户提问与信息的基本特征进行匹配，所以为了实现文献信息查找功能，需要数字化图书馆的元数据体系来描述提问，帮助用户有效、合法地表达提问，向用户展示数字化图书馆的检索途径和方法。③描述信息结构特征，数字对象很少是单一实体，通常是复合对象。比如学位论文，有 dox、pdf 格式等。需要对这些对象之间的关系和结构进行格式化揭示、描述和组织。

(2)数字资源组织与管理

元数据对数字资源进行描述是数字资源组织与管理的基础。数字图书馆中资源的表现形式、描述格式等的不同，加大了数字资源组织与管理的难度。元数据在数字资源组织与管理方面应起到三个作用：①对数字对象进行管理的相关信息的格式化揭示和描述，包括在检索、存取、显示一个数字化对象时所需的管理信息，如对象的标识符；数字对象的权限管理，如版权信息；文件的格式、大小、压缩算法等；文件的上下文相关信息；在资源数字化或显示、利用时的软硬件环境信息等。②元数据实现资源整合。数字图书馆有不同类型的信息资源，而不同类型的信息资源可能需要不同的元数据标准来描述。同时，由于使用不尽相同的元数据系统，各种数字化图书馆系统和网络信息检索系统的检索方法和检索界面亦不相同。而数字化图书馆的重要功能就是提供一种接入和用户界面服务，使得用户可以通过一个数字化图书馆的界面，访问其他数字化图书馆和信息库。元数据体系就承担了转换、解释各种元数据系统的功能。③规范控制。信息内容的规范化描述、规范标引和信息评估等方式可以发挥元数据的规范控制功能，规范化描述需要通过标准描述框架来实现，比如 RDF；规范标引可以通过使用规范化的受控语言来实现。

(3)数字资源保存

元数据在数字资源保存中的应用，一方面是指元数据对数字资源的描述和管理有利于数字资源的保存和利用；另一方面是指当资源需要存储和长期保存时，还需要对其制作信息、保护条件、转换方式、迁移方法、仿真环境、封装方法、保存责任以及其他相关技术细节进行描述和揭示。

5.3.4.2 元数据与数字图书馆服务

当用户在使用数字图书馆的过程中，元数据的主要作用就体现在信息检索和发现上。

(1)数字资源检索

元数据对数字资源进行描述，揭示了资源的基本特征，这些基本特征可以为资源检索提供准确和快速的检索途径。有了元数据，可以通过字段检索、布尔逻辑进行高级检索，以达到快速准确查找资源的目的。字段检索，也称检索入口，是在元数据中被标引过的，例如作者、文摘、主题词、篇名、刊名、书名、出版者、出版年、图像格式等。

比如，在中国国家数字图书馆①中利用高级检索来检索中文图书，检索式为(题名 = "月亮" and 作者 = "毛姆")，得到的结果是作者为毛姆并且书籍题名中含有“月亮”的书籍，如图 5-9 所示。

① 中国国家数字图书馆[EB/OL].[2020-7-13]. http://www.nlc.cn/.

图 5.9　中国国家数字图书馆检索结果

(2)知识导航

在当今知识经济时代，人们获取知识、信息的意识和愿望大大增强，信息需求更加多样化。而网络信息资源的爆炸增长使得信息资源的种类增多，表现形式多样，资源庞杂无序，关联性复杂但是揭示困难，这些因素对信息资源的检索和利用产生了巨大的阻碍。因此，对信息资源进行有效组织与控制，提供网络知识、信息导航的工作也越来越为社会所需要。

知识导航服务的本质是帮助图书馆实现以读者为中心、满足读者需求服务宗旨的一种知识服务模式。广义上来看，知识导航不仅包括知识信息的选择与识别，还包括知识信息的评价、咨询及营销等。在数字图书馆突破了传统图书馆的馆舍、馆员等局限后，其服务方式也逐渐增多，比如 Web 表单咨询、在线咨询、知识库检索、知识库浏览，以及通过知识导航服务向读者推送所需要的各类信息检索服务等。

在知识导航服务中，元数据可以起到作用的地方就是知识库。元数据可以对资源按主题进行开发归类，将相关知识信息进行筛选、保存、有效组织，使其有序化，即由系统从元数据的某一特定字段中抽取相关内容，并提供一个树状结构的概念等级体系，用户可沿着这棵树找到不同的分支，在节点看到资源结果列表。

(3)资源索引

索引就好比是一本书的目录，它既能加快查询速度，又能起到资源浏览的作用。

在数字图书馆中，资源索引可以为用户提供另一种检索途径，提高资源的利用率。资源索引功能是指将元数据中某一字段中的概念按字母顺序线性排列起来，不分等级。用户通过检索，可以定位在索引中的任意某个字段，并浏览在这个位置附近的所有词语。索引的种类很多，如人名索引、出版物索引、地名索引、主题索引、机构索引等。以 IEEE Xplore 为例，该数据库提供资源浏览的方式、浏览期刊类别，数据库所收录的期刊以题名字段的首字母顺序依次排列，用户还可以输入期刊的关键字进行检索，增加了检索效率，相关检索界面如图 5. 10 所示。

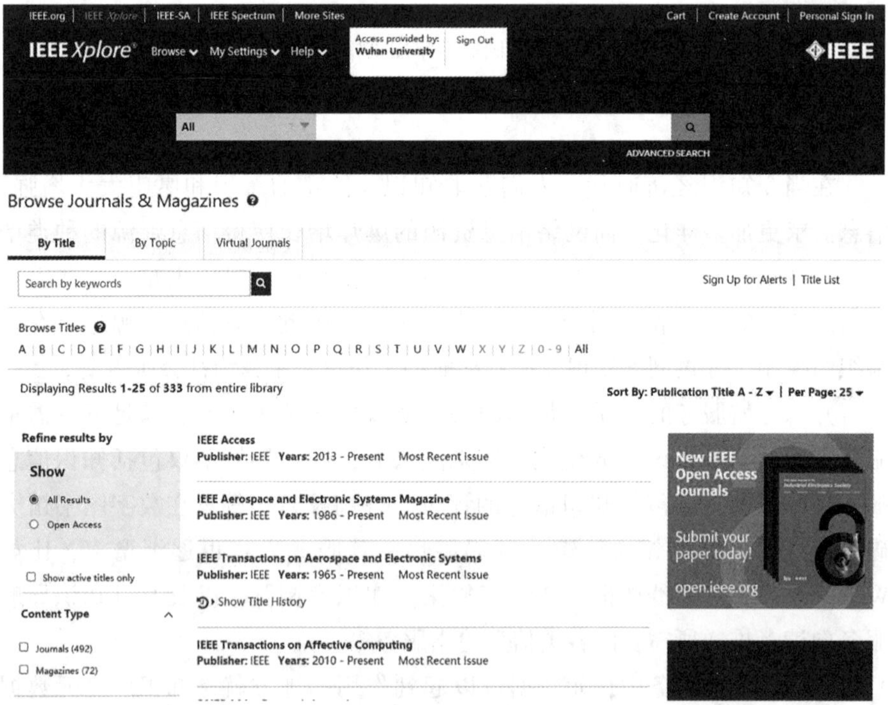

图 5. 10　IEEE Xplore Digital Library 检索界面①

① IEEE Xplore Digital Library[EB/OL]. [2020-7-13]. https：//ieeexplore. ieee. org/browse/periodicals/title.

(4)对图书馆服务的揭示与报道

元数据的报道和揭示功能不仅可以针对于图书馆的馆藏资源，也可以用来描述图书馆服务过程或服务项目、图书馆活动，甚至图书馆某个阅览室等。比如一个大学图书馆的读书分享会活动的元数据描述就可以包括：活动名称、活动开始时间、活动结束时间、活动地点、活动参与人、活动类别、活动主题和活动主办方等。

(5)促进数字资源开放存取

开放存取是在基于订阅的传统出版模式以外的另一种选择。通过新的数字技术和网络化通信，任何人都可以及时、免费、不受任何限制地通过网络将各类文献用于阅读、下载、拷贝、传递、打印、检索、超级链接、建立索引或其他合法用途，这些文献包括经过同行评议过的期刊文章、参考文献、技术报告、学位论文等全文信息。开放存取促进了科学信息的广泛传播、学术信息的交流与出版，提升科学研究的共利用程度，保障科学信息的长期保存。

目前开放存取资源还缺乏管控，开放存取期刊和开放存取仓储的设立甚至处于无序状态，开放存取资源的管理也不规范不统一。

元数据在开放存取中可以起到资源描述、组织管理、保存和检索的作用。规范化的元数据标准可以帮助开放存取仓储实现有效的资源开发、管理和利用。

5.3.4.3　元数据在数字图书馆方向的应用趋势

元数据在数字图书馆方向的应用研究很多，其应用态势稳步上升，但也在不断的发展中出现新的问题和新的发展趋势。

元数据应用于数字图书馆特色数字资源建设。特色资源建设是指图书馆对那些内容具有独特性并且涵盖各种载体的文献资源进行收集、整理、开发和利用，它应是图书馆的一项亮点和独特优势，可以体现当地的独特文化背景和历史来源，起到保存、利用、探索这些独特资源的作用，给其重新注入生机与活力。元数据在特色资源的数字化建设中，可能遇到元数据规范控制的问题、资源检索问题等。

元数据方案的标准化。在数字图书馆建设中，标准问题最重要的是元数据的制作，而与元数据的制作紧密相关的问题是元数据方案的设计。元数据的标准与否关系着数字图书馆建设的好坏。元数据标准化包括元素著录内容的标准化、同类型数字化信息资源的著录所采用元数据的一致性、元数据方案所采用编码语言的统一性这几个方面，然而目前元数据标准化仍存在一些问题，从而影响了馆际互借和数据交换共享。

数字图书馆的互操作。元数据规范是数字图书馆保持其互操作性和可持续发展的基础，是数字图书馆标准规范的重要组成部分。随着各种元数据标准的出现，元数据的互操作性问题也就逐渐显现出来。元数据的互操作性的好坏直接影响各种不同信息资源的检索、共享和互相兼容性。

资源评估与选择。通常来说，根据元数据记录所描述的资源基本特征就能够了解资源的大致情况，再结合实际需求，用户就可以对资源进行评估，进一步作出选择。但是通常类型差不多的资源的元数据记录可能也大同小异，那么就不容易对这类资源做出选择，如果元数据记录可以综合用户评价，那么就能根据别人的评估做出判断，就像豆瓣、LibraryThing 这类社会编目网站一样。除此之外，也可以考虑技术过滤，比如 PICS 规范，可以规避不需要的资源，让系统自动为用户进行过滤和选择。

随着信息技术的发展，谁也无法预料将来的资源描述工具会出现怎样的改进和完善，同样也无法预料数字图书馆将会在发展中遇到什么样的困难或者契机。元数据在数字图书馆方向的应用还需要不断地结合实际情况的变化而变化。

目前元数据的发展已经进入一个新阶段，将来元数据的应用领域可能会更加广泛和深入；元数据的格式更加多元化；元数据体系可能更加复杂，功能更加完善；元数据之间的互操作性可能更加强。元数据发展的可能性会随着技术的发展而不断发展。

5.3.5 元数据的其他应用

元数据的应用领域十分广泛，比如图像检索、导航和图像集合中的浏览、视频、音频和演讲、结构化的文献管理、地理和环境信息系统、数字图书馆、支持信息存取的混合多媒体检索学科信息门户、网络信息平台等。

比如，在图像检索领域得到广泛认可和使用的元数据有 VRA Core，它是美国视觉资源协会(Visual Resources Association)于 1996 年设计推出的，全称为 VRA core categories for visual resources，即 VRA 视觉资源核心类目。VRA Core 应用于艺术、建筑、民间文化等艺术类可视化资源描述中，是目前国际上许多数字图书馆采用的一种元数据标准，诸如美国自然历史博物馆、美国国家美术馆、芝加哥艺术博物馆莱尔森图书馆的麦卡伦视觉资源中心、印第安纳大学等高校和机构的图书馆或视觉资源中心。VRA Core 在 2007 年推出了第四版，目前有 19 个元素。以 VRA Core 官网上提供的实例为例，如图 5.11 所示。

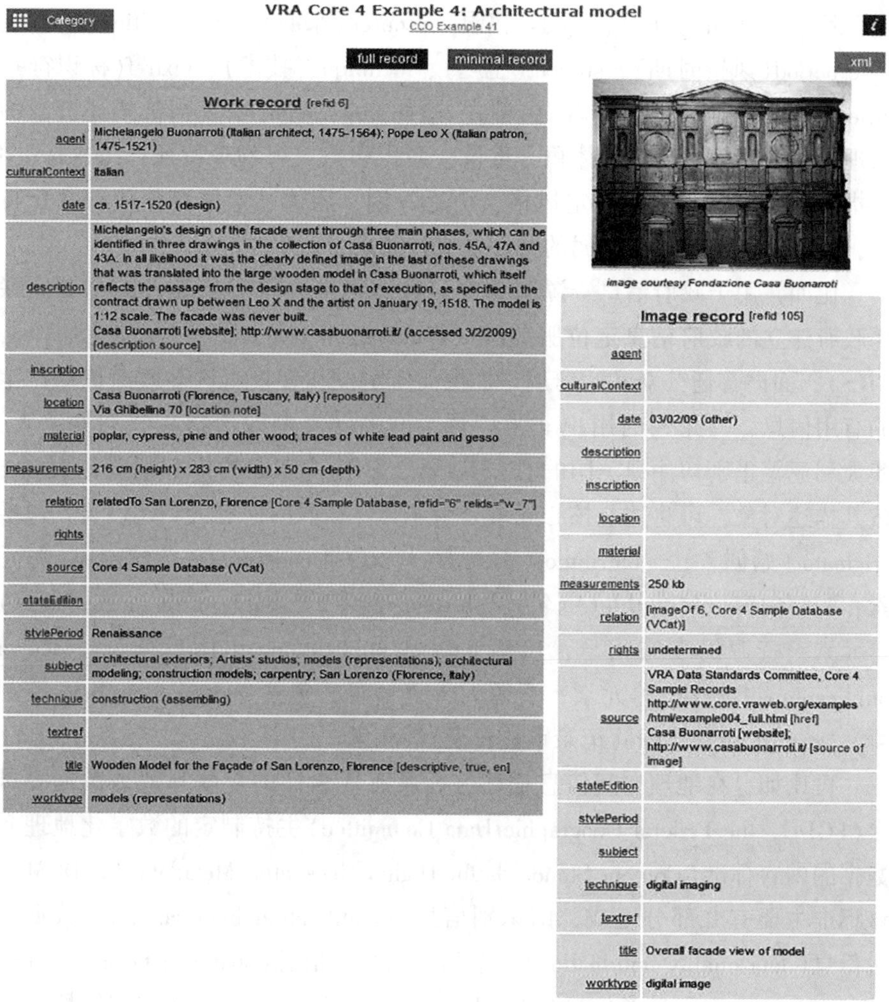
Category

VRA Core 4 Example 4: Architectural model

CCO Example 41

full record　minimal record　xml

Work record [refid 6]

agent	Michelangelo Buonarroti (Italian architect, 1475-1564); Pope Leo X (Italian patron, 1475-1521)
culturalContext	Italian
date	ca. 1517-1520 (design)
description	Michelangelo's design of the facade went through three main phases, which can be identified in three drawings in the collection of Casa Buonarroti, nos. 45A, 47A and 43A. In all likelihood it was the clearly defined image in the last of these drawings that was translated into the large wooden model in Casa Buonarroti, which itself reflects the passage from the design stage to that of execution, as specified in the contract drawn up between Leo X and the artist on January 19, 1518. The model is 1:12 scale. The facade was never built. Casa Buonarroti [website]; http://www.casabuonarroti.it/ (accessed 3/2/2009) [description source]
inscription	
location	Casa Buonarroti (Florence, Tuscany, Italy) [repository] Via Ghibellina 70 [location note]
material	poplar, cypress, pine and other wood; traces of white lead paint and gesso
measurements	216 cm (height) x 283 cm (width) x 50 cm (depth)
relation	relatedTo San Lorenzo, Florence [Core 4 Sample Database, refid="6" relids="w_7"]
rights	
source	Core 4 Sample Database (VCat)
stateEdition	
stylePeriod	Renaissance
subject	architectural exteriors; Artists' studios; models (representations); architectural modeling; construction models; carpentry; San Lorenzo (Florence, Italy)
technique	construction (assembling)
textref	
title	Wooden Model for the Façade of San Lorenzo, Florence [descriptive, true, en]
worktype	models (representations)

image courtesy Fondazione Casa Buonarroti

Image record [refid 105]

agent	
culturalContext	
date	03/02/09 (other)
description	
inscription	
location	
material	
measurements	250 kb
relation	[imageOf 6, Core 4 Sample Database (VCat)]
rights	undetermined
source	VRA Data Standards Committee, Core 4 Sample Records http://www.core.vraweb.org/examples/html/example004_full.html [href] Casa Buonarroti [website]; http://www.casabuonarroti.it/ [source of image]
stateEdition	
stylePeriod	
subject	
technique	digital imaging
textref	
title	Overall facade view of model
worktype	digital image

图 5.11　木制模型的 VRA Core 记录①

① 木制模型的 VRA Core 记录[EB/OL]. [2020-7-13]. http://core.vraweb.org/examples/html/example004_full.html.

从以上可以看出，该资源的描述有两项记录，一项为资源本身(即该木制模型)的描述记录，另一项为该资源拍摄图像的记录。这是首先确定记录所描述的对象类型。每项记录中有 18 个元素对被描述资源进行了详细描述，包括 agent(责任说明)、cultural context(文化背景)、date(日期)、description(描述)、inscription(标记)、location(位置)、material(材料)、measurements(度量)、relation(关联)、rights(权限)、source(来源)、state edition(版本)、style period(风格时期)、subject(主题)、technique(技术)、textref(标识符)、tittle(题名)和 work type(作品类型)。诸如 measurements 是指被描述资源的物理尺寸、形状、比例、体积、重量、面积和格式等物理特征；style period 是指被描述资源所属的既定风格、历史时期、团体、学派和朝代等文化特征，比如这件木制模型所属的时期是文艺复兴。

比如，用于政府信息资源服务的元数据标准，具有代表性的是美国联邦政府建立的政府信息定位服务(the Government Information Locator Service，GILS)，面向普通公众和政府用户提供如何定位和查找由许多政府机构产生的有用信息，因此它的用户非常广泛，许多国家的政府机构，如加拿大、澳大利亚等正密切注视美国的 GILS 计划。目前，GILS 的核心元素有 28 个，按其描述对象，可将这些核心元素分为 4 类：资源的拥有者和建设者，包括 originator(始创者)、contributor(贡献者)、access constraints(获取限制)等元素；资源内容，包括 title(题名)、abstract(摘要)、source of data(数据来源)等元素；资源的发布信息，包括 data of publication(出版日期)、place of publication(出版地)等元素；资源的管理信息，包括 control identifier(控制号)、record review date(记录审核日期)等元素。

再比如，在地理空间信息描述方面具有代表性的是联邦地理数据委员会(FGDC，the Federal Geographic Data Committee)主持制定的数字化地理元数据的内容标准(Content Standards for Digital Geospatial Metadata，CSDGM)。该标准主要有九部分组成，即识别信息(identification information)、数据质量信息(data quality information)、空间数据组织信息(spatial data organization information)、空间参考信息(spatial reference information)、实体与属性信息(entity and attribution information)、分布信息(distribution information)、元数据参考信息(metadata reference information)、引用信息(citation information)、时间信息(time period information)、联系信息(contact information)。每个部分由不同数量的术语构成。

除此之外，还有档案领域的 EAD。编码文档描述(Encoding Archival Description，EAD)是 SGML 的一个专用数据类型(DTD)。美国国会图书馆网络开发 MARC 标准办公室是它的维护机构，美国档案管理员协会(SAA，the Society of American Archivists)是该标准的所有者。EAD 主要用于描述档案和手稿资源(manuscripts collections)，并利用网络检索和获取档案手稿类信息资源。相对于提供概括性描述和整体存取的 MARC 记录，EAD 意在提供具体细节的描述和存取。

课后习题

1. 列举网络信息资源的特点。
2. 列举概括元数据的主要类型。
3. 谈谈在网络中你所遇到的元数据。
4. 简述网络信息资源元数据是如何进行语义描述的。
5. 思考网络信息资源的长期保存问题。

资源描述
框架

第 6 章　资源描述框架

6.1　基础数字资源的组织

6.1.1　网络信息资源组织

传统信息资源主要是以文字或图像等形式表现出来的信息。而网络信息资源除了可以是文本和图像以外，还往往包括音频、视频、软件和数据库等多种形式，包含的文献类型从电子报刊、新闻信息、实事报道、文献资料到图形图表、电子地图等，表现形式多种多样。①

为了支持对各层次网络信息内容及其相互关系的开放式描述和处理，需要有一系列的开放技术对基础信息内容元素及组织结构进行定义、标记和组织，对各种特殊的信息内容元素(如图像、公式、分子式、音频、视频等)进行定义、标记和组织，对按照开放方式组织起来的信息集合及其机构进行解析、链接、转换、组合、检索等。②

6.1.2　网络标记语言

标记是根据数据本身的信息对数据进行编码的方法。标记语言(Markup

① 申彦舒．中国大陆区域网络信息资源配置现状与发展策略研究[D]．长沙：中南大学，2006.

② 刘高勇．网络信息资源组织标准化问题研究[D]．武汉：武汉大学，2005.

Language)是对网络信息资源进行描述的工具。标记语言指在一个文本文件中使用一个代码集，用于指示计算机在打印机或显示器上编排文件的格式以及文件中的索引和链接内容等。

通常将标记语言分为两大类：特殊用途的标记语言和一般用途的标记语言。特殊用途的标记语言是针对某种特殊应用的，有的甚至是专门针对某种特殊的应用软件而特别制定的，例如 XHTML。一般用途的标记语言只描述较大应用范围的某些结构，多种类型文档所共有的内容结构或逻辑结构，而不管文档的呈现样式，例如 SGML。

标记语言的发展主要经过了 SGML、HTML、XML 等历程，其中 HTML 是 SGML 的一个子集，XML 可以看作 SGML 的简化版。本章将重点对这三种标记语言进行介绍。

6.2　超文本标记语言 HTML

6.2.1　HTML 的产生与发展

由于 SGML 难以应用，而 Internet 的广泛应用需要一种简单易用的描述语言，因此超文本标记语言(Hyper Text Markup Language，HTML)应运而生。HTML 是一种用来制作超文本文档的简单标记语言，其目的在于运用标记(Tag)来标识文档的结构和超链(Hyperliink)的信息。它描述了一系列标签，每个标签表明了一定的显示格式。被标记后的文件(即同时包含了纯文本和关于文本显示格式的标签的文件)由一个 HTML 处理工具如一个浏览器进行读取，然后再根据上述标记规则来加以显示。

1990 年，HTML 语言同 World Wide Web 一起诞生于瑞士日内瓦 CERN，创始人是蒂姆·伯纳斯-李(Tim Berners-Lee)。1993 年，Dan Connolly 组织了第一个 SGML DTD(Document Type Definition，文档类型定义)来描述 HTML 语言。这样 HTML 语言成为 SGML 语言的一种应用。之后不断地扩充和发展，发展为万维网(World Wide Web)，成为 Web 上的通用语言，用于制作网页、建立链接、构建网站等。HTML 的发展历程中主要包括以下几个版本：

①HTML(第一版)——在 1993 年 6 月作为互联网工程工作小组(Internet Engineering Task Force，IETF)的工作草案发布(并非标准)。

②HTML2.0——1995 年 11 月，完整的 HTML2.0 规格(RFC1866)发布，在 RFC2854 于 2000 年 6 月发布之后被宣布已经过时。

③HTML3.2——1996 年 5 月 7 日，公布了 W3C 联合 Netscape、Microsoft、Nowell、Sun、IBM 等大公司共同开发的 HTML3.2 规范建议。1997 年 1 月 14 日，W3C(World Wide Web Consortium)正式公布了 HTML3.2 规范。

④HTML4.0——1997 年，W3C 发布了 HTML4.0 的第一个草案。1997 年 12 月，成为 W3C 的推荐。1998 年 4 月 24 日，W3C 正式公布 HTML4.0 规范。

⑤HTML4.01——1999 年 12 月 24 日，公布了 HTML4.01 的规范建议，其中修正了 HTML4.0 中的许多 Bug。

⑥ISO/IEC15455：2000(“ISO HTML”)——2000 年 5 月 15 日发布，基于严格的 HTML4.01 语法，是国际标准化组织和国际电工委员会的标准。

⑦HTML5——2008 年 1 月 22 日，W3C 机构正式对外公布了互联网网页代码新标准 HTML5 的草案。2014 年 10 月 28 日，W3C 正式公布 HTML5 规范。

HTML2.0 是 HTML 的第一个规范化版本，在之前的 HTML 基础上增加了显示图片和表单的机制。HTML3.2 是第二个规范化版本，增加了描述表格和控制字体的标签。HTML4.0 强化了样式表、脚本、表格和表单的能力。同时加入了对框架和内嵌对象的支持。HTML5 的目的是提高互操作性，同时对于网页标准进行更加严格的规范，从而减少网页呈现对于电脑的软件负担。

6.2.2 HTML 的标记

HTML 文档是由 HTML 标记语言编写的超文本文档。一个 HTML 文档是由一系列的元素和标签组成的。

6.2.2.1 HTML 元素

元素是 HTML 语言的基本部分。主要包括文档头(head)、文档名称(title)、表格(table)、段落(paragraph)和列表(list)等。元素名不区分大小写。

当用一对 HTML 标签将一段文字包含在中间时，这段文字与包含文字的 HTML 标签被称为一个元素，每一个元素内还可以包含另一个元素。因此，整个 HTML 文件就像是一个大元素中包含了许多小元素。

6.2.2.2　HTML 文档结构

一个 HTML 文档的基本结构如下：

<html> HTML 文件开始

<head> HTML 文件的头部开始

<title>文件标题</title>

… HTML 文件头部内容

</head>　HTML 文件的头部结束

<body> HTML 文件的主体开始

… HTML 文件的主体内容

</body>　HTML 文件的主体结束

</html>　HTML 文件结束

①HTML 标签：<html>…</html>用于告诉浏览器 HTML 文件的开始和结束，是文件中最大的一个部分。在任何一个 HTML 文件里，最先出现的 HTML 标签就是<html>，它用于表示该文件是以 HTML 编写的。<html>是成对出现的，始标签<html>和尾标签</html>分别位于文件的最前面和最后面，文件中的所有文本和 HTML 标签都包含在其中，一个 HTML 文档总是以<html>开始，以</html>结束。该标签不带任何属性，且可以省略。

②文档头标签：<head>…</head>是 HTML 文件的头部标记。它用来标明 HTML 文档标题、作者、编写时间等。一般来说，位于头部的内容都不会在网页上直接显示，而是通过另外的方式起作用，例如：标题是在 HTML 的头部定义的，它不会显示在网页上，但是会出现在网页的标题栏上。如果 HTML 文件并不需要提供相关信息时，可以省略<head>标签。

③文档名称标签：<title>…</title>包含在文档头标签中，用于设定 HTML 文档的标题，显示在特定位置(例如窗口顶端的标题栏)。

④正文标签：<body>…</body>是 HTML 文件的主体部分，在浏览器的主窗口中显示。

除上述基本标签外，还包括分隔标签、文字标签、影像标签、背景标签、表格标签等。在浏览器中查看网页的源文件，能看到该页面的 HTML 文档，下面举一个实例进行说明。

【例】编写一个标题为“这是一个 HTML 示例”的 HTML 文档。

```
<html>
<head>
<title>这是一个 HTML 示例</title>
</head>
<body>
我可以制作网页了!
</body>
</html>
```

我们还可以在网页中添加其他内容，比如图片、音乐等，从而来丰富我们的网页。总之，HTML 语言的关键在于掌握它的基本规律，熟悉常用标记。分清楚概念，多练习，才能做出漂亮而有特色的网页。

6.2.3 HTML 的特点

HTML 超文本标记语言伴随 Internet 的产生而出现，在将近 20 年的发展过程中，HTML 逐渐规范化、标准化。在其版本不断升级的过程中，开发者及时根据网络的要求增强 HTML 的功能。HTML 成为 Web 迅速发展的基础，其主要优点体现在以下几个方面:

①简易性。HTML 语言简单易用，语法比 SGML 简单，采用超集方式，从而更加灵活方便。生成一个 HTML 文档可用相关的编辑工具手工编写，也可以采用某些格式转换工具将现有的其他格式文档(如 word 文档)转换成 HTML 文档，或者由 Web 服务器实时动态地生成。①

②功能强大。HTML 语言提供了一种文本结构和格式，使其能够在浏览器上呈现给访问者，可用于发布信息、获取信息、交流信息。HTML 具有超链接功能，可以链接图形、图像、声音等多媒体文件，并能链接到其他网页。

③平台无关性。HTML 文档能独立于各种操作系统平台，例如 UNIX、Windows 等。HTML 的标记也被大多数浏览器所接受，在文档国际化方面做出了巨大贡献。

HTML 广泛应用于互联网，但在其发展过程中也呈现出一些局限性。第一，HTML 的规则不严，没有提供规范文件以支持应用软件对 HTML 文件进

---

① 冷伏海．信息组织概论[M]．北京：科学出版社，2003.

行结构校验，这就要求解析器具有很强的识别能力，浏览器有很强的容错能力和运行时修复错误标记的能力，从而增加了浏览器的负担。第二，HTML 不支持深层的结构描述，而且其标签集是固定的，如果相同信息在不同计算机上的数据结构格式不统一，则会影响信息的交换。第三，HTML 文件内容与显示格式混合，如果原始文件的内容有所改变，则所有不同版本均需跟着转变；如果格式转变，则要重新编辑所有的 HTML 文档，这些转换会耗费大量的人力和时间。①

6.3　可扩展标记语言 XML

6.3.1　XML 的概念

1998 年，W3C 发布了 XML 规范。XML(Extensible Markup Language，可扩展标记语言）是一种新兴的网络页面标记语言，在 SGML 和 HTML 的基础上发展而来，允许开发者自由定义标签，可以将标签和内容有效分离。它克服了 SGML 过于庞大和复杂及 HTML 不易扩充且格式不统一的缺点，解决了标准的 HTML 规范的许多限制和不足，使得用户可以开发出格式更加复杂、更加丰富多彩的 Web 网页，并适应 Internet 发展的需要，更多地关注数据存储和运输，因此逐渐演变成为一种跨平台的数据交换格式。②

XML 是 SGML 针对特定应用领域的一个子集，或者说是 SGML 的缩减版，是合乎规范的 SGML 文件。SGML 的主要作用是用于创建其他的标记语言，为语法标记提供了强大的工具，具备极好的可扩展性，因此在分类和索引数据中非常有用。SGML 非常复杂，因而对于网络上的日常应用难以适应，更重要的是，包括 Netscape 在内的一些浏览器厂商拒绝支持 SGML，这样就妨碍了 SGML 的传播。XML 对 SGML 进行了简化，但又能实现其全部功能，这是 XML 最为吸引人的地方。

XML 与 HTML 不是替代关系，而是对 HTML 的补充和完善。与 HTML 不同的是，XML 被设计用于传输和存储数据，而不是用来显示数据。它没有预定义

---

① 徐永川 . SGML、HTML 与 XML 的比较[J]. 情报科学，2004，22(1)：100-103.

② 郭锋，戴向华 . XML 新一代页面标记语言的特性及应用前景[J]. 计算机时代，1999(5)：38-39.

任何标签，开发者可自定义任何的标签。XML 和 HTML 的差异见表 6.1。

表 6.1 **XML 和 HTML 的对比**

比较内容	XML	HTML
可扩展性	可定义新的标志语言	不具有扩展性
侧重点	如何结构化描述数据	如何表现数据
语法	严格要求嵌套、配对、遵循 DTD	不严格
可维护性	结构清晰，便于维护、阅读	难以维护、阅读
内容与显示	内容与显示分离	内容与显示混合
保值寿命	具有保值性	不具有保值性
编辑工具	文本编辑工具，大量的 XML 编辑器如 XMLSpy	文本编辑工具，大量所见即所得的编辑器如 Dreamweaver
处理工具	需要专门的程序进行处理	任何浏览器都可

6.3.2 XML 的特点

(1)易用性

XML 和 SGML 都是元标记语言，而 HTML 是实例标记语言。元标记语言是指可以用来定义其他与特定领域有关的、语义的、结构化的新标记语言的句法语言。因此 XML 既可以作为应用语言在 WWW 上直接使用，又能用于开发应用程序。①

(2)可扩展性

XML 允许用户定义新的标签，而这是 HTML 最大的弱点。HTML 被定义成一套固定的标签集，这些标签是由 W3C 定义确定的，不允许用户根据在 Web 上表达一些特殊数据的需要去定义专用的标签或属性。因此很多比较特殊或专门格式的文件，采用现有的 HTML 语言是无法处理的，例如音乐乐谱、化学方程式、数学公式、财务报表以及工程应用等，都有其专门的表达方式。浏览器厂商为了弥补标准 HTML 的不足定义了一些自己的专用标签，但各个厂商定义的专用标签是互不兼容的，因而必然带来混乱的局面。

① 林琅，牛海军. XML 规范及网络应用[J]. 电子科技，2001(19)：20-23，9.

而 XML 最重要的特性就是可扩展性，即允许用户定义自己的标签以及这些标签携带的相关参数的属性和值，因此，运用 XML 可以满足 HTML 无法处理的特殊的数据表达需要。①

(3) 自描述性

XML 的另一个重要特性就是允许有自描述信息，尽管并不要求 XML 文件必须是可以自描述的（只要求是结构化的），但带有自描述可以增强 Web 的检索功能。这些描述被称作"元数据"，它们可以包括有关一个文件的信息，例如安全（谁可以阅读它）、阅读范围、文件内容、文件是用什么语言写的、作者是谁以及关于这个文件的其他任何信息。虽然 HTML 也有一个增加元数据的功能，但是它未能很好地对交换不同元数据属性的格式进行定义。XML 语言创建了几种不同的元数据格式，包括 RDF（资源描述格式）、CDF（信道数据格式）、PICS（Interet 内容选择平台）、WIDL（Web 接口定义语言）。

(4) 交互性

据 W3C 的 XML 工作组的主席 Jon Bosak 称，用户需要同 Web 上的应用交互操作，而这不能通过 HTML 很容易地实现。XML 支持交互性，用户可以自己制订和设计应用 XML 的文件格式，而不必再使用固定的 HTML 格式，能得到比 HTML 更丰富的语法和更多的功能。

(5) 结构化

XML 建立在基本嵌套结构的基础之上，能表示面向对象的等级层次。XML 文档是一种树型结构，可以将某类中所有文档的共同属性提取出来，定义成格式良好的 DTD，把每个属性的内容放到 DTD 相对应的节点中，再把 XML 文档存储到数据库中。XML 遵循严格的语法要求，不仅要求标记配对、嵌套，而且要严格遵守 DTD 的使用规定。如果语法出错，解析器就不再对其进一步处理。②

(6) 更新快捷和保值性

如果一部分数据需要更新，不需要重发整个结构化的数据，变化的元素只需从服务器发送给客户，而不需要刷新整个使用者的界面就能够显示出来。而 XML 的保值性来自 SGML 语言。SGML 是一套有着十几年历史的

① 何小云，郑小宁. XML 文档分析研究[J]. 电子科技，2001(19)：27-29.

② 储节旺，郭春侠，吴昌合. 信息组织学[M]. 北京：清华大学出版社；北京交通大学出版社，2007.

国际标准，它最初的设计目标是要为文件提供50年以上的寿命。XML能够长期作为一个通用的标准，而且很容易向其他格式的文件转化。①

6.3.3 XML的结构

每一个XML文件都有逻辑和物理结构。物理上而言，文件由称为实体的单元组成。一个实体可以引用其他实体，将它们包含在文件中。文件开始于“根”(Root)或文件实体。从逻辑上而言，文件由声明、元素、注释、字符引用和处理指令组成，所有这些都在文件中用标记指明。逻辑和物理结构必须严格地嵌套。

具体而言，一个XML文档通常由两部分组成：文档序言和文档元素。文档序言包括XML声明、处理命令(PI)和文档类型声明(DTD)。XML元素包含文档的数据，以元素的形式按照树型结构组织。

6.3.3.1 文档序言

文档序言包含除了内容与标记之外的所有相关信息，例如XML的版本号、字符集、样式表和文档类型等。序言包括XML声明、处理命令(PI)和文档类型声明(DTD)。XML声明在XML文档的最前面，以“<? xml”开始，以“? >”结束，严格区分大小写。XML声明有三个属性：版本属性(Version)、编码属性(Encoding)、独立文档属性(Standalone)。版本属性用于指明XML的版本号，通常用的版本是正式版本1.0，最新推荐版本是1.1。编码属性指明编码使用的字符集，默认的缺省字符集是Unicode。如果文档中有中文，常见的编码是简体中文码GB2312、繁体中文码BIG5。独立文档属性用于指明XML文档是否有外部的标记声明文件配套使用。如果属性值为“yes”，则是一个独立的XML文档，没有使用外部标记声明；如果属性值为“no”，则应用了其他文档或资源，无法独立使用。版本属性是必选的，其他两项可选，XML声明应至少提供版本号。因此，最简单的XML声明是：

<? xml version=“1.0”? >

完整XML声明举例如下：

<? xml version=“1.0”encoding=”GB2312”standalone=”no”? >

处理命令PI用于给处理XML文档的应用程序提供信息。XML文档可

① 马费成，查先进．网络信息资源管理[M]．太原：山西经济出版社，2002.

以对不同应用程序提出不同的处理指令，例如 XML 声明就是一个处理指令。其基本格式是：

<? 处理指令名　处理指令信息？>

文档类型声明是用于声明与 XML 文档相关联的 DTD。DTD 有两种，一种是外部 DTD，将 DTD 存储在一个外部的“. dtd”文件中；另一种是内部 DTD，将 DTD 包含在 XML 文档之中，位于 XML 声明之后。

6. 3. 3. 2　文档元素

元素是 XML 文档内容的基本单元。语法上，一个元素包括一个起始标记、一个结束标记以及标记之间的数据内容。与 HTML 不同，XML 的非空元素要求必须有起始标记和结束标记。空元素则既可以用起始标记和结束标记的形式如“
”“</br>”，也可以用“
”的形式。

【例】一个元素

<出版社>电子工业出版社</出版社>

上述例子中，<出版社>为起始标记，</出版社>为结束标记，出版社为类名，电子工业出版社为字符数据。类名命名有严格的规则。名字必须以一个字母或下画线“_”开始，接着是 0 个或多个字母、数字、句点“. ”、连字符“-”、下画线“_”；名字可以用中文，需在声明中指明字符编码；起始标记和结束标记中的类名必须完全一致，区分大小写。

从概念上来看，XML 文档是由一个或多个元素序列组成的，这些元素可以相互嵌套。最终文件结构为文档树结构。XML 文档中必须包含根元素，每个子元素有一个唯一的根元素，出现在文件结构的顶端。元素可以有一个或多个属性。标识的文件可以十分复杂，所以通过实体的应用，制定了复杂的缩写机制。①

【例】XML 文档中，仅有一个根元素，可以有多个子元素

<图书>

<书名>

<正书名>皇帝新脑</正书名>

<副书名>有关电脑、人脑及物理定律</副书名>

---

① 李宏伟，等．网络地理信息系统与空间元数据[M]．郑州：黄河水利出版社，2004.

</书名>

<著者>

<国籍>英国</国籍>

<姓名>罗杰·彭罗斯</姓名>

</著者>

</图书>

上述例子中，<图书>为根元素，<书名>、<正书名>、<副书名>、<著者>、<国籍>、<姓名>为子元素。

如果 XML 文档需要引用现有设备不能直接输入的字符，可以用字符引用来代表。XML 预定义了 5 个字符引用的另一种方式，见表 6.2。

表 6.2　**XML 的字符引用**

引用	字符	十进制代码	十六进制代码	说明
<	<	60	3c	小于号
>	>	62	3e	大于号
&	&	38	26	与号
"	“	34	22	双引号
'	‘	39	27	单引号

6.3.3.3　XML 属性

属性是跟元素相关联的名称数值对，它以若干空格所隔离的 name = “value”的形式被定义在元素的起始标记中。比如：

<图书 页数=“349”价格=“25.00”>

<封面 源文件=“tu1.gif”/>

<书名>科学研究方法</书名>

<作者>王一</作者>

</图书>

属性名必须以一个字母或下画线“_”开始，接着是 0 个或多个字母、数字、句点“.”、连字符“-”、下画线“_”。同一个属性名在同一开始标签或空元素标签中只能出现一次。属性值是一个字符串，属性值既可以用双引

号界定，也可以用单引号界定。属性值不能包含用于界定它的同种引号。属性值不能包括“<”“&”，可以包含空格。

6.3.3.4　XML 注释

注释是做解释的字符数据，帮助理解文档，且不被 XML 处理器解析，以“<! --”开始，以“-->”结束。注释不能出现在 XML 声明之前，XML 的注释可以添加在标记之外的任何地方，但不能放在标记中。

6.3.4　XML 的技术体系

根据 XML 文档的数据显示及其他应用方面的需求，相关组织开发了一系列相关技术和标准。XML 的技术体系主要包括文档类型定义(DTD)、XML 模式(XML Schema)、XML 命名空间(XML Namespace)、层叠样式表 CSS(Cascading Style sheet)、可扩展样式表语言 XSL(Extensible Stylesheet Language)、可扩展样式表语言转换 XSLT(XSLT Transformation，XSL 转换)、XLink(XML Linking Language)、XPointer(XML Pointer Language)。本章将重点介绍 DTD 和 Schema 域。

6.3.4.1　DTD 文档类型定义

DTD(Document Type Defination，文档类型定义)是 XML 标记的语法规则，描述了包含在任何 XML 词汇中的部件和准则。DTD 定义了元素、子元素、属性和取值，告诉用户在一篇文档中可以使用什么标记，它们应以什么顺序出现，哪些标记可以出现在其他标记内部，哪些标记可以有属性等。DTD 精确地定义了什么允许或不允许在文档中出现。DTD 还为查看和编辑软件必须支持的元素建立了标准。

(1)元素声明

元素声明是对 XML 文档中的元素进行规定，指明哪些元素可用，元素之间的关系结构等。元素声明以“<! ELEMENT”开始，之后是元素名和内容声明，以大于号“>”结束。其基本格式是：

<! ELEMENT 元素名 内容声明>

ELEMENT 必须是大写，元素名与内容声明之间必须有空格。元素名是要设定的元素名称，必须以一个字母或下画线“_”开始，接着是零个或多个字母、数字、句点“.”、连字符“-”或下画线，注意区分大小写，也可用中

文。最好不要使用带有前缀“xml”的元素名。内容声明则定义该元素具体所包含的内容。

由于XML文档中可能包含多个元素，一个根元素包括多个子元素，因此有必要在内容声明中采用一些简单的符号来表明元素之间的关系结构以及元素可出现的数量，称为正则表达式。表6.3列出了通用的符号，其中A和B表示不同元素。

表6.3　**正则表达式中的元字符**

符号	含　义
A?	零个或一个A
A+	一个或多个A
A *	零个或多个A
A, B	A在前，B在后
A | B	一组元素中只选择一个元素
()	子元素分组，被括号分成一组的多个子元素可以看成一个独立的组成单元

元素的内容说明有多种类型，可以使用关键字#PCDATA、EMPTY、ANY，也可以是父元素，或者是混合内容。

#PCDATA：用于声明元素的内容是可析文本，不能包含标签文本。即该元素不能再包含子元素，只能是文本内容。定义方式为：

<! ELEMENT 元素名 (#PCDATA)>

EMPTY：用于声明空元素，例如BR、HR、IMG等，空元素没有内容，但可以用属性来表达某些参数，不能省略。定义方式为：

<! ELEMENT 元素名 EMPTY>

ANY：用于说明此处可以包含任何文本或子元素，对内容类型不做限制，一般用于一个元素的内容或类型无法确定的时候，常用于开发和测试，在DTD中应避免使用。定义方式为：

<! ELEMENT 元素名 ANY>

父元素类型：父元素可以包含子元素，在DTD中，通过正则表达式规定子元素出现的顺序和次数。

混合元素类型：混合元素可以包含文本，同时文本之间可以有选择地插入子元素，但子元素出现的顺序和次数不受限制。定义方式：

<! ELEMENT 元素名（#PCDATA | 子元素名 1 | 子元素名 2 | …） * >

(2)属性类型

DTD 文档类型定义中可以定义元素的属性来限制某个元素的输入。属性声明以“<! ATTLIST”开始，以“>”结束，包括元素名、属件名、属性类型以及默认行为，其基本格式是：

<! ATTLIST 元素名 属性名 属性类型 默认行为>

DTD 常用的属性类型有 10 种，见表 6.4。

表 6.4　**属性类型**

属性类型	含　义
CDATA	表示字符数据不是标签的文本
Enumerated	将属性可能的值列出，指定属性值时必须是其中的一个，即枚举类型
ID	该属性值必须与其他同类型的属性值不同，具有唯一性
IDREF	该属性值参考另一个被声明为 ID 类型的属性值
IDREFS	该属性值参考另外多个被声明为 ID 类型的属性值，之间用空格隔开
ENTITY	已声明的实体名
ENTITIES	已声明的多个实体名，之间用空格隔开
NMTOKEN	XML 名称，只能是由字母、数字、下画线、连字母、圆点和冒号所构成的字符串
NOTATION	已声明的注释名
NMTOKENS	已声明的多个注释名，之间用空格隔开

属性声明中的默认行为包含四种类型，见表 6.5。

表 6.5　**属性默认行为**

属性默认行为	含　义
#REQUIRED	该元素必须设置相应属性的属性值，不能为空
#IMPLIED	该元素不一定要设置相应的属性值，即该属性可以为空

续表

属性默认行为	含　　义
#FIXED	#FIXED 和缺省值同时出现在声明中，用以指明该元素的相应属性有固定的属性值。该元素要么不出现该属性，如果出现必须是默认值
缺省值	使用特定字符串作为缺省值，该元素没有提供相应属性的属性值时，则使用缺省值

(3) DTD 的类型

DTD 文档类型声明可以是一个完全独立的文件，也可以放在 XML 文档的序言部分进行文档类型声明。因此，DTD 有内部 DTD、外部 DTD 和公共 DTD 三种。

内部 DTD 是在 XML 文档实体中直接设定的 DTD，放在 XML 声明之后。内部 DTD 的基本格式是：

```
<! DOCTYPE 根元素名[
……
]>
```

其中省略号部分就是 DTD 定义。

【例】

```
<? xml version = “1.0” encoding = “gb2312”? >
<! DOCTYPE 职工 [
<! ELEMENT 职工(名字，部门，单位)>
<! ELEMENT 名字(#PCDATA)>
<! ELEMENT 部门(#PCDATA)>
<! ELEMENT 单位(#PCDATA)>
]>
<职工>
<名字>张三</名字>
<部门>系统网络中心</部门>
<单位>上海图书馆</单位>
</职工>
```

外部 DTD 是放在 XML 文档的外部，需要在外部调用的 DTD 文件，以 dtd 作为扩展名，可以被共享。调用外部 DTD 时，XML 声明中的独立文档属性(standalone)应设定为“no”。使用外部 DTD 时，文档类型声明格式是：

<! DOCTYPE 根元素名 SYSTEM “外部 DTD 路径和名称”>

根元素名后面是关键字 SYSTEM，之后是外部 DTD 的链接路径，可以是 URL，在本地计算机上时，可以用绝对路径，也可以用相对路径。

【例】

```
<? xml version = “1.0” encoding = “gb2312”? >
<! DOCTYPE 职工 SYSTEM “zhigong.dtd”>
<职工>
<名字>张三</名字>
<部门>系统网络中心</部门>
<单位>上海图书馆</单位>
</职工>
```

XML 除了使用内部 DTD 或外部编辑的 DTD，还可以选择公共 DTD，基本格式是：

<! DOCTYPE 根元素名 PUBLIC “DTD 名称” “DTD_URL”>

根元素名后面是关键字 PUBLIC，之后是 DTD 名称、DTD_URL。DTD 名称和 URL 之间有空格。XML 处理器先利用 DTD 名称搜索中心数据库，如找不到，再利用 URL 来搜索这个公共 DTD 文件。

6.3.4.2　Schema 域

(1) Schema 简介

鉴于 DTD 不能很好地实现应用程序不同模块间的相互协调，缺乏对文档结构、属性、数据类型等约束的描述，W3C 于 2001 年推荐 XML Schema 作为 XML 的标准模式。

XML Schema 是一种描述信息结构的模型，用来定义 XML 文件的文本结构、数据类型等 XML 文件描述规则，为一类文档建立了一个模式，规范文档中的标记和文本可能的组合形式。XML Schema 代表了一种新兴的、用来创建文档元数据的、代替 DTD 的新技术。

(2) Schema 的结构

XML Schema 文件的基本架构是一份 XML 文件，扩展名为“.xsd”。Schema 描述的是引用它的 XML 文件的“元素”和“属性”的具体类型。Schema 的语法结构是：

```
<? xml version="1.0"encoding="UTF-8"? >
<xsd: schema xmlns: xsd=http: //www.w3.org/2001/XML Schema>
……(定义数据模式)
</xsd: schema>
```

第一行为 XML 声明。第二行是根元素 schema，表示内容为一份 XML Schema 文件。该元素包含 xmlns 属性，即 XML 的名域属性，默认使用 W3C 的命名空间：

http: //www. w3. org/2001/XML Schema

之后是定义数据模式，这是 Schema 的核心部分，可分为简单类型定义和复杂类型定义。在 XML Schema 文件中，都使用基本命名空间的前缀 xsd。

简单类型定义针对的是不能含有子元素的元素或属性。默认情况下，一个属性就是一个简单类型。用户可以用元素 simpleType 在内置数据类型的基础上自定义新的简单类型，通过面(Facct)来限制。常用格式为：

```
<xsd: simpleType name="name">
<xsd: restriction base="xsd: datatypes">
<xsd: facets_element value="value">
……
</xsd: restriction>
</xsd: simpleType>
```

其中，Name 属性是用户自定义数据类型的名称，Restriction 元素定义 simpleType 元素使用的数据类型，用 Base 属性进行属性说明，定义基本的数据类型。Restriction 元素的子元素 Facets_element 是描述数据类型的细节限制。XML Schema 通过向面(Facet)约束简单类型的允许值集合，从而限制长度、范围等。主要数据类型见表 6.6。

表 6.6 **主要数据类型**

类型	说　明
xsd: string	字符串
xsd: decimal	数字
xsd: boolean	True 或 false
xsd: date	日期，格式 YYYY-MM-DD

续表

类型	说　　明
xsd：time	时间，格式 hh：mm：ss. sss
xsd：uri-reference	一段 URL
xsd：language	元素内容包含 ISO 639“语种名称代码”的字母之一，如 zh 中文，en 英语，ja 日语，de 德语

如果 XML 元素有子元素，则在 XML Schema 中可以用 complexType 声明子元素或属性，即复杂类型定义。其基本的语法结构是：

```
<xsd：complexType name=”name”mixed=”true”>
<xsd：sequence>
<xsd：element…/>
<xsd：element…/>
</xsd：sequence>
</xsd：complexType>
```

元素 complexType 的 Name 属性是定义数据类型的名称。Mixed 属性是说明此元素的内容，默认值 False 表示只声明 XML 元素；属性值 True 表示声明 XML 元素和文字内容，表示在元素中除了 XML 元素外，还拥有元素的文字内容。squence 是 complexType 的子元素。complexType 的子元素不能直接是 Element 和 Attribute 元素，而是需要使用一些指令功能的子元素，用来定义 XML 元素的顺序和出现次数。

在 element(元素)后面可以限定属性来指明子元素出现的次数。属性 minOccurs 用以指定子元素最少出现的次数，maxoccurs 指定子元素最多出现的次数，缺省情况下，两者的值均为 1。unbounded 表示子元素可以出现无限次。

6.3.5　XML 编辑器介绍

XML 只是一种简单的文本文件，开发者完全可以使用普通的文本编辑工具来编辑 XML 文档。当然，选择专业的 XML 编辑工具则会事半功倍。本节介绍两个 XML 编辑工具 XMLSpy 和 Stylus Studio。

6.3.5.1　XMLSpy

XMLSpy 是 Altova 开发的支持 XML、XSL、XSLT、DTD、Schema 等多种

文件格式的编辑器。它可以将 XML 展示为完美的树型结构，可以方便地使用各种 HTML/XML/XSLT 标记，使用它可以大大节约开发时间，不必把大量的时间浪费在代码的输入上。目前最新的版本是 XMLSpy 2024，可在其官网上下载，提供 30 天免费试用。

使用 XMLSpy 编辑 XML 文件非常简单。安装了 XMLSpy 之后，就可以利用该工具来编辑 XML 文档。单击“File”菜单下的“New”菜单项，将弹出如图 6.1 所示对话框。

使用 XMLSpy 可以新建多种 XML 文档，包括 EJB2.0 部署描述文件和 Servlet2.3 部署描述文件等。选中“Extensible Markup Language”选项，然后单击“OK”按钮，将弹出如图 6.2 所示对话框。

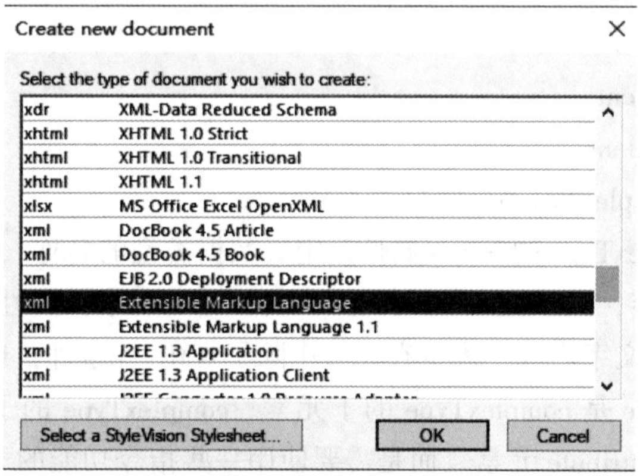

图 6.1　新建普通 XML 文档

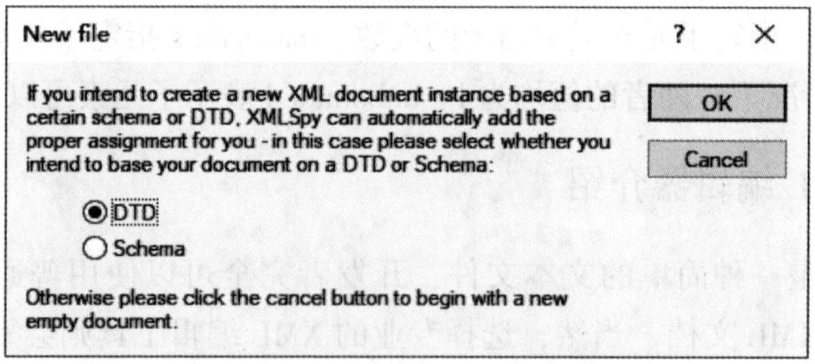

图 6.2　XML 文件 DTD 或 Schema

如果需要为新建的 XML 文档使用 DTD 作为语义约束，则选择“DTD”单选框后单击“OK”按钮；如果需要为新建的 XML 文档使用 Schema 作为语义约束，则选择“Schema”单选框后单击“OK”按钮；如果不想使用任何语义约束，则直接单击“Cancel”按钮即可。不管用户单击哪个按钮，都将进入 XLM 编辑窗口。

XMLSpy 是一款专业的 XML 编辑器，提供了“代码补齐”功能：开发者手动输入开始标签后按回车键，XMLSpy 将会“自动补齐”结束标签。通过该功能可以极好地提高 XML 开发效率。

6.3.5.2　Stylus Studio

Stylus Studio 是一款 XML 集成开发工具，可以非常方便地编辑、调试 XML。不仅如此，它还提供了优秀的 DTD、Schema 设计工具，可帮助开发者快速定义 DTD 和 Schema，甚至允许以图形化的方式来设计 XML Schema。

Stylus Studio 对 XSLT 也提供了很好的支持，不仅包括功能强大的 XSLT 编辑、调试工具，还提供了所见即所得的 XML-to-HTML 设计工具。

安装了 Stylus Studio 之后，就可以利用该工具来编辑 XML 文件。安装“文件”菜单下的“建新”菜单项，将出现如图 6.3 所示的二级菜单。

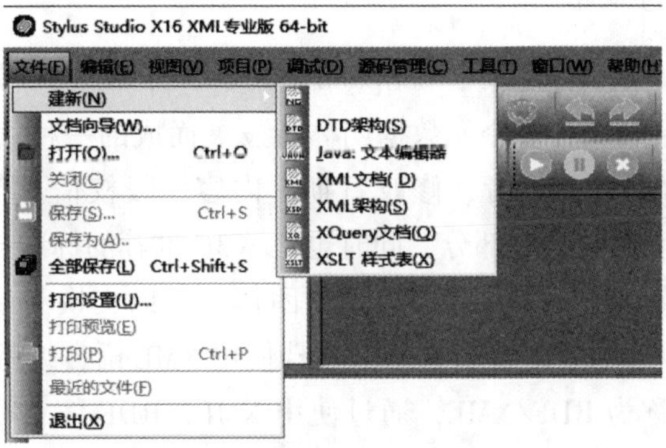

图 6.3　新建 XML 文档

单击“XML 文档”菜单项，将进入 XML 编辑界面，如图 6.4 所示。

与 XMLSpy 类似，Stylus Studio 也是一款专业的 XML 编辑器，也提供了“代码补齐”“代码对齐”等功能。开发者手动输入开始标签后按回车键，Stylus Studio 将会自动补齐结束标签，开始标签和结束标签在同一列对齐。当开发者为指定元素输入子元素时，子元素将自动缩进 4 个空格，以保证良好的代码风格。

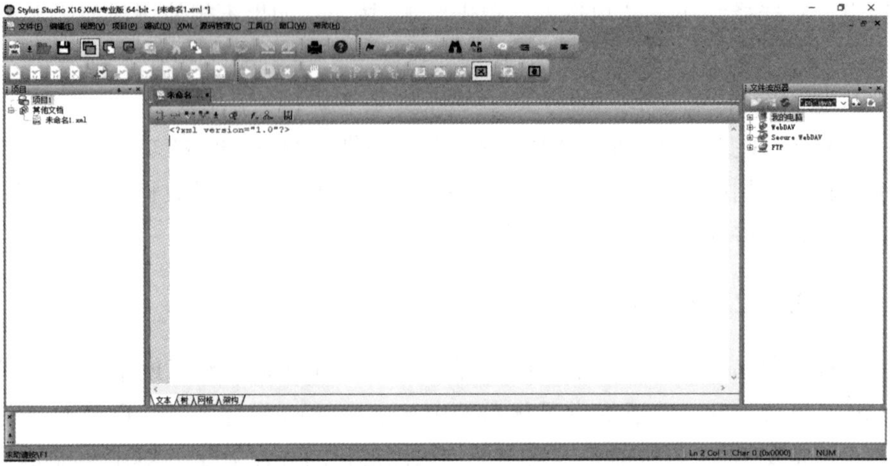

图 6.4　使用 Stylus Studio 编辑 XML 文档

6.4　资源描述框架 RDF

6.4.1　RDF 的概念

资源描述框架(Resource Description Framework，RDF)，是由全球信息网协会(W3C)主导和结合多个元数据团体所发展而成的一种用于描述 Web 资源(比如网页的标题、作者、修改日期、内容、版权信息等)的框架，是 W3C 语义网络活动的组成部分，同时也是 W3C 推荐的标准。RDF 提供了针对数据的模型及语法，这样不同的独立团体间可以交换和使用它，计算机应用程序也可以读取并理解它。RDF 文档使用 XML 语言编写，被 RDF 使用的 XML 语言被称为 RDF/XML，通过使用 XML，RDF 信息可以轻易地在使用不同类型的操作系统和应用语言的计算机之间进行交换。

6.4.2　RDF 的构成

RDF 由 RDF Data Model、RDF Schema 和 RDF Syntax 三个部分构成。

6.4.2.1　RDF Data Model

资源描述框架(RDF)定义了一种通用的数据模型，即 RDF Data Model(RDF 数据模型)，通过资源、属性和值来描述特定信息资源。其中，资源

(Resource)是指所有在 Web 上被命名的、具有统一资源描述符(URI)的对象。资源可以是一个完整的网页集合，也可以是网页中的一部分，或者是 XML 文档中的元素等。[①] 属性(Property)是用来描述资源的特定特征或关系，每一个属性都有特定含义。与资源相关的属性被称为属性类型(Property-type)，用来定义它的属性值和所描述资源形态，以及和其他属性的关系。值(Value)可以是由文本字符串、数字等表示的字面值，也可以是其他资源。RDF Data Model 的具体内容将在 6. 5. 3 节详细描述。

6. 4. 2. 2　RDF Schema

RDF Schema 是 RDF 的语义扩展，它使用一种机器可理解的体系来定义描述资源的词汇，提供了描述相关资源以及这些资源之间关系的机制。其基本作用包括：定义资源的属性类、语法、属性值的类型；定义资源类以及属性所应用到的资源类；声明由一些机构定义的元数据标准的属性类。RDF Schema 将在 6. 5. 7 节作详细介绍。

6. 4. 2. 3　RDF Syntax

RDF Syntax 以 XML 为其宿主语言，通过 XML 语法实现对各种元数据的集成。目前最新的语法规范是 2004 年 W3C 推荐的 RDF/XML 语法规范。

6. 4. 3　RDF 模型

RDF 的思想基础是用 Web 标识符(称作统一资源标识符，Uniform Resource Identifiers，URI)来标识事物，用简单的属性(property)及属性值(value)来描述资源(resource)。

对资源、属性和属性值可以有如下的解释：

资源是可拥有 URI 的任何事物，包括 Web 站点、单个网页、网页中的某个元素、印刷型的书刊等，比如 http://www. w3school. com. cn/rdf;

属性是拥有名称的资源，包括资源的外观、特点、性质、与其他资源之间的关系等，一个资源可以有多个属性，比如“author”或“homepage”;

属性值是某个属性的值，每个属性值可以是简单的值，如数字、字符

① 罗威 . RDF(资源描述框架)——Web 数据集成的元数据解决方案[J]. 情报学报，2003，22(2)：178-184.

串等，也可以更复杂，这些值也可以作为其他资源，比如“David”或 http://www. w3school. com. cn。

因此 RDF 的模型可以抽象为由资源、属性和属性值构成的如图 6.5 所示的形式。

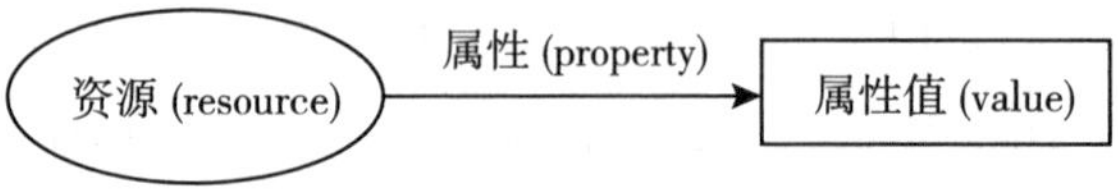

图 6.5 RDF 模型图

即特定的资源以一个被命名的属性与相应的值来描述，这样的一条描述被称为“RDF 陈述”(RDF Statement)，可理解为资源 R 具有值为 V 的属性 P。每条陈述的基本结构都是以主语、谓语、宾语构成的有序三元组，其中主语(Subject)是资源，谓语(Predicate)是属性，宾语(Object)是属性值。

【例】 一本书《元数据研究与应用》，张晓林主编，出版社是国家图书馆出版社，假设该书全文已放到出版社网上，主页是：http://www. nlcpress. com/cn/book/12345. html，国家图书馆出版社的主页是：http://www. nlcpress. com/cn/index. asp。

在这个例子中，我们可以识别出其中的主语、谓语和宾语，即：

主语：http://www. nlcpress. com/cn/book/12345. html

谓语：出版社

宾语：http://www. nlcpress. com/cn/index. asp

用图 6.5 所示的图状结构，可以将上述三元组表示为如图 6.6 所示的形式：

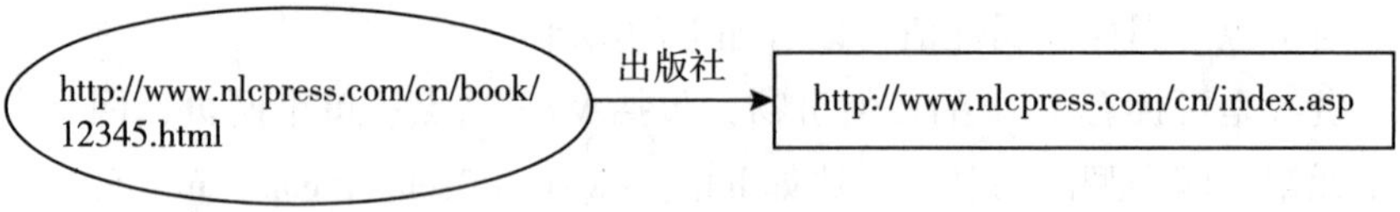

图 6.6 示意图

6.4.4 RDF 语法

RDF 数据模型提供了一个抽象的框架来描述资源，Schema 定义和声明了一些属性类，但是要形成人机可读的具体文件并利用计算机处理，则还需要一个具体的语法体系来完成。RDF 以 XML 为其宿主语言，通过 XML 语法实现对各种元数据的集成，称为 RDF/XML。①

一个 RDF 的基本文档结构如下：

定义 RDF 根元素 RDF，使用<rdf：RDF>来表示。<rdf：RDF> 是 RDF 文档的根元素。它把 XML 文档定义为一个 RDF 文档。它也包含了对 RDF 命名空间的引用，如下所示：

```
<? xml version="1.0"? >

<rdf:RDF
xmlns:rdf="http://www.w3.org/1999/02/22-rdf-syntax-ns#">
……
……
……
</rdf:RDF>
```

定义 RDF 描述元素 Description，用<rdf：Description>来表示，要被描述的主语资源作为它的属性 about 的属性值，通常是个 URL。<rdf：Description> 元素可包含描述资源的那些元素。如下所示：

```
<? xml version="1.0"? >

<rdf:RDF
xmlns:rdf="http://www.w3.org/1999/02/22-rdf-syntax-ns#"
xmlns:cd="http://www.recshop.fake/cd#">

<rdf:Description
 rdf:about="http://www.recshop.fake/cd/Empire Burlesque">
  <cd:artist>Bob Dylan</cd:artist>
  <cd:country>USA</cd:country>
  <cd:company>Columbia</cd:company>
```

① 姜恩波 . RDF 原理、结构初探[J]. 现代图书情报技术，2001(5)：32-33.

```
    <cd: price>10.90</cd: price>
    <cd: year>1985</cd: year>
  </rdf: Description>

  </rdf: RDF>
```

【例】一个宾语，且宾语为常数值

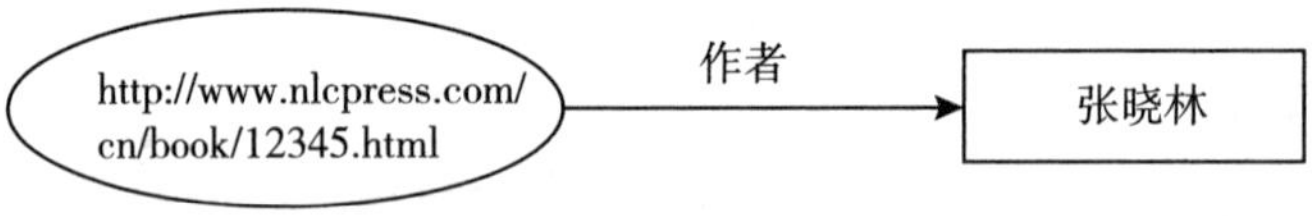

将上述数据结构用 RDF 语法可写作：

```
  <? xml version="1.0" encoding="GB2312" ? >
  <rdf: RDF xmlns:rdf= "http://www.w3.org/1999/02/22-rdf-syntax-ns#"
   xmlns:dc="http://purl.org/dc/elements/1.0/">
     < rdf: Description  rdf: about = " http://www.nlcpress.com/cn/book/
12345.html">
      <dc:creator>张晓林</dc:creator>
     </rdf:Description>
  </rdf:RDF>
```

【例】多个宾语，且宾语为常数值

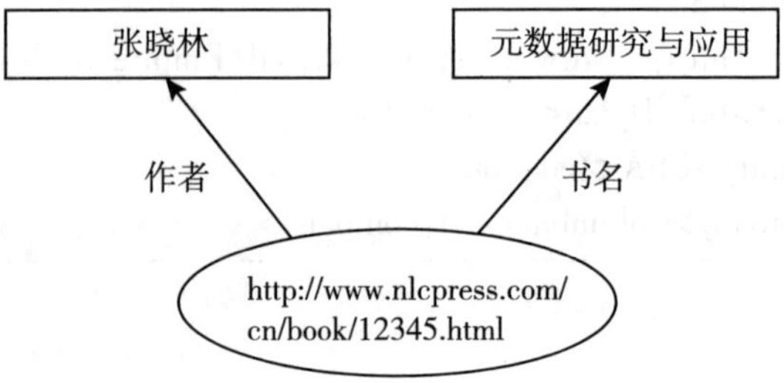

将上述数据结构用 RDF 语法可写作：

```
<? xml version="1.0" encoding="GB2312" ? >
<rdf: RDF xmlns:rdf= "http://www.w3.org/1999/02/22-rdf-syntax-ns#"
xmlns:dc="http://purl.org/dc/elements/1.0/">
    < rdf: Description  rdf: about = " http://www.nlcpress.com/cn/book/
12345.html">
      <dc:creator>张晓林</dc:creator>
      <dc:title>元数据研究与应用</dc:title>
    </rdf:Description>
</rdf:RDF>
```

【例】 多个宾语，宾语有常数值，也有另外一个资源

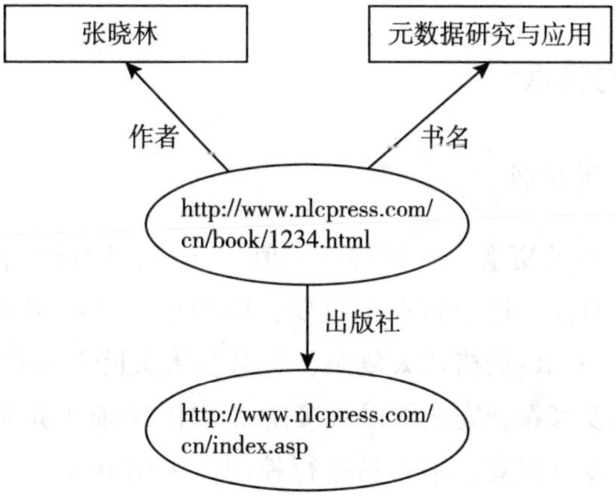

将上述数据结构用 RDF 语法可写作：

```
<? xml version="1.0" encoding="GB2312" ? >
<rdf: RDF xmlns:rdf= "http://www.w3.org/1999/02/22-rdf-syntax-ns#"
```

```
    xmlns:dc="http://purl.org/dc/elements/1.0/"
    xml:base="http://lib.whu.edu.cn/book">
      <rdf:Description rdf:ID="book10001">
       <dc:creator>张晓林</dc:creator>
       <dc:title>元数据研究与应用</dc:title>
      <dc:publisher rdf:resource="http://www.nlcpress.com/cn/index.
asp"/>
      </rdf:Description>
   <rdf:Description rdf:ID="book10002">
       <dc:creator>刘嘉</dc:creator>
       <dc:title>元数据导论</dc:title>
       <dc:publisher>华艺出版社</dc:publisher>
      </rdf:Description>
   ……
   </rdf:RDF>
```

6.4.5 RDF 的特点

6.4.5.1 简单性

RDF 使用简单的资源——属性——值三元组，所以很容易控制，即使是数据量很大的时候。这个特点很重要，因为现在 Web 资源越来越多，如果用来描述资源的元数据格式太复杂，势必会大大降低元数据的使用效率。其实从功能的角度来看，完全可以直接使用 XML 来描述资源，但 XML 结构比较复杂，允许复杂嵌套，不容易进行控制。采用 RDF 可以提高资源检索和管理的效率，从而真正发挥元数据的功用。①

6.4.5.2 独立性

RDF 实际上是一种元数据模型，具有很大的独立性，它可以嵌入 DC 这

① 郝伟，曹代勇．基于资源描述框架的煤地质学元数据描述方法[J]．煤炭科学技术，2008，36(1)：68-70.

种元数据，也可以嵌入别的类型的元数据。正是由于现实中有多种元数据形式并存，所以各种元数据之间的转换就成为不容回避的问题。RDF 就是为解决这一问题应运而生的一种工具，它所具备的独立性，使得各种元数据间的转换成为可能。概括地说，RDF 可以协助跨越不同语言，增加语意互通性，可以提高 DC 与其他元数据的连接能力。①

6.4.5.3　开放性

RDF 允许任何人定义自己的词汇集，并可以根据需要无缝地使用多种词汇集来描述资源，使之各尽所能。比如，在上个例子里描述网页资源时用 Dublin Core 描述其作者属性，而在描述作者的姓名时又使用另外一个专门描述人的词汇集来描述。

6.4.5.4　易扩展性

在使用 RDF 描述资源的时候，词汇集和资源描述是分开的，所以可以很容易扩展。例如，如果要增加描述资源的属性，只需要在词汇集中增加相应元数据即可，而如果使用的是关系数据库，增加新字段有可能造成大量的空间浪费。

6.4.5.5　易交换性

RDF 使用 XML 语法，可以很容易地在网络上实现数据交换；另外，RDF Schema 定义了描述词汇集的方法，可以在不同词汇集间通过指定元数据关系来实现含义理解层次上的数据交换。

6.4.5.6　易综合性

在 RDF 中资源的属性是资源，属性值可以是资源，关于资源的陈述也可以是资源，都可以用 RDF 来描述，这样就可以很容易地将多个描述综合，以达到发现知识的目的。例如，在描述某书籍时指明其作者属性值是另一资源，我们就可以根据描述作者的 URI 来获得作者的信息，如毕业院校等，从而知道这本书是某一院校的毕业生写的，于是在表面上看来没任何关系

① 程变爱．试论资源描述框架(RDF)——一种极具生命力的元数据携带工具[J]．现代图书情报技术，2000(6)：62-64.

的两者间建立了联系，不需要任何人工的干预。

6.4.6 RDF 的容器机制

通过一条 RDF 陈述可以描述某一单独的资源，但是现实生活中，我们常常需要描述一组或者一群的资源，例如，某个新闻组可能包含了许多成员、某本书可能有多个作者、某个软件可能有多个下载地址。RDF 容器(Container)就是用来包装或装载一群资源的机制，RDF 定义了如下三种形态的容器：

(1)封装(Bag)

用来包装一群没有顺序性的资源。Bag 通常用在一个 Property 上有多个值，而这几个值的先后顺序并不重要，例如通讯录可能包含了许多姓名。Bag 所包含的值要在 0 个以上，也就是可以不包含值，也可以有多个重复的值。

【例】在这个 RDF 文档中，Bag 中包含披头士乐队某张 CD 中所有的乐队创作者姓名，这些姓名是无序的。

```
<? xml version="1.0"? >

<rdf:RDF
xmlns:rdf="http://www.w3.org/1999/02/22-rdf-syntax-ns#"
xmlns:cd="http://www.recshop.fake/cd#">

<rdf:Description
 rdf:about="http://www.recshop.fake/cd/Beatles">
 <cd:artist>
   <rdf:Bag>
 <rdf:li>John</rdf:li>
 <rdf:li>Paul</rdf:li>
 <rdf:li>George</rdf:li>
 <rdf:li>Ringo</rdf:li>
   </rdf:Bag>
  </cd:artist>
</rdf:Description>

</rdf:RDF>
```

（2）顺序（Sequence）

用来包装一群有顺序性的资源。Sequence 通常用在一个 Property 上有多个值，而这些值的先后顺序是重要的，例如一本书如果作者在一个以上，可能有必要区分出主要作者、次要作者。Sequence 所包含的值要在 0 个以上，也就是可以不包含值，也可以有多个重复的值。

【例】 在这个 RDF 文档中，Seq 包含了披头士乐队某张 CD 中所有的乐队创作者姓名，这些姓名按照首字母有序排列。

```
<? xml version="1.0"? >

<rdf:RDF
xmlns:rdf="http://www.w3.org/1999/02/22-rdf-syntax-ns#"
xmlns:cd="http://www.recshop.fake/cd#">

<rdf:Description
rdf:about="http://www.recshop.fake/cd/Beatles">
  <cd:artist>
    <rdf:Seq>
  <rdf:li>George</rdf:li>
  <rdf:li>John</rdf:li>
  <rdf:li>Paul</rdf:li>
  <rdf:li>Ringo</rdf:li>
    </rdf:Seq>
   </cd:artist>
</rdf:Description>
</rdf:RDF>
```

（3）选择（Alternative）

Alternative 通常用在一个 Property 上有多个值可以选择，例如某个软件可能提供许多个下载网址。Alternative 所包含的值要在一个以上，而第一个值是预设值。

【例】在这个 RDF 文档中，CD 这一名称可以用 Record 或者 Tape 来替代。

```
<? xml version="1.0"? >

<rdf:RDF
xmlns:rdf="http://www.w3.org/1999/02/22-rdf-syntax-ns#"
xmlns:cd="http://www.recshop.fake/cd#">

<rdf:Description
 rdf:about="http://www.recshop.fake/cd/Beatles">
 <cd:format>
   <rdf:Alt>
 <rdf:li>CD</rdf:li>
 <rdf:li>Record</rdf:li>
 <rdf:li>Tape</rdf:li>
   </rdf:Alt>
  </cd:format>
</rdf:Description>

</rdf:RDF>
```

6.4.7 RDF Schema

6.4.7.1 RDF Schema 的作用

"Schema"的功能像一个字典，可以理解为大纲或者规范。RDF Schema（简称 RDFS）的作用包括以下几个方面：定义资源的属性类、语法、属性值的类型；定义资源类（Type or class）以及属性所应用到的资源类；申明（Declare）由一些机构定义的元数据标准的属性类。

RDF Schema 使用一种机器可以理解的体系来定义描述资源的词汇，它定义和宣布使用 XML Namespace（命名空间）机制。XML Namespace 的作用是用来避免不同元素被命名为相同的控制标记而给应用带来的困扰。在实际应用中，有些相同名称的控制标记在不同的领域和机构中的含义是不同的。而 XML 非常注重控制标记的语义含义，所以当不同应用领域中使用了同名称的控制标记时，XML 采用了这一方法来区别。在 RDF Schema 中，每个 RDF 资源都有一些核心类和属性。核心类包括：

RDFS：Resource，任何利用 RDF 来表示、描述的事物都被称为“资源”（Resource）。

RDFS：Class，这里 Class 类似面向对象中“类”的概念，指的是事物的一类。这一类中的一个具体事物叫做“实例”（Instance）。比如，哺乳动物和大象的关系。

RDFS：Property，指资源的属性。核心属性有 rdfs：type、rdfs：subClassof、rdfs：seeAlso 等。

RDF Schema 中的类与面向对象编程语言中的类非常相似，这就使得资源能够作为类的实例和类的子类来被定义。

【例】RDFS 实例

```
<? xml version="1.0"? >

<rdf:RDF
xmlns:rdf= "http://www.w3.org/1999/02/22-rdf-syntax-ns#"
xmlns:rdfs="http://www.w3.org/2000/01/rdf-schema#"
xml:base="http://www.animals.fake/animals#">

<rdf:Description rdf:ID="animal">
   <rdf:type
    rdf:resource="http://www.w3.org/2000/01/rdf-schema#Class"/>
</rdf:Description>

<rdf:Description rdf:ID="horse">
   <rdf:type
    rdf:resource="http://www.w3.org/2000/01/rdf-schema#Class"/>
   <rdfs:subClassOf rdf:resource="#animal"/>
</rdf:Description>

</rdf:RDF>
```

在上例中，资源“horse”是类“animal”的子类。

由于一个 RDFS 类就是一个 RDF 资源，我们可以通过使用 rdfs:Class 取代 rdf:Description，并去掉 rdf:type 信息，把上例简写为如下形式：

【例】RDFS 实例改写

```
<? xml version="1.0"? >

<rdf:RDF
xmlns:rdf= "http://www.w3.org/1999/02/22-rdf-syntax-ns#"
xmlns:rdfs="http://www.w3.org/2000/01/rdf-schema#"
xml:base=   "http://www.animals.fake/animals#">

<rdfs:Class rdf:ID="animal" />

<rdfs:Class rdf:ID="horse">
  <rdfs:subClassOf rdf:resource="#animal"/>
</rdfs:Class>

</rdf:RDF>
```

6.4.7.2 RDF Schema 和 XML Schema 的比较

本章和上一章分别介绍了 XML Schema(简称 XMLS)和 RDF Schema(简称 RDFS)，这一小节将从以下几个角度对这两种语言进行对比：

(1)名字空间

XML Schema(XMLS)缺省名字空间是 xmlns，如果要声明其他名字空间，采用格式 xmlns：<label>，如 XMLS 的名字空间为 xmlns：xsd =/www.w3.org/2001/XMLSchema0。

RDF 使用 XML 名字空间，如 RDF 文法名字空间为 xmlns：rdf =/http：//www.w3.org/1999/02/22-rd-f syntax-ns#0。

RDFS 名字空间为 xmlns：rdfs =/http：//www.w3.org/2000/01/rd-f

schema#0。

(2)面向对象特征

XML 中没有类和属性的概念，只有元素和类型。XML 的类型包括简单类型(simpleType)和复杂类型(complexType)。由于 XML 的这一缺陷，当某种 OO 语言向 XML 映射时，类的属性既可以用 XML 元素表示，也可以用 XML 元素属性表示。① 这两种方式何者最佳的争论自 XML 产生之日起，就没有停息过。

RDFS 已经有类的概念，其中，RDFS 的资源(Resource)是顶级类(http://www. w3. org/2001/01/rd-f schema # Re-source)。RDF 类层次不允许出现循环，最近 RDF 规范才修改这一限制。

(3)数据类型

基本数据类型：XML Schema 支持的数据类型主要是数字、字符数据类型。核心 RDF Schema 只包含/Literals0 作为字符串集。

枚举：XML Schema 使用<enumeration>标记表示枚举。RDF 不支持枚举。

有序数据集：XML Schema 缺省数据集保持有序。RDF 使用<rdf:Seq,. >标记表示有序数据集。

(4)属性、元素

范围：范围规定了属性能够拥有的特定值，即限制其取值范围。XML 元素既可以声明为全局的，也可以声明为局部的。RDFS 的属性范围只能声明为全局的，格式为<rdfs:range,. >。RDFS 多重范围隐含为交(即所有范围都要满足)。

域：域规定了哪些元素/类能够拥有特定属性，即限制属性出现的地方。XML 不显示声明元素域，元素域隐含在元素定义出现的地方。RDFS 属性域只能声明为全局的，格式为<rdfs:domain,. >。

课后习题

1. 什么是标记语言？为什么使用标记语言？

① 袁梅宇 . XML Schema，RDF Schema 及 DAML 比较[J]. 计算机应用研究，2004，21(10)：67-69.

2. 一个 HTML 文档包括哪些结构？请编写一个 HTML 文档，并尝试用多种内容丰富该网页。

3. XML Schema 与 DTD 有什么区别？

4. SGML、XML、HTML 之间有哪些区别与联系？

5. 什么是资源描述框架(RDF)？有什么特点？

DC 元数据

第 7 章　DC 元数据

7.1　DC 元数据概述

7.1.1　DC 元数据的概念

7.1.1.1　DC 定义

DC 元数据全称为都柏林核心元素集(Dublin Core Elements Set)，DC 元数据是指一个简单的、能够有效地描述网络资源并被用户所接受的元数据集。1998 年 9 月，因特网工程专题组(Internet Engineering Task Force，IETF)正式接受 DC 的 15 个未结构化的元素，将其作为一个正式标准予以发布(RFC2413)。2003 年成为 DC 美国 Z39.85 标准。

DC 作为一种简单的可用于互操作的交换数据标准，其适用范围广泛，被标准文档 IETF RFC 5013、ISO 15836 和 NISO Z39.85 认可。DC 不仅仅是一种元数据标准，包括 15 个元素，DC 还是(或包括)：术语体系与词表、修饰词、抽象模型(Abstract Model)、应用纲要(Application Profile，AP)、编码与注册的建议、一个社区与管理机构(DCMI)、与 W3C 及语义网千丝万缕的联系等。

同时，DC 并不是为图书馆行业专门设计的元数据标准，相对于 MARC 这样的“领域”元数据规范，DC 不是专门针对任何一个“领域”的标准，它可以是任何“领域”元数据的核心。DC 告诉你元素的语义定义，但没有告诉你如何著录，DC 没有自己的 AACR。DC 告诉你它的实体结构，但没有告诉你如何编码。

7.1.1.2 DC 与 DCMI

DCMI 是英文 Dublin Core Metadata Initiative(http：//dublincore.org/)的缩写，可以译为都柏林核心元数据工作小组。它是 ASIS&T(Association for Information Science and Technology，美国信息科学与技术协会)下的开放管理项目，是 DC 的维护机构，也是致力于 DC 推广应用和标准化的组织，它的目标是支持在广泛用途和商业模式上的元数据设计最佳实践，以及共同创新。DCMI 由 OCLC 负责管理，下设 12 个主要工作小组，各国多个机构的人员参与了这个研究小组。

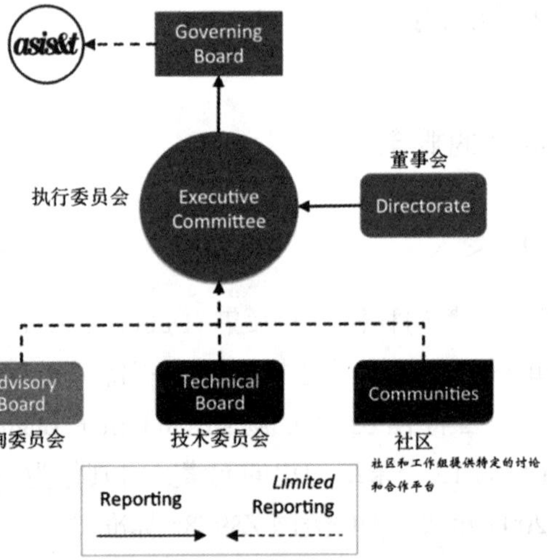

图 7.1　DCMI 的机构设置

7.1.2 DC 元数据设计的原则

DC 元数据设计的六项原则为：内在本质原则(intrinsicality)、可扩展性原则(extensibility)、可选择性原则(optionality)、可重复性原则(repeatability)、可修饰性原则(modifiability)、句法独立原则(syntax-independence)。其中：

内在本质原则(intrinsicality)：只描述与文件内容和实体相关的特性，主题、责任者等属于作品的内在本质，但收费和存取方式属于作品的外在特性，原则上不属于核心资料项。

可扩展性原则(extensibility)：允许资料以地区性规范出现，保持元数据日后扩充的特性。

可选择性原则(optionality)：所有元素都是可选的，曾提过一个最低元素推荐表：题名(title)、标识符(identifier)、出版者(publisher)、日期(date)、格式(format)、主题(subject)、类型(type)。IFLA 也推出了一个争议很大的 core of core。

可重复性原则(repeatability)：所有元素都是可重复的。

可修饰性原则(modifiability)：每一个元素都可以通过修饰词定义一个语义缩小的概念实体，修饰词与它们所修饰的元素一样，都是它们所描述的资源对象的属性，因此它们可以独立存在。

句法独立原则(syntax-independence)：DC 的句法描述方法与结构描述比较简单，可以用 HTML、XML、RDF 来描述，DC 是平面的，非层级的结构，DC 的术语具有顺序无关性。

7.2　DC 元数据的元素与修饰词

DC 元数据集设置了题名(title)、创建者(creator)、主题(subject)、描述(description)、出版者(publisher)、其他责任者(contributor)、日期(date)、类型(type)、格式(format)、标识符(identifier)、来源(source)、语种(language)、关联(relation)、覆盖范围(coverage)、权限(rights)这 15 个元素。其中：

揭示资源内容的元素：题名、主题、描述、来源、语种、关联、覆盖范围；

描述知识产权的元素：创建者、出版者、其他责任者、权限；

描述资源外部属性的元素：日期、类型、格式、标识符。

而 DC 经常用于描述的资源对象有：资源集合(Collection)、数据集(Dataset)、事件(Event)、图像(Image)、动态图像(Moving Image)、静态图像(Still Image)、交互资源(Interactive Resource)、物理对象(Physical Object)、服务(Service)、软件(Software)、声音(Sound)、文本(Text)。

7.2.1 DC 元素定义及著录方法

(1)题名(title)

题名元素著录通常是由创建者或出版者赋予信息资源的名称。

<meta name="DC. Title" content="夏娃的诱惑">

<meta name="DC. Title. Alternative"content = "女主播的故事">

原题:

National Library of Canada World Wide Web service

World Wide Web de la Bibliotheque nationale du Canada

第一种著录方法:

<meta name="DC. Title" content="National Library of Canada World Wide Web service">

<meta name = " DC. Title. Alternative" content = " World Wide Web de la Bibliotheque nationale du Canada">

第二种著录方法:

<meta name="DC. Title" content="National Library of Canada World Wide Web service = World Wide Web de la Bibliotheque nationale du Canada">

(2)创建者(creator)

创建者是指对信息资源内容负主要责任的实体(entity)。

<meta name="DC. Creator" content="刘嘉">

(3)主题(subject)

主题元素著录揭示信息资源内容的专题(topic)。

主题和关键词最好取自一个受控词表或是一个规范的分类体系。

<meta name="DC. Subject" content="History">

(4)描述(description)

“描述”元素是对信息资源内容的说明，包括文本文件的文摘或可视资源的内容描述。

<meta name = " DC. Description" content = " Web site maintained by Marc Zissman; material copyright by Marshall L. ">

(5)出版者(publisher)

负责使信息资源成为可取得和利用状态的责任者。

<meta name="DC. Publisher" content="国家图书馆出版社">

(6)其他责任者(contributor)

其他责任者指对信息资源的内容做出贡献的实体，是指在“创建者”元素中未被指定为主要的知识贡献者，但仅次于在创建者中的其他个人或团体。

<meta name="DC. Contributor" content ="Zissman, Sol J.">

(7)日期(date)

在信息资源生命周期中，某一事件(event)的日期。

DC 元数据发布机构推荐日期采用 ISO 8601 标准，并使用 YYYY-MM-DD 格式著录。

例：<meta name="DC. Date" content="2002-09-25">

(8)类型(type)

该元素著录有关信息资源内容的特征和类型。资源类型包括 Text(文本)、Image(图像)、Sound(声音)、Dataset(数据集)、Software(软件)等。

<meta name="DC. Type" content="Text data">

(9)格式(format)

格式是指信息资源的物理形式或者数字化的表现形式。

例：<meta name="DC. Format" content="text/html">

<meta name="DC. Format" content="Video/mpeg">

<meta name="DC. Format" content="Video/quicktime">

(10)标识符(identifier)

标识符指专门用于辨别信息资源的字符串或数字。常用的信息资源标识符主要有 URI、ISBN、ISSN 等通用的唯一性标识。

<meta name="DC. Identifier" content="http://www. lib. whu. edu. cn">

(11)来源(source)

在“来源”元素中著录被描述信息资源的出处信息，最好是通过利用一个正式标记体系的字符串或数字指向参考资源。

<meta name="DC. Source" content="http://dublincore. org">

(12)语种(language)

反映信息资源知识内容的语种。

例：用英文撰写的信息资源，其语种可著录为“en”或者“eng”。

语种代码采用 2 个英文字母组成的语言代码(ISO 639 标准)，也可以采用由 3 个英文字母组成的语言代码(ISO 639-2 标准)

<meta name = "DC. Language" content = "eng">或<meta name = "DC.

Language" content = " en" >

(13)关联(relation)

被描述信息资源与其他信息资源之间的关联，“关联”元素用于揭示信息资源间的关系。

<meta name = " DC. Relation" content = " this electronic edition supersedes the hard copy-only second edition, same title, ISBN 0863402017" >

(14)覆盖范围(coverage)

“覆盖范围”是指信息资源知识内容的时空特征，包括空间位置描述、时间定位描述以及管辖范围。

[for 长江中下游 resource] =

<meta name = " DC. Coverage" content = " 湖北，江苏，江西" >

[for 华中地区经济发展] =

<meta name = " DC. Coverage" content = " 华中地区" >

[for period of time]

<meta name = " DC. Coverage" scheme = " ISO 8601" content = " 2000-04-01/2001-03-31" >

<meta name = " DC. Coverage" content = " August, 2000" >

(15)权限(rights)

“权限”是指有关信息资源权限的信息，也就是与版权通告、权限管理的陈述或表明资源存取条件的服务之间的联系。

7.2.2 DC 元数据的修饰词

7.2.2.1 DC 元数据修饰词内涵

1997 年 3 月 3 日至 5 日，在澳大利亚堪培拉召开的第四届 DC 元数据研讨会上，推出了“堪培拉修饰词”(Canberra Qualifier)。目前，DC 元数据的元素主要从语种、模式、类型这三方面加以限定。

DC 元数据修饰词(Qualifier)，原指“堪培拉修饰词”，后来发展为“子元素”，现在正式指 DC 修饰词。DC 修饰词是对未修饰词，即 15 个核心元素的语义进行限定和修饰的词，同时具有对具体资源描述的专指性特定。修饰词由控制词汇和编码体系组成，如 DDC 杜威十进分类法、LCSH 美国国会图书馆主题词表、MeSH 美国医学主题词表等，增加描述的精确性，进一步明确元素与资源的关系。

DC 结构：非限定版(unqualified)15 个元素；限定版(qualified)共 55 个元素及元素修饰词。

7.2.2.2　DC 元数据修饰词的类型与属性

DC 元数据修饰词根据修饰对象的不同分为元素限定词(element refinement)和编码体系修饰词(encoding schemes)。

其中，元素限定词缩小了元素的含义范围，使其具有专指性。修饰词对未修饰词的含义范围做了进一步限定。被此类修饰词限定的元素与此元素未被修饰时具有同样的含义，但含义范围被限定了。例如，“媒体”(medium)修饰了“格式”(format)，“目录”(table of contents)修饰了“描述”(description)。修饰词与它们所修饰的元素一样，都是它们所描述的资源对象的属性，是可以独立存在的。著录格式为：

<alternative>Nine queens</alternative>

<date Copyrighted>2000-07-11</date Copyrighted>

而不是：

<title. alternative>Nine queens</title. alternative>

<date. dateCopyrighted>2000-07-11</date. dateCopyrighted>

编码体系修饰词是专门用于限定值的语义结构的限定方式，有基于词表的编码体系，如主题词的取值来自某个词表，如 LCSH；也有限定句法的编码体系，如日期的描述符合 ISO 8601 句法。

DC 元数据修饰词的属性有名称、标签、定义、注释、参见，具体含义为：

Name(名称)：赋予该修饰词的唯一标识；

Label(标签)：赋予该修饰词的人工可读标签；

Definition(定义)：表述该修饰词概念和重要性质的说明；

Comment(注释)：与该修饰词相关的另外信息；

See Also(参见)：关于该修饰词更多信息的链接。

值得注意的是，DC 修饰词可以用英语以外的多种语言来表达，每个修饰词都赋予唯一不变的标识——名称属性，它表示一个所给修饰词的概念，与所用语种无关。

7.2.2.3 DC 元素修饰词具体介绍

(一)题名(title)修饰词

元素修饰词：

Alternative(交替题名)

名称：交替题名

标签：交替题名

定义：任何一种资源正式题名以外的题名。

注释：该修饰词可以包括缩写题名和翻译题名。

(二)主题(subject)修饰词

编码体系修饰词

LCSH(国会图书馆主题词表)

名称：LCSH

标签：LCSH

定义：美国国会图书馆主题词表。

MeSH(医学主题词表)

名称：MeSH

标签：MeSH

定义：医学主题词表。

参见：http://www.nlm.nih.gov/mesh/meshhome.html.

DDC(杜威十进分类法)

名称：DDC

标签：DDC

定义：杜威十进分类法。

参见：http://www.oclc.org/dewey/index.htm.

LCC(国会图书馆分类法)

名称：LCC

标签：LCC

定义：美国国会图书馆分类法。
参见：http：//lcweb. loc. gov/catdir/cpso/lcco/lcco. html.

UDC(国际十进分类法)
名称：UDC
标签：UDC
定义：国际十进分类法。
参见：http：//www. udcc. org.

(三)描述(description)修饰词
元素修饰词：
Table Of Contents(目录)
名称：目录
标签：目录
定义：资源内容的单元列表。

Abstract(文摘)
名称：文摘
标签：文摘
定义：资源内容的摘要。

(四)日期(date)修饰词
(1)元素修饰词
Created(创建)
名称：创建
标签：创建
定义：资源创建的日期。

Valid(有效)
名称：有效
标签：有效
定义：资源生效的日期(通常是一个时间段)。

Available(可获得)
名称：可获得
标签：可获得
定义：将提供或已提供资源的日期(通常是一个时间段)。

Issued(发行)
名称：发行
标签：发行
定义：资源的发布日期(如出版)。

Modified(修改)
名称：修改
标签：修改
定义：资源的修改日期。

(2)编码体系修饰词
DCMI period(DCMI 时间范围)
名称：DCMI 时间范围
标签：DCMI period
定义：对于时间间隔的限定规范。
参见：http：//purl. org/dc/documents/dcmi-period.

W3C-DTF
名称：W3C-DTF
标签：W3C-DTF
定义：基于 ISO 8601 的 W3C 对日期和时间的编码规则。
参见：http：//www. w3. org/TR/NOTE-datetime.

(五) 类型(type)修饰词
编码体系修饰词：
DCMI 类型列表

名称：DCMI Type

标签：DCMI Type Vocabulary

定义：用于根据资源的内容特征或自然属性而区分的类型列表。

参见：http：//purl. org/dc/documents/dcmi-type-vocabulary.

(六)格式(format)修饰词

(1)元素修饰词

Extent(范围)

名称：范围

标签：范围

定义：资源的范围大小或持续时间范畴。

Medium(媒体)

名称：媒体

标签：媒体

定义：资源的物理载体或组成材料。

(2)编码体系修饰词

IMT 因特网媒体类型

名称：IMT

标签：IMT

定义：资源的互联网媒体类型。

参见：http：//www. isi. edu/in-notes/iana/assignments/media-types/media-types.

(七)标识符(identifier)修饰词

编码体系修饰词：

URI(统一资源标识符)

名称：URI

标签：URI

定义：统一资源标识符。

参见：http：//www. ietf. org/rfc/rfc2396. txt.

(八)语种(language)修饰词

编码体系修饰词：

ISO 639-2

名称：ISO 639-2

标签：ISO 639-2

定义：用于标识语种名称的 ISO 639-2 代码。

参见：http：//lcweb. loc. gov/standards/iso639-2/langhome. html.

RFC 1766

名称：RFC 1766

标签：RFC 1766

定义：互联网 RFC 1766 是语言身份的标签。由取自 ISO 639 的两个字母的语种代码，其后加取自 ISO 3166 的两个字母的国家代码组成。

参见：http：//www. ietf. org/frc/rfc1766. txt.

(九)关联(Relation)修饰词

(1)元素修饰词

Is Version Of(版本继承)

名称：版本继承

标签：版本继承

定义：被描述的资源是参照资源的译本、版本或改编本。改编的版本是指内容的大量改动而非形式上的不同。

Has Version Of(版本)

名称：版本关联

标签：版本关联

定义：描述的资源是参照资源的译本、版本或改编本，即参照资源本身。

Is Replaced By(被替代)

名称：被替代

标签：被替代
定义：描述的资源被参照资源取代或代替。

Replaces(替代)
名称：替代
标签：替代
定义：描述的资源取代或代替参照资源。

Is Required By(被需求)
名称：被需求
标签：被需求
定义：描述的资源在形式和内容上被参照资源所需求。

Requires(需求)
名称：需求
标签：需求
定义：描述资源要求参照资源支持其内容的作用、表达或连贯。

Is Part Of(组成部分)
名称：组成部分
标签：组成部分
定义：描述资源是参照资源的物理形态或逻辑内容的部分。

Has Part(部分为)
名称：部分为
标签：部分为
定义：描述资源在物理形态或逻辑内容上包括参照资源。

Is Referenced By(被参照)
名称：被参照
标签：被参照
定义：描述资源是被参照资源参照、引用或指出的资源。

References(参照)
名称：参照
标签：参照
定义：描述资源参照、引用或指向参照资源。

Is Format Of(格式转换于)
名称：格式转换于
标签：格式转换于
定义：描述资源与参照资源有相同的知识内容，但以另一格式表达。

Has Format(已有格式)
名称：已有格式
标签：已有格式
定义：被描述资源先于参照资源而存在，但是用另一种格式表达同样的知识内容。

(2)编码体系修饰词
URI(统一资源标识符)
名称：URI
标签：URI
定义：统一资源标识符。
参见：http：//www. ietf. org/rfc/rfc2396. txt.

(十)覆盖范围(Coverage)修饰词
(1)空间修饰元素
Spatial(空间的)
名称：空间的
标签：空间的
定义：资源知识内容的空间特性。

空间(Spatial)编码体系修饰词：

DCMI Point(DCMI 地理位置)

名称：DCMI 地理位置

标签：DCMI 地理位置

定义：DCMI 地理位置采用地理坐标点来标识空间的某一点。

参见：http：//purl. org/dc/documents/dcmi-point.

ISO 3166

名称：ISO 3166

标签：ISO 3166

定义：用于标识国家名称的 ISO 3166 代码。

参见：http：//www. din. de/gremien/nas/nabd/iso3166ma/codlstp1/index. html.

DCMI Box

名称：DCMI 框图

标签：DCMI 框图

定义：DCMI 框图用地理界限来标识空间范围。

参见：http：//purl. org/dc/documents/dcmi-box.

TGN(地理名称词表)

名称：TGN

标签：TGN

定义：地理名称词表。

参见：http：//shiva. pub. getty. edu/tgn-browser.

(2)时间修饰元素

Temporal(时间的)

名称：时间

标签：时间

定义：资源知识内容的时间特征。

时间(Temporal)编码体系修饰词：

DCMI Period(DCMI 时间范围)
名称：DCMI 时间范围
标签：DCMI 时间范围
定义：时间间隔的期限说明。
参见：http：//purl. org/dc/documents/dcmi-period.

W3C-DTF
名称：W3C-DTF
标签：W3C-DTF
定义：基于 ISO 8601 的 W3C 的日期和时间代码规则。
参见：http：//www. w3. org/TR/NOTE-datetime.

例：受编信息资源的主题词来源于《美国国会图书馆主题表》(Library of Congress Subject Heading，LCSH)时，其“主题”元素的模式限定为：“DC. Subject”scheme=“LCSH”。

比如，“创建者”这个元素可以用个人名称、团体名称等属性加以限定。

例：< meta name = " DC. Creator. PersonalName " content = " Michael Gorman" >

实例：

```
<meta name="DC. Title" content=
"Dublin Core Metadata Initiative&#183;[Web site]">
<meta name="DC. Creator.
CorporateName" content ="Dublin
Core Metadata Initiative">

<meta name="DC. Publisher"
content="DCMI,">
<meta name="DC. Publisher. Place"
content="[Dublin, OH]:">
<meta name="DC. Date. Issued"
content="1998-9999">
```

```
<meta name="DC. Description"
content="Title from home page. ">

<meta name="DC. Description. Summary" content="The Dublin Core Web
site is the formal repository for information about the Dublin Core workshop series,
working group activities, standards activities, and related information. As the
major public entry point to the Dublin Core Metadata Initiative's work, the Web
site will include areas such as: Dublin Core workshop Web sites and
documents.... ">

<meta name="DC. Identifier. URL"
content="http://purl. org/dc">
<meta name="DC. Language"
content="en">
<meta name="DC. Subject" scheme
="LCC Local" content="Z699. 24">

<meta name="DC. Subject" scheme
="DDC Local" content="025. 344">

<meta name="DC. Subject" scheme=
"LCSH" content="Dublin Core">
<meta name="DC. Subject" scheme
="LCSH" content="Information storage and retrieval systems&#183;
Standards. ">

<meta name="DC. Subject" scheme
="LCSH" content="Metadata&#183;
Standards. ">
<meta name="DC. Subject" scheme
="LCSH" content="Cataloging of computer network resources. ">
```

<meta name = " DC. Relation.
Requires" content = " Mode of access：World Wide Web. " >

7.2.2.4 DC 使用原则

(1)向上兼容

15 个核心元素可以单独使用，也可以和修饰词一起使用；修饰词使元素更为精确，元素修饰词缩小了元素的含义而不是延展，编码体系给出元素取值的环境；如果你的系统遇到不熟悉的修饰词，可以向上兼容，或者干脆忽略它。

(2)一对一原则

用一条记录来描述一个资源的表现形式：

例如：蒙娜丽莎的一幅数字化图像如果和原画是一模一样的，则不描述数字化图像。

将资源和资源的责任者分开描述：

例如：创建者的电子邮件地址和机构都是创建者的属性而不是资源的属性。

(3)最为恰当的值

"对特定的元素或者限定词的最佳实践都可以随着环境的变化而变更，不过一般来说，使用者不能假定处理译解元数据的一定是机器，这就可能会导致对元素的构造强加一些约束，但是要谨记检索的可用性需求。"

7.3 DC 元数据置标的句法与结构

7.3.1 用标记语言对 DC 置标的原因

7.3.1.1 一个完整的元数据体系

语义：元数据的概念实体(在 DC 中就是元素)的定义。

句法：规定这一元数据体系是如何被表达与描述的。

结构：描述了各个元数据的概念实体，如 DC 元数据之间的相互关系。带修饰词的扩展 DC 元数据集，可视为 DC 元数据语义定义的扩展以及在基本元素与修饰词之间的结构定义。

7.3.1.2　DC 元数据的著录和传统元数据著录的比较

(1)传统元数据著录

①对文献资料的描述，按照一定的规则或摘要形式记录在另外的手写或印刷载体中，这些载体形式可以是卡片、书本式目录或索引等。元数据与其描述的对象之间是分离的。

②MARC 类元数据是基于计算机处理的元数据，由计算机将其元数据作为单独的数据库或文件形式进行管理。元数据与其所描述的对象本身仍然是分离的。同时，MARC 元数据是计算机可读及处理的数据，对于人来讲，可读性很差。此外，MARC 类元数据对硬件与软件平台的依赖性很强。

(2)DC 现代元数据著录

①描述对象发生了变化。往往是数字化了的对象，如电子书、Web 网页、数字多媒体资料等。

②受网络环境的影响。现代元数据体系往往应用于网络环境中，描述的对象不再是本地资源，所应用的系统又往往是以分布式应用为特点的。

③标记语言的兴起。20 世纪 80 年代以来，计算机应用跨入网络化及标准化时代，SGML 标记语言家族的发展为现代元数据著录提供了工具。

7.3.1.3　现代元数据描述的变化

①现代元数据描述重点往往更注重描述对象的内容、内部结构、标准，以及应用管理方面，而不是像传统元数据(如 MARC)有很多外形特征的描述。

②受网络环境的影响，很多被描述的资源对象不再是本地资源，元数据本身也有分布式管理与应用的需求。

③现代元数据很多是直接利用标记语言或数据库进行制作。

7.3.1.4　使用标记语言的好处

①保证了元数据的结构，易于被计算机处理和交流，对人来说也有很好的可读性。

②由于标记语言采用了最简单的文本格式，使其具有很强的兼容性和不依赖于软硬件平台的独立性。

③可以将元数据与资源内容的管理结合在一起，将元数据描述与其被描述的对象整合在一起，大大提高了内容管理与交换中元数据的可用性：

基于 HTML 的 DC 应用，就是典型将元数据嵌入所描述资源对象中去的应用实例；基于 RDF 的 DC 描述，既可以将其作为单独的文件来处理，也可以将其与内容本身的管理结合在一起。

7.3.2 用 HTML 对 DC 编码

7.3.2.1 描述的是什么

一条 DC 描述嵌入一个 HTML 文档中描述该文档；DC 最早、最广泛的应用是对于网络资源的描述，即让网络资源(主要是网页)的作者能够自己创建 DC 元数据。

两个标准：

“DC15 个基本元素语义定义”——RFC2413 标准

“DC 元数据在 HTML 中的编码规则”——RFC2731 标准

7.3.2.2 基础

DC 描述将嵌入 HTML 文档的 <head> 部分

```
<html>
<head>
…DC description goes here…
</head>
<body>
…
</body>
```

7.3.2.3 meta 元素

meta 元素的作用是为了描述有关 HTML 文档的属性。

在 HTML 中，meta 元素的原始 DTD 定义如下：

```
<! ELEMENT META-0 EMPTY--generic metainformation -->
<! ATTLIST META
lang %languageCode;     #IMPLIED    --language code --
dir    (ltr | rtl)#IMPLIED    -- direction for weak/neutral text --
http-equiv    NAME #IMPLIED    -- HTTP response header name --
```

```
name NAME #IMPLIED    -- metainformation name --
content   CDATA#REQUIRED -- associated information --
scheme    CDATA#IMPLIED   -- select form of content -->
```

使用 HTML 中的<meta>元素的属性"name"和"content"来对 DC15 个元素和字符串值进行置标，使用如下形式：

```
<meta name="DC.element" content="Value string" >
```

例如：

```
<meta name="DC.Date" content="2001-07-18" >
```

7.3.2.4　字符串值(value strings)

字符串值(value strings)在 HTML 的<meta>元素的"content"属性中；"content"属性中的字符串定义为 CDATA，即来自文档字符集中的一连串可能包括字符实体(character entities)的字符；如果需要，长的字符串值可以打包成多行，需要注意某些特殊字符，如 &，<，>，etc…

在说明字符串值(value string)语种的地方，应该用 HTML <meta>元素的"lang"属性，例如：

```
< meta lang = "元数据的语种代码"... >
<meta name="DC.Subject" lang="cn" content="seafood" >
<meta name="DC.Subject" lang="fr" content="fruits de mer" >
```

7.3.2.5　编码体系(encoding schemes)的置标

编码体系使用 HTML <meta> 元素中的"scheme"属性置标，使用如下形式：

```
< meta scheme ="受控词表名或元数据所定义的名词"... >
<meta name="DC.element"
  scheme="DCTERMS.Scheme"
  content="Value">
```

例如：

```
<meta name="DC.Date"
  scheme="DCTERMS.W3CDTF"
  content="2001-07-18">
```

当置标需要重复元素时，多个属性值应通过重复 HTML <meta> 元素来为这些属性置标，例如：

```
<meta name="DC. Creator" content="张三">
<meta name="DC. Creator" content="李四">
```

7. 3. 2. 6 link 元素

当一个属性的值是另一资源的 URI 时（如 DC. relation 属性），推荐使用另一种供选择的置标方式，采用 HTML 的<link> 元素，使用如下形式：

```
<link rel="propertyName" href="valueURI">
```

例如：

```
    <link rel="DC. relation"
    href="http://www. example. org/">
    <link rel="DCTERMS. references"
    href="http://www. example. org/176459. pdf">
    <link rel=“schema. DC"
    href="http://purl. org/DC/elements/1. 0/">
    <link rel="schema. DCTERMS" href="http://purl. org/dc/terms/">

< link
rel ="schema. DC"
href = "http://dublincore. org/qdcmes/1. 0/"
title ="DCMES plus DCMI recommended qualifiers">

< meta name ="前缀词 . 元素名 . 子元素名"... >
< meta name = " DC. Date. created " scheme = " DCTERMS. W3CDTF "
content = "1999-04-21">
< meta name ="DC. Relation. requires"
scheme = " DCTERMS. URI"
content="http://www. foo. bar/stylesheet. css">

< meta name ="DC. Relation. isFormatOf"
scheme = " DCTERMS. URI"
content="http://www. foo. bar/explanation. doc">
```

< meta name =" DC. Relation. hasFormat"

scheme = " DCTERMS. URI"

content=" http://www. foo. bar/explanation. pdf" >

< meta name =" DC. Format. medium" scheme =" DCTERMS. IMT" content =" text/html" >

< meta name =" DC. Format. extent" content =" 27kB" >

7. 3. 2. 7　其他 DC 元素

DC 还有元素不属于原来的 15 个核心元素，如 Audience，使用相同的形式置标，但改用“DCTERMS”前缀：

<meta name=" DCTERMS. element" content=" Value" >

例如：

<meta name=" DCTERMS. audience" content=" software developers" >

元素限定(element refinements)的置标，对元素限定使用相同的形式置标：

<meta name=" DCTERMS. elementRefinement"

content=" Value" >

例如：

<meta name=" DCTERMS. modified"

content=" 2001-07-18" >

元素、元素限定、编码体系(elements, element refinements and encoding schemes) 的名称，应使用列入此文档中的名称：

DCMI Metadata Terms

http: //dublincore. org/documents/dcmi-terms/

关于命名域的处理，“DC. ”和“DCTERMS.”两个前缀用来指明属性来自的命名域，把命名域的 URL 放在 HTML 的<link>元素中：

<link rel=" schema. DC" href=" http: //purl. org/dc/elements/1. 1/" >

<link rel=" schema. DCTERMS" href=" http: //purl. org/dc/terms/" >

当然所有的字串都可以作为前缀的名称，现在使用的是‘DC. ’和‘DCTERMS. ’。

DC 元素和非 DC 元素混合时的置标情况如下：

在 HTML <meta> 元素中，DC 元数据可以与非 DC 元数据混合。

下面的例子在同一个 HTML 网页中内嵌了 DC、AGLS 和非标准的元数据：

<link rel = " schema. DC" href = " http://purl. org/dc/elements/1. 1/" >

<link rel = " schema. AGLS"

href = " http://www. naa. gov. au/recordkeeping/gov_online/agls/1. 2" >

<meta name = " DC. title" content = " Services to Government" >

<meta name = " keywords" content = " archives, information management, public administration" >

<meta name = "AGLS. Function" scheme = "AGIFT" content = "recordkeeping standards">

完整的 DC 在 HTML 中的应用实例：上海图书馆-数字图书馆资源主页描述，如图 7.2 所示。

```
<html>
  <head>
    <title>上海图书馆 数字图书馆资源主页</title>
    <meta http - equiv = "Content - Type" content ="text/html;charset = gb2312">
    <link rel ="schema.DC" href = "http://dublincore.org/qdcmes/1.0/">
    <link rel="schema.DCTERMS" href="http://purl.org/dc/terms/">
    <meta name ="DC.Title" content = "上海图书馆-数字图书馆资源主页 ">
    <meta name ="DC.Creator" content ="上海图书馆系统网络中心">
    <meta name ="DC.Subject"
         content ="数字图书馆, 虚拟图书馆, 电子图书馆">
    <meta name ="DC.Publisher" content ="上海图书馆">
    <meta name ="DC.Date.created" scheme ="DCTERMS.ISO8601" content ="1998-05-08">
    <meta name ="DC.Type" content ="研究相关资源">
    <meta name ="DC.Format" scheme ="DCTERMS.IMT" content ="text/html">
    <meta name ="DC.Identifier" content="http://www.libnet.sh.cn/dlib/">
    <meta name ="DC.Language" scheme ="DCTERMS.ISO639" content ="cn">
    <meta name ="DC.Relation.Replaces" scheme ="DCTERMS.URI" content="http://www.libnet.sh.cn/digilib/">
  </head>
  <body>
  ......
  </body>
</html>
```

图 7.2　上海图书馆-数字图书馆资源主页描述

7.3.3　用 XML 对 DC 置标

置标时，属性(properties)作为 XML 的元素，而字符串值(value strings)就是元素的内容，此属性的 XML 元素的名称必须是一个 XML 限定名(QName)：

<dc:title>Dublin Core in XML</dc:title>

切记不要使用如下的结构：

<dc:title value = " Dublin Core in XML" />

DC 元素属性的名称：

DC 元数据中 15 个元素的属性名称应该全部小写：

```
<dc:title>Dublin Core in XML</dc:title>
```

请不要这样使用：

```
<dc:Title>Dublin Core in XML</dc:Title>
```

当置标需要重复元素时，应该将多个字符串值通过重复作为属性的 XML 元素来进行置标：

```
<dc:title>First title</dc:title>
<dc:title>Second title</dc:title>
```

在说明字符串值(value string)的语种，即值(value)语种的地方，应该用‘xml：lang’属性，例如：

```
<dc:subject xml:lang="en">
  seafood
</dc:subject>

<dc:subject xml:lang="fr">
  fruits de mer
</dc:subject>
```

元素限定(element refinements)的 XML 置标方式与其他属性相同。比如：

```
<dcterms:available>2002-06</dcterms:available>
```

请不要使用以下置标方式的任意一种：

```
<dc:date refinement="available">
2002-06</dc:date>

<dc:date type="available">2002-06</dc:date>
<dc:date>
  <dcterms:available>2002-06
  </dcterms:available>
</date>
```

编码体系(encoding schemes)应该使用 XML 元素的“xsi：type”属性来置标。编码体系的名称应该作为一个属性值，采用 XML 限定名(QName)的形式：

```
<dc:identifier xsi:type="dcterms:URI">
  http://www.ukoln.ac.uk/
</dc:identifier>
```

DC 词表中还有元素不在原来的 15 个核心元素中，如 Audience。DCMI 词表中除了 15 个核心元素以外的词汇都用 dcterms：为前缀。

```
<dcterms:element> value strings </dcterms:element>
```

例如：

```
<dcterms:audience> students</dcterms: audience >
```

用 DC 元数据描述一个网页：该网页的主题为“information storage and retrieval”，该主题词取自国会图书馆主题词表。该网页的修改时间为 2013 年 6 月 30 日，用国际标准 W3CDTF 表示。该描述用 xml 置标。

```
<dc:subject xsi:type="dcterms:LCSH">
information storage and retrieval
</dc:subject>
<dcterms:modified xsi:type="dcterms:W3CDTF">
  2013-06-30
</dcterms:modified>
```

元素、元素限定、编码体系(elements, element refinements and encoding schemes)应使用列入如下文档中的名称：

DCMI Metadata Terms

http：//dublincore.org/documents/dcmi-terms/

注意：15 个 DC 核心元素中的元素首字母必须小写。

7.3.4 用 RDF/XML 对 DC 置标

7.3.4.1 RDF 的相关概念

RDF 即资源描述框架(Resource Description Framework)，是 W3C 应用元数据

时的推荐标准，是一个模型、一种句法(syntax)。它应用在 Web 上时，RDF 通常用 XML 来编码，它是语义万维网 (semantic web)的基础、支撑。例如：

W3C-Resource Description Framework (RDF)

http：//www. w3. org/RDF/

7.3.4.2 使用 RDF 的原因

RDF 提供共享元数据的模型(model)，共享语义(meaning)是指元数据可以在相互了解不多或根本不了解的应用之间共享。例如一个基于 RDF 的书目应用能够吸收基于 RDF 的地理空间应用的元数据并对其意义有所理解。用 HTML 和 XML 置标后，软件应用必须能够理解复杂的编码。

7.3.4.3 DC 在 RDF 中的置标

DC 抽象模型(DC abstract model)可以很好地和 RDF 模型映射(因为 RDF 是抽象模型的基础)；基于 RDF/XML 句法的 DC 是一种基于 XML 的 RDF 模型；简单 DC 在 RDF 中的置标与我们前面已经涉及的、不用 RDF 模型的 XML 置标类似；但是增加使用<rdf:RDF><rdf:Description>作为容器元素(container elements)。下面来阐述一下基于 RDF 的 DC 句法描述：

(1)RDF 与 DC 命名域的说明

<rdf:RDF xmlns:rdf="http://www. w3. org/1999/02/22-rdf-syntax-ns#">

一个以 rdf 为前缀词的 RDF 命名域说明，这个命名域语义及其他定义存放在上述网址中；

如果要在 RDF 文档中声明不止一个命名域，如加上 DC 的命名域声明，用下列表述：

<rdf:RDF xmlns:rdf="http://www. w3. org/1999/02/22-rdf-syntax-ns#"
xmlns:dc="http://purl. org/dc/element/1. 0/">

大小写与元素名：XML 中严格区分大小写，DC 的命名域前缀词与元素名全部采用小写的格式。

(2)RDF/XML 文件结构

XML 文件结构：

—XML 声明

—定义 RDF 根元素 RDF，用<rdf:RDF

xmlns:rdf=http://www. w3. org/1999/02/22-rdf-syntax-ns#

xmlns:dc="http://purl. org/dc/element/1. 0/">表示

—定义 RDF 描述元素 Description，用“rdf:Description”，要被描述的主语资源作为它的属性 about 的属性值，通常是个 URL。如图 7. 3 所示。

【例 1】

图示

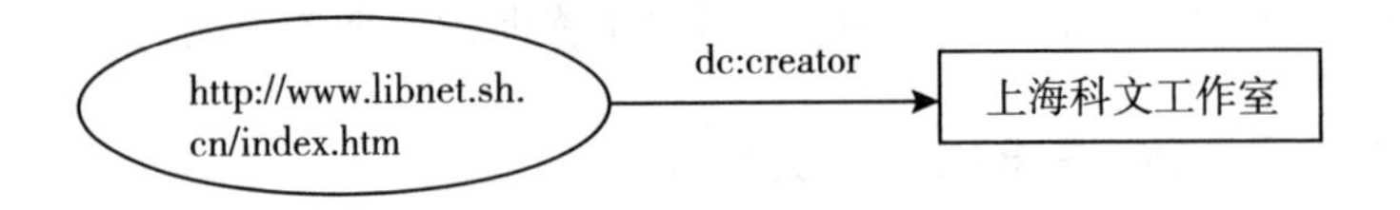

RDF 句法描述

```
<? xml version="1.0"    encording="GB2312"? >
<rdf:RDF xmlns: rdf="http://www.w3.org/1999/02/22-rdf-syntax-ns#"
          xmlns:dc="http://purl.org/dc/elements/1.0">
 <rdf:Description rdf: about="http://www.libnet.sh.cn/index.htm">
        <dc:creator> 上海科文工作室</dc:creator>
    </rdf:Description>
</rdf:RDF>
```

图 7. 3　RDF/XML 文件结构——上海科文工作室

【例 2】

```
<? xml version="1. 0" encording="GB2312"? >
<rdf:RDF xmlns: rdf="http://www. w3. org/1999/02/22-rdf-syntax-ns #"
xmlns: dc="http://purl. org/dc/elements/1. 0">
< rdf: Description  rdf:  about = " http://www. digitallibrary. whu. edu. cn/
index. htm">
    <dc:title>武汉大学图书馆——数字图书馆资源主页</dc:title>
    <dc: creator>武汉大学图书馆系统网络中心</dc:creator>
```

```
    <dc: creator>张三</dc:creator>
    <dc: creator>李四</dc:creator>
    <dc: subject>数字图书馆,虚拟图书馆</dc:subject>
    <dc: publisher>武汉大学图书馆</dc:publisher>
     </rdf: Description>
</rdf:RDF>
```

【例 3】

```
<? xml version="1.0" encording="GB2312"? >
<rdf:RDF xmlns: rdf="http://www.w3.org/1999/02/22-rdf-syntax-ns#"
xmlns: dc="http://purl.org/dc/elements/1.0">
< rdf: Description rdf: about = "http://www.digitallibrary.whu.edu.cn/
index.htm">
    <dc:title>武汉大学图书馆——数字图书馆资源主页</dc:title>
    <dc:creator>
    <rdf:Bag>
     <rdf: li>武汉大学图书馆系统网络中心</ rdf: li >
     <rdf: li >张三</ rdf: li >
    <rdf: li >李四</ rdf: li >
</rdf:Bag>
    </dc:creator>
    <dc: subject>数字图书馆,虚拟图书馆</dc:subject>
    <dc: publisher>武汉大学图书馆</dc:publisher>
    </rdf: Description>
</rdf:RDF>
```

7.3.4.4　DC 修饰词的 RDF 句法描述结构

元素修饰词(Element Qualifier)：指对哪个元素类型进行修饰，比如对日期元素的修饰在 RDF 中可以表述为 dateType，而相应的元素修饰词术语(Element Qualifier Term)可以是 Created 创建日期。

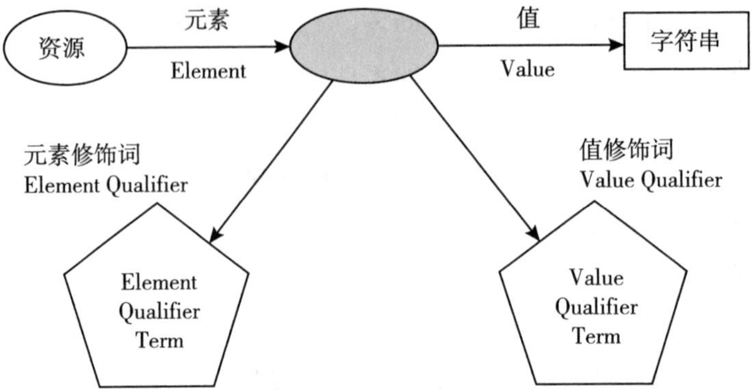

图 7.4　DC 修饰词的 RDF 句法描述结构

值修饰词(Value Qualifier)和值修饰词术语(Value Qualifier Term)也是一样，值修饰词术语可以取自值修饰体系的某一个受控词表或某一个编码体系。

7.3.4.5　DC 修饰词名域

由于 DC 修饰词在 RDF 中的描述采用了一种具有更大扩展能力的描述模型，因此为 DC 修饰词专门定义了一个命名域：dcq。

定义地址为：http：//purl. org/dc/qualifiers/1. 0。DC 各元素修饰词及值修饰词的标记见表 7. 1。

表 7. 1　　**DC 各元素修饰词及值修饰词的标记**

DC 元素(Element)	元素修饰词(Element Qualifier)	值修饰词(Value Qualifier)	值类型(Value Type)
dc:title	dcq:titleType	dcq:titleScheme	rdf:type
dc:creator	dcq:creatorType	dcq:creatorScheme	rdf:type
dc:subject	dcq:subjectType	dcq:subjectScheme	rdf:type
dc:description	dcq:descriptionType	dcq:descriptionScheme	rdf:type
dc:publisher	dcq:publisherType	dcq:publisherScheme	rdf:type
dc:contributor	dcq:contributorType	dcq:contributorScheme	rdf:type
dc:date	dcq:dateType	dcq:dateScheme	rdf:type
dc:type	dcq:typeType	dcq:typeScheme	rdf:type
dc:format	dcq:formatType	dcq:formatScheme	rdf:type

续表

DC 元素 (Element)	元素修饰词 (Element Qualifier)	值修饰词 (Value Qualifier)	值类型 (Value Type)
dc:identifier	dcq:identifierType	dcq:identifierScheme	rdf:type
dc:source	dcq:sourceType	dcq:sourceScheme	rdf:type
dc:language	dcq:languageType	dcq:languageScheme	rdf:type
dc:relation	dcq:relationType	dcq:relationScheme	rdf:type
dc:coverage	dcq:coverageType	dcq:coverageScheme	rdf:type
dc:rights	dcq:rightsType	dcq:rightsScheme	rdf:type

【例 1】张三是该资源的插图作者(Illustrator)，其 RDF/XML 文件结构如图 7.5 所示。

图示

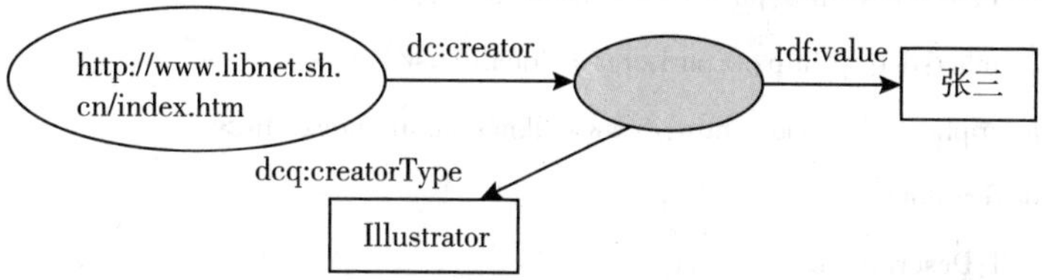

RDF 句法描述

```
<? xml version="1.0" emcording="GB2312" ? >
<rdf:RDF xmlns:rdf="http://www.w3.org/1999/02/22-rdf-syntax-ns#"
         xmlns:dc="http:purl.org/dc/elements/1.0"
         xmlns:dcq="http://purl.org/dc/qualifiers/1.0">
  <rdf:Description rdf:about=http://www.libnet.sh.cn/index.htm>
      <dc:creator>
       <rdf:Description>
         <rdf:value>张三</rdf:value>
         <dcq:ceratorType>Illustrator</dcq:creatorType>
       </rdf:Description>
      </dc:creator>
  </rdf:Description>
</rdf:RDF>
```

图 7.5　RDF/XML 文件结构——插图作者张三

【**例 2**】对属性值作了修饰，说明张三是资源的作者，但对这个值的编码写法使用的是 VCARD 格式。如图 7.6 所示。

图示

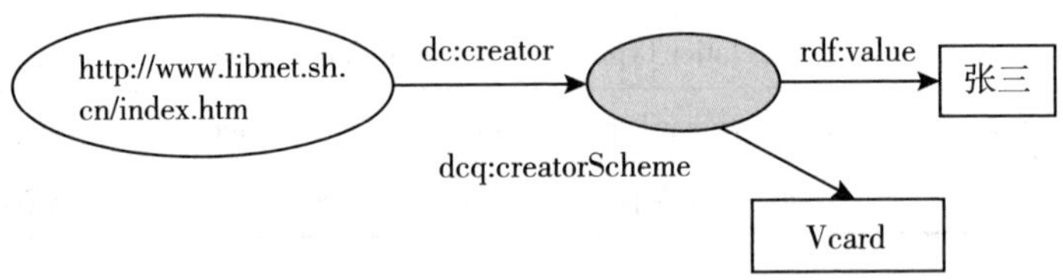

RDF 句法描述

```
<? xml version="1.0"  emcording="GB2312"? >
<rdf:RDF xmlns:rdf="http://www.w3.org/1999/02/22-rdf-syntax-ns#"
            xmlns:dc="http:purl.org/dc/elements/1.0"
            xmlns:dcq="http://purl.org/dc/qualifiers/1.0">
   <rdf:Description rdf:about=http://www.libnet.sh.cn/index.htm>
         <dc:creator>
          <rdf:Description>
            <rdf:value>张三</rdf:value>
              < dcq: ceratorScheme  rdf: resource = " http://purl. org/dc/terms/1. 0/creator/
scheme/vcard"/>
          </rdf:Description>
         </dc:creator>
   </rdf:Description>
</rdf:RDF>
```

图 7.6　RDF/XML 文件结构——插图作者张三(修饰后)

【**例 3**】由于 VCARD 本身就是一个元数据集，所以我们可以将上例扩展，扩展后的 RDF/XML 文件结果如图 7.7 所示。

图示

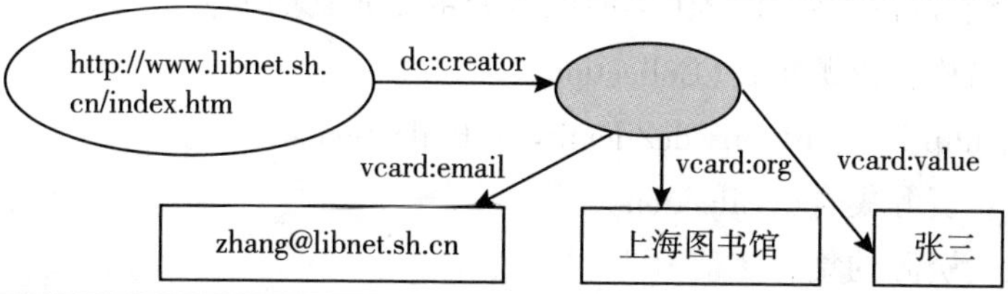

RDF 句法描述

```
<? xml version="1.0"  emcording="GB2312"? >
<rdf:RDF xmlns:rdf="http://www.w3.org/1999/02/22-rdf-syntax-ns#"
         xmlns:dc="http:purl.org/dc/elements/1.0"
         xmlns:vcard="http:/www.imc.org/vcard/3.0">
  <rdf:Description rdf:about=http://www.libnet.sh.cn/index.htm>
      <dc:creator>
       <rdf:Description>
         <vcard:value>张三</vcard:value>
         <vcard:email>zhang@ libnet.sh.cn</vcard:email>
         <vcard:org>上海图书馆</vcard:org>
       </rdf:Description>
      </dc:creator>
  </rdf:Description>
</rdf:RDF>
```

图 7.7　RDF/XML 文件结构——插图作者张三(修饰扩展后)

7.4　DC 元数据相关资源

7.4.1　DC 词表

DCMI 维护着一个包含众多元数据术语的词表，其中最主要的是包括 15 个元素的都柏林核心数据集。然而 DCMI 所关注和讨论的并不只是这个核心集，还包括围绕这个核心集的实践、策略和模型，DC 元数据模型已经由最初的单一模型进化成一个完整的框架，可以通过这个框架对应用 DC 元数据的各种实践进行评估。DCMI 类型词表的主要元素如下：

术语名称：资源集合(Collection)

URI：http：//purl. org/dc/dcmitype/Collection

标签：资源集合(Collection)

定义：资源的集合。

注释：作为整体来描述资源集合；其组成部分也可以分别描述。

术语类型：类

状态：推荐

术语名称：数据集(Dataset)

URI：http：//purl. org/dc/dcmitype/Dataset

标签：数据集(Dataset)

定义：以一定的格式编码的数据。

注释：例子包括列表、表格和数据库。数据集可直接用计算机进行处理。

术语类型：类

状态：推荐

术语名称：事件(Event)

URI：http：//purl. org/dc/dcmitype/Event

标签：事件(Event)

定义：非持久的、基于时间的偶然事件。

注释：事件元数据提供描述性信息，这些描述性信息是了解事件目标、地点、时间和相关责任实体等内容的基础。事件的实例包括：展览会、视频网络播放、国际会议、小组会议、节庆、演出、战争、审判、婚礼、茶话会、突发事件如火灾等。

术语类型：类

状态：推荐

术语名称：图像(Image)

URL：http：//purl. org/dc/dcmitype/Image

标签：图像(Image)

定义：除了文本以外其他的可视化的表现方式。

注释：例子包括物理实体的图画或照片、绘画、印记、素描、其他图像和图形、动画和活动图像、电影、图表、地图、乐谱等。值得注意的是，图像可以包括电子和物理两种表现形式。

术语类型：类

下位术语：http://purl.org/dc/dcmitype/StillImage

下位术语：http://purl.org/dc/dcmitype/MovingImage

状态：推荐

术语名称：交互资源(InteractiveResource)

URL：http://purl.org/dc/dcmitype/InteractiveResource

标签：交互资源(Interactive Resource)

定义：交互资源是一种需要用户的交互才能理解、运行和体验的资源。

注释：例子包括 web 页面上的表单、java 应用小程序、多媒体学习对象、聊天服务、虚拟现实环境等。

术语类型：类

状态：推荐

术语名称：动态图像(MovingImage)

URL：http://purl.org/dc/dcmitype/MovingImage

标签：动态图像(Moving Image)

定义：一系列的视觉表达连续呈现，给人一种移动的感觉。

注释：动态图像的实例包括动画、电影、电视节目、录像、活动幻境及模拟过程的视觉输出。动态图像类型的实例必须是其上位词“图像”的实例。

术语类型：类

上位术语：http://purl.org/dc/dcmitype/Image

状态：推荐

术语名称：物理对象(PhysicalObject)

URL：http://purl.org/dc/dcmitype/PhysicalObject

标签：物理对象(Physical Object)

定义：物理对象是指一种没有生命的、三维的对象或物质。

注释：需要注意的是，这些对象的数字表现或摹本应该用图像、文本或其他类型中的某一种来标识。

术语类型：类

状态：推荐

术语名称：服务(Service)

URL：http：//purl. org/dc/dcmitype/Service

标签：服务(Service)

定义：服务是提供一种或多种功能的系统。

注释：例子包括影印服务、银行服务、认证服务、馆际互借、Z39. 50或者web服务器。

术语类型：类

状态：推荐

术语名称：软件(Software)

URL：http：//purl. org/dc/dcmitype/Software

标签：软件(Software)

定义：软件是一种以源代码或编译过的形式存在的计算机程序。

注释：例子包括C源文件、微软Windows的exe可执行文件或者Perl脚本。

术语类型：类

状态：推荐

术语名称：声音(Sound)

URL：http：//purl. org/dc/dcmitype/Sound

标签：声音(Sound)

定义：是指主要用于听的一种资源。

注释：例子包括音乐回放文件格式、音频光盘和被录制的演讲或声音。

术语类型：类

状态：推荐

术语名称：静态图像(StillImage)

URL：http：//purl. org/dc/dcmitype/StillImage

标签：静态图像(Still Image)

定义：一种静态的视觉表达。

注释：静态图像包括绘画、素描、设计的图案、图样及地图等。最佳操作推荐对于图像化的文本资料，建议把类型指定为文本。静态图像类型的实例必须是其上位词“图像”的实例。

术语类型：类

上位术语：http：//purl. org/dc/dcmitype/Image

状态：推荐

术语名称：文本(Text)

URL：http：//purl. org/dc/dcmitype/Text

标签：文本(Text)

定义：主要通过文字来表达内容的资源，供人阅读用。

注释：例子包括图书、信件、论文、诗歌、报纸、文章、邮件列表的文档等。需要注意的是，文本的摹本或图像也属于文本类型。

术语类型：类

状态：推荐

7.4.2 DC模型

7.4.2.1 DCMI抽象模型

(1)DCMI元数据所描述的资源

每个资源(resource)具有零个或多个属性/值对(property/value pairs)；

每个属性/值对(property/value pairs)由一个属性(property)和一个值(value)组成；

每个值本身是一个资源，即用来描述资源(resource)、与属性相关的物理或概念实体；

每个资源(resource)可以是一个或多个类(classes)中的成员。作为属性(property)值(value)的资源所在的类(class)常被称为编码体系词表

(vocabulary encoding scheme);

每个属性(property)和类(class)均具有其被声明的语义;

每个类(class)通过限定(子类)关系与一个或多个其他类(class)相关。当两个类共享部分语义(semantics)时，所有属于子类(sub-class)的资源(resource)同时也是另一个相关类(class)的成员;

每个属性(property)只能与一个其他属性(property)通过限定关系(子属性)相关。当两种属性共享部分语义(semantics)时，子属性(sub-property)的有效值(value)也是相关属性(property)的有效值(value)。

(2)DCMI 元数据描述的抽象模型

一条描述(description)是由一个或多个陈述(statements)(该陈述仅与一个且唯一一个资源有关)，以及零个或一个资源的 URI(resource URI)组成(URI 用来标识所描述的资源);

每个陈述(statements)由一个属性 URI(property URI)(这里的 URI 用于标识一个属性)，零个或一个值 URI(value URI)(这里的 URI 用于标识属性的值)，零个或一个编码体系 URI(encoding scheme URI)(这里的 URI 标识值的类)，零个或多个值的表述(value representations)组成;

每个属性(property)都是被描述资源(resource)的一项特性;

每个属性 URI(property URI)可以在多个陈述(statements)中重复;

值的表述(value representation)可以是字串值(value string)、复合值(rich value)或相关描述(related description)等形式;

每个字串值(value string)都是一个简单的、人类可读的字符串，用以表示属性的值(value of the property);

每个字串值(value string)可以有相应的编码体系 URI(encoding scheme URI)，用来标识一个语法编码体系(syntax encoding scheme);

每个字串值(value string)可以有相应的字串值语种(value string language)，它是一个 ISO 语种标记(例如 en-GB);

每个复合值(rich value)是一些标记文本、图像、视频、音频等，或者它们的组合，表示作为属性(property)值(value)的资源(resource);

每条相关描述(related description)都是一个用来描述属性(property)值(value)的资源(resource)。

关于抽象模型，有如下方面需要注意:

一条“相关描述”描述一个相关的资源，因此并非“描述”的一部分，例如，当一个人是所描述资源的创建者时，一条相关描述可以提供关于这个“人”的元数据。

在某些语境中，语法编码体系也可以认为是某种“数据类型”。

在 DCMI 元数据描述中，所描述资源的类通常由 DC 类型属性的值来描述。

上述 DCMI 资源和描述的抽象模型可以由 UML(统一建模语言)表示如图 7.8 所示。

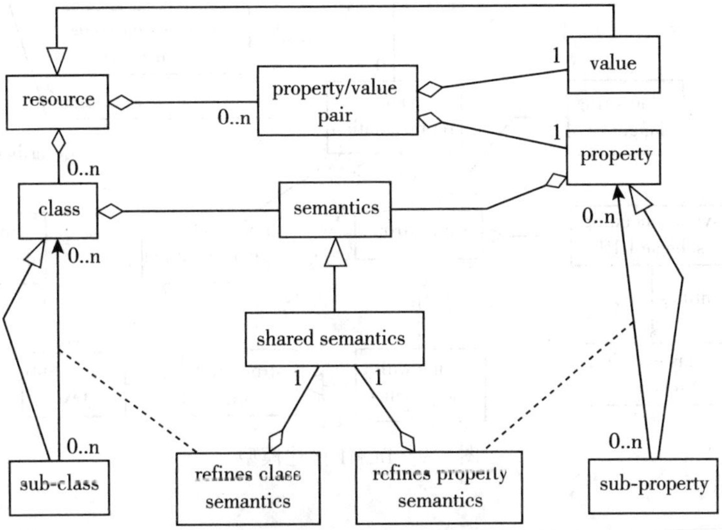

图 7.8　DCMI 资源模型

其中，尾部带箭头的直线意思是“是”（例如“词表编码体系是一个类”），以钻石形状开始的线段的意思是“包含”或“有”(例如“一个陈述包含一个属性 URI”)。其他关系也有适当的标记。注意这里采用 UML 进行建模，并不意味着可以依靠它来进行 DCMI 元数据应用软件的开发。

7.4.2.2　记录和描述

上文所述的抽象模型表明：一条描述中的每个属性必须是所描述资源的一个特性。这就是通常所说的“1 : 1 原则”，这个原则就是：一条元数据描述仅描述一个资源。

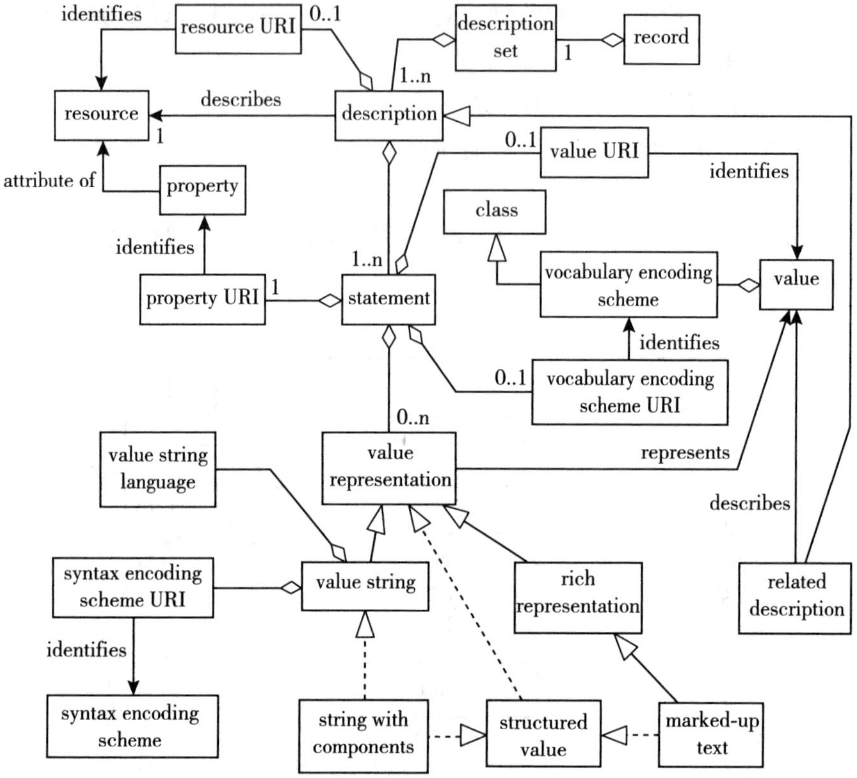

图 7.9　DCMI 描述模型

然而现实世界中的元数据应用倾向基于松散聚合的描述集，其中所描述的资源总是以某种方式相互关联，这样的描述集往往指的是元数据记录。例如：一条元数据记录可以由关于一幅画的描述和关于其画家的描述共同组成。此外，一条记录也将包含关于该记录自身的描述(有时被称为“管理性元数据”或者“元元数据”)，此类情况是非常多见的。

本书将一条 DCMI 元数据记录作如下定义：

一条 DCMI 元数据记录是一条或多条描述的集合，这些描述是关于一个或多个相关资源的，这些资源根据某个 DCMI 置标指南实例化(这些置标指南有：XHTML meta tags，XML，RDF/XML，等等)[DCMI-ENCODINGS]。

7.4.2.3　值

一个 DCMI 元数据值是物理的或者概念的实体，当描述一个资源时，这个实体就成为该资源的属性。例如：DC. Creator 属性的值是一个“人”、组织或服务——一个物理实体。DC. Date 属性的值是一个时间点——一个概念实体。DC. Coverage 属性的值可以是一个地区或国家的地理区域——一个物理实体。DC. Subject 属性的值可以是一个概念——一个概念实体，或者一个物理对象或人——一个物理实体。每个这样的实体都是一个资源。

值可以用 URL 值来标识；可以用一个或者多个字串值和/或复合值来表示；可以有一些“相关描述”——但值是一个资源。

7.4.2.4　向上兼容原则

将一条修饰 DC 记录解析为一条简单 DC 记录的过程通常指的就是“向上兼容”。向上兼容的处理可以分成两类：属性向上兼容和值向上兼容。而且每种方式都可以用“预设”(informed)和“非预设”(uninformed)两种方法中的一种来实现。“预设”方式指软件在运行向上兼容的算法时，有关特定应用的 DCMI 元素属性关系和值的规则已经嵌入此软件，“非预设”方式指系统没有预先建立有关属性关系和值的规则。

如上所述，向上兼容的具体做法大致见表 7. 2。

表 7. 2　**向上兼容原则**

	元素(属性)向上兼容	值向上兼容
Uninformed	忽略任何不属于 DC 元数据元素集的属性	使用 URI 值(如果存在)或字串值作为新字串值
Informed	递归地解决子属性关系，直到 DC 元数据元素集 15 个属性中的一个，否则就忽略	用相关描述或字串值的知识来构造新的字串值

并且在所有情况下，向上兼容算法都应该具有如下特点：

①忽略任何相关描述和复合值；

②忽略任何编码体系 URI；

③注意软件应该使用以 RDF schema [DC-RDFS] 和 DC XML 命名空间 [DC-NAMESPACES] 表示的 DCMI 术语声明，以便自动解析子属性。

7.4.2.5　置标指南

具体的置标指南(HTML meta tags、XML、RDF/XML 等)无需包括上述抽象模型的所有内容。然而 DCMI 的置标指南应该包括 DCMI 抽象模型，并且说明该模型的哪些部分置标，哪些部分不置标。置标指南尤其应该做出规定：一条有复合值和相关描述的陈述是嵌入记录中，还是在另一条记录中单独进行置标并用 URL 链接。

7.4.3 DC 应用纲要

7.4.3.1 相关概念

“资源集合”可包括任何物理的或者数字化的对象集合。这些对象可以是任何类型，如自然物体、被创建的对象、“原生数字”对象、物理对象的数字化替代品和上述资源集合的目录(即元数据记录的集合)等。(将对象)聚合成集合的标准有很多，例如，可以根据位置、对象的类型或形式、对象的出处、来源或所属关系等。资源集合可以包含任何数量的对象，资源集合的存在时间可以是任何取值。

“资源集合层级描述”是将资源集合作为一个整体来描述：使用资源集合层级描述来描述的资源即为“资源集合”，而不是资源集合内部的单个对象。资源集合层级描述参考了 Michael Heaney 的资源集合及其目录的分析模型，将其作为“唯一的检索工具”［AMCC］。

通过资源集合层级的描述，资源集合提供者可以：

当对象层级的元数据不存在或不可用时，或者当不能获取对象层级的详细来源或来源不正确时，资源集合层级的描述可以为用户揭示资源集合的内容信息和可用性信息。

它还可以使用户：发现和定位感兴趣的资源集合；在概要描述的基础上选择资源集合进行浏览；对类似的资源集合进行比较，即使对象(或者对象层级的元数据)是不同种类的；理解访问和使用资源集合所需的条件；解释资源集合以及资源集合内的对象。

都柏林核心资源集合描述应用纲要(DC CD AP)致力于提供一种创建简单的对资源集合和资源集合层级描述(适用于较大范围的资源集合)的方法。这种方法最初的目的是为了支持资源集合的发现和选择，即使它也可以用于支持其他的功能，如资源集合的管理。但它无意于描述每一种类型的资源集合中每一个可能的特性。DC CD AP 的目标是支持：

通过检索资源集合的各种属性的方法，实现对潜在兴趣的资源集合和资源集合层级描述的发现；

通过获取和揭示所标识的属性，实现对公众熟知的资源集合或者资源集合层级描述的标识；

通过获取和揭示所标识的属性，从大量发现的资源集合或者资源集合层级描述中选择一个或多个资源集合或者资源集合层级描述；

对资源集合或者资源集合层级描述的馆藏位置的标识；

提供对资源集合或者资源集合层级描述的访问服务的标识。

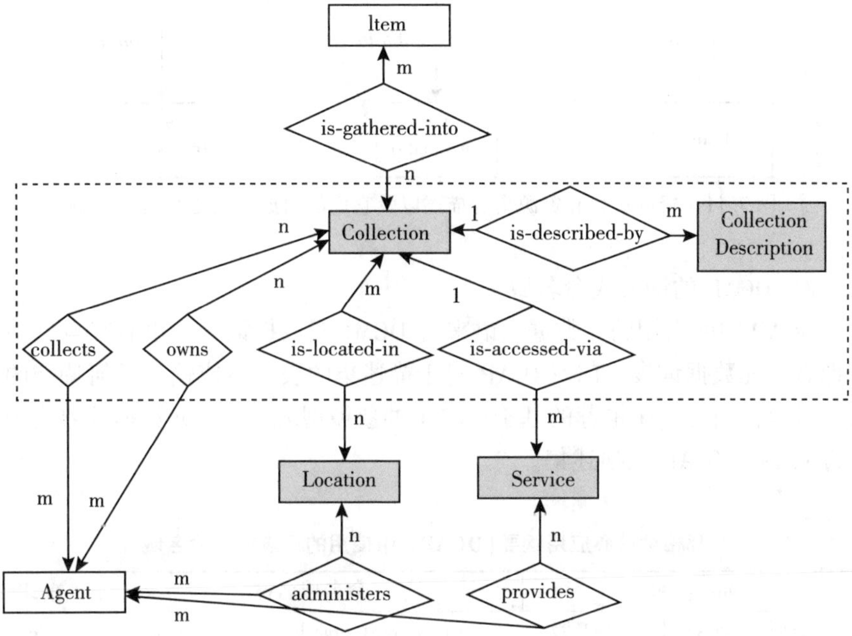

图 7.10　DC CD AP 数据模型

- 资源集合：对象的集合体。
- 对象：内容的具体实现。
- 位置：资源集合被放置的地点。
- 服务：提供对资源集合中的对象进行访问的系统。
- 资源集合层级描述：描述资源集合的资源。

图 7.11 综述了资源集合和资源集合描述以及它们的组成对象之间的关系。资源集合描述中的对象和所描述的资源集合中的对象之间的关系会随着资源集合描述种类的改变而改变。在有些情况下，资源集合描述的对象和所描述的资源集合的对象之间还会有比较简单的通信；在其他情况下，

资源集合描述中的元数据对象可以描述被描述资源集合中成组的对象和单个的对象，或者单个的对象根本不用描述。此外，本身也是资源集合的资源集合描述可以用第二个资源集合进行描述。对资源集合描述种类的更多详细讨论可参见分析模型[AMCC]。

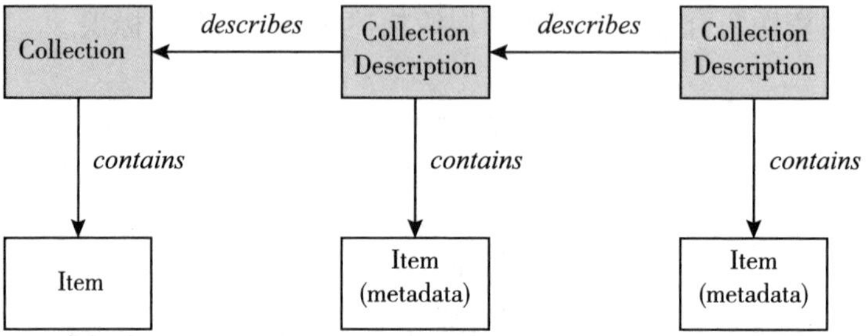

图 7.11　资源集合和资源集合描述以及它们的组成对象之间的关系图

(1)DCAP 的词表或命名域

DCAP 中所引用的元数据术语来自 DCMI 元数据词表，也有来自其他代理拥有的元数据词表。DC CD AP 对于描述集的表达不依赖于任何特殊的语法。可以使用 DCMI 推荐的基于 DCMI 抽象模型表示 DC 元数据的习俗来表达遵从 DC CD AP 的描述集。

表 7.3　**都柏林核心应用纲要(DCAP) 中使用的词表或者命名域**

词表名称	命名域名称	前缀
都柏林核心元数据集，1.1 版	http：//purl. org/dc/elements/1. 1/	dc
DC 术语	http：//purl. org/dc/terms/	dcterms
都柏林核心类型词表	http：//purl. org/dc/dcmitype/	dcmitype
MARC Relator Code Properties	http：//www. loc. gov/loc. terms/relators/	marcrel
资源集合描述术语	http：//purl. org/cld/terms/	cld
资源集合描述类型词表术语	http：//purl. org/cld/cdtype/	cdtype

在 DC 元数据描述中，所有涉及的属性和类都使用 URI 进行表述，限定名称的形式前缀：内部名有时用作标识元数据术语的 URI 的缩写。前缀和以下的命名空间名称(URI)是相关联的，术语相应的 URI 由连接的命名域名称和本地名构成。

(2)描述资源集合

资源集合[dcmitype：Collection]是多个对象的集合体。术语资源集合意指将被描述的资源作为一个群组；可以对资源集合的部分分别描述和导航。描述资源集合体例。

描述资源集合包括资源类型［dc：type］，资源集合标识符［dc：identifier］，题名［dc：title］，描述［dcterms：abstract］，大小［dcterms：extent］，语种［dc：language］，对象类型［cld：itemType］，对象格式［cld：itemFormat］，权限［dc：rights］，保管历史［dcterms：provenance］，适用对象［dcterms：audience］，主题［dc：subject］，对象创建时间［cld：dateItemsCreated］，收集者［dc：creator］，位于［cld：isLocatedAt］，获取途径［cld：isAccessedVia］等 30 个元素。

表 7.4　　**描述资源集合体例：资源类型［dc：type］**

<table>
<tr><td>属性 URI</td><td>http：//purl. org/dc/elements/1. 1/type</td></tr>
<tr><td>属性限定名称</td><td>dc：type</td></tr>
<tr><td>被定义</td><td>都柏林核心元数据元素集，1. 1 版 http：//purl. org/dc/elements/1. 1/</td></tr>
<tr><td>术语类型</td><td>属性</td></tr>
<tr><td>上位属性</td><td>[n/a]</td></tr>
<tr><td>源标签</td><td>资源类型</td></tr>
<tr><td>DCAP 标签</td><td>[n/a]</td></tr>
<tr><td>初始定义</td><td>资源内容的种类或类型</td></tr>
<tr><td>DCAP 中的应用</td><td>资源内容的种类或类型。例如，dcmitype：Collection</td></tr>
<tr><td>DCAP 注释</td><td>声明资源是 dcmitype：Collection 类型的一条陈述</td></tr>
<tr><td>词表编码体系的使用</td><td>dcterms：DCMIType，DC 术语 http：//purl. org/dc/terms/DCMIType
<table>
<tr><td>值 URL</td><td>字串值</td><td>语法编码体系</td><td>复合描述</td></tr>
<tr><td>必备，确定的
dcmitype：Collection</td><td>必备，确定的
资源集合</td><td></td><td>不允许</td></tr>
</table></td></tr>
<tr><td>约束</td><td>必备</td></tr>
<tr><td>条件</td><td>[n/a]</td></tr>
<tr><td>最小出现次数</td><td>1</td></tr>
<tr><td>最大出现次数</td><td>1</td></tr>
</table>

(3)描述资源集合层级描述

描述资源层级描述体例与描述资源集合体例相同，元素包括资源类型［dc：type］，资源集合层级描述标识符［dc：identifier］，题名［dc：title］，描述［dcterms：abstract］，大小［dcterms：extent］，语种［dc：language］，对象类型［cld：itemType］，对象格式［cld：itemFormat］，权限［dc：rights］，获取途径［cld：isAccessedVia］等 26 个元素。

表 7.5　**描述资源集合层级描述**

类 URI	http：//purl.org/cld/cdtype/CollectionDescription
类的限定名称	cdtype：CollectionDescription
被定义	资源集合层级描述类型词表：http：//purl.org/cld/cdtype/
术语类型	类
上位类	［n/a］
标签	资源集合层级描述
定义	描述资源集合的资源
注释	
参见	资源集合及其目录的分析模型 http：//www.ukoln.ac.uk/metadata/rslp/model/

7.4.3.2　DC-Lib

2001 年 8 月 21 日，DC 图书馆工作小组与国际图联在马萨诸塞州的波士顿联合召开了一次正式会议。这次会议日程的主要议题就是关于《DC 图书馆应用纲要》(DC-Library Application Profile，DC-Lib)草案的讨论。DC-Lib 意在阐明在图书馆及其相关应用或计划中如何使用 DC 元数据元素集。2004 年 8 月，DC-Lib 重新制订、收编了 DCMI 应用委员会在其 2003 年一系列会议上作出的决议，以及 2003 年 9 月在美国西雅图工作组会议上所讨论的问题，并根据 CEN MMI—DC 会议提出的《DC 应用纲要指南》重新进行了格式化。

DCMI 图书馆工作组探索了都柏林核心元数据元素集在图书馆及相关的应用项目中的不同用法，总结出如下可行的用法：在使用不同元数据标准/

格式的系统之间，DC 作为交换格式；在图书馆领域或其他领域，DC 作为数据源的收割元数据标准；在大量不同的系统中，DC 支持图书馆对资源的简单编目；导出 MARC 数据提供给其他组织机构（通过转换成 DC）；使用 DC 可以从非图书馆的创建者那里获得用于资源发现的元数据。

图书馆应用纲要要成为一种规范，需要对以下方面进行详细规范：必备的元素；所采用的 DC 元素；所采用的 DC 元素修饰词；所采用的编码体系修饰词及值（举个例子：使用某个特定的受控词表或编码体系）；取自其他命名域、用于图书馆领域的元素；有可能使用的、取自其他应用纲要的元素或元素修饰词（如 DC-Education 中的用户对象即 Audience 元素）；以标准定义的方式进行限定。

（1）DC-Lib 的元素及元素限定词(子元素)

DC 图书馆应用纲要所使用的术语取自如下两个命名域：

①DCMI 元数据术语：[http：//dublincore. org/documents/dcmi-terms/]

②在 DC-Lib 中使用 MODS 中的元素：[http：//www. loc. gov/mods]

应用纲要根据 CEN MMI-DC Workshop 提出的都柏林核心元数据应用纲要指南(Dublin Core Application Profile Guidelines)定义。

表 7.6　**DC-Lib 的元素体例**

术语名称	赋予术语的唯一性标识
术语 URI	用来标识术语的统一资源定位符
标签	赋予术语的人类可读的标签
定义来源	一个命名域的标识符，指向某个元数据标准；或是书目引文，指向定义该术语的文献
初始定义	定义来源的命名域中对术语的定义
DC-Lib 定义	DC-Lib 对术语的定义
初始注释	定义来源的命名域中对术语的注释
DC-Lib 注释	DC-Lib 对术语的注释
术语类型	术语在语法范畴中的类型(比如“元素”“元素限定词”“编码体系”)
限定	在语法意义上，被定义的术语是所指引术语的限定。限定词使得元素的意义更为狭义或更为专指。它在一个更加受限的范围内含有未被限定的元素的部分语义

续表

被限定	在语法意义上，被所指引的术语是对被定义的术语的限定
编码体系应用于	所定义的术语，也就是某个编码体系，修饰了所指引的术语。使用编码体系有助于理解元素的值的具体含义。这些编码体系包括受控词表及规范的符号(formal notations)或解析规则。用某一编码体系表示的值意味着该值或者是取自某一控制词表的语义符号(如分类体系或主题词表中的术语)，或者是格式符合某种正式编码标准的字符串(如“2000-01-01”作为一个日期的标准表达)。如果一种编码体系无法被客户机或代理器理解，但应用该编码体系的值仍有可能有助于人们对它的理解 在一些情况下，这里指定的编码体系有可能没有注册。它们将会通过 DCMI 应用委员会注册或被提交为“DC 编码体系”
可应用的编码体系	被定义的术语可被所指引的编码体系所修饰
约束	指明元素是否总是出现或只是有时候出现。在本应用纲要中，“约束”的级别有：必备(M)、有则必备 (MA)、强烈推荐(R) 及可选(O)。必备(M)确保某些元素总被使用，有则必备(MA)表示若能获得有关信息则该元素一定被使用。一个约束级别为必备(M)的元素，肯定有一个值。强烈推荐(R)和可供选择(O)的元素指如果信息适合该资源则应用值填入，如果信息不合适该资源，它们则可省略
出现次数	指明元素是否可重复及重复的次数

关于上表需要注意的是：

①名称与标识符两个元素中至少有一个必备的(标识符有则必备)。

②如果记录以一种编码格式(如 HTML)表示，允许每一个元素/元素限定词/编码体系的值指定一个语言属性(如 HTML 中的标签：lang = " en ")。如果需要，这一属性可以被任何一个，或所有的 DC 元素应用。

③所有的元素都可不附加任何修饰进行使用。如果使用限定版的 DC，需要给出另外的指南。

④任何拥有非 DCMI 命名域 URI 的编码体系，其用法如下：DCMI 将不再定义它们，将来会有一个注册机制来支持。在上面的表格中，作为独立的一部分，编码体系单列了一栏，跟在元素与元素限定词的主列表之后。

DC-Lib 列了 44 个元素与元素限定词。44 个元素中，包括题名(Title)、创建者（Creator）、出版者（Publisher）、贡献者（Contributor）、主题（Subject）、描述（Description）、摘要（Abstract）、日期（Date）、类型（Type）、格式（Format）、标识符（Identifier）、来源（Source）、语种（Language）、关联（Relation）、覆盖范围（Coverage）、权限（Rights）、适用对象（Audience）、版本（Edition）、馆藏位置（Location）等。以上每一个元素、编码体系均按照上表的体例给出，具体可见表 7.7“题名”。

表 7.7　**DC-Lib 元素内容举例——题名（title）**

术语名称	题名（title）
术语 URI	http：//purl. org/dc/elements/1. 1/title
标签	题名（Title）
定义来源	http：//dublincore. org/documents/dcmi-terms/
初始定义	赋予资源的名称
DC-Lib 定义	—
初始注释	题名一般指资源对象正式公开的名称
DC-Lib 注释	并列题名或音译题名被认为是主要的题名。也就是说，题名元素可重复 无论题名还是标识符都是必备的，如果没有可获得的题名，最佳操作是给出一个构造的题名，从资源中提炼出题名或补充说明[无题名]。如果使用限定版的 DC，除了主要的题名外，题名的元素修饰词建议包括在内 保留题名起始的冠词并以基于语言的本地算法排序。如果需要，可以指明题名所采用的语种（举例说明：参见 Initial Definite and Indefinite Articles，可以了解不同语种中的冠词）
术语类型	元素
限定	
被限定	交替题名（alternative）
可应用的编码体系	
约束	M
出现次数	

在表7.7中，如果一个元素的内容与前一致，可以用“-”标示(如题名的DC-Lib定义和初始定义一致，所以用“-”标示)；如果一个元素的内容没有或是一缺省值，也可为空(如题名的“限定”和“约束”)。另外DC-Lib还对上述元素作了如下规定，即：(1)所有元素可以用作未修饰词元素；如果使用带修饰词的DC，则要给出其他指南；(2)若记录用一格式(如HTML格式)表示，而且它们允许为每一元素/修饰词/编码体系的值分配一个语言属性(如HTML标记为：lang=“en”)，如果需要，这个属性可以用于任何DC元素。

(2)DC-Lib的编码体系及与元素的关系

DC-Lib列了21个编码体系，包括地理区域范围(Box)、DCMI类型表(DCMI Type)、杜威十进分类法(DDC)、数字对象标示符(DOI)、互联网媒体类型(IMT)、国际标准书号(ISBN)、ISO 3166国家名称代码(ISO 3166)、ISO 639-2语言名称代码(ISO 639-2)、ISO 8601日期表示法(ISO 8601)、国际连续出版物号(ISSN)、美国国会图书馆分类法(LCC)、美国国会图书馆分类法(LCSH)、医学主题词表(MeSH)、DCMI时间区间规定(Period)、DCMI时间点(Point)、RFC3066语言标签(RFC3066)、连续出版物和撰稿人标识符(SICI)、Getty地理名称叙词表(TGN)、国际十进分类法(UDC)、统一资源标识符(URI)和W3C日期时间编码规则(W3CDTF)。

DC-Lib的编码体系不像元素(及子元素)设有那么多的属性说明，仅包括术语名称、术语URI、标签、定义来源、定义、注释、参见、术语类型和编码体系九项。以编码体系DOI为例见表7.8。

表7.8 **DC-Lib的编码体系体例**

术语名称	DOI
术语URI	URI will be provided when available
标签	DOI
定义来源	
定义	数字对象标识符(Digital Object Identifier)
注释	有可能被注册为"info" URI编码体系
参见	http://www.doi.org/
术语类型	编码体系

续表

编码体系应用于	标识符(Identifier)，来源(Source)，版本继承(IsVersionOf)，格式转换于（IsFormatOf），格式转换为（HasFormat），被替代(IsReplacedBy)，替代（Replaces），部分于（IsPartOf），部分为(HasPart)，需求（Requires），被参照（IsReferencedBy），参照(References)

在表 7.8 中，如果一个编码体系的定义已很清楚，注释一般可以为空。DC-Lib 中，使用编码体系将有助于对一个元素和/或元素细化值的解析。这些编码体系包括各种受控词表、规范标记或解析规则。因此，一个使用某一编码系统表达的值可能会是选自某一受控词表的标志(如取自一部分类法或一套主题词表的标志)，或一串根据规范标记格式化的字符。

7.4.3.3　DC-Government

1999 年 10 月，DCMI 成立了政府工作组，该组调研了政府部门应用 DC 的现状和共同点，对 DC 应用于政府部门应增加的元素和修饰词提出了建议。2001 年 6 月，一些政府部门的代表在布鲁塞尔召开了 MIReG（Managing Information Resources for e-Government）研讨会，成立了 MIReG 工作组。2001 年 9 月，DCMI 政府工作组和 MIReG 工作组联合发布了 DC-Government 应用纲要（DC Government Application Profile）。该应用纲要提出直接将 DC 的 15 个核心元素及其修饰词应用到 DC-Government 命名域上，并补充一个新元素——Audience（受众），按功能可划分为三类，见表 7.9。

表 7.9　**DC-Government 核心元素集**

功能	元　素
资源内容信息	题名（Title）、语言（Language）、主题（Subject）、描述(Description)、覆盖范围（Coverage）、关联（Relation）、来源(Source)、受众（Audience）
资源描述信息	类型（Type）、日期（Date）、格式（Format）、标示符（Identifier）
资源的责任者	创建者(Creator)、贡献者(Contributor)、发布者(Publisher)、权限(Rights)

从句法结构来看，尽管 DC-Government 定义了 16 个核心元数据的标准语义，但并未定义具体的句法，因此 DC-Government 在句法结构方面具有很大的灵活性。用 DC-Government 描述信息资源后形成的元数据，可以作为独立的元数据记录、存储和传递，也可以作为信息资源数据的一部分嵌入信息资源中。目前，采用 DC-Government 作为本国政府信息资源元数据核心的国家有澳大利亚、新西兰等，并都根据本国国情实施了本土化应用。

澳大利亚政府元数据标准 AGLS 依据政府信息的特点制定了 19 个元素，包括 15 个 DC 元素以及 4 个扩展元素：Availability（可获取性）、Function（功能）、Audience（受众）、Mandate（命令）。AGLS 元素集的 19 个元素分为三大类：必选项(mandatory)、条件项(conditional)、可选项(conditional)。其中，必选项有 5 个元素：Title、Creator、Date、Subject 或 Function、Identifier 或 Availability，可以描述在线网络资源、离线资源，还可以描述政府服务和机构，由澳大利亚国家档案馆负责维护。同时，澳大利亚政府要求各政府网站必须采用 AGLS 描述其资源，以保证全国网站的连续性、一致性和可检索性。

新西兰政府元数据标准 NZGLS 是在 DC 核心元数据和澳大利亚 AGLS 基础上的延伸，具有和 AGLS 完全一样的 19 个元素，对任何类型资源的 NZGLS 记录中必须具有以下 5 个必选元素：Title、Creator、Type、Function 和 Type。NZGLS 也使用两种限定词：元素修饰词和编码模式。目前 NZGLS 已经在新西兰政府机构、地方管理机构、国有企业等得到广泛应用。

我国政府信息资源元数据标准的制定经历了一段时间的探索，形成了一些建议标准，主要有电子政务信息资源描述元数据标准(e-GRMS)和中国政府信息资源元数据核心集（CGMIC：China Government Information Metadata Core)。其中，e-GRMS 主要包括四部分：核心元素、限定元素、编码体系与受控词表、扩展规则。核心元素有 18 个，可以满足有效检索和管理功能；限定元素对核心元素做进一步的解释和限定，使核心元素的含义更丰富；编码体系和受控词表用于对元数据元素的内容进行控制；扩展规则提供了在某一领域使用标准时如何进行扩展的原则和方法。

7.4.3.4 DC-Education

DC-Education(DC 教育元数据)是 DCMI 的教育工作组于 2000 年 10 月在 DC 元数据基础上推出的专门用于描述教育资源的元数据标准。该标准是 DC 元数据在教育领域的扩展集，在 15 个核心元素的基础上新增了 2 个新元素：Audience(用户)、Standard(标准)，对DC. Relation扩展了一个修饰词(即限制属性) Conformsto，复用IEEE LOM教育类的3个元素：InteractivityType（交互类型）、InteractivityLevel（交互程度）、TypicalLearningTime(典型学习时间)来描述教育资源。DC-Education是平行并列的结构体系，扩展规则为：扩展已有元素的修饰词，复用其他元素及修饰词，增加新的元素修饰词。

美国教育资源网关GEM是基于DC建立的教育资源元数据标准。GEM由美国国家教育图书馆发起，在政府教育项目的支持下，致力于组织和整合美国各类网站上的教育资源，以便人们检索和获取。其中，GEM元素集是一套元数据标准，它复用DC的15个元素作为核心元素集，并根据教育资源的特点扩展了受众、编目信息、持续时间、必要资源、资源适用年级、教学要求、质量评估信息、标准共8个新元素。这些元素都是可选和可重复的，并可通过限制属性来进一步限定。GEM元素集是一套元数据标准，对教育资源进行简单描述，所产生的元数据记录被整合进GEM数据库中提供检索支持，GEM仅仅是教育资源的描述方式，并不收集真正的资源。GEM对编目资源有很高的质量要求，包括准确性、适当性、清晰性、完整性、机动性和逻辑性六个方面。

与GEM类似，澳大利亚也在DC的基础上建立了澳大利亚教育网元数据标准EdNA Online，它是澳大利亚所有教育、培训部门之间合作的计划，主要提供教育、培训的信息目录和基于网络的教育资源库这两方面的服务。EdNA针对资源建设制定了适用于澳大利亚教育的信息资源元数据标准，这一标准包括DC的15个核心元素，以及适应澳大利亚本土化及资源联机要求扩充的适用对象、批准单位、目录代码、输入日期、索引、评论、评论者、版本8个元素。

7.4.4　DC元数据编辑与模板工具

7.4.4.1　在线DC元数据编辑工具

在线DC元数据编辑工具，也称为网页模板类工具，它是一个比较简单的基于web的提交表单，也是一个生成元数据记录的模板工具，用户对象是网络资源的创建者而不是专业的编目人员。DC针对网页搜索的查询效率和准确性不能令人满意的状况，于1994年提出在线DC元数据编辑工具，尝试引入图书馆员对馆藏进行编目的方法对网页进行“书目控制”。下面介绍几种常用的在线 DC 元数据编辑工具：

(1)DC-dot（UKOLN，United Kingdom）

地址：http://www.ukoln.ac.uk/metadata/dcdot/

开发者：DC-dot 由 UKOLN 和 University of Bath 支持，开发者为 Andy Powell。

元数据编码：XHTML、HTML、RDF、XML。

能够自动生成网页资源的 DC 元数据，可以生成 HTML 或者 RDF/XML 文档并在线编辑，可生成多种格式，如：USMARC、SOIF、IAFA/ROADS、TEI headers、GILS、IMS or RDF。在线免费使用，如果元素值为中文，在元数据编码格式显示时为乱码。支持大部分元数据信息的自动获取，如 DC.title、DC.subject、DC.type、DC.format 等元素值的自动获取。在自动获取部分元数据信息的基础上，允许手工补充编目信息。不支持 DCQ，支持编码体系修饰词。DC-dot 主页如图 7.12 所示。

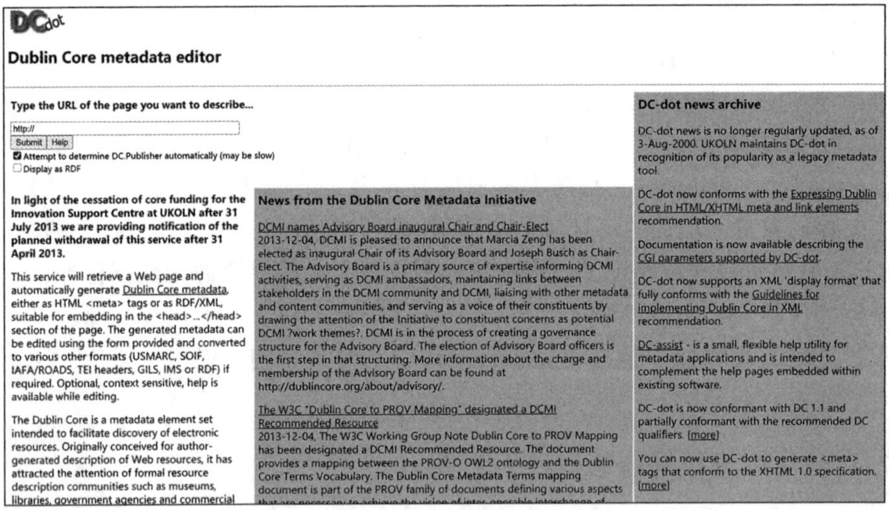

图 7.12　DC-dot 主页

(2)metadataetc

地址：https://metadataetc.org/dctemplate.html。

能够自动生成网页资源的 DC 元数据，可以生成 HTML 或者 RDF/XML 文档并在线编辑。

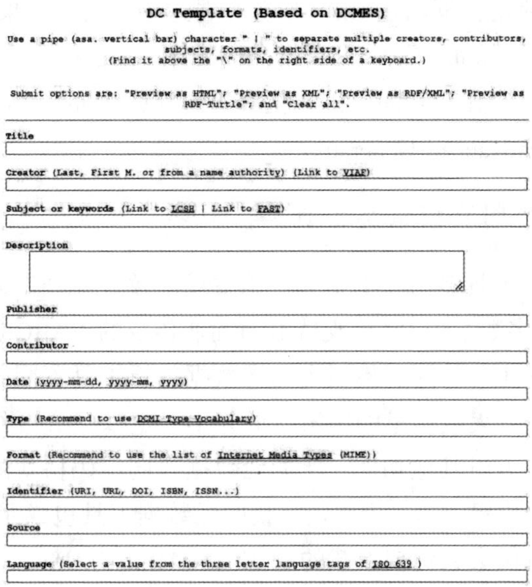

图 7. 13　metadataetc 主页

(3) mdEditor

地址：https://www.mdeditor.org/

该网站是用于创作和编辑项目与数据集的元数据的 Web 应用程序，允许用户创建和管理档案质量元数据，而不需要对各种元数据标准有广泛的了解。

(4) Metadata Maker for Monographs

地址：https://metadatamaker.library.illinois.edu/。

该项目是由伊利诺伊大学厄巴纳-香槟分校图书馆的创新和种子基金资助的开源项目。

(5) CatMDEdit

地址：https://catmdedit.sourceforge.io/。

CatMDEdit 是一个元数据编辑器工具，可以方便地对资源进行文档化处理，特别是对地理信息资源的描述。它由西班牙国家地理研究所(IGN)首创，是 IGN 与萨拉戈萨大学高级信息系统小组(IAAA)在 GeoSpatiumLab (GSL)技术支持下进行科学和技术合作的结果。

(6) dublincoregenerator. com

地址：https://nsteffel.github.io/dublin_core_generator/index.html。

该工具易于使用，可以在 GitHub 上查看这个项目。如果仅使用 15 个主要元素生成简单的 Dublin Core 元数据，请使用 Simple Generator。如果有兴趣使用更详细的限定元素和编码模式生成更高级的 Dublin Core 元数据代码，可以使用其中的 Advanced Generator。

7.4.4.2 非网页模板类工具

非网页模板类工具多由图书馆界、档案界、教育界开发，旨在应用新兴的元数据标准(大多数基于 DC 或支持 DC)而非传统的 MARC 进行非书馆藏及网络文献的编目加工。与网页模板类的元数据编辑工具不同，非网页模板的工具支持多人并发、大数据量的编辑，但并不一定基于 B/S 结构。除编辑元数据外，可能带有大量其他功能，比如元数据不同编码格式的转换、元数据标准格式的导入导出等，是一个比较完整的元数据工具包或元数据著录系统。其中可供或曾经可供大家免费下载的有 MKDoc11、ROADS 工具包、MetaSuite 工具包、Metalogy 等，国内有科学数据网格中的通用元数据工具。

大量数字图书馆项目开发出了相应的元数据编辑工具，如 EdNA13(澳大利亚教育网络项目，Education Network Australia)的元数据开发和编辑工具包 EdNA Tool Set，GEM(Geteway to Educational Materials)集团开发的支持 DC 的元数据编辑工具 GEMCat(目前为 GEMCat414)，很多工具都可下载试用。

就 DC 元数据编目而言，图书馆界也开发了大量基于 web 的元数据编辑系统，如 OCLC connexion、北大拓片元数据著录系统、北大古籍元数据著录系统、“我国数字图书馆标准规范”项目专门元数据子项目组开发的元数据著录系统、上海图书馆开发的名人手稿馆著录系统、上海年华图片库著录系统等，但多属于内部使用，无法试用。下面介绍几种常用的非网页模版类 DC 元数据编辑工具：

①OCLC connexion16：Connexion 是 OCLC 基于 web 的著录系统，支持全球范围内 OCLC 成员间的资源共享。除支持 DC 以外，还支持 MARC 等多种元数据格式。不仅可以创建编辑书目记录，而且支持规范档记录的创建；即编目记录和规范档紧密结合；在对网络资源进行编目时提供自动抽取部分元数据功能。

②Metalogy17-18：台湾“国科会”数字博物馆项目研发的基于 XML 的通用元数据管理系统。不仅可以创建编辑元数据记录，而且支持规范档记录的创建(通过导入规范档的 XML schema 或 DTD 实现)，允许导入多种 DTD

或 XML Schema，从而达到支持多种元数据方案的目的；导入 DTD 或 XML Schema 后可实时建立数据库，实时产生相应编目界面，允许定义 Schema 的相关属性，包括定义数据格式、输入长度、特殊处理转换、需要链接的规范档、某一元素对应的编码体系修饰词及索引种类等；支持 XML 格式记录的导入和导出。

③MetaSuite 工具包中的 HotMeta 编辑工具：DSCT 的 MetaSuite 是一个工具包，其中的编辑工具是 HotMeta(注：随着 DSTC 项目在 2006 年 6 月份终结，MetaSuite 提供源程序给现有的用户后，就不再提供下载的链接了，但鉴于它很有特色，这里仍然予以介绍)。它的特点有提供从 HTML 文档中抽取元数据的元数据收集器；平台独立性，采用 100%的纯 JAVA 实现和第三方 JDBC/SQL 数据库产品的使用；为手动生成、获取、收集元数据提供元数据生命周期管理和质量控制；支持大量的标准元数据规范，如 DC、AGLS、EdNA 和 ANZLIC。

④北大拓片元数据著录系统、古籍元数据著录系统：北京大学数字图书馆分别为拓片和古籍编目而设计的著录实验系统，元数据方案基于 DC 元数据标准。采用 Browser/Server 两层结构模式实现，用户可在 CERNet/Internet 上通过浏览器如 IE 等进行工作。支持元数据“组”的概念，如责任者项包括责任者名称、责任方式等内容。

⑤“我国数字图书馆标准规范”项目专门元数据标准规范子项目组开发的元数据著录系统：B/S 结构，用于检验该子项目组数十种元数据规范可用性的元数据试著录系统。支持多种元数据规范，并可根据元数据规范与配置文件自定义输入界面。

⑥上海图书馆名人手稿馆著录系统：目前支持上海图书馆中国文化名人手稿馆馆藏的 11 种资源的著录和人名规范档的编辑，外包开发。著录通过 web，管理工具为 C/S 结构。不仅可以创建编辑元数据记录，而且支持人名规范档记录的创建(通过导入规范档的 XML schema 实现)；允许导入多种 XML Schema，从而达到支持多种元数据方案的目的；允许定义 Schema 的相关属性，包括定义数据格式、输入长度、是否需要链接人名规范档、某一元素对应的编码体系修饰词及索引种类等；支持 XML 格式记录的导入和导出。

⑦上海图书馆上海年华图片库著录系统：上海图书馆用于上海老照片著录的系统，外包开发，著录通过 web。支持 tag(标签)著录方式；可以直接链接图片中相关主题的背景资料(背景资料是照片之外的另一种资源)。

7.5 DC 元数据的应用实例

7.5.1 DC 与数字博物馆建设

数字博物馆(Digital Museum)是指那些将自身的文物、标本藏品与陈列展览采用计算机技术进行处理、加工、整序并上网以供公众浏览的多媒体信息机构。在博物馆藏品数字化过程中，对博物馆藏品及数字化资源进行描述与标引，生成了数字博物馆的元数据。其中，DC 可用于描述图形图像等相关信息，且 DC 可经过改造后移植于博物馆数字化工作。

国内的"南京民国建筑与文化数字博物馆建设研究"就以 DC 为基础，构建民国建筑数字博物馆元数据方案。在 DC 的基础上，保持了 DC 的 12 个核心元素对应的元数据，同时还做了扩展，增加了 4 个描述性元数据和 4 个管理性元数据，共计 20 个元素以及 53 个子元素修饰词组成。见表 7. 10。

通过建立统一的元数据模型，可以有效组织、整合与管理有关民国建筑与文化的不同类型、载体的信息资源，建成民国建筑与文化数字博物馆，以数字形式提供独特的建筑与文化资源，包括南京民国建筑及其相关文化遗存的文献资源、图片资源、多媒体资源等。与此类似的还有"基于 DC 元数据的圆明园文物古迹信息规范"项目等。

7.5.2 DC 与开放数据共享

数据共享，特别是开放科学数据共享是科学可持续发展的重要基础，开放科学数据的共享离不开技术的保障，特别是国际共享，涉及不同开放科学数据平台之间的互操作问题，以 DC 元数据标准建立的元数据方案可以较好地解决这一问题。

当前国外建设比较成功的开放医学科学数据平台有：PubMed Central (PMC)，临床试验信息网站(CT)、PMCI、美国国家医学图书馆平台(NLM)，美国国立生物技术信息中心(NCBI)，Europe PMC(Europe PubMed Central)，PMC Canada，澳大利亚健康与福利协会(AIHW)等，这些开放医学科学数据平台的目标是促进医学科学数据的保存和共享，为医学工作者、科研用户以及普通大众方便、快捷、有效地获取和利用医学科学数据资源提供便利的途径。以 PMC、Europe PMC 和 AIHW 为例，PMC 的元数据方案是以 DC 元数据体系为基础建立的，它们的映射关系见表 7.11。

表 7.10　　**民国建筑数字博物馆元数据方案**

类别	元素定义	说　明
描述性元数据	Title 建筑名称	包括现行通用名，其他名称 2 个子元素
	Creator 主要责任者(建筑师)	包括建筑师姓名、生平简介、建筑作品等 10 个子元素
	Date 建筑年代	包括始建年代、建成年代等 5 个子元素
	Description 建筑描述	对建筑的整体描述和介绍
	Type 建筑类型	
	Art 建筑艺术	包括建筑风格、建筑流派等 4 个子元素
	Structure 建筑结构	
	Tignum 主要建筑材料	
	Parts 建筑局部	包括局部位置、建筑构件等 5 个子元素
	Source 地理位置	包括国家、省份、详细地址、经纬度等 7 个子元素
	Publisher 相关单位	包括主管单位、使用单位、建设单位 3 个子元素
	Contributor 贡献者(历史人物与事件)	包括人物姓名、出生年、逝世年、人物简介、当时建筑名称等 12 个子元素
	Language 语种	
管理性元数据	Identifier 标识符	
	Right 权限管理	
	Relation 关联资源	相关论文、相关图书、相关音频等5个子元素
	Record id 记录控制号	
	Process history 加工处理历史	记录创建、更新、删除等维护历史
	Record level 记录级别	记录的详细程度
	Agency 所属机构	记录的拥有和维护机构

表7.11 **PMC、Europe PMC 和 AIHW 核心元数据与 DC 元数据的映射关系表**

DC	PMC	Europe PMC	AIHW
题名	文章标题(Article Title)	题名(Title)	题名(Title)
主题	文章类别或主题(Article Categories or Subjects)	主题(Subject)	主题(Subject)
描述	摘要(Abstract)	摘要(Abstract)	出版信息(Publication)
来源			
语种	语言(Language)	语言(Language)	语言(Language)
关联		外部链接(External Links)	附加材料(Additional Material)
覆盖范围			
创建者	作者姓名(Author Names) 作者标注(Author Notes) 作者/归属关系(Author/Affiliation Relationship)	作者(Author)	作者(Author)
出版者	出版者(Publisher)	出版类型(Publication Type)、期刊(Journal)	出版者(Publisher)
其他责任者	合作者(Collaborative Authors)	资助者(Funder)	创建者(Creator)
权限	版权信息(Copyright Information) 免责声明(Disclaimers)		
日期	日期(Dates)	日期(Dates)	发布日期(Released)
类型	类型(Type)	类型(Type)	类型(Type)
格式	格式(Format)	格式(Format)	格式(Format)
标识符	DOI、PMID	DOI、PMID	ISBN
	索引的对象(Index of Objects) 从属关系(Affiliations) 一个对象的替代版本(Alternate Versions of a Single Object) 贡献者ID(Contributor ID)	卷(Volume) 期(Issue) 格兰特编号(Grant No.) 出版类型(Publication type) CC许可证(CC License) 数据链接和数据引用(Data Links and Data Citation)	Object Classes(对象类) Properties(财产) Data Element Concepts(数据元素概念) Data Elements(数据元素) Value Domains(价值领域) Classification Schemes(分类方案) Data Set Specifications(数据集规范) Glossary Items(词汇项目)

课后习题

1. DC 元数据设计的原则。

2. DC 元数据的 15 个元素。

3. DCMI 词表的主要元素。

4. 总结各 DC 元数据标记语言的优势。

5. 自选主题，设计 DC 元数据方案，并选用 HTML、XML 或 RDF 进行描述。

各类型资
源元数据

第 8 章　各类型资源元数据

8.1　图书馆、档案馆、博物馆等文化类对象与保存领域

8.1.1　图书馆中的元数据

8.1.1.1　DC-library application profile

(1)概述

《DC 图书馆应用纲要》(简称 DC-Lib)草案最初于 2001 年 8 月发布于 DCMI(Dublin Core Metadata Initiative)网站上,① 由 DCMI 图书馆工作组(DCMI-Libraries Working Group)创建，明确了都柏林核心元数据元素集在图书馆或图书馆相关的应用项目中的用法。之后于 10 月 12 日作了修订，其修订稿在 2001 年 10 月 22—24 日东京举行的第 9 次 DC 会议上的 DC 图书馆工作小组会议上成为讨论的主要内容。② 2002 年，DC-Lib 进行了两次修订，日期分别为 2002 年 4 月 16 日和 2002 年 9 月 24 日。③④ 截至目前，网站最

---

① Guenther R. DC-Library application profile: DC-Lib [EB/OL]. [2016-08-09]. http: //dublincore. org/documents/2001/08/08/library-application-profile/.

② National Institute of Informatrics in Japan. DC 2001 [EB/OL]. [2016-08-09]. http: //www. nii. ac. jp/dc2001/.

③ Guenther R. DC-Library application profile: DC-Lib [EB/OL]. [2016-08-09]. http: //dublincore. org/documents/2002/04/16/library-application-profile/.

④ Guenther R. DC-Library application profile: DC-Lib [EB/OL]. [2016-08-09]. http: //dublincore. org/documents/2002/09/24/library-application-profile/.

新版本为 2004 年 9 月 10 日发布，此版本于 2004 年 8 月提出，融入了 DCMI 应用委员会在 2003 年会议中的决议及 2003 年 9 月在西雅图的工作组会议中所讨论的问题。① 以下将依据 2004 年 9 月 10 日发布的版本，简单介绍 DC-Lib 的体例结构、元素内容等。

(2)体例结构

在 DC-Lib 中，每一元素或修饰词都以统一的体例结构给出，即每一元素或修饰词(含元素细化、编码体系)都呈图表显示(见表 8.1)。DC-Lib 所使用的术语取自 DC 元数据和 MODS 元素两个命名域。

表 8.1　**DC-Lib 统一的体例结构**

术语名称(Name of Term)	赋予术语的唯一性标识
术语 URI(Term URI)	用来标识术语的统一资源定位符
标签(Label)	赋予术语的人类可读的标签
定义来源(Defined By)	一个命名域的标识符，指向某个元数据标准；或是书目引文，指向定义该术语的文献
初始定义(Source Definition)	定义来源的命名域中对术语的定义
DC-Lib 定义(DC-Lib Definition)	DC-Lib 对术语的定义
初始注释(Source Comments)	定义来源的命名域中对术语的注释
DC-Lib 注释(DC-Lib Comments)	DC-Lib 对术语的注释
术语类型(Type of term)	术语在语法范畴中的类型(比如“元素”“元素修饰词”“编码体系”)
限定(Refines)	在语法意义上，被定义的术语是所指引术语的限定。限定词使得元素的意义更为狭义或更为专指。它在一个更加受限的范围内含有未被限定的元素的部分语义
被限定(Refined By)	在语法意义上，被所指引的术语是对被定义的术语的限定

① Guenther R. DC-Libraries-Library Application Profile [EB/OL]. [2016-08-09]. http://dublincore.org/documents/library-application-profile/index.shtml.

续表

编码体系应用于 (Encoding Scheme For)	所定义的术语，也就是某个编码体系，修饰了所指引的术语。使用编码体系有助于理解元素的值的具体含义。这些编码体系包括受控词表及规范的符号(formal notations)或解析规则。用某一编码体系表示的值意味着该值或者是取自某一控制词表的语义符号(如分类体系或主题词表中的术语)，或者是格式符合某种正式编码标准的字符串(如“2000-01-01”作为一个日期的标准表达)。如果一种编码体系无法被客户机或代理器理解，但应用该编码体系的值仍有可能有助于人们对它的理解 在一些情况下，这里指定的编码体系有可能没有注册。它们将会通过 DCMI 应用委员会注册或被提交为“DC 编码体系”
可应用的编码体系 (Has Encoding Scheme)	被定义的术语可被所指引的编码体系所修饰
约束(Obligation)	指明元素是否总是出现或只是有时候出现。在本应用纲要中，“约束”的级别有：必备(M)、有则必备(MA)、强烈推荐(R) 及可选(O)。必备(M)确保某些元素总被使用，有则必备(MA)表示若能获得有关信息则该元素一定被使用。一个约束级别为必备(M)的元素，肯定有一个值。强烈推荐(R)和可供选择(O)的元素指如果信息适合该资源则应用值填入，如果信息不合适该资源，它们则可省略
出现次数(Occurrence)	指明元素是否可重复及重复的次数

(3)元素、修饰词设置

DC-Lib 一共包含了 18 个元素，见表 8.2。从表里定义来源的单元内容可以总结出，DC-Lib 的命名域主要有：http://purl.org/dc/elements/1.1/为《DC 元数据元素集，1.1 版》，http://purl.org/dc/terms/为《DC 修饰词》，http://www.loc.gov/mods/为《用于<DC-Lib 应用纲要>中的 MODS 元素》。其中“版本”和“馆藏位置”命名域选择了 MODS，“适用对象”命名域选择了《DC 修饰词》，其他 15 个元素的命名域均为《DC 元数据元素集，1.1 版》。

其中，题名、描述、日期、格式、标识符、关联、覆盖范围 7 个元素还有各自的元素修饰词（element refinement），即所说的子元素，见表 8.3。2004 年最新 DC-Lib 应用纲要中，DC-Lib 的子元素与 DC 一般元素修饰词不同的是，DC-Lib 的子元素可以直接使用，而非一定要与其所属的元素名称捆绑在一起。例如，DC-Lib 子元素“交替题名”（Alternative）和原 DC-Lib 的题名元素修饰词“题名｜交替题名”（Title｜Alternative），这样更方便网络信息资源提供者或编目人员使用 DC-Lib。DC-Lib 中的子元素并非新创出来的，而全部是从原 DC-Lib 中的修饰词转换而来。

表 8.2　**DC-Lib 的 18 个元素**

元素名称	标签	元素名称	标签	元素名称	标签
题名	Title	日期	Date	关联	Relation
创建者	Creator	类型	Type	覆盖范围	Coverage
其他责任者	Contributor	格式	Format	权限	Rights
出版者	Publisher	标识符	Identifier	适用对象	Audience
主题	Subject	来源	Source	版本	Edition
描述	Description	语种	Language	馆藏位置	Location

表 8.3　**题名等 7 个元素的子元素**

元素	子元素	元素	子元素
题名	交替题名（alternative）	标识符	文献引用（bibliographicCitation）
描述	摘要（abstract）	关联	版本继承（isVersionOf）
	目录（tableOfContents）		格式转换于（isFormatOf）
格式	大小（extent）		格式转换为（hasFormat）
	媒体（medium）		被替代（isReplacedBy）
日期	创建日期（created）		替代（Replaces）
	生效日期（valid）		部分于（isPartOf）
	可获得日期（available）		部分为（hasPart）
	发布日期（issued）		需求（Requires）

续表

元素	子元素	元素	子元素
	修改日期(modified)		被参照(isReferencedBy)
	版权日期(dateCopyrighted)		参照(References)
	递交日期(dateSubmited)	覆盖范围	空间(spatial)
	接受日期(dateAccepted)		时间(temporal)
	获取日期(dateCaptured)		

除了上述的元素和子元素之外，DC-Lib 的主题、日期、类型、描述、格式、标识符、来源、语种、关联、权限和馆藏位置 11 个元素另外还有各自的编码体系修饰词(encoding schemes)，见表 8.4。

表 8.4　**主题等元素的编码体系**

元素(子元素)名称	编码体系修饰词
主题 subject	美国国会图书馆标题表(LCSH)
	医学主题词表(MESH)
	杜威十进分类法(DDC)
	美国国会图书馆分类法(LCC)
	国际十进分类法(UDC)
日期 date	ISO 8601
	W3C-DTF
类型 type	DCMI 类型词表
	MARC list of source(将注册编码体系)
	艺术与建筑叙词表(Art & Architecture thesaurus)
	美国国会图书馆绘图资源叙词表(Thesaurus for graphic materials)
描述 description	URI(统一资源标识符)
格式 format	IMT 互联网媒体类型
标示符 identifier	URI(统一资源标识符)
	SICI \ ISBN \ ISSN \ DOI(即将注册)

续表

元素(子元素)名称	编码体系修饰词
来源 source	URI(统一资源标识符)
	SICI \ ISBN \ ISSN \ DOI(即将注册)
语种 language	ISO 639-2
	RFC 1766
	RFC 3066
关联 relation	URI(统一资源标识符)
	SICI \ ISBN \ ISSN \ DOI(即将注册)
权限 rights	URI(统一资源标识符)
空间(spatial)-子元素	DCMI Point
	ISO 3166
	DCMI Box
	TGN
时间(temporal)-子元素	DCMI Period
	W3C-DTF
馆藏位置	MARC 组织机构代表码

8.1.1.2　MODS

(1)概述

《元数据对象描述模式》(Metadata Object Description Schema, MODS)是美国国会图书馆于 2002 年 6 月开发的一种新的文献标目元数据，MODS 作为书目元素集合，主要应用于图书馆编目中。①②

MODS 的诞生弥补了 MARC 与 DC 描述图书馆资源所存在的不足。MODS 是 MARC 字段的一个子集，其继承了 MARC 的语义，与 MARC 有着很强的交换能力。同时，MODS 在 MARC 格式著录元素的基础上利用 XML

① The Library of Congress. Metadata Object Description Schema Official Websitep[EB/OL]. [2020-07-13]. https://www.loc.gov/standards/mods/.

② 王小平. 浅析 MODS 元数据[J]. 图书馆论坛，2008(5)：65-67，70.

语言，并使用基于语言的标签而非数字标签，这使得它相较于 MARC 更适用于数字资源的描述，并且更加简单易用。但需要注意的是，由于 MODS 从 MARC 向 MODS 转换不是相互的，变换成 MODS 后再返回到 MARC21 的过程中会有一部分字段标识符和数据丢失。而 DC 虽然简洁明了、灵活性高，但是 MARC 在向 DC 转换的过程中容易丢失数据，这使得 MODS 的诞生更有其必要性。①

MODS 的维护与更新工作由 MODS/MADS 编辑委员会与美国国会图书馆共同负责，其最新版本为 2018 年 1 月发布的 3.7 版本。以下将基于 MODS 3.7 版本对其元素及其属性进行介绍。

(2)元素及其属性

MODS 使用 XML 语言进行描述，它的语义定义由元素、子元素和属性三层结构组成。元素的内容被包含在最低级别的元素中，以避免“混合内容”。例如，<titleInfo>顶级元素中包含了<title>，<partNumber>，<partName>等子元素，而<titleInfo>只是作为这些子元素的一个容器标签，并不包含任何内容数据。属性则可以与任何级别的元素相关联，并由与之关联的元素定义，其是用来修饰元素的。

目前，MODS 3.7 版本共定义了 20 个顶级元素，一些元素下又定义了其子元素及属性。表 8.5 介绍了 MODS 的 20 个顶级元素的定义与其子元素、属性。

表 8.5　**MODS 顶级元素的子元素与属性**

<titleInfo>	
定义	通常出现在资源中的一个字、短语、字符或一组字符，用于命名资源或资源中包含的作品
子元素	<title> <subTitle> <partNumber> <partName> <nonSort>
属性	type；authority；authorityURI；valueURI；usage；displayLabel；supplied；nameTitleGroup；altRepGroup；altFormat；contentType；xlink；ID；lang；xml:lang；script；transliteration；otherType

① 罗红燕，李章平，陈绍兰 . MARC、DC、MODS、FRBR 等文献编目元数据比较[J]. 图书馆学刊，2009，31(12)：25-27.

续表

<language>	
定义	表示资源内容所使用的语言的名称
子元素	<languageTerm> <scriptTerm>
属性	usage； objectPart； displayLabel； altRepGroup； lang； xml：lang； script；transliteration
<note>	
定义	与资源相关的一般文本信息
子元素	无
属性	type； displayLabel； altRepGroup； xlink； ID； lang； xml：lang； script； transliteration；typeURI
<location>	
定义	标识保存资源的机构或存储库，或可用资源的 URL 形式的电子位置
子元素	<physicalLocation> <shelfLocator> <url> <holdingSimple> <holdingExternal>
属性	displayLabel；altRepGroup；lang；xml：lang；script；transliteration
<name>	
定义	以某种方式与资源关联的个人、组织或事件(如会议)的名称
子元素	<namePart> <nameIdentifier> <displayForm> <affiliation> <role> <description> <etal>
属性	type；authority；authorityURI；valueURI；usage；displayLabel；nameTitleGroup；altRepGroup；xlink；ID；lang；xml：lang；script；transliteration；etal
<physicalDescription>	
定义	描述信息资源的物理属性
子元素	<form> <reformattingQuality> <internetMediaType> <extent> <digitalOrigin> <note>
属性	displayLabel；altRepGroup；lang；xml：lang；script；transliteration；unit
<subject>	
定义	代表作品所关注的主要主题的术语或短语
子元素	<topic> <geographic> <temporal> <titleInfo> <name> <genre> <hierarchicalGeographic> <cartographics> <geographicCode> <occupation>
属性	authority；authorityURI；valueURI；usage；displayLabel；altRepGroup；xlink；ID；lang；xml：lang；script；transliteration

续表

<accessCondition>	
定义	关于对资源访问施加的限制的信息
子元素	无
属性	type；displayLabel；altRepGroup；altFormat；contentType；xlink；lang；xml：lang；script；transliteration
<typeOfResource>	
定义	指定资源内容的特征和一般类型的术语
子元素	无
属性	collection；manuscript；usage；displayLabel；altRepGroup
<abstract>	
定义	资源内容的摘要
子元素	无
属性	type；displayLabel；shareable；altRepGroup；altFormat；contentType；xlink；lang；xml：lang；script；transliteration
<classification>	
定义	一种应用于资源的名称，通过应用正式的编码系统并根据主题领域组织资源来表示主题
子元素	无
属性	authority；authorityURI；valueURI；edition；displayLabel；usage；altRepGroup；lang；xml：lang；script；transliteration；generator
<part>	
定义	以详细形式指定资源的物理某部分
子元素	<detail> <extent> <date> <text>
属性	type；order；displayLabel；altRepGroup；ID；lang；xml：lang；script；transliteration
<genre>	
定义	一种或几种术语，用以表示某一特定的风格、形式或内容，如艺术、音乐、文学作品等
子元素	无
属性	type；authority；authorityURI；valueURI；usage；displayLabel；altRepGroup；lang；xml：lang；script；transliteration

续表

<tableOfContents>	
定义	资源目录的描述
子元素	无
属性	type；displayLabel；shareable；altRepGroup；altFormat；contentType；xlink；lang；xml：lang；script；transliteration
<relatedItem>	
定义	标识与所描述资源相关的其他资源的信息
子元素	所有 MODS 元素都可以作为其子元素
属性	type；xlink：href；displayLabel；ID；otherType；otherTypeAuth；otherTypeAuthURI；otherTypeURI
<extension>	
定义	提供模块未涵盖的其他信息
子元素	无
属性	displayLabel
<originInfo>	
定义	关于资源来源的信息，包括来源或出版地点，出版商或发行者，以及与资源相关的日期
子元素	<place> <publisher> <dateIssued> <dateCreated> <dateCaptured> <dateValid> <dateModified> <copyrightDate> <dateOther> <edition> <issuance> <frequency>
属性	eventType；displayLabel；altRepGroup；lang；xml：lang；script；transliteration
<targetAudience>	
定义	资源所针对的受众的智力水平的描述
子元素	无
属性	authority；authorityURI；valueURI；displayLabel；altRepGroup；lang；script；transliteration
<identifier>	
定义	包含一个唯一的标准编号或代码，用以区别地标识资源
子元素	无
属性	type；displayLabel；invalid；altRepGroup；lang；xml：lang；script；transliteration；typeURI

续表

<recordInfo>	
定义	关于元数据记录的信息
子元素	<recordContentSource> <recordCreationDate> <recordChangeDate> <recordIdentifier> <recordOrigin> <recordInfoNote> <languageOfCataloging> <descriptionStandard>
属性	displayLabel; altRepGroup; lang; xml: lang; script; transliteration

MODS 元素的使用遵循一定的规则，包括：①MODS 模式中的元素顺序是不固定的，样式表用于控制 MODS 记录的显示顺序；②除<recordInfo>外，所有 MODS 顶层元素都是可重复的；③除了与资源关联并在<identifier>下指示的任何其他标识符之外，MODS 记录应该具有自己的唯一 ID；④MODS 的所有顶级元素都是全局性的，在实际的编目中，顶级元素可以成为具体文档中的根元素，也可以输入其他模式中；⑤在 MODS 记录中没有元素是强制要求的，但是，每个 MODS 记录至少需要一个元素。①

8. 1. 1. 3 BIBFRAME

BIBFRAME(The Bibliographic Framework Initiative，书目框架计划)由美国国会图书馆于 2012 年 11 月 21 日正式宣布诞生，相较于 MARC 记录，其具备更加现代化的元数据编码格式，从而成为取代 MARC 的有力竞争者。② BIBFRAME 以 XML 编码，具有灵活且可扩展的特性，是基于 RDF 的实体关系模型。

BIBFRAME 的诞生经历了一个漫长的讨论与筹备阶段。早在 2006 年 12 月，美国国会图书馆便成立了未来书目控制工作组，将"重新定义'书目控制'，使之比传统的编目领域更广泛"作为其指导原则。2008 年，未来书目控制工作组发表了题为 *On the Record* 的报告，其中建议制定一个"能够实现书目控制功能需求"(Functional Requirements for Bibliographic Records，FRBR)的计划。2011 年 10 月，美国国会图书馆宣布了《书目框架转换倡议》

① 刘孝文．从 MARC 到 MODS：编目元数据 MODS 分析与研究[J]．图书馆杂志，2007(7)：14-17，30.

② The Library of Congress. Bibliographic Framework Initiative[EB/OL]．[2020-07-13]. https：//www. loc. gov/bibframe/.

(又称《书目框架倡议》)的总体规划，并表示将与 Zepheira 公司共同开发这一书目框架。直至 2012 年 11 月，BIBFRAME 模型草案发布，其后美国国会图书馆不断对其进行补充，并于 2013 年 1 月发布了 BIBFRAME 完整模型。①

本书第 10 章中将对 BIBFRAME 模型进行介绍。

8.1.2　档案馆中的元数据

8.1.2.1　ISAD(G)

(1)概述

《国际档案著录准则(总则)》[General International Standard Archival Description，ISAD(G)]是国际档案理事会(International Council on Archives，ICA)于 1994 年颁布的国际通用的档案著录框架标准。② 在 ISAD(G)第一版颁布的 5 年后，即 1999 年，国际档案理事会档案著录标准化委员会又对该标准的第一版进行了修订，并于 2000 年正式颁布了第二版，使该标准更加适应当代国际档案著录的发展。③

ISAD(G)诞生于传统档案著录逐步向现代档案著录转变的背景之下，顺应了计算机档案著录的需求，其具有著录原则科学性、实践应用广泛性、作用地位引领性的特点。以下将根据 2000 年颁布的 ISAD(G)第二版对其进行介绍。

(2)多级著录规则

无论是作为整体的档案全宗，还是全宗中的某个部件，都可以使用 ISAD(G)的元素进行单独的著录，而由此形成的所有著录的总和，可以链接在如图 8.1 所示模型所显示的层次结构中，以表示全宗和那些被描述的部分。这种著录技术即为多级著录。④

---

① Kroeger A. The road to BIBFRAME: the evolution of the idea of bibliographic transition into a post-MARC Future[J]. Cataloging & Classification Quarterly, 2013, 51(8): 873-890.

② Shepherd E, Smith C. The application of ISAD (G) to the description of archival datasets[J]. Journal of the Society of Archivists, 2000, 21(1): 55-86.

③ 张正强．论《国际标准——档案著录规则(总则)》的主要著录规则、特点及启示[J]．档案学研究，2013(3)：75-80.

④ International Council on Archives. ISAD(G): General International Standard Archival Description-Second edition [EB/OL]. [2020-07-13]. https: //www.ica.org/sites/default/files/CBPS_2000_Guidelines_ISAD%28G%29_Second-edition_EN.pdf.

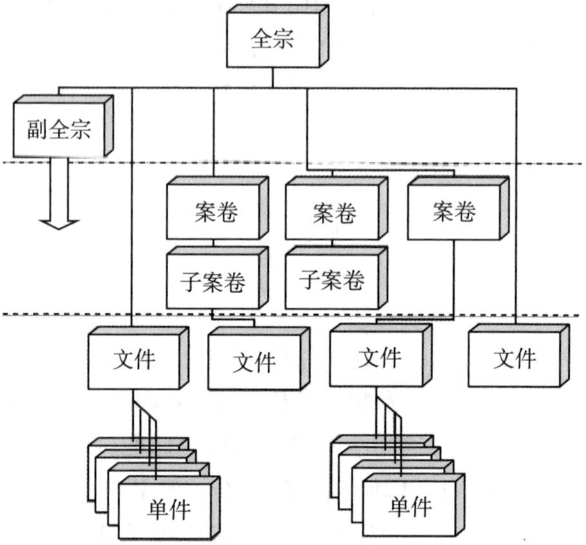

图 8.1　档案多级著录模型

有四个基本规则适用于建立描述的层次结构：①从一般到具体的著录，即以从最广泛的(全宗级别)到更具体的层次关系的顺序，表示结果著录间整体与部分的关系；②信息需要与著录级别相关，即只提供与所著录的级别相称的信息；③注重著录之间的连接，即如果适用的话，将每个著录链接到它的下一个更高的著录单元，并确定著录的级别；④著录信息不重复，即在适当的最高级别上，提供该部分通用的信息。不要在较低级别的著录中重复已经在较高级别著录中给出的信息。

(3)著录项目

ISAD(G)规定了7个著录大项与26个著录小项，见表8.6。

表 8.6　**ISAD(G)著录项目**

1. 特征说明项(IDENTIFY STATEMENT AREA)	
用于著录确认著录单位的必要信息	
子项	
档号(Reference code(s))	标题(Title)

续表

日期(Date(s))	著录级别(Level of description)
载体形式(Extent and medium of the unit of description (quantity, bulk, or size))	
2. 背景信息项(CONTEXT AREA)	
用于著录有关著录单位的来源与保管方面的信息	
子项	
责任者名称(Name of creator(s))	行政管理沿革/生平传记(Administrative / Biographical history)
档案历史沿革(Archival history)	直接收集来源或移交情况(Immediate source of acquisition or transfer)
3. 内容与结构项(CONTENT AND STRUCTURE AREA)	
用于描述著录单位的主题内容和著录单位的组织方面的信息	
子项	
范围与内容(Scope and content)	鉴定、销毁与保管信息(Appraisal, destruction and scheduling information)
新增接收文件(Accruals)	整理体系(System of arrangement)
4. 查阅与利用条件项(CONDITIONS OF ACCESS AND USE AREA)	
用于说明著录单位可被利用的信息	
子项	
查阅管理条件(Conditions governing access)	复制管理条件(Conditions governing reproduction)
档案材料的语种/文字(Language/scripts of material)	物理特征与技术需求(Physical characteristics and technical requirements)
检索工具(Finding aids)	
5. 相关档案材料项(ALLIED MATERIALS AREA)	
用于说明与著录单位有重要关系的相关档案材料的信息	
子项	
原件的留存与收藏地(Existence and location of originals)	复制件的留存与收藏地(Existence and location of copies)

续表

相关的著录单位(Related units of description)	出版附注(Publication note)
6. 一般性附注项(NOTES AREA)	
用于说明与著录单位有重要关系的相关档案材料的信息	
子项	附注(Note)
7. 著录控制项(DESCRIPTION CONTROL AREA)	
用于著录档案条目的编制方式、编制时间以及编制人员方面的信息	
子项	
档案管理员附注(Archivist's Note)	规则或约定(Rules or Conventions)
著录日期(Date(s) of descriptions)	

8.1.2.2 EAD

(1)概述

档案描述编码格式(Encoded Archival Description, EAD),① 是网络环境中信息数字化图书馆档案馆与手稿资料最常用的元数据(Metadata)标准，由美国国会图书馆(Library of Congress, LC)网络开发 &MARC 标准办公室(Network Development and MARC Standards Office)、美国档案管理员协会(Society of American Archivist, SAA)联合开发维护，主要用于描述档案和手稿资源，包括文本文档、电子文档、课时资料和声音记录等。

EAD 项目起源于 1993 年美国加州伯克利大学图书馆开展的伯克利检索工具计划(Berkeley Finding Aid Project, BFAP)，经过研究和实践的检验，于 1998 年正式发布了 EAD 1.0，EAD 以一种可扩展的标记语言(Extensible Markup Language, XML)格式由档案员在全球范围内使用。EAD 1.0 版公布后，很多机构积极倡导将其用于档案检索工具的编码。之后又持续完善，2002 年颁布了 EAD 2002 版，2015 年 8 月发布了 EAD3。

① Encoded Archival Description Office Site[2016-08-09]. http://www.loc.gov/ead/index.html.

EAD 具有以下特征：

EAD 作为一项用于档案检索工具的描述性标准，可供多人同时使用、交换信息及检索。

EAD 是一种用于档案检索工具的通信格式，可让档案馆将电子信息传递到远程使用者。

EAD 所使用的技术是基于标准的基础、独立的计算机平台与应用强而有力的工具在档案检索工具查询、检索、展示与通路。

目前，许多国家和地区已经针对 EAD 进行了实践，其中影响较大的项目有：美国加州遗产项目(California Heritage Project)、加利福尼亚博物馆和联机档案计划(MOAC)、英国皇家委员会发起的核心执行项目(Core Executive Pilot Project)、台湾“中央研究院历史语言研究所”采用 EAD1.0 版本对其所收藏的内阁大库明清档案进行著录转化。

(2)EAD 文件

EAD 选择 SGML 作为编码语言，以 SGML _ DTD (Document Type Definition，文件类型定义)形式表示 EAD 内容和结构。SGML 提供了描述文档和创建一致性文档描述的公共框架，它是包括 XML 在内的其他现有的文档标注语言的共同祖先。EAD 正式文件由四部分组成：EAD 文件类型定义(EAD DTD)、EAD 标签库(EAD Tag library)、使用指南、实施概要。

(3)EAD DTD 总体结构

根据 EAD 2002 版，EAD 内容和结构由 EAD DTD 定义，EAD DTD 将整个 EAD 元素集合定义为若干层次的元素组合，档案编码格式<ead>作为检索工具最外层的封包元素，对各类型的档案材料作实质上及内容上的控制，它依序包括了 EAD 头标<eadheader>、前项<frontmatter>、档案描述<archdesc>三大高层元素(High-Level Elements)。① 每一高层元素再分若干分元素，某些分元素又分若干子数据项。整个元素集合都包含在档案描述编码元素对<ead></ead>中，形成完整的 EAD 文件。

①EAD 头标<eadheader>。

EDA 头标为必备项，作为 EAD 或检索工具的识别，此项以文本编码初始项目(Text Ecoding Initiative，TEI)为原型，描述档案的产生、修订、出版、发行等信息，其下属元素包括 4 个元素及其次元素，见表 8.7。

① 侯卫真．对档案描述编码格式(EAD)的探讨[J]. 北京档案，2003(12)：19-21.

表 8.7　**EAD 头标元素**

元素	定义	次元素
EAD 标识符<eadid>	提供唯一的识别码	
文件描述<filedes>	提供文献作者、题名、版本、出版者等信息	题名声明<titlestmt>、版本声明<editions>、出版项声明<publicationstmt>、期刊声明<seriesstmt>、附注声明<notestmt>
范围描述<profiledesc>	描述谁在什么时候用何种语言创建了 EAD 文件	档案创建信息<creation>、档案语言<language>
修订描述<revisiondesc>	记录该 EAD 文件的版本变动信息	

②前项<frontmatter>。

EAD 的前项为可选项目，由于 EAD 头标中各元素在 EAD 文件中必须按规定顺序出现，为了让各档案馆生成符合各自需求的、要素顺序不同的题名页，EAD 定义了前项，该项以题名页为主，结构为：题名；馆藏数量。出版者：记载档案馆的名称。列表：可用若干个列表描述需要在题名页给出的其他信息，如地址、电话等。

③档案描述<archdesc>。

EAD 档案描述是对档案内容和相互关系信息的具体描述部分，为必备项。这些信息以分层方式组织在一起，包括文件的内容、上下文关系以及可选增补信息，其中有 12 个元素，见表 8.8。

表 8.8　**EAD 档案描述元素**

元素	定义	子元素
描述标识符<did>	必备项，提供描述档案时的信息项目	题目、摘要、来源、实体描述、实体位置、容器、典藏单位、单元日期、单元标识符、单元题名、数字档案物件
附属描述资料<add>	可选项，提供附加的描述信息	书相关资料、目、文件计划、索引、附注、其他检索工具、段落、个别资料

续表

元素	定义	子元素
管理机构信息<admininfo>	有关机构采集、处理、管理的信息	访问限制、自然增加、编纂信息、其他可获取形式、鉴定典藏历史、首选引用、附注、段落、处理信息、使用限制
编排<arrangement>	描述资料归档顺序的相关信息	
传记/历史<bioghist>	散文或编年表，给予档案资料背景说明	年时代列表
检索控制<controlaccess>	网络环境下检索时的控制	团体名称、家族名称、功能、类型形式、地理名称、名称、职业、个人名称、主题、题名
数字档案对象<dao>和<daogrp>	使检索工具可以指向或关联到已数字化的档案	数字档案物件描述
附注<note>	提供释文的来源等信息	
范围与内容<scopecontent>	概述描述资料的主题涵盖范围	
附属成分描述<dsc>	为档案管理人员针对某一特定馆藏做进一步描述时使用	

2015 年发布的最新版 EAD3 中，对 3 个高层元素以及分元素做出了相应的改变，其中高层元素控制<control>代替了 EAD 头标<eadheader>，删除了前项<frontmatter>这一高层元素，剩下两个必备的高层元素控制<control>和档案描述<archdesc>。

(4)EAD 标签库(EAD Tag library)

2015 年最新版 EAD3① 共有 165 个元素，按照字母顺序排列，每一个元素按照图 8.2 所示统一体例结构进行显示，依次包括标志名称(Tag Name)、元素名称(Element Name)、定义(Summary)、可包含元素(May Contain)、可

① Encoded Archival Description Tag Library Version EAD3[2016-08-09]. http://www.loc.gov/ead/EAD3taglib/index.html#d0e115.

出现元素(May Occur Within)、属性(Attributes)、描述和惯例(Description and Usage)、可获取性(Availability)、参考(References)、范例(Examples)共10个部分。

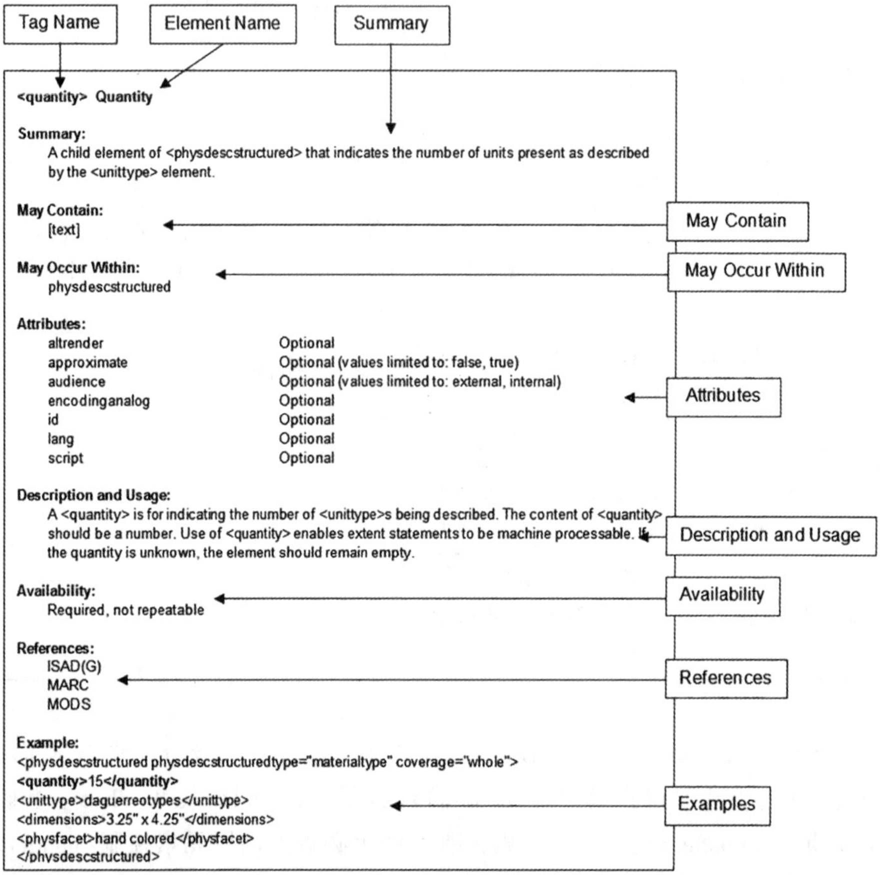

图 8.2　元素描述概要

8.1.3　博物馆等艺术文化元数据

8.1.3.1　CDWA

(1)概述

CDWA 的全称是"艺术作品描述类目"(Categories for the Description of

Works of Art)，[①] 由盖迪基金会(J. Paul Getty Trust)及 College Art Association 联合资助的艺术信息工作组 AITF(Art Information Task Force，艺术信息专业组织)定义，于 1996 年发布，适用于艺术、建筑等其他文化作品的描述。AITF 成立于 20 世纪 90 年代，由艺术代表团体组成，目的是为了促进艺术家、艺术馆以及信息提供者之间的信息交流。

CDWA 用于满足学术研究者等人员记录、保存、检索艺术信息的需求。它确定了能够兼容各种信息系统的内容描述框架，有利于保持数据的完整性，也便于长期保存和数据迁移。同时 CDWA 还制定了与其他元数据标准(Dublin Core、MARC、AACR、VRA 等)的映射表，为实现数据的交换和共享奠定了基础，有助于 CDWA 应用推广。

CDWA 将信息分为展示信息和检索信息两种。展示信息采用自由文本，旨在帮助终端用户阅读与理解艺术信息。一些关键信息格式化后成为索引字段，便于检索。由编目员使用受控词汇来标引“索引字段”。受控词汇包括分类法、规范档等受控词表以及规范格式(如日期格式)。

(2)类目

CDWA 应用纲要包括讨论、编目基本原则和示例三部分内容。一共有 31 个大类类目以及众多子类目，一小部分类目被认为是识别和描述作品所需的最少信息的核心类目(见表 8.9，表中用“core”表示核心类目)。

表 8.9　**CDWA 的 31 个类目及子类目**

1 OBJECT/WORK **Core**	1.5 Remarks
1.1 Catalog Level **Core**	1.6 Citations
1.2 Object/Work Type **Core**	1.6.1 Page
1.3 Object/Work Type Date	
1.3.1 Earliest Date	2 CLASSIFICATION **Core**
1.3.2 Latest Date	2.1 Classification Term **Core**
1.4 Components/Parts	2.2 Remarks
1.4.1 Components Quantity	2.3 Citations
1.4.2 Components Type	2.3.1 Page

① Getty J P. Trust & College Art Association, Inc. Categories for the Description of Works of Art [EB/OL]. [2016-08-08]. http://www.getty.edu/research/publications/electronic_publications/cdwa/.

3 TITLES OR NAMES **Core**
3.1 Title Text **Core**
3.2 Title Type
3.3 Preference
3.4 Title Language
3.5 Title Date
3.5.1 Earliest Date
3.5.2 Latest Date
3.6 Remarks
3.7 Citations
3.7.1 Page

4 CREATION **Core**
4.1 Creator Description **Core**
4.1.1 Creator Extent
4.1.2 Qualifier
4.1.3 Creator Identity **Core**
4.1.4 Creator Role **Core**
4.1.5 Creator Statement
4.2 Creation Date **Core**
4.2.1 Earliest Date **Core**
4.2.2 Latest Date **Core**
4.2.3 Date Qualifier
4.3 Creation Place/Original Location
4.3.1 Place Qualifier
4.4 Object/Work Culture
4.5 Commissioner
4.5.1 Commissioner Role
4.5.2 Commission Date
4.5.2.1 Earliest Date
4.5.2.2 Latest Date
4.5.3 Commission Place
4.5.4 Commission Cost
4.6 Creation Numbers
4.6.1 Number Type
4.7 Remarks
4.8 Citations
4.8.1 Page

5 STYLES/PERIODS/GROUPS/MOVEMENTS
5.1 Styles/Periods Description
5.2 Styles/Periods Indexing Terms
5.2.1 Term Qualifier
5.3 Remarks
5.4 Citations
5.4.1 Page

6 MEASUREMENTS **Core**
6.1 Dimensions Description **Core**
6.2 Dimensions Type
6.3 Dimensions Value
6.4 Dimensions Unit
6.5 Dimensions Extent
6.6 Scale Type
6.7 Dimensions Qualifier
6.8 Dimensions Date
6.8.1 Earliest Date
6.8.2 Latest Date
6.9 Shape
6.10 Format/Size
6.11 Remarks
6.12 Citations
6.12.1 Page

7 MATERIALS/TECHNIQUES **Core**
7.1 Materials/Techniques Description **Core**
7.2 Materials/Techniques Flag
7.3 Materials/Techniques Extent

7. 4 Materials/Techniques Role	9. 5 Citations
7. 5 Materials/Techniques Name	9. 5. 1 Page
7. 6 Material Color	
7. 7 Material Source Place	10 EDITION
7. 8 Watermarks	10. 1 Edition Description
7. 8. 1 Watermark Identification	10. 2 Edition Number or Name
7. 8. 2 Watermark Date	10. 3 Impression Number
7. 8. 2. 1 Earliest Date	10. 4 Edition Size
7. 8. 2. 2 Latest Date	10. 5 Remarks
7. 9 Performance Actions	10. 6 Citations
7. 10 Remarks	10. 6. 1 Page
7. 11 Citations	
7. 11. 1 Page	11 FACTURE
	11. 1 Facture Description
8 INSCRIPTIONS/MARKS	11. 2 Remarks
8. 1 Inscription Transcription or Description	11. 3 Citations
8. 2 Inscription Type	11. 3. 1 Page
8. 3 Inscription Author	
8. 4 Inscription Location	12 ORIENTATION/ARRANGEMENT
8. 5 Inscription Language	12. 1 Orientation/Arrangement Description
8. 6 Typeface/ Letterform	12. 2 Orientation Indexing Terms
8. 7 Mark Identification	12. 3 Remarks
8. 8 Inscription Date	12. 4 Citations
8. 8. 1 Earliest Date	12. 4. 1 Page
8. 8. 2 Latest Date	
8. 9 Remarks	13 PHYSICAL DESCRIPTION
8. 10 Citations	13. 1 Physical Appearance
8. 10. 1 Page	13. 2 Physical Description Indexing Terms
	13. 3 Remarks
9 STATE	13. 4 Citations
9. 1 State Description	13. 4. 1 Page
9. 2 State Identification	
9. 3 Known States	14 CONDITION/EXAMINATION HISTORY
9. 4 Remarks	14. 1 Condition/Examination Description

14. 2 Examination Type	16. 6 Remarks
14. 3 Examination Agent	16. 7 Citations
14. 4 Examination Date	16. 7. 1 Page
14. 4. 1 Earliest Date	
14. 4. 2 Latest Date	17 CONTEXT
14. 5 Examination Place	17. 1 Historical/Cultural Events
14. 6 Remarks	17. 1. 1 Event Type
14. 7 Citations	17. 1. 2 Event Identification
14. 7. 1 Page	17. 1. 3 Event Date
	17. 1. 3. 1 Earliest Date
15 CONSERVATION/TREATMENT HISTORY	17. 1. 3. 2 Latest Date
15. 1 Conservation/Treatment Description	17. 1. 4 Event Place
15. 2 Treatment Type	17. 1. 5 Event Agent
15. 3 Treatment Agent	17. 1. 5. 1 Agent Role
15. 4 Treatment Date	17. 1. 6 Contextual Cost or Value
15. 4. 1 Earliest Date	17. 2 Architectural Context
15. 4. 2 Latest Date	17. 2. 1 Building/Site Context
15. 5 Treatment Place	17. 2. 2 Part/Placement Context
15. 6 Remarks	17. 2. 3 Architectural Context Date
15. 7 Citations	17. 2. 3. 1 Earliest Date
15. 7. 1 Page	17. 2. 3. 2 Latest Date
	17. 3 Archeological Context
16 SUBJECT MATTER **Core**	17. 3. 1 Discovery/Excavation Place
16. 1 Subject Display	17. 3. 2 Excavation Site Sector
16. 2 General Subject Terms **Core**	17. 3. 3 Excavator
16. 2. 1General Subject Type	17. 3. 4 Discovery/Excavation Date
16. 2. 2 General Subject Extent	17. 3. 4. 1 Earliest Date
16. 3 Specific Subject Terms	17. 3. 4. 2 Latest Date
16. 3. 1 Specific Subject Type	17. 4 Historical Location Context
16. 3. 2 Specific Subject Extent	17. 4. 1 Historical Location Place
16. 4 Outside Iconography Term	17. 4. 2 Historial Location Date
16. 4. 1 Outside Iconography Code	17. 4. 2. 1 Earliest Date
16. 4. 2 Outside Iconography Source	17. 4. 2. 2 Latest Date
16. 5 Subject Interpretive History	17. 5 Remarks

17. 6 Citations

17. 6. 1 Page

18 DESCRIPTIVE NOTE

18. 1 Descriptive Note Text

18. 2 Remarks

18. 3 Citations

18. 3. 1 Page

19 CRITICAL RESPONSES

19. 1 Critical Comment

19. 2 Comment Document Type

19. 3 Comment Author

19. 4 Comment Date

19. 4. 1 Earliest Date

19. 4. 2 Latest Date

19. 5 Comment Circumstances

19. 6 Remarks

19. 7 Citations

19. 7. 1 Page

20 RELATED WORKS

20. 1 Related Work Label/Identification

20. 1. 1 Work Relationship Type

20. 1. 2 Work Relationship Date

20. 1. 2 . 1 Earliest Date

20. 1. 2. 2 Latest Date

20. 2 Work Broader Context

20. 2. 1 Historical Flag

20. 2. 2 Broader Context Datc

20. 2. 2. 1 Earliest Date

20. 2. 2. 2 Latest Date

20. 2. 3 Hierarchical Relationship Type

20. 3 Relationship Number

20. 4 Remarks

20. 5 Citations

20. 5. 1 Page

21 CURRENT LOCATION **Core**

21. 1 Current Location Description

21. 2 Current Repository/Geographic Location **Core**

21. 3 Current Repository Numbers **Core**

21. 3. 1 Number Type

21. 4 Gallery/Shelf Location

21. 5 Current Credit Line

21. 6 Object/Work Label/Identification

21. 7 Remarks

21. 8 Citations

21. 8. 1 Page

22 COPYRIGHT/RESTRICTIONS

22. 1 Copyright Statement

22. 2 Copyright Holder Name

22. 3 Copyright Place

22. 4 Copyright Date

22. 4. 1 Earliest Date

22. 4. 2 Latest Date

22. 5 Remarks

22. 6 Citations

22. 6. 1 Page

23 OWNERSHIP/COLLECTING HISTORY

23. 1 Provenance Description

23. 2 Transfer Mode

23. 3 Cost or Value

23. 4 Legal Status

23. 5 Owner/Agent

23. 5. 1 Owner/Agent Role

23.6 Ownership Place
23.7 Ownership Date
23.7.1 Earliest Date
23.7.2 Latest Date
23.8 Owner's Numbers
23.8.1 Number Type
23.9 Owner's Credit Line
23.10 Remarks
23.11 Citations
23.11.1 Page

24 EXHIBITION/LOAN HISTORY
24.1 Exhibition/Loan Description
24.2 Exhibition Title or Name
24.3 Exhibition Type
24.4 Exhibition Curator
24.5 Exhibition Organizer
24.6 Exhibition Sponsor
24.7 Exhibition Venue
24.7.1 Venue Name/Place
24.7.2 Venue Date
24.7.2.1 Earliest Date
24.7.2.2 Latest Date
24.8 Exhibition Object Number
24.8.1 Number Type
24.9 Exhibition Object/Work Label/Identification
24.10 Remarks
24.11 Citations
24.11.1 Page

25 CATALOGING HISTORY
25.1 Cataloging Institution
25.2 Cataloger Name
25.3 Cataloger Action
25.4 Area of Record Affected
25.5 Cataloging Date
25.5.1 Earliest Date
25.5.2 Latest Date
25.6 Remarks
25.7 Object/Work Record ID

26 RELATED VISUAL DOCUMENTATION
[references to Object/Work]
26.1 Image References
26.1.1 Image to Work Relationship Type

[Image Authority information]
26.2 Image Label/Identification
26.2.1 Image Catalog Level
26.2.2 Image Type
26.2.3 Image Title/Name
26.2.3.1 Image Title Type
26.2.4 Image Measurements
26.2.4.1 Dimensions Type
26.2.4.2 Dimensions Value
26.2.4.3 Dimensions Unit
26.2.5 Image Format
26.2.6 Image Date
26.2.6.1 Earliest Date
26.2.6.2 Latest Date
26.2.7 Image Color
26.2.8 Works Depicted
26.2.9 Image View Description
26.2.9.1 View Type
26.2.9.2 View Subject
26.2.9.2.1 View Subject Indexing Terms
26.2.9.3 View Date
26.2.9.3.1 Earliest Date

26. 2. 9. 3. 2 Latest Date
26. 2. 10 Image Maker/Agent
26. 2. 10. 1 Image Maker Role
26. 2. 10. 2 Image Maker Extent
26. 2. 11 Image Repository
26. 2. 11. 1 Image Repository Numbers
26. 2. 11. 1. 1 Number Type
26. 2. 12 Image Copyright/Restrictions
26. 2. 12. 1 Image Copyright Holder
26. 2. 12. 1. 1 Image Copyright Holder's Numbers
26. 2. 12. 1. 1. 1 Number Type
26. 2. 12. 2 Image Copyright Date
26. 2. 12. 2. 1 Earliest Date
26. 2. 12. 2. 2 Latest Date
26. 2. 13 Image Source
26. 2. 13. 1 Image Source Number
26. 2. 13. 1. 1 Number Type
26. 2. 14 Related Image
26. 2. 14. 1 Image Relationship Type
26. 2. 14. 2 Image Relationship Number
26. 2. 14. 3 Image Relationship Date
26. 2. 14. 3. 1 Earliest Date
26. 2. 14. 3. 2 Latest Date
26. 2. 15 Image Broader Context
26. 2. 16 Remarks
26. 2. 17 Citations
26. 2. 17. 1 Page
26. 2. 18 Image Authority Record ID

27 RELATED TEXTUAL REFERENCES **Core**
27. 1 Citations for Sources
27. 1. 1 Page
27. 1. 2 Work Cited or Illustrated
27. 1. 3 Cited Object/Work Number
27. 1. 3. 1 Number Type

[Citations Authority information]
27. 2 Source Brief Citation **Core**
27. 2. 1 Source Type
27. 2. 2 Source Full Citation **Core**
27. 2. 2. 1 Source Title
27. 2. 2. 2 Source Broader Title
27. 2. 2. 3 Source Author
27. 2. 2. 4 Source Editor/Compiler
27. 2. 2. 5 Source Publication Place
27. 2. 2. 6 Source Publisher
27. 2. 2. 7 Source Publication Year
27. 2. 2. 8 Source Edition Statement
27. 2. 3 Remarks
27. 2. 4 Citations Authority Record ID

28 PERSON/CORPORATE BODY AUTHORITY **Core**
28. 1 Person Authority Record Type
28. 2 Person/Corporate Body Name **Core**
28. 2. 1 Preference
28. 2. 2 Name Type
28. 2. 3 Name Qualifier
28. 2. 4 Name Language
28. 2. 5 Historical Flag
28. 2. 6 Display Name Flag
28. 2. 7 Other Name Flags
28. 2. 8 Name Source **Core**
28. 2. 8. 1 Page
28. 2. 9 Name Date
28. 2. 9. 1 Earliest Date
28. 2. 9. 2 Latest Date

28. 3 Display Biography **Core**	28. 17. 1 Page
28. 4 Birth Date **Core**	28. 18 Person Authority Record ID
28. 5 Death Date **Core**	
28. 6 Birth Place	29 PLACE/LOCATION AUTHORITY **Core**
28. 7 Death Place	29. 1 Place/Location Authority Record Type
28. 8 Person Nationality/Culture/Race **Core**	29. 2 Place Name **Core**
28. 8. 1 Preference	29. 2. 1 Preference
28. 8. 2 Nationality/Culture Type	29. 2. 2 Name Type
28. 9 Gender	29. 2. 3 Name Qualifier
28. 10 Life Roles **Core**	29. 2. 4 Name Language
28. 10. 1 Preference	29. 2. 5 Historical Flag
28. 10. 2 Role Date	29. 2. 6 Display Name Flag
28. 10. 2. 1 Earliest Date	29. 2. 7 Other Name Flags
28. 10. 2. 2 Latest Date	29. 2. 8 Name Source **Core**
28. 11 Person/Corporate Body Event	29. 2. 8. 1 Page
28. 11. 1 Event Date	29. 2. 9 Name Date
28. 11. 1. 1 Earliest Date	29. 2. 9. 1 Earliest Date
28. 11. 1. 2 Latest Date	29. 2. 9. 2 Latest Date
28. 11. 2 Event Place	29. 3 Geographic Coordinates
28. 12 Related Person/Corporate Body	29. 4 Place Types **Core**
28. 12. 1 Person Relationship Type	29. 4. 1 Preference
28. 12. 2 Person Relationship Date	29. 4. 2 Place Type Date
28. 12. 2. 1 Earliest Date	29. 4. 2. 1 Earliest Date
28. 12. 2. 2 Latest Date	29. 4. 2. 2 Latest Date
28. 13 Person/Corporate Body Broader Context	29. 5 Related Places
28. 13. 1 Broader Context Date	29. 5. 1 Place Relationship Type
28. 13. 1. 1 Earliest Date	29. 5. 2 Place Relationship Date
28. 13. 1. 2 Latest Date	29. 5. 2. 1 Earliest Date
28. 14 Person/Corporate Body Label/Identification	29. 5. 2. 2 Latest Date
28. 15 Person/Corporate Body Descriptive Note	29. 6 Place Broader Context **Core**
28. 15. 1 Note Source	29. 6. 1 Broader Context Date
28. 15. 1. 1 Page	29. 6. 1. 1 Earliest Date
28. 16 Remarks	29. 6. 1. 2 Latest Date
28. 17 Citations	29. 7 Place/Location Label/Identification

29. 8 Place/Location Descriptive Note	30. 7 Remarks
29. 8. 1 Note Source	30. 8 Citations
29. 8. 1. 1 Page	30. 8. 1 Page
29. 9 Remarks	30. 9 Concept Authority Record ID
29. 10 Citations	
29. 10. 1 Page	31 SUBJECT AUTHORITY **Core**
29. 11 Place Authority Record ID	31. 1 Subject Authority Record Type
	31. 2 Subject Name **Core**
30 GENERIC CONCEPT AUTHORITY **Core**	31. 2. 1 Preference
30. 1 Concept Authority Record Type	31. 2. 2 Name Type
30. 2 Concept Term **Core**	31. 2. 3 Name Qualifier
30. 2. 1 Term Qualifier	31. 2. 4 Name Language
30. 2. 2 Preference	31. 2. 5 Historical Flag
30. 2. 3 Concept Language	31. 2. 6 Display Name Flag
30. 2. 4 Historical Flag	31. 2. 7 Other Name Flags
30. 2. 5 Term Source **Core**	31. 2. 8 Name Source **Core**
30. 2. 5. 1 Page	31. 2. 8. 1 Page
30. 2. 6 Term Type	31. 2. 9 Name Date
30. 2. 7 Term Date	31. 2. 9. 1 Earliest Date
30. 2. 7. 1 Earliest Date	31. 2. 9. 2 Latest Date
30. 2. 7. 2 Latest Date	31. 3 Subject Date
30. 3 Related Generic Concepts	31. 3. 1 Earliest Date
30. 3. 1 Concept Relationship Type	31. 3. 2 Latest Date
30. 3. 2 Concept Relationship Date	31. 4 Subject Roles/Attributes
30. 3. 2. 1 Earliest Date	31. 4. 1 Preference
30. 3. 2. 2 Latest Date	31. 4. 2 Role Date
30. 4 Concept Broader Context **Core**	31. 4. 2. 1 Earliest Date
30. 4. 1 Broader Context Date	31. 4. 2. 2 Latest Date
30. 4. 1. 1 Earliest Date	31. 5 Related Subject
30. 4. 1. 2 Latest Date	31. 5. 1 Subject Relationship Type
30. 5 Generic Concept Label/Identification	31. 5. 2 Subject Relationship Date
30. 6 Concept Scope Note **Core**	31. 5. 2. 1 Earliest Date
30. 6. 1 Note Source **Core**	31. 5. 2. 2 Latest Date
30. 6. 1. 1 Page	31. 6 Subject Broader Context **Core**

31. 6. 1 Broader Context Date	31. 10 Subject Label/Identification
31. 6. 1. 1 Earliest Date	31. 11 Subject Descriptive Note
31. 6. 1. 2 Latest Date	31. 11. 1 Note Source
31. 7 Related Place/Location	31. 11. 1. 1 Page
31. 7. 1 Place Relationship Type	31. 12 Remarks
31. 8 Related Person/Corporate Body	31. 13 Citations
31. 8. 1 Person Relationship Type	31. 13. 1 Page
31. 9 Related Generic Concept	31. 14 Subject Authority Record ID
31. 9. 1 Concept Relationship Type	

CDWA 描述艺术品物理形态、图像及与时空、人物、历史文化等方面的上下文关系等，31 个基本类目为：对象/作品、分类、题名、创作、风格/时期/团体/运动、尺寸、材质/技术、碑铭/标志、形态、版本、制作、方位/布置、物理描述、条件/检查历史、保存/处理历史、主题、上下文、描述注释、批评反响、相关作品、现藏地点、版权/限制、所有权/收藏历史、展览/借出历史、编目历史、相关视频文件、相关文本参考、个人/团体规范、地点/方位规范、种属概念规范、主题规范。

所有 31 个类目可分为作品类目、相关文献类目以及规范类目三大部分：①前 25 个类目作为作品类目用于描述作品实体，每个类目使用子类目进行对象描述，有必须著录的核心类目及可选类目两种。大部分内容都有使用自由文本描述的子类目，用于概述作品信息，展示给用户，同时提取关键信息，使用规范词汇控制，建立索引，以方便检索。所有类目都有一个可选的“备注”(Remark)子类目作为补充说明，以及“引用”(Citations)子类目指明当前类目记录信息的参考来源。②26 和 27 两个类目描述作品的相关文献和相关影像等信息，其中“相关文本文献”类目是核心类目，对作品有重要参考价值或者著录作品时被参考的文本文献都可以记录于此，包括参考文献的类型及详细书目信息。③最后 4 个规范类目用于对作品记录及其规范档进行词汇控制，包括个人/团体规范、地点/位置规范、种属概念规范、主题规范四种类型。①

① 肖婷. 应用 CDWA 标准描述数字宋画作品的探索[J]. 图书情报工作, 2011, 55(9): 101-104, 146.

(3)核心类目介绍

类目和子类目都以标准的模板来描述。从定义、子类目和讨论 3 个部分来描述类目，从定义、实例、讨论和原则、术语/格式和相关类目及获取 4 个部分来描述子类目。

①对象/作品(Object/Work)，辨别所描述作品的类型和数量。Ⓐ编目层级(Catalog Level)：根据所欲著录材料的物理形式或内容来决定记录所显示的目录层次。受控词汇。例如：件、集、卷。Ⓑ物件/作品类型(Object/Work Type)：描述对象/作品所归属的类别。例如：绘画、图片、素描、视频等。

②分类(Classification)，依据类似的特征将艺术或建筑作品归类。分类术语(Classification Term)：根据正式分类架构给予一件作品特定的名称或代码。规范术语或受控词汇，例如：建筑、雕塑、欧洲艺术等。

③题名(Titles or Names)，一件艺术、建筑作品或群组作品所给定的标题或名称，也包含标题的类型和使用的时间。题名文本(Title Text)：艺术、建筑作品或作品群组所给定的识别短语。自由文本。例如：维纳斯与丘比特、Battle of Little Big Horn。

④创作(Creation)，艺术或建筑作品及其构件的创作、设计、执行或生产，包括能为作品或细节创作负责的团体，活动的日期和创作的地点。Ⓐ创作者描述(Creator Description)：参与作品的创作、生产、制造或其他相关活动的个人、团体、企业体或文化群体的信息。自由文本。其中，“创作者标示”(Creator Identity)核心子类目用来识别在艺术作品或建筑创作中，个人或团体的名称及其他特性。规范术语，使用“个人/团体规范”(Person/Corporate Body Authority)规范。例如：Wren、Christopher、unknown South Italian、宋佚名等。“创作者角色”(Creator Role)核心子类目表示在作品的概念生成、设计或生产过程中，创作者或制造者所扮演的角色或参与的活动。规范术语，使用“种属概念规范”(Generic Concept Authority)规范。例如：艺术家、设计者等。Ⓑ创作时间(Creation Date)：和作品及其构件相关的创作，设计或制造的日期或一段时间。自由文本。其中，“起”(Earliest Date)和“迄”(Latest Date)两个核心子类目分别描述相关艺术品或建筑创作的最早或最晚可能年代，主要采用公历表示。如果作品的创作时间横跨一段时间，则此元素记录作品是何年设计、何年开始动工或何年完成；如果时间是不确定或估计的，则记录最早可能设计或动工或最晚可能完成的年代。受控格

式，可参考 ISO 8601 和 W3 XML Schema 标准，例如：1889、1766-1782、17 世纪等。

⑤测量值(Measurements)，提供有关艺术或建筑作品的大小、形状、比例和体积等信息。尺寸描述(Dimensions Description)：一件作品的尺寸大小或在一群组里某一项目的尺寸范围。自由文本。例如：46.5cm×38cm 等。

⑥材质/技术(Materials/Techniques)，创作艺术或建筑作品的材料或物质以及任何建筑制造技术、过程或方法，内容可以是对制造材质和组成方法的描述。材质/技术描述(Materials/Techniques Description)：描述用于作品创作及工具、生产或制作技术过程、制造结合的方法中的物质或材料，以适应和显示在终端用户，包括不确定性、模糊性以及细微差别，对于纸上作品，包括水印的描述。自由文本。例如：设色绢本，建筑以工笔界画绘出。

⑦主题(Subject Matter)，说明一件艺术作品的主题(通常指其内容)是叙事性的、图像性的或借由抽象或图画式构件传达出非客观性的意义。这些主题皆是在或借由艺术作品描绘出来。在建筑或对象里，由于没有描述性的内容，因此此元素可包含其功能。概要主题词(General Subject Terms)：作品所描述事物的类别，索引词汇主要表达作品描绘的内容或何种东西被描绘在作品里。这些词汇皆为一般的词汇，而非专有名词。规范术语和受控词汇，例如：山水、动物、抽象艺术等。

⑧现藏地点(Current Location)，现在收藏艺术作品的地点和地理位置。如果作品丢失、破坏、不知道地点或者被私人所收藏，同样需要表示出来。典藏/地理位置(Repository/Geographic Location)：作品现在或以前收藏的地点名称以及地理位置。如果作品已遗失、遭窃、被破坏，则此类表示作品遗失、遭窃、被破坏或现藏单位不详前最后一个收藏单位和地理位置。规范术语，分别使用“个人/团体规范”(Person/Corporate Body Authority)和“地点/位置规范”(Place/Location Authority)规范。例如：纳尔逊-阿特金斯艺术博物馆(堪萨斯城，密苏里州，美国)、私人收藏(日本)等。其中“典藏处编号”(Repository Numbers)核心子类目表示现藏单位或最后已知单位给予作品的唯一识别编号。自由文本，例如：1987.776.32 A 等。

⑨相关文本参考(Related Textual References)，有关艺术品或建筑物的源文档信息引用，包括已出版的书目数据、网站、档案文件，未出版的手稿以及学者或主题专家所发表口头意见。Ⓐ原始资料简单标引(Source Brief Citation)：关于引用的原始资料的简单描述。自由文本，简单标引如

Bénézit, Dictionnaire des Peintres (1976), 完整标引如 Bénézit, Emmanuel, ed. Dictionnaire critique et documentaire des Peintres, Sculpteurs, Dessinateurs et Graveurs. Originally published 1911-1923. Paris: Librairie Gründ, 1976. Ⓑ原始资料完整标引(Source Full Citation): 完整表示引用、参考信息的书目信息，包括题名、广义题名、编辑者、作者、出版地、出版者、出版年版本描述等信息可选择。自由文本。例如: Millon, Henry A. Baroque and Rococo Architecture. New York: G. Braziller, 1961.

⑩规范类目，其中名称、来源、广义上下文等作为“个人/团体规范”(Person/Corporate Body Authority)、“地点/位置规范”(Place/Location Authority)、“种属概念规范”(Generic Concept Authority)、“主题规范”(Subject Authority)的核心子目录。

8.1.3.2　VRA Core Category

(1)概述

VRA Core Categories for Visual Resources① 由美国视觉资料协会(Visual Resources Association)和美国国会图书馆网络(Library of Congress, LC)开发&MARC 标准办公室(Network Development and MARC Standards Office)联合制定，是为在网络环境下描述艺术、建筑、史前古器物、民间文化等艺术类可视化资源而建立的元数据标准。VRA 参照艺术作品著录类目(CDWA)而设计，著录单元集合比较简单，比较适用于艺术作品、建筑、民间文化等三维实体。

VRA Core 起源于 1996 年秋天 VRA 数据标准协会起草提议的“视觉资源核心分类”公告，最初版本 VRA Core 1.0 包含 21 个元素: 13 个元素描述作品原始信息，3 个元素描述创作者，5 个元素描述复制画相关信息。到目前为止，已推出第四版，2007 年 9 月发布了 VRA Core 4.0，为了利于 VRA Core 数据交换和互通，采用 XML 语言编码，同时为了方便使用者根据自己的需求利用其元数据元素及定义属性，4.0 版本分为限制编码和非限制编码两种版本。

VRA Core 近年被多处用于数字图像的描述，美国自然历史博物馆、美

---

① VRA Core Schemas and Documentation [EB/OL]. [2016-08-09]. http://www.loc.gov/standards/vracore/schemas.html.

国国家美术馆、芝加哥艺术博物馆、赖尔森图书馆的麦卡伦视觉资源中心、波士顿建筑中心、印第安纳大学、加州州立大学等共 60 多所高校和机构的图书馆或视觉资源中心，已将 VRA Core 应用于对视觉资源的编目。

(2) VRA Core 4.0 数据模型和元素介绍

①数据模型。

VRA Core 4.0 版本①的数据模型中有 3 个基本实体：单一作品(Work)、合集(Collection)、图片(Image)，这三个基本实体表示记录类型(著录三选其一)。三者之间的关系如图 8.3 所示。Work 与 Image 相互之间是一对多的关系，Collection 与 Work、Image 分别是一对多的关系。

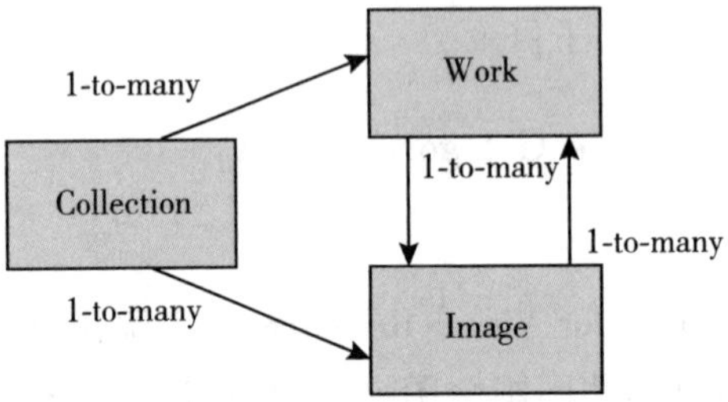

图 8.3　VRA Core 4.0 中 3 个基础实体关系

VRA Core 4.0 采用的是元素、子元素和属性的结构体系，一共有 19 项元素(见表 8.10)，部分核心元素下进一步规定了子元素，除记录类型(work，collection，or image)为必备和不可重复元素外，其他 18 个元素均为可选择性、可重复性元素，每一个元素给出了与 CDWA、Dublin Core、CCO 三个元数据标准中的元素项的映射关系。另外，除了统一定义了 9 个全局属性(dataDate、extent、href、pref、refid、rules、source、vocab 和 xml：lang)来修饰任何元素或子元素，有的元素和子元素也会有各自的局部属性，并且在 VRA Core 4.0 限制编码中有的元素规定了其局部属性的属性值。

① VRA Core 4.0 Element Description[EB/OL]. [2016-08-09]. http：//www.loc.gov/standards/vracore/VRA_Core4_Element_Description.pdf.

表 8.10　**19 项元素及其子元素、属性信息**

元素	定义	子元素	局部属性
记录类型(work, collection, or image)	标识记录对象是作品或其图像资源		标识符(id)
创作者(agent)	有助于作品图像设计、创作、生产、制作、更改或对图像有贡献的个人、组织或团体名称、正式称呼或其他标识符		
		名称(name)	类型(type) 值:personal, corporate, family, other
		文化(culture)	
		时间(dates): earliestDate、latestDate	类型(type) 值:life, activity, other
		角色(role)	
		贡献(attribution)	
文化(culturalContext)	作品图像的相关背景和文化		
时间(datc)	与作品图像创作、设计、展示、建构、更改等相关的时间		类型(type) 值:alteration, broadcast, bulk, commission, creation, design 等
		最早时间(earliestDate)	
		最晚时间(latestDate)	
描述(description)	对作品、图像进行描述、评论和解释		
题款(inscription)	在产生或历史时期镶嵌、贴、盖印、写、铭刻或附着于作品上之部分的区别或辨识描述,内容包括记号、字母、评注、文章或标签		
		作者(author)	
		位置(position)	
		文本(text)	类型(type) 值: signature, mark, caption, date, text, translation, other

续表

元素	定义	子元素	局部属性
地点(location)	存储作品图像地点名称或位置		类型(type) 值:creation,discovery, exhibition 等
		名称(name)	类型(type) 值:corporate,geographic, other, personal
		refid	类型(type) 值:accession,barcode, shelfList, other
物质(material)	作品图像的材料说明		类型(type) 值:medium, support, other
测量(measurements)	作品图像的大小、形状、尺寸、规模或格式等		类型(type) ISO 标准(unit)
关联(relation)	描述作品图像与其他作品图像之间的关系		类型(type) 相关作品标识符(relids)
版权(rights)	作品图像相关权利管理信息		类型(type) 值:copyrighted, publicDomain
		所有者(rightsHolder)	
		文本(text)	
来源(source)	作品图像相关记录信息的来源		
		名称(name)	类型(type) 值: book, donor, electronic, serial, vendor, other
		refid	类型(type) 值: citation, ISBN, ISSN, openURL, URI, vendor, other
形态版本(stateEdition)	描述作品的版本信息		数量(count) 版本号(num) 类型(type)

续表

元素	定义	子元素	局部属性
		描述(description)	
		名称(name)	
风格时期(stylePeriod)	描述作品代表的风格、时期、流派等信息		
主题(subject)	描述和解释作品图像的意义		
		术语(term)	类型(type)
技术(technique)	作品图像的生产流程、技术、方法的描述		
相关信息的参考文献(textref)	相关参考文献的名称、标识符等信息描述		
		名称(name)	类型(type) 值:book, catalog, corpus, electronic, serial, other
		参考文献标识符(refid)	类型(type) 值: citation, openURL, ISBN, ISSN, URI, openURL, vendor, other
题名(title)	作品图像的名称		类型(type)
作品种类(worktype)	表示描述记录属于作品、合集、图像的哪一类型		

8.1.3.3　Cataloging cultural objects(CCO 图像)

(1)概要

文物编目准则 CCO 与 VRA Core 4.0 紧密相关，它们之间的关系实际上是一种共生关系：CCO 的制定者在 VRA Core 3.0 基础上开发了数据内容准则和 CCO，而 CCO 给 VRA Core 4.0 提供了方法论。①

CCO(Cataloging cultural objects)数据标准可以用于艺术作品、建筑、文物以及其图像资源的描述和记录，是为了让用户更好地了解作品本身的信息。在以往的标准上，CCO 为馆藏记录中常用的元数据元素提供选择、排

① 于嘉．VRA Core 元数据的发展与现状[J]．新世纪图书馆，2008(4)：75-78.

序、格式化数据纲要，设计的重点在于为了描述、记录文化艺术作品，属于描述性元数据。

CCO(Cataloging cultural objects)纲要①主要分为三部分：总则，介绍数据标准总体概况，包括编目基本准则、受控词汇、规范控制等方面；元素，共分九章，分别从定义、词汇控制、可重复性、必备性、使用和实例等方面介绍元数据元素；规范控制，介绍个人团体名称、地理位置、概念、主题四个方面规范内容、原则以及相关推荐元素等。最后附录包括术语表、参考书目以及索引。

CCO(Cataloging cultural objects)分别给予了作品(work)和图像(image)的定义，并且做了严格的区分。作品是人类创造的局限于对象和结构的独特知识或艺术创作，包括平面图、视觉艺术作品和文物。图像是作品的视觉表示，通常存在于照相、摄影或数字格式中。在关系数据库结构中，作品和图像之间的关系是一对多、多对多的关系。

(2)CCO 元素介绍

CCO 元素由必备性(required)、规范控制(controlled)、受控词汇(controlled list)、编目原则等方面确定元素顺序、格式、语法等内容，具体元素见表 8.11。同时，CCO 有四个方面的规范控制：个人团体名称、地理位置、概念、主题，每个类型规范控制从定义、元素、术语、实例等方面通过格式文档进行说明。

表 8.11　**CCO 相关元素列表**

方面	元素	定义
Object Naming	Work Type(required)	标识出描述作品或作品集的类型
	Title(required)	记录艺术或建筑作品的标题、识别短语或名称
	Title Type、Language、Source	区分不同类型标题

① Cataloging Cultural Objects：A Guide to Describing Cultural Works and Their Images, Online Edition[EB/OL].[2016-08-11]. http：//cco.vrafoundation.org/index.php/toolkit/cco_pdf_version/.

续表

方面	元素	定义
Creator Information	Creator(required)	标识作品创作、设计、生产、制作或更改的个人、团体或其他
	Creator Role(required)	记录创作者在作品构思、设计或生产工作中执行的角色或活动
	Creator Extent、Attribution Qualifier	相关范围或贡献词预选
Physical Characteristics	Measurements(required)	包括作品的尺寸、大小或规模信息
	Materials and Techniques(required)	在作品创造中使用的材料，包括生产或制造的技术、过程或方法
	State and Edition	作品创作的数量、版本等信息
	Additional Physical Characteristics	博物馆或其他收藏机构可能需要的额外元素，可能包括铭文与制作等
Stylistic, Cultural and Chronological Information	Display Date(required)	记录与创作、设计、生产、展示、表演、建造或更改作品或其组成部分的相关日期或范围
	Style	显示作品编目中的命名，定义的样式，历史或艺术时期，运动或团体等特征
	Culture	包含文化、人或国籍等信息
Location and Geography	Current Location display	描述艺术作品或建筑地理位置
	Creation Location display	作品或其组件创建、设计或生产的地点，可以从作品原来的位置推定
	Discovery Location display	作品被挖掘、发现的地理位置
	Former Location display	包括作品所有权或手机历史等位置信息
Subject	Subject display	描述作品的主题信息
	Extent、Subject Type	作品主题的一些扩展信息
Class	Class display、Controlled Class	手机作品及更广范围的信息，涉及与它相关的其他作品的信息

续表

方面	元素	定义
Description	Description (descriptive note)	关于详细作品内容或上下文细节的描述性注释，自由文本记录
	Other Descriptive Notes	一些机构可能需要额外元素的自由文本格式的注释去解释、说明作品相关的特定元素，例如主题注释、日期注释等
View Information	View Description(required)	自由文本阐述作品作为图像视图的空间、时间顺序或上下文方面的信息
	View Type(required)	视图类型记录的特定位置或角度
	View Subject display(required)	特定图像描述的表现作品主题的术语或短语
	View Display Date	图像创建或生产相关的任何日期或范围

8.2 教育领域

8.2.1 DC-education application profile

8.2.1.1 DC-education 概况

DCMI 于 1999 年 8 月建立教育资源工作组(Dublin Core Education Working Group，DCEd)，于 2000 年 10 月提出了有关建议，直接将 DC 元数据集(15 个元素)复用到 DCEd 命名域上(实际上形成一个 DCEd 元数据集)，即 Title、Creator、Subject、Description、Publication、Contributor、Date、Type、Format、Identifier、Source、Language、Relation、Coverage、Rights，并在 DCEd 命名域内补充 2 个新元素，对 DC. Relation 元素扩展一个修饰词(即限制属性)，复用 IEEE LOM 的 3 个元素来描述教育资源。①

① 王昉，张晓林．面向教育资源的元数据[J]．情报杂志，2002，21(7)：37-39.

8.2.1.2　DCEd 扩展方式

第一，补充新元素 Audience(用户)，指使用资源的用户种类。DCEd 为这个元素定义了一个限制属性 Mediato，用以描述多资源使用管理、控制或操作等权利的实体，例如教师。

第二，补充新元素 Standard(标准)，指与资源相关的教育或训练标准，实际元素值是指向标准的一个 URL。它的限制属性包括 identifier(标准标识符)、version(标准版本)。

第三，DC. relation 扩展：Conformsto，指资源所遵循的标准，这个限制属性只属于 DCEd 元素集。

第四，复用 IEEE LOM 的 3 个元素：InteractivityType(交互类型)、InteractivityLevel(交互程度)、TypicalLearningTime(典型学习时间)。

8.2.2　IEEE Learning object metadata(LOM)

8.2.2.1　IEEE LOM 概况

IEEE LOM(IEEE Learning Object Metadata，学习对象元数据)由 IEEE 学习技术标准委员会 P1484.12 学习对象元数据工作组建立，用以完整、充分地揭示包括多媒体内容、教育内容、教育软件和工具、参考资料等学习对象的属性特征，如类型、作者、所有者、发行类型、格式、应用环境、教学要求等。

8.2.2.2　IEEE LOM 基本结构

LOM 规范①所建立的数据模型是学习对象属性的一个最小集合，包括 General(通用)、Lifecycle(生命周期)、Meta-Metadata(宏元数据)、Technical(技术)、Educational(教育)、Rights(权利)、Relation(关系)、Annotation(注解)、Classification(分类)九大基本类别，每一个类别下设置若干个元素，每一个元素定义了名称、解释、多值性、域、类型、附注和示例，许多元素可自动生成或通过模板生成。LOM 数据模型使用层次模型，元素中可

① IEEE SA-LOMWG12-Working Group for Learning Object Metadata[EB/OL]. [2016-08-28]. http://standards.ieee.org/develop/wg/LOMWG12.html.

以包含子元素。LOM 元数据规范给出了与都柏林核心元数据的映射表。LOM 元素集见表 8.12。

表 8.12　**IEEE LOM 元素集**

类别	元　　素
General(通用类)	集合了与学习资源总体内容有关的元素
	Identifier(标识符，有子元素 Catalog 和 Entry，指明著录或标引学习对象的目录及其相应款目)； Title(题名)； Language(语言)； Description(内容说明)； Keywords(关键词)； Coverage(内容覆盖范围)； Structure(结构)； Aggregation Level(集成层次)
Lifecycle(生命周期类)	集合了与学习对象产生和应用生命周期相关的特征
	Version(版次)； Status(版本状态，例如草稿、最终版、修订版等)； Contribute(贡献信息，包括子元素 Role，贡献角色，可为责任者、出版者、终审者、编辑者、绘图者等；子元素 Entity，与角色对应的具体实体；子元素 Date，该实体以该角色做出贡献的日期)
Meta-Metadata(宏元数据类)	对学习对象元数据进行描述的元素集合
	Identifier(元数据标识符，有子元素 Catalog 和 Entry)；Contribute(元数据贡献信息，也包括子元素 Role(角色)、Entity(实体)、Date(日期))； Metadata Scheme(元数据格式)； Language(语言)
Technical(技术类)	包括学习对象的技术特征元素集合

续表

类别	元　　素
	Format(格式); Size(数字资源大小); Location(资源位置); Requirements(技术系统要求，包括子元素 Type，技术系统类型，如操作系统、浏览器；子元素 Name；技术系统名称，如操作系统 Windows、MacOS 等，浏览器如 Netscape、IE 等；子元素 Minimum Version 和 Maximum Version，注明所要求的技术系统最低和最高版本); InstallationRemarks(安装说明); OtherPlatformRequirements(技术平台的其他要求，如声卡、运行时间等); Duration(学习对象正常播放的持续时间)
Educational(教育类)	包括描述学习对象的教育学和教学学特征的元素集合
	Interactivity Type(交互类型); Learning Resource Type(学习资源类型); Interactivity Level(交互度，对象使用中使用者与内容交互程度的主观测量); Semantic Density(语义密度，内容含量密度的主观测量); Intended End User Role(最终用户角色，例如教师、学生、管理者); Context(学习环境，例如小学、高中、大学、研究生、职业培训等); Typical Age Range(使用者年龄范围); Difficulty(难度，使用者完成学习的难度); Typical Learning Time(通常学习时间); Description(使用说明); Language(语言)
Rights(权利类)	包括与学习对象使用有关的元素
	Cost(是否付费); Copyright and Other Restrictions(是否有版权或其他限制); Description(使用条件说明)

续表

类别	元　素
Relation(关系类)	描述与该学习对象关联的其他资源的元素集合
	Kind(关系种类，例如 IsPartOf、HasPartOf 等)； Resource(关联资源，包含子元素 Identifier(关联资源标识符，有 Catalog 和 Entry 两个元素描述)；子元素 Description(关联资源说明))
Annotation(注解类)	包括对学习对象教学的注解
	Entity(注解实体，包含创建注解的个人或组织)； Date(注解日期)； Description(注解内容说明)
Classification(分类类)	包括与对象分类有关的元素
	Purpose(分类目的，例如学科分类、教育目标分类、教育等级分类等)； TaxonPath(分类法路径，包含子元素分类法来源 Source、分类类目 Taxon、分类法标识符 Id、实体正文标号 Entry)； Description(分类说明)； Keywords(关键词，按相关度排列)

8.2.2.3　IEEE LOM 应用

LOM 是为解释计算机辅助教学、网络教学中的学习对象的属性特征而制定的，目的在于使用最小属性集完成对多媒体内容、教育内容、教育软件和工具、参考资料等学习对象的管理、检索和评估；LOM 关注教育过程中资源利用的目的、交互和效应，有关描述对象的客观属性则服从于教育目的来进行元素设置。在 LOM 中，General、Lifecycle、Meta-Metadata、Technical 等类别主要是基于描述对象的客观属性，而 Educational、Rights、Annotation 等类别主要是基于教育目的。

LOM 规范为学习对象的属性描述还提供了一个语义模型，用于支持信息的交换，但它并不涉及任何现实问题，包括编码绑定、API 绑定、用户界面以及学习对象如何使用等。这样做的目的在于通过建立一个通用的数据模型，保证语义模型的独立性与绑定的分离，并使元数据的不同绑定有较好的语义互操作性。①

利用 LOM 数据模型可以对学习对象的一些公用属性进行描述。同时，对于某些数据元素，LOM 规范直接给出了推荐的取值集合(称为词汇表)，以获得更好的数据交换性。我国的《学习对象元数据规范(CELTS-3)》是 IEEE LOM 模型的译稿，并根据元素的通用性确定了必需数据元素和可选数据元素。

8.2.3　GEM element set

8.2.3.1　GEM 概况

GEM(The Gateway to Education Material，教育资源网关)②由美国教育部、美国国家教育图书馆和 Syracuse 大学组共同研究建立，GEM 项目开始于 1996 年 9 月，包括两部分：GEM 网关和 GEM 元素集。前者是一个在线教育资源搜索引擎，整合了广泛的公共和非公共信息提供者，以及各级教育组织和教育管理部门的信息资源，允许用户检索包括课程计划、教育网页、书籍、课件、教育文件与标准等教育资源。后者是一套元数据标准，对教育资源进行简单描述，所产生的元数据记录被组织到 GEM 数据中提供检索支持。

8.2.3.2　GEM 元素设置

GEM 元数据标准直接复用 DC 的 15 个元素作为核心元素，并根据教育资源特点扩展了 8 个新元素(见表 8.13)，同时扩展了部分 DC 元素和扩展元素的限制属性。③

---

① 谢芦青. Dublin Core、LOM 和 MARC 三种元数据的比较研究(一)[J]. 全国新书目，2006(23)：75-77.

② Stuart A. Sutton. Gateway to Educational Materials (GEM)：metadata for networked information discovery and retrieval[EB/OL]. [2016-08-23]. http：//www7. scu. edu. au/1897/com1897. htm.

③ Gateway to Educational Materials (GEM)[EB/OL]. [2016-08-23]. http：//dublincore. org/groups/education/GEM-Study. html.

表 8.13　　**GEM 元数据定义新元素**

元素	定　义	
Audience(用户)	规范词汇描述、标识资源贡献者相关信息	
	子元素	toolFor(使用者)、Beneficiary(资源受众)
Cataloging(编目)	提供创建 GEM 书目记录的机构的基本信息	
	子元素	nameCorporate(编目机构)、namePersonal(编目者)、Email(电子邮件)、postal(邮政地址)、phone(电话)、fax(传真)、homePage(主页)、application(应用程序)、version(版本)
Duration(持续时间)	资源运行或课程的持续时间	
Essential Resource(必需资源)	教师有效使用教学资源时必需的资源	
Grade(资源适用年级)	关于资源受众的年级跨度、水平等信息	
	子元素	grade(受众年级范围)、level(受众教育水平)、age(受众年龄范围)
Pedagogy(教学要求)	描述与资源相关的学生教育团体、教学方法、评估方法、学习的先决条件等信息	
	子元素	grouping(分组方式，按 GEM 词汇标注)、teachingMethod(教学方法，按 GEM 词汇标注)、assessment(评估方法，按 GEM 词汇标注)、prerequisite(先决条件描述)
Quality(质量评估)	标识教育资源的评估方式	
	子元素	criteria(评估标准)、rating(评估等级)、category(评估种类)、authority(评估者)、scale(评估等级范围)、homePage(评估者关于标准的声明)
Standards(标准)	相关国家或全国性学术标准映射到所描述的实体	
	子元素	Authority(使用标准描述自愿者)、correlation(资源与标准的关联程度)、identifier(标准标识符)、discipline(标准主题领域)、level(标准对应的年级范围)、standardPath(标准的层级序号)、sequence(标准层级序列)

8.2.4 ADL/SCORM

8.2.4.1 SCROM 概述

ADL/SCORM(The sharable content object reference model)是美国国防部于 1997 年启动的一个“高级分布式学习”(Advanced Distributed Learning)研究项目制定的一个规范。2000 年发布了 SCROM 1.0，2001 年发布的 SCROM 1.2 广泛采用，从 2004 年，开始陆续改善和更新 SCROM 2004 版本，最近的一次更新为 2009 年的 SCROM 2004 4th。SCROM 2004 的体系结构主要有 CAM(Content Aggregation Mode1，内容聚合模型)，提供了一个公共的方法把学习资源组合成学习内容；RTE(Run Time Environment，运行时环境)，主要是将内容对象传递到学习者的浏览器中(例如发布学习内容)；SN(Sequencing and Navigation，排序和导航)，为教学人员提供了一种定义知识点先后学习顺序的机制。其中元数据(Metadata)部分包含在 CAM 中，采用 XML 语言编码。

8.2.4.2 SCROM 元数据

SCROM 元数据规范并不是新的元数据规范，而是复用 IEEE LOM 元数据标准和 IMS 学习资源元数据 XML 绑定规范对学习对象进行描述。SCROM 元数据信息模型中定义了元数据的数据元素，并将元数据分为 9 个类别(见表 8.12)，它们分别是通用类、生存期类、元数据描述类、技术类、教育类、权利类、关系类、评注类和分类类。SCROM 对每个元数据元素进行了详细描述，依据 IMS 学习资源元数据 XML 规范，用 XML 语言对元数据元素进行编码、绑定，SCROM 对如何绑定做了解释说明。

SCROM 数据模型同 LOM 类似使用层次模型，元素中可以包含子元素。在顶级，数据元素通常叫做一个类。为了清楚表明每种数据元素在这个层次框架中的位置，在顶级之下的每级名称前都用一个点号表示，见表8.14。

表 8.14　**层次结构可视化表示**

层次级	表格描述
类别-层次中的顶级	数据元素
层次中的第二级	·数据元素

续表

层次级	表格描述
第二级的下一级	·数据元素·数据元素
第四级的父级	·数据元素·数据元素·数据元素
层次的第四级	·数据元素·数据元素·数据元素·数据元素

SCROM 在复用 LOM 的元素时，只有 3 个元素/子元素均在 Identifier 被设为保留元素，即在 SCROM 中不使用，其余均可使用，因此 SCROM 元素的复杂程度和 LOM 是十分接近的。只不过在描述不同层次的资源时，其必备元素和可选元素的设置略有不同，比如描述 Assets 的必备元素有 7 个，可选元素 38 个，而描述 SCROM 和 Content Aggregation 的必备元素为 14 个，可选元素 31 个。①

SCROM 通过复用 IEEE LOM 元数据集定义了丰富的元数据信息，并将学习对象分为 3 个层次：Assets(原始资源)、Sharable Content Object(可共享内容对象)、Content Aggregation(集成资源)，LOM 元数据中的具体元素在描述不同层次的资源时有 3 种状态：Mandatory(必备元素)、Optional(可选元素)、Reserve(保留元素)，由此组合成不同的元数据描述方案。

SCROM 元数据元素主要应用于描述以下 5 大内容：内容聚合元数据(Content Aggregation Metadata)、内容组织结构元数据(Content Organization Metadata)、活动元数据(Activity Metadata)、可共享内容对象元数据(SCO Metadata)、微单元元数据(Asset Metadata)。

8.2.5 ETD-MS

电子硕博士学位论文元数据标准(Interoperability Metadata Standard for Electronic Theses and Dissertations, ETD-MS)②运用于 NDLTD 项目，定义了用于描述电子版学位论文的元数据标准，2008 年 6 月发布 1.0 版，2010 年 8 月更新到 1.1. 版。目的是使 ETD 项目成员之间的数据规范保持一致，以利于数据共享和交换。

---

① 郑雯，吴开华，赵阳．国外教育资源元数据标准比较研究[J]．图书情报工作，2005，49(1)：107-111.

② ETD-MS v1.1：an Interoperability Metadata Standard for Electronic Theses and Dissertations[EB/OL]．[2016-09-02]．http：//www.ndltd.org/standards/metadata.

ETD-MS 定义了 14 个元素，其中复用 DC 元数据 13 个元素：title、creator、subject、description、publisher、contributor、date、type、format、identifier、language、coverage、rights，以及自定义 1 个元素 degree。通用限定词有三个：lang、translate 和 scheme。见表 8. 15。

表 8. 15　**ETD-MS 元数据元素**

元素	子元素(修饰词)	元素	子元素(修饰词)
dc. title	dc. title. alternative	dc. description	dc. description. abstract
dc. creator			dc. description. note
dc. subject			dc. description. release
dc. publisher	dc. publisher. country	dc. date	
dc. contributor	dc. contributor. role	dc. type	
dc. format		thesis. degree	thesis. degree. name
dc. identifier			thesis. degree. level
dc. language			hesis. degree. discipline
dc. coverage			hesis. degree. grantor
dc. rights			

8. 3　政府信息领域

8. 3. 1　GILS

8. 3. 1. 1　GILS 概念及发展概况

GILS(Government Information Locator Services),[①] 即政府信息定位服务，对于其定义，有多种观点。赵志荣和张晓林认为是一种支持公众搜寻、获取和使用政府公开信息资源(包括电子信息资源)开放环境下的分布式信息资源及利用体系，由美国政府提出并实施。王欣认为 GILS 是一个描述和辨识

① GILS Overview[EB/OL]. [2016-08-25]. http：//www.gils.net/overview.html.

政府信息资源，并提供获得该资源方式的系统。总的来说，它就是美国联邦政府推动的资源查找系统，也是协调各机构信息传播，帮助人们有效地检索和利用机构各项信息的工具。

GILS 系统始于美国 20 世纪 90 年代初期的项目研究“联邦政府信息识别与描述详细目录/定位系统”，1994 年 12 月美国商务部将 GILS 计划作为联邦政府信息处理标准(FIPS 192)颁发，1995 年年初美国管理与预算局发布了“OBM Bulletin 95-01”，将 GILS 作为美国政府信息基础设施的核心组成部分进行建设，并要求联邦政府各机构在 1996 年 1 月 31 日前开始 GILS 系统的建设。

GILS 元数据具有易识别、易创建，强调语义映射，使用定位记录，具备可扩展性，使用交互界面等特点，提供了具有强大功能与标准化的途径来识别和描述信息资源，帮助检索者获取信息。对于检索者来说，GILS 提供了通过信息特征查找信息内容的标准方式；对于信息中介者来说，能利用这一平台，通过电子邮件、电子公告栏、印刷文件等方式帮助利用者查找信息，并提高查全率和查准率。随着电子政务的发展，借助网络技术的不断进步，GILS 的实施将更加广泛。①

8. 3. 1. 2　GILS 元数据结构

从信息组织的角度来看，GILS 体系是一组分布式信息资源目录的集合。其基本构建要素是这些目录中对具体资源进行描述的元数据，即 GILS 定位记录(GILS Locator Record)，它是一组相关数据元素的集合，用来描述信息资源的内容、位置、服务方式、存取方法等。

GILS 定位记录由若干 GILS 核心元素(Core Elements)组成，并可含有应用系统自定义元素或与具体应用系统相容的其他 Z39. 50 属性规范(Profiles)中定义的元素。GILS 核心元素中包括必备项和可选项，某些元素可重复，某些元素有若干子元素。

根据 1997 年发布的第二版 GILS Profile，GILS 定位记录的核心元素包括 28 项元素，见表 8. 16。

① 杨薇薇，王新才．美国 GILS 服务体系研究[J]．图书馆理论与实践，2006(2)：93-95.

表 8.16　**GILS 核心元素概览**

元素名称	定义	备注
Title(题名)		必备，不可重复
Originator(创始者)	标识信息资源的创建者	必备，可重复
Contributor(贡献者)	除创始者外与资源有关的责任者，例如个人作者、团体作者、共同作者或会议名称	非必备，可重复
Date of Publication (出版日期)	描述资源出版、更新、修改日期	必备，不可重复
Place of Publication (出版地)	描述资源出版的城市	非必备，不可重复
Language of Resource (资源语种)	用 MARC 三字符语言代码	必备，可重复
Abstract(摘要)	对信息资源进行简单的叙述，指出信息资源的整体类型和范围，可包括信息内容讨论、信息格式、媒体、时间跨度等	非必备，不可重复
Controlled Subject Index(规范主题索引)	由子元素构成，提供描述资源的规范词汇，指出规范词表来源	非必备，可重复
Subject Terms Uncontrolled (非规范主题词)	由若干可重复的子元素组成，每一个子元素记载用以描述信息资源的非规范化关键词	非必备，不可重复
Spatial Domain (空间域)	由一组子元素组成，提供了关于信息资源地理范围的元素集	非必备，不可重复
Time Period(时期)	提供有关信息资源的时间架构，提供信息资源内容或主题时间范围	非必备，可重复
Availability (获取方式)	由一组子元素组成，描述信息资源获取方式	必备，可重复
Sources of Data (数据来源)	描述与该信息资源有关的数据提供者	非必备，不可重复
Methodology(方法)	描述生产信息资源所使用的技术、工具或方法	非必备，不可重复
Access Constraints (获取限制)	由一组子元素组成，描述获取信息资源或它的组成和服务的限制或法律必备条件	非必备，不可重复

续表

元素名称	定义	备注
Use Constraints（使用限制）	描述使用信息资源或它的组成产品和服务的限制或法律必备条件，包括保护隐私、知识产权和使用信息资源的其他约束条件所做出的规定	非必备，不可重复
Point of Contact（联系点）	对负责信息资源内容的组织和个人进行描述，含有多个子元素	非必备，不可重复
Supplemental Information（补充信息）	描述信息资源的其他补充信息	非必备，不可重复
Purpose（目的）	描述信息资源的功能和应用联系，以便区别其他项目	非必备，不可重复
Agency Program（机构项目）	确定由该资源所支持的主要政府项目，应包括与该信息资源相关的法律管辖权的描述	非必备，不可重复
Cross Reference（参照）	描述与该记录有关的其他 GILS 记录或信息系统	非必备，可重复
Schedule Number（目录号）	用来标明信息资源的有关标识符，利于记录管理	非必备，不可重复
Control Identifier（控制标识符）	由编织者为每一个 GILS 记录建立的唯一识别号，用来区别其他的 GILS 记录	必备，不可重复
Original Control Identifier（原始控制标识符）	在该记录由另一 GILS 记录导出时，此元素记载原始 GILS 记录的控制标识符	非必备，不可重复
Record source（记录源）	确认创建或最终修改该记录的组织，采用标准机构代码	必备，不可重复
Language of Record（记录语言）	确定定位记录本身所用语言，用 MARC 三字符语言代码表示	必备，不可重复
Date of Last Modification（最后修改日期）	确认记录创建或修改的最近日期	必备，不可重复
Record Review Date（记录审查日期）	描述由记录源指定的重新审查该 GILS 记录的日期，用以保证 GILS 记录得到不断的检查和更新	非必备，不可重复

在 GILS 元数据中，部分核心元素下面又进一步规定了子元素，主要有出版日期(结构型、文本型)，规范主题索引(主题词表、规范主题词、受控词)，空间域(限定坐标、地点)，时期(文本型、结构型)，获取方式(媒介、经销商、资源描述、订购过程、技术条件、可获得日期、可使用链接)，获取限制(普通限制、创始者传输控制、安全分类控制)，联系点(名称、机构、街道地址、城市等)，交叉参考(参考标题、参考关系、参考链接)。

8.3.1.3 GILS 应用状况

目前，GILS 在美国得到广泛应用。美国联邦政府的各个部级机构大多已建立了 GILS 服务器，例如商务部、国防部、环境保护署等，而且美国多数州级政府也开始建立 GILS 服务系统，如佛罗里达、纽约、加利福尼亚、华盛顿等州政府机构。世界上其他一些国家，例如加拿大、澳大利亚，以及政府间组织如 7 国集团环境与自然资源管理项目，也从 1995 年起开始利用 GILS 来建立或推动政府信息的广泛利用和共享。① 其中加拿大积极推广 GILS，并结合本国情况进行了修改和发展。它规定 GILS 记录使用英语和法语同时描述元素，只使用 GILS 核心元素及其子元素，不使用自定义元素，并以指南形式对各种元素数据描述方式进行了具体的规定。为了帮助各机构迅速建立和使用 GILS，加拿大提供了本地化的和基于 Web 的 GILS 记录创建工具，各部门可直接在核心站点数据库中输入和存放 GILS 记录，也可制作了记录后再利用 SGML。

8.3.2 DC-Government Application Profile

8.3.2.1 DC-Government 概况

1999 年 10 月 25 日，DCMI(都柏林核心元数据首创计划)成立了政府工作组(DCMI Government Working Group，DC-GOV WG)。该组调研了政府部门应用 DC 的现状和共同点，为 DC 应用于政府部门应增加的元素和修饰词提出了建议。2001 年 6 月，大部分欧洲国家以及澳大利亚、加拿大和新西兰政府部门的代表在布鲁塞尔召开 MIReG(Managing Information Resources for e-Government)研讨会，成立了 MIReG 工作组。2001 年 9 月 17 日，DC-

① 赵志荣，张晓林．GILS 元数据的结构和应用[J]．情报理论与实践，2000，23(6)：445-448.

Government 工作组和 MIReG 工作组联合发布了专门针对政府信息资源管理的应用纲要 DC-Government Application Profile。① DC-Government 是建立在政府信息管理领域的 DC 应用纲要，用以分析在政府机构中应用 DC 的问题。

8.3.2.2 DC-Government 元素

DC-Government Application Profile 应用纲要提出：直接将 DC 元数据集的 15 个元素(题名、创作者、主题、描述、出版者、其他责任者、日期、类型、格式、标识符、来源、语言、相关资源、范围、版权)及修饰词复用到 DC-GOV 命名域上，并在 DC-GOV 命名域内补充了一个新元素 Audience(受众)，并增加了 5 个 DC 元素的限制属性。见表 8.17。

表 8.17 **DC-Government 核心元素集**

功能	元　素
资源内容信息	题名(Title)、Subject(主题)、Coverage(范围)、Description(描述)、Language(语言)、Relation(关联)、Source(来源)、Audience(受众)
资源描述信息	类型(Type)、日期(Date)、格式(Format)、标识符(Identifier)
资源责任者	创建者(Creator)、其他责任者(Contributor)、发布者(Publisher)、权限(Rights)

DC-Government 在 DC 核心集基础上所扩展、改进的主要有以下几点：

增加元素：Audience(读者对象)。该元素从 DC-Education 中复用而来，定位为“资源面向的或有作用的实体”。

元素 Date(日期)增加 1 个修饰词：Acquisition(获得)，以提供资源获得的日期。

元素 Relation(关联)增加 2 个修饰词：IsBasedOn(依据)和 IsBasedOn(是……的依据)。前者定义为所描述的资源改编自、翻译自、引用自其他资源；后者定义所描述的资源被其他资源改编、翻译、引用或解释。

元素 Rights(权限)增加 5 个修饰词：Access marking(存取标记)、Previous Access marking(先前存取标记)、Access marking change(存取标记更改日期)、Access rights(存取权限)和 Copyright(著作权)。

① Maewyn Cumming, et al. Government Application Profile[EB/OL]. [2016-08-27]. http://dublincore.org/documents/gov-application-profile/.

元素 Subject(主题)增加 2 个修饰词：Category(类目)、Keyword(关键词)。前者提供较为宽泛的主题标引；后者提供尽可能详细的资源描述。

元素 Type(类型)增加 3 个修饰词：Aggregation level(集合层级)提供文献在文献集合中的具体层级，Dossier type(卷宗类型)按照政府文档的特点对文档卷宗和集合分类，Item type(文献类型)描述文档的分类。

8.3.2.3　DC-Government 应用

目前，采用 DC-Government 作为本国政府信息资源元数据核心的国家有澳大利亚、加拿大、丹麦、芬兰、爱尔兰、新西兰、英国等,① 并根据本国国情做了本土化应用。澳大利亚政府元数据标准 AGLS 依据政府信息的特点制定了 19 个元素，包括 15 个 DC 元素以及 4 个扩展元素：Availability(可获取性)、Function(功能)、Audience(受众)、Mandate(命令)。AGLS 有 3 个不同的选项：必选项、条件项、可选项。其中，必选项有 5 个元素：Title、Creator、Date、Subject 或 Function、Identifier 或 Availability，可以描述在线网络资源、离线资源，还可以描述政府服务和机构，由澳大利亚国家档案馆负责维护。新西兰政府元数据标准 NZGLS 是在 DC 核心元数据和澳大利亚 AGLS 基础上的延伸，具有和 AGLS 完全一样的 19 个元素，但与 AGLS 在元素的定义上略有不同，NZGLS 有 4 个不同的选项：必选项、条件项、推荐项、可选项，5 个必选项元素：Title、Creator、Type、Function 和 Type。目前 NZGLS 已经在新西兰政府机构、地方管理机构、国有企业等机构中得到广泛应用。②

8.4　电子商务和版权管理

8.4.1　DOI(版权)电子物件辨识

8.4.1.1　DOI 概述

数字化对象标识符(Digital Object Identifier，DOI)是在网络环境下发展

① Adoption of Dublin Core by Governments [EB/OL]. [2016-08-27]. http://dublincore.org/news/adoption/.

② 李荣艳，梁蕙玮，曲云鹏，等. 我国政府信息资源元数据标准研究[J]. 图书馆学研究，2012(11)：42-46.

起来的标识技术。1994 年，美国出版协会（Association of American Publishers，AAP）建立了“技术实现委员会”（Enabling Technologies Committee），试图设计一种既能保护数字作品版权又能保障出版者利益的系统，1996 年，美国 CNRI(The Corporation for National Research Initiative)开始着手研发此系统，并于 1997 年 10 月的德国法兰克福图书博览会上首次展示，逐渐引起了广泛的重视。为了促进 DOI 的推广应用，国际 DOI 基金委员会(IDF)于 1998 年成立，专门负责数字对象标识符的运作。① 在 IDF 官网上提供了 DOI 手册内容，内容包括 DOI 技术、组成框架、使用方法、管理方式等。DOI Handbook 自 2000 年 6 月发布预印本，2001 年 2 月第 1 版，2002 年 2 月第 2 版，目前最新版在 2023 年 4 月发布。

8.4.1.2 DOI 组成

DOI 系统②的主要功能在于给数字对象分配全球永久且唯一的标识符，其本身是由一串数字组成，但要体现它的价值，还需要解析系统正确的解译、元数据适当正确的描述以及注册者自行定义的合适编码的组合，DOI 系统由以下 4 个部分组成：

DOI 编码。每一个 DOI 号都是唯一编码，只用于标识一个实体。DOI 号语法遵循 ANSI/NISO Z39.84 标准，并作为 ISO 国际标准。一个 DOI 命名可以分配给任何形式的数字对象，一个 DOI 命名在 DOI 系统中必须是唯一的。DOI 语法包括前缀和后缀，中间用斜线分开，没有特定的长度限制。

DOI 解析技术。DOI 解析技术即网络服务接收到 DOI 码时能通过服务器上的解析系统将 DOI 转变成该对象的有效地址。DOI 的解析功能是采用 CNRI（The Corporation for National Research Initiatives）开发的 Handle System 技术。Handle System 是一个通用的分布式名称服务系统，它包括一套开放的系统协议，唯一标识符名称空间以及协议的参考实现模型。目前 Handle System 的相关标准已被因特网工程任务组（The Internet Engineering Task Force，IETF）接收为 RFC 文档。

---

① 孟凡静．数字对象标识符 DOI 及其在电子出版的应用分析[J]．中国现代教育装备，2007(4)：43-45.

② Digital Object Identifier System Handbook [EB/OL]．[2016-08-29]．http：//www.doi.org/hb.html.

DOI 数据模型

DOI 标识符这些数字不能给使用者提供多少信息，所以需要加上对数字对象的描述，即元数据，方便用户了解被标识对象的信息。DOI 数据模型设计保证通过现有元数据方案分配的 DOI 号元数据互操作性，从整体上促进 DOI 系统管理。DOI 数据模型使用三种工具支持元数据：DOI 核心元数据声明、RA 之间数据交换 DOI 所指对象元数据声明方案、DOI 数据字典。DOI 元数据架构采用<indecs>计划所发展的模型，即所有注册 DOI 的对象都使用语法结构完整的元数据。DOI 核心元数据主要内容见表 8. 18。

表 8. 18　　**DOI 核心元数据声明中的描述性元素**

核心元素	出现	描　述
DOI name	1	分配给被标识所指对象的特定 DOI 号
referentIdentifier(s)	0-n	参照同一所指对象的其他标识符(例如：ISAN、ISBN、ISRC、ISSN、ISTC、ISNI)； 该元素包含了适用于 primaryReferentType 的一个类型元素； 目前的方案可以识别 creationIdentifierType 和 partyIdentifierType，均为可以注册允许值的开放列表
referentName(s)	0-n	所指对象通常已知的编号(如：标题)； 该元素包含了适用于 primaryReferentType 的一个类型元素； 目前的方案可以识别 creationNameType 和 partyName Type，均为可以注册允许值的开放列表； 该元素也包含一个语言元素，其中的允许值列表为 ISO 639-2 编码列表
primaryReferentType	1	所指对象的主要类型(例如：creation、party、event)。这是一个开放列表；可以注册新 primaryReferentTypes
structuralType	1	所指对象的主要 structuralType； 对于 creations，有四个互相排斥的 creationStructural Types (physical、digital、performance、abstraction)允许根据整体形式进行分类。其中 structuralTypes 可以互相包含，所指对象的 structuralType 由整体形式进行定义[例如：CD(physical)可能包含文件(digital)，其中包含了歌曲的 performance 录音(abstractions)]，根据 referentType 的需要，其内容元素可以进一步划分； 对于 parties，有三个互相排斥的 partyStructuralTypes (person、animal、organization)。这些列表是封闭的

续表

核心元素	出现	描　　述
mode	0-n	仅适用于 creations。所指对象可以获得的主要感官模式(audio、visual，tangible、olfactory、tasteable、none)。Mode 只标识主要感官模式。大多数物质可以通过五种感觉进行感知，但其中有些感觉可能微不足道。例如，一本印刷书籍可通过触觉或嗅觉进行感知，但与视觉相比，这两种感觉仅用作辅助或附带的功能，因此视觉是内容载体的主要感知模式。然而对于盲文图书触觉是主要感知模式。该列表是封闭的
character	0-n	仅适用于 creations。沟通的一种基本形式，所指对象的内容通过其进行表达。包含四个值：music、language、image、other。该列表是封闭的
referentType	0-n	parties 的所指对象类型规定：author、composer、book publisher、library、university、financial institution、film studio； creations 是所指对象内容的抽象属性，与其 creationStructuralType 无关，通常使用 creationType 进行描述，其格式和种类元素等可以根据需要进行扩展(例如：audio file、scientific journal、musical composition、dataset、serial article、eBook、PDF)； parties 是与 referentType 相关联的角色，并使用 associatedPartyRole 进行描述（例如：Composer、Author、BookPublisher、JournalPublisher)； 这是一个开放列表；可以注册新 referentTypes
linkedCreation	0-n	仅适用于 creations，另一种与 referentCreation 相关联的 creation； 此元素包含一个 creationRoleToCreation 元素，为可以注册允许值的开放列表
linkedParty	0-n	仅适用于 parties，另一个与 referentParty 相关联的 party； 此元素包含一个 partyRoleToParty 元素，为可以注册允许值的开放列表
principalAgent	0-n	仅适用于 creations，主要负责创建或出版所指对象的一个或多个实体； 此元素包含一个 agentRole 元素，用于指定其扮演的特定角色(例如：Creator、Author、BookPublisher)。这是一个开放列表，可以注册新允许值

续表

核心元素	出现	描　述
dateOfBirthOrFormation	0-1	仅适用于 parties，(个人或动物的)出生日期或该 referentParty (机构的)形成日期
dateOfDeathOrDissolution	0-1	仅适用于 parties，(个人或动物的)死亡日期或该 referentParty (机构的)解散日期
associatedTerritory	0-n	仅适用于 parties，与 referentParty 相关联的地域(例如：出生日期、国籍或居住地)。其允许值列表为 ISO 3166a2 编码列表

表 8.19　**DOI 核心元数据声明中的管理性元素**

核心元素	出现	描述
registrationAuthorityCode	1	表示分配 DOI 号的机构代码(由 ISO 26324 注册中心授权)
issueDate	1	分配该 DOI 号的日期
issueNumber	0-1	关于 DOI 核心元数据声明特定版本的编码或其他标记

DOI 系统实现。DOI 系统由注册机构联盟实施，该联盟使用其上级机构——国际数字对象标识符（DOI）基金会（IDF）——制定的政策和开发的工具。IDF 是 DOI 系统的管理机构，保护(代表注册人拥有或许可)与 DOI 系统相关的所有知识产权。IDF 与 RA 协作，使用 DOI 系统组件的底层技术标准，以确保对该系统(包括创建、维护、注册、解析和 DOI 号的决策)所做的任何改进都提供给所有的 DOI 号注册者，同时确保无须任何第三方许可即可实施 DOI 号标准。用户可以免费解析所有的 DOI 号。

8.4.2　ONIX

8.4.2.1　ONIX 发展概述

ONIX[①] 是世界上出版行业针对图书出版发行和销售的供应链制定的元数据标准。ONIX 是 Online Information eXchange(在线信息交换)计划的缩写。最初构想是在 1999 年由美国出版商协会(Association of American Publishers,

① EDItEUR[EB/OL].[2016-08-30]. http://www.editeur.org/83/Overview/.

AAP)主持召开的会议上提出的。2000 年 1 月，AAP 出版了 ONIX 产品信息标准第一版，即 ONIX Produce Information Standards 1.0。在英国，图书行业交流委员会(Book Industry Communication，BIC)于 1998 年出版 BIC Basic 标准，旨在满足所有零售书商的需求。在欧洲，电子数据交换组织 EDTtEUR (Electronic Data Interchange to Europe)开发了 EPICS 数据字典(EDTtEUR Product Information Communication Standards)，主要用于保护图书贸易产品方面的信息。

ONIX 就是在美国 ONIX、英国 BIC Basic 以及 EDTtEUR 的 EPICS 等标准的基础上发展起来的。作为一种描述、传递和交换出版物元数据的国际性标准，ONIX 由出版商、发行商、零售商、图书馆以及在这条供应链上其他环节的经营者团体共同制定，由设在英国的 BIC Basic 以及 EDTtEUR 维护。ONIX 家族包括针对图书、连续出版物和许可条款与权利信息等类型的数据标准。在 2001 年 7 月推出 ONIX 2.0 版，之后长时间基于 2.0 版进行更新和升级。于 2009 年 4 月发布了 ONIX 3.0 版，2010 年 10 月进行了一些修正，之后在 3.0 版的基础上相继发布了 ONIX 3.0.1、ONIX 3.0.2 版本。在 2016 年 4 月更新到 ONIX 3.0.3 版。①

ONIX 的记录使用 XML 语言创建，由 XML DTD 定义结构，一个 ONIX 的 messages 文件由文件起始部分、信息 header 部分、信息 body 部分、信息尾四部分构成。文件起始部分表明文档使用语言、格式和内容。信息 header 部分是 ONIX 标准细节。信息 body 部分包括一个或多个<product>record 记录。信息尾是文件的结束符，用</ONIXMessageAcknowledgement>表示，如图 8.4 所示。

8.4.2.2 ONIX 3.0.3 版元素设置

ONIX 元素分为两类，头标数据元素和产品数据元素。每一类设有很多元素，部分元素下设有子元素。ONIX 元素定义均采用 ISO/IEC11179 标准，即从名称、标识、版本、注册机构、语言、语义、定义、选项、数据类型、最大使用频率和注释等方面对元素进行定义。ONIX 的独特之处在于头标数据元素，这部分元素主要提供发送文件的细节，适用于出版发行供应链的特

① ONIX. ONIX for Books Product Information Format Introduction to ONIX 3.0[EB/OL].[2016-08-30]. http://www.editeur.org/files/ONIX%203/Introduction_to_ONIX_for_Books_3.0.3.pdf.

Example	*using Reference names*	
	<?xml version="1.0" encoding="UTF-8"?>	Start of message – encoding and namespace are optional but recommended
	<ONIXMessageAcknowledgement release="3.0" xmlns="http://ns.editeur.org/onix/3.0/acknowledgement/reference">	
	<Header>	Header
	<!-- message header data elements -->	
	<!-- status information for message -->	
	</Header>	
	<Product>	Body
	<!-- record reference for product 1 -->	
	<!-- status information for product 1 -->	
	</Product>	
	<Product>	
	<!-- record reference for product 2 -->	
	<!-- status information for product 2 -->	
	</Product>	
	<!-- further product records… -->	
	<Product>	
	<!-- record reference for product n -->	
	<!-- status information for product n -->	
	</Product>	
	</ONIXMessageAcknowledgement>	End of message

图 8.4　ONIX 文件

定需求。而产品数据元素是 ONIX 主题，描述内容详细全面。

(1)头标数据元素(Header)

头标数据元素提供所发文件的细节，均是明确定义的，这些元素都是可选的，每一个数据元素都规定了字符类型、字符长度，通过 DTD 中声明参数实体的方式确定了规范描述使用的词汇和相应的代号。这些词汇和代号提供了 XML 的 ONIX 文件 header 头部区(body 部分也相同)的标签，即可以用规范词汇(reference names)或代号(short tags)作为标签来封装具体的文件。这部分由<header>元素开头，</header>元素结尾。在 ONIX 3.0.3 版中，头标元素共 19 项(见表 8.20)。

表 8.20　**ONIX 的 header 头标区数据元素详表**

序号	名称	XML 名称	TAG	性质
发送方组				
H.1	发送方标识符类型 Sender identifier type	<SenderIDType>	<m379>	必备，不可重复

续表

序号	名称	XML 名称	TAG	性质
H. 2	标识符类型名称 Identifier type name	<IDTypeName>	<b233>	可选，不可重复
H. 3	标识符值 Identifier value	<IDValue>	<b244>	必备，不可重复
H. 4	发送方名称 Sender name	<SenderName>	<x298>	可选，不可重复
H. 5	发送方联系人姓名等 Sender contact	<ContactName>	<x299>	可选，不可重复
H. 6	发送方联系人邮件地址 Sender contact e-mail address	<EmailAddress>	<j272>	可选，不可重复
收件方组				
H. 7	收件方标识符类型 Addressee identifier type	<AddresseeIDType>	<m380>	必备，不可重复
H. 8	标识符类型名称 Identifier type name	<IDTypeName>	<b233>	可选，不可重复
H. 9	标识符值 Identifier value	<IDValue>	<b244>	必备，不可重复
H. 10	收件方名称 Addressee name	<AddresseeName>	<x300>	可选，不可重复
H. 11	收件方联系人姓名等 Addressee contact	<ContactName>	<x299>	可选，不可重复
H. 12	收件方联系人邮件地址 Addressee contact e-mail address	<EmailAddress>	<j272>	可选，不可重复
H. 13	信息序列号 Message sequence number	<MessageNumber>	<m180>	可选，不可重复
H. 14	同一信息重复号 Message repeat number	必备，不可重复	<m181>	可选，不可重复
H. 15	信息发送时间 Message creation date/time	<SentDateTime>	<x307>	必备，不可重复

续表

序号	名称	XML 名称	TAG	性质
H. 16	信息注释	<MessageNote>	<m183>	可选，不可重复
H. 17	缺失文本语言 Default language of text	<DefaultLanguageOfText>	<m184>	可选，不可重复
H. 18	缺失价格类型 Default price type	<DefaultPriceType>	<x310>	可选，不可重复
H. 19	缺失货币名称 Default currency	<DefaultCurrencyCode>	<m186>	可选，不可重复

(2)产品数据元素(Product record)

每一条 ONIX 信息包含 1 个或多个 Product 记录，描述产品的数据信息封装在<Product>... </Product>XML 标签内，或者用单个<NoProduct/>标签表示空元素。在 ONIX 3.0.3 版本中，Product 记录包含 26 类数据元素，每一种数据元素由若干元素构成，有的元素下会有子元素，具体 26 类元素见表 8.21。

表 8.21 **ONIX 的 Product rccord 产品数据元素概览**

序号	名　称	元素	子元素
P. 1	记录参考号、类型、来源项(Record reference, type and source)	8 个	
P. 2	产品标识符(Product identifiers)	5 个	
Block 1 产品描述块(Product description)			
P. 3	产品形式项(Product form)	24 个	4 个
P. 4	产品组成项(Product parts)	14 个	1 个
P. 5	文献收集项(Collection)	62 个	17 个
P. 6	产品名称细节项(Product title detail)	11 个	3 个
P. 7	责任者项(Authorship)	50 个	10 个
P. 8	事项(Event)	15 个	
P. 9	版本项(Edition)	16 个	
P. 10	语言项(Language)	4 个	

续表

序号	名　　称	元素	子元素
P. 11	范围和其他内容项(Extents and other content)	10 个	
P. 12	主题项(Subject)	42 个	2 个
P. 13	读者项(Audience)	11 个	
Block 2 市场抵押物细节块(Marketing collateral detail)			
P. 14	描述和其他支持文本项(Descriptions and other supporting text)	8 个	7 个
P. 15	引用内容项(Cited content)	10 个	7 个
P. 16	支持资源链接项(Links to supporting resources)	13 个	4 个
P. 17	奖励项(Prizes)	5 个	1 个
Block 3 内容细节块(Content detail)			
P. 18	内容术语项(Content items)	129 个	53 个
Block 4 出版细节块(Content items)			
P. 19	出版项(Publisher)	21 个	3 个
P. 20	全球出版状态和日期及版权(Global publishing status and dates / copyright)	11 个	1 个
P. 21	领域权和其他销售限制项(Territorial rights and other sales restrictions)	10 个	8 个
Block 5 相关资源块(Related material)			
P. 22	相关作品项(Related works)	4 个	
P. 23	相关产品项(Related products)	6 个	
Block 6 产品供应块(Product supply)			
P. 24	市场项(Market)	12 个	
P. 25	市场发布细节项(Market publishing detail)	17 个	7 个
P. 26	供应细节项(Supply detail)	80 个	27 个

8.4.2.3　ONIX 评价

ONIX 元数据元素设计结构合理，提示著录对象内容全面深刻，是一种成熟完整的元数据。其分析层次基本上与 MARC 相同，即从著录、名称、主题等方面对编目实体进行分析，适用范围包括电子出版物、连续出版物、视听资料等。此外，它还增加了对在编实体的发行和销售的流动链的分析和描述。① 这些特点决定了 ONIX 能够比较好地满足图书出版发行等电子商务领域用户的需求，目前在世界范围内，特别是欧美国家得到了广泛应用。

8.4.3　PRISM

8.4.3.1　PRISM 背景

1999 年，IDEAlliance 联盟与 Linda Burman 签约成立 PRISM 工作组，表达新兴出版者对于元数据标准的需求，于 2001 年发布 PRISM 1.0，出版需求行业标准元数据（publishing requirements for industry standard metadata, PRISM）是一个行业标准元数据，用于建立有效的跨媒体平台，它规范一套 XML 元数据词表，提供一个框架用于交换和保存内容与元数据，元素集合用于描述内容，受控词表列举元素值，PRISM 元数据可以用 XML、RDF/XML、XMP 语言来表达。② 如今，PRISM 已成为 PAM（PRISM Aggregator Message）、PAMW（PRISM Aggregator Message for Web Content）和 PSV（PRISM Source Vocabulary）三种 XML 发布解决方案的基础。

PRISM 符合 WWW 命名空间标准。PRISM 命名空间是 PRISM（prism:）、PRISM 使用权利（pur:）、都柏林核心（dc: 和 dcterms:）、PRISM 集成信息（pam:）和 PRISM 受控词表（pcv:）。只在需要时创建新元素，赋予 PRISM 特定命名空间。

8.4.3.2　PRISM 规范

2012 年 10 月发布了 3.0 版规范，一共有 6 个子规范，③ 表达的出版物除文章外还扩大到图书、博客、书刊和网站，平台除印刷品外还包括万维网、移动、平板和智能手机，增加了三个新类别：广告、图像和食谱。具体的 6 个规范为：

---

① 喻乒乒. ONIX 元数据标准 2.1 版与 2.0 版对比研究[J]. 现代情报, 2006, 26(1): 88-91.

② PRISM. Idealliance [ED/OL]. [2016-09-01]. http://www.idealliance.org/specifications/prism-metadata-initiative/prism.

③ PRISM Specifications [EB/OL]. [2016-09-01]. http://www.prismstandard.org/specifications/.

① PRISM Basic Metadata Specification，PRISM 基本元数据。89 个元素和属性。命名空间“prism:”。

② PRISM Subset of the Dublin Core Metadata Specification，都柏林核心元数据 PRISM 子集。复用 DC/DCTerms 属性 23 个，可使用 prism 等属性(Attribute)进行细化(扩展)。

③ PRISM Usage Rights Metadata Specification，PRISM 使用权利元数据。14 个元素和属性。命名空间有“pur:”和“dc：rights”。

④ PRISM Advertising Metadata Specification，PRISM 广告元数据。命名空间有“prism-ad:”，同时复用了“adsml-at:”(AdsML Working Group)和“gwg-at:”(Ghent Work Group)。

⑤PRISM Metadata for Images Specification，PRISM 图像元数据。自定义 36 个元素和属性，分别复用 DC 元素 3 个，photoshop 元素 6 个，IPTC 元素 7 个，命名空间“pmi：+”，复用“dc:”“photoshop:”和“Iptc4XmpExt:”。

⑥PRISM Recipe Metadata Specification，PRISM 食谱元数据。定义 19 个元素和属性，命名空间“prm:”。

8.4.4 The INDECS project

8.4.4.1 INDECS 项目概述

INDECS(Interoperability of Data in E-Commerce Systems，电子商务数据互操作性元数据)项目由欧洲共同体 2000 年资助启动，同时还有在 1998—2000 年致力于元数据相关活动的代表音乐、权限、文字出版、作者、图书馆的其他部门协同资助。在网络环境中，INDECS 为电子商务知识产权元数据的需求提供分析，集中在语义互操作性上。INDECS 互操作框架支持 5 种类型：跨媒界、跨功能、不同层次元数据(简单到复杂)、跨语言、跨语义。①

8.4.4.2 INDECS 数据模型分析

INDECS 数据模型是一种出版和版权交易领域为支持电子商务中知识产权交易的互操作性而自行建立的元数据内容逻辑框架。INDECS 数据模型有

① The indecs Framework[EB/OL].[2016-09-01]. https://www.doi.org/factsheets/indecs_factsheet.html.

两个部分：其一是通用模型，建立一些主要实体和元数据 schema 中普遍使用的属性。其二是构建于通用模型上的知识产权商务模型，与知识产权描述及其权限管理相关的所有活动所需的元数据的一种特定视图。

(1) INDECS 通用模型

INDECS 通用模型是一个以事件为中心，表达实体之间关系的模型。该通用模型涉及 5 个主要实体：时间(time)、地点(place)、人物(being)、事件(event)、作品(thing)。通过事件建立其他 4 个主要实体之间的关系。

(2) INDECS 商务模型

INDECS 主要关心知识产权，其知识产权商务模型是基于通用模型，通过专门研究知识产权交易过程所涉及的对象和内容，建立在知识产权交易的逻辑框架上。INDECS 商务模型(如图 8.5 所示)主要是描述知识产权商务过程中的实体及其关系。知识产权商务模型支持三种主要实体：角色(party)、作品(creation)、交易(transacton)。这些实体之间的关系形成了一组事件，继而创建了一个模型，来表达在一种通用、集成框架中知识产权作品的制作、使用和基于权限的交易。如图 8.6 所示。

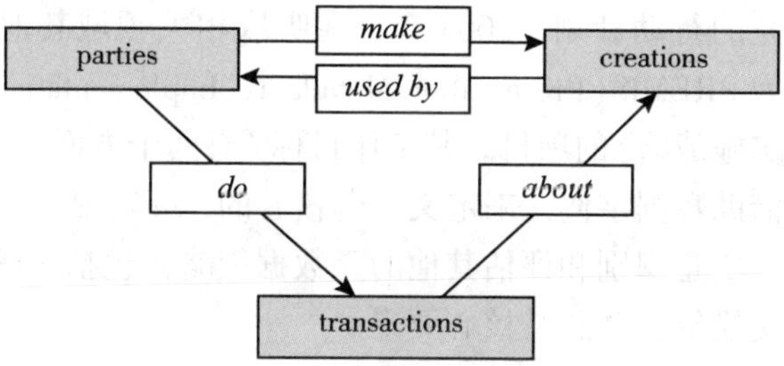

图 8.5　INDECS 商务模型

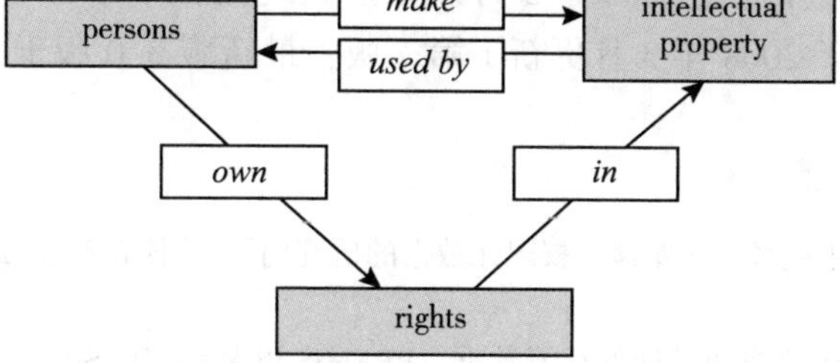

图 8.6　INDECS 法律视角下的知识产权模型

另外，从法律过程来看，这些角色(person)拥有(或通过交易来交换)关于特定知识产品(intellectual property)的一定权利(rights)。INDECS 商务模型对于知识产权交易过程所涉及实体的关系采用一种清晰、可扩展的模型,清楚地分离和标识 3 种核心实体:用户、内容、权限。

该项目提出基于自身 INDECS 数据模型的<INDECS>2rdd 元数据方案及权限数据字典,该元数据方案解析了知识产权交易活动中所涉及的实体、实体属性、实体间关系,确定了描述实体及其属性的元数据模块和描述实体间关系的元数据元素,并通过一个元数据字典对这些元数据元素及其关系进行了规范的定义。①

8.5 科学数据管理与共享领域

8.5.1 科学数据的保存——PREMIS

8.5.1.1 PREMIS 项目背景

2000 年 3 月,由 OCLC 和 RLG 共同发起了一项对数字保存元数据的基础架构进行研究的行动计划,2003 年,在听取相关领域其他专家的意见之后,发起了名为 PREMIS(Preservation Metadata: Implementation Strategies,即保存元数据:实施战略)的项目。其工作目标②有两个方面:一是以 OAIS 框架为出发点,借助数据字典,来定义一套核心的、可实现的、广泛适用的保存元数据元素;二是识别和评估其他的元数据策略,包括编码、存储、管理和保存元数据交换等,并总结核心要素。

8.5.1.2 PREMIS 保存元数据

PREMIS 工作组在 2005 年 5 月发布的最终报告中给出了保存元数据数据字典,③ 并于 2008 年 3 月更新了第二版,最新版 3.0 版于 2015 年 6 月发布。

---

① 曾婷,张成昱,姜爱蓉. 权限元数据的研究[J]. 图书馆杂志,2003,22(7):40-45.

② 丁亮. 数字资源长期保存元数据:PREMIS 以及和 METS 的结合使用[J]. 无线互联科技,2013(11):177-178.

③ Priscilla Caplan. Understanding PREMIS [EB/OL]. [2016-09-02]. http://www.loc.gov/standards/premis/understanding-premis.pdf.

PREMIS 定义了一套可执行的核心保存元数据，同时还制定了管理和应用指南，充分考虑了不同领域共享设置和管理数字化保存能力的需要。该数据字典是建立在数字长期保存的数据模型上，包括五个实体：知识实体(Intellectual Entities)、对象实体(Objects)、事件实体(Events)、权利实体(Rights)、行为者实体(Agents)。如图 8.7 所示。

①知识实体是一系列连贯的内容，能构成一个单元，例如一本书、一张地图、一张照片或者一个数据库。

②对象实体是以数字形式离散的信息单元，例如一个 PDF 文件。

③事件实体是影响对象的保存行动，例如将 PDF 文件采集到资料库。

④权利实体是和对象有关的其他权限，例如允许对 PDF 文件拷贝建立以保存为目的的副本。

⑤行为者实体是在保存事件中对某一数字对象实施某项操作的人、组织或软件程序，例如出版商将 PDF 文件存入存储库。

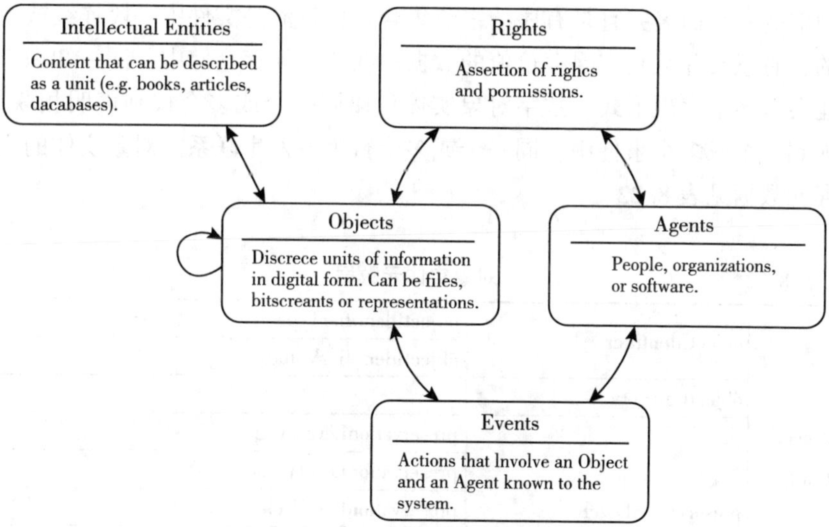

图 8.7　PREMIS 数据模型

8.5.1.3　PREMIS 各实体元数据

数据字典提供了详细的对象、事件、代理、权利实体相关的元数据说明以及相关的实施和使用的指导方针,① 并没有考虑知识实体的元数据。每一个实体元数据以层级结构展示(各表显示两个层级语义属性),对于实体元数据的属性“语义单元”通过固定的体例结构说明,包括下层级属性组成、定义、数据制约、数据性质以及相关用户注释等内容。

PREMIS 还对关系(Relationship)进行了定义,“关系”指的是两个或多个对象实体或不同实体之间的关系,而一个数字对象有什么样的格式和特点,则用对象的“属性”来定义。PREMIS 还专门定义了语义单元(Semantic Units)来表示一个实体的属性。每个语义单元有一个值,如语义单元 Size 是一个关于对象实体大小的属性,而对于一个特定的对象,Size 的值可能是“843200004”。

(1)对象实体元数据

在 PREMIS 模型中,数字对象有 4 种子类:知识实体(Intellectual Entity)、表现形式(Representation)、文件(File)和比特流(Bitstream)。其中,知识实体是独特的知识或艺术创造,表现形式为一系列数字文件和相应的结构化元数据实例。文件与操作系统中的文件概念一样,它是能被操作系统理解的一个命名并且是有序的字节集合。比特流是文件中一段连续或不连续的,有意义并且具有保存价值的数据。在一个保存仓储中,同一知识实体可能会有多个表现形式。数字对象实体可以同一个或多个权利声明相联系,参加到一个或多个事件中,同一个或多个行为者发生联系。对象实体的主要保存元数据见表 8.22。

表 8.22　**对象实体元数据**

Object Entity	objectIdentifier	objectIdentifierType
		objectIdentifierValue
	objectCategory	
	preservationLevel	preservationLevelType
		preservationLevelValue
		preservationLevelRole
		preservationLevelRationale
		preservationLevelDateAssigned

① PREMIS Editorial Committee. PREMIS Data Dictionary for Preservation Metadata version 3.0[EB/OL]. [2016-09-02]. http://www.loc.gov/standards/premis/v3/premis-3-0-final.pdf.

续表

Object Entity	significantProperties	significantPropertiesType
		significantPropertiesValue
		significantPropertiesExtension
	objectCharacteristics	compositionLevel
		fixity
		size
		format
		creatingApplication
		inhibitors
		objectCharacteristicsExtension
	originalName	
	storage	contentLocation
		storageMedium
	signatureInformation	signature
		signatureInformationExtension
	environmentFunction	environmentFunctionType
		environmentFunctionLevel
	environmentDesignation	environmentName
		environmentVersion
		environmentOrigin
		environmentDesignationNote
		environmentDesignationExtension
	environmentRegistry	environmentRegistryName
		environmentRegistryKey
		environmentRegistryRole
	environmentExtension	
	relationship	relationshipType
		relationshipSubType
		relatedObjectIdentifier
		relatedEventIdentifier
		relatedEnvironmentPurpose
		relatedEnvironmentCharacteristic
	linkingEventIdentifier	linkingEventIdentifierType
		linkingEventIdentifierValue
	linkingRights StatementIdentifier	linkingRightsStatementIdentifierType
		linkingRightsStatementIdentifierValue

(2)事件实体元数据

事件是数字仓储中至少涉及一个数字对象或行为者的活动。见表 8.23。

表 8.23 **事件实体元数据**

Event Entity	eventIdentifier(必备)	eventIdentifierType
		eventIdentifierValue
	eventType(必备)	
	eventDateTime(必备)	
	eventDetailInformation	eventDetail
		eventDetailExtension
	eventOutcomeInformation	eventOutcome
		eventOutcomeDetail
	linkingAgentIdentifier	linkingAgentIdentifierType
		linkingAgentIdentifierValue
		linkingAgentRole
	linkingObjectIdentifier	linkingObjectIdentifierType
		linkingObjectIdentifierValue
		linkingObjectRole

(3)行为者实体元数据

行为者是在保存事件中对某一数字对象实施某项操作的人、组织或软件程序。在 PREMIS 元数据中，定义了行为者的标识方法、分类以及相关事件等。一个事件可以拥有一个或多个相关的数字对象和行为者。由于一个行为者可以在不同的事件中充当不同的角色，因此，行为者的角色是事件实体的属性，而不是行为者实体的属性。见表 8.24。

(4)权利实体元数据

权利，即权利声明，是某个行为者对某个数字对象拥有某种权利或权限的声明。PREM IS 工作组一致认为，数字保存的权利和权限是与保存活动有关的权利和权限，与访问和分发中涉及的权利和权限无关。更进一步而言，数字保存中的权利和权限主要是说明一个行为者是否对某一数字对象拥有权利，这一行为者能否将对这一数字对象的权限授权给保存仓储的问题。

其将“权限”(Permission)定义为一个权利拥有者和保存仓储之间的约定，它允许仓储进行某些操作。见表 8. 25。

表 8. 24　　行为者实体元数据

Agent Entity	agentIdentifier(必备)	agentIdentifierType
		agentIdentifierValue
	agentName	
	agentType	
	agentVersion	
	agentNote	
	agentExtension	
	linkingEventIdentifier	linkingEventIdentifierType
		linkingEventIdentifierValue
	linkingRightsStatementIdentifier	linkingRightsStatementIdentifierType
		linkingRightsStatementIdentifierValue
	linkingEnvironmentIdentifier	linkingEnvironmentIdentifierType
		linkingEnvironmentIdentifierValue
		linkingEnvironmentRole

表 8. 25　　权利实体元数据

Rights Entity	rightsStatement	rightsStatementIdentifier(必备)
		rightsBasis(必备)
		copyrightInformation
		licenseInformation
		statuteInformation
		otherRightsInformation
		rightsGranted
		linkingObjectIdentifier
		linkingAgentIdentifier
	rightsExtension	

8.5.2 不同学科领域下的科学元数据

8.5.2.1 社会科学领域元数据——TEI

(1)概述

TEI 元数据标准是社会科学、语言和人类学领域的元数据标准。① TEI 是一套用于电子形式交换的文本编码标准，刚开始以 SGML 作为编码语言，过渡到后面以 XML 作为编码标准，适用于对电子形式的文字资料全文的编码和描述，TEI 起源于“文本编码创始项目”(Text Encoding Initiative)，赞助者包括计算机与人文学会(Association for Computers and the Humanities, ACH)、计算机语言学会(Association for the Computational Linguistics, ACL)以及文学与语言学计算学会(Association for Literary and Linguistic, ALLC)。这个项目的目标是为了减少现存编码实践的多样性，提供一个复杂文本结构通用编码方案，后来 TEI 的使用扩展到各个学科领域，均能满足其编码要求。

过去 TEI 标准的开发、维护和修改由三个赞助者共同管理，但现在已交由新成立的 TEI Consortium 负责。TEI 于 2007 年 11 月发布最新版本 P5，P5 指导方针包括编码体系、模块化和自定义以及实践内容，同时 P5 版本在之后进行不定期的维护和更新。TEI 的结构可分为两大部分：第一部分是各种类型文献的标识；第二部分是此文献的书目信息，即此文献的元数据部分——TEI 头标(TEI Header)。下文重点介绍 TEI 头标(TEI Header)内容。

(2)TEI Headers

最新版本 P5② 中，TEI 头标包括 5 个主要内容：文件描述(file description, <fileDesc>)、编码描述(encoding description, <encodingDesc>)、外形描述(text-profile description, <profileDesc>)、修订描述(revision description, <revisionDesc>)、外部元数据(outside metadata, <xenoData>)。

文件描述

对于机器可读或电子文本而言，这部分结构类似于书目描述，它的元素

---

① Text Encoding Initiative [EB/OL]. [2016-08-12]. http://www.tei-c.org/index.xml.

② P5: Guidelines for Electronic Text Encoding and Interchange[EB/OL]. [2016-08-13]. http://www.tei-c.org/release/doc/tei-p5-doc/en/html/index.html.

确定依据现有的图书馆编目标准，因此文件描述与传统的书目描述基本相符，包含大量的传统的书目信息，这部分是必备的，一共包含 7 大项元素，其中 3 项必备，4 项可选：

①题名与责任说明：关于作品和知识责任者的信息，即<titleStmt>… </titleStmt>；

②版本项：关于文本的版本信息，即<editionStmt>… </editionStmt>；

③范围项：存储在载体媒介上的电子或非电子文本的大小，即<extent>… </extent>；

④出版、发行项：关于电子文本或其他文本出版发行的信息，<publicationStmt>… </publicationStmt>；

⑤丛编项：关于属于某一丛书系类的信息，< seriesStmt >… </seriesStmt>；

⑥注释项：关于书目描述其他部分记录的附加文本信息，< notesStmt>… </notesStmt>；

⑦来源项：描述产生电子文本的其他形式文本的书目描述信息，<sourcesDesc>… </ sourcesDesc>。

编码描述

这部分是可选的，不属于必备部分，它指明了用于处理文本的著录或编码的方法和编辑原则。包括 9 项：

①方案项：说明编码电子文档的目的，即 < projectDesc >… </projectDesc >；

②抽样项：关于语料库中示例文本的基本原理和方法的描述，即 <samplingDecl>… </ samplingDecl >；

③编辑项：关于文本编码时编辑原则的说明，即 < editorialDecl >… </editorialDecl >；

④便签项：赋予文档相关标签的详细信息说明，即 < tagsDecl >… </tagsDecl >；

⑤样式定义语言说明：关于正式语言指定样式信息或其他地方提供的文档信息，即<styleDefDecl>… </styleDefDecl >；

⑥参考项：关于参考文献的结构信息，即<refsDecl>… </refsDecl >；

⑦分类项：用于定义文本分类代码的分类体系，即 < classDecl >… </classDecl >；

⑧地理坐标项：记录文档中其他地理元素用于地理坐标描述的信息，即<geoDecl>… </geoDecl >；

⑨编码说明项：生成符合 TEI 架构规范的文档，即<schemaSpec>… </schemaSpec>。

外形描述

这部分是可选的，它提供文本非书目方面的详细信息，特别是对语言的使用、产生的背景、参与者和设置的描述。主要包括：

①创作项：包含文本制作的信息，即<creation>… </creation>；

②语言项：出现在文本中的术语、专业用语、方言等，即<langUsage>… </langUsage >；

③文本分类项：以标准的分类体系对电子文本的属性或论题进行描述的信息，即<textClass>… </textClass>；

④摘要项：包含现有的编码源文档的摘要信息，即<abstract>… </abstract>；

⑤日期项：对于文本中所发现日期表达的相关日历系统描述，即<calendarDesc>… </ calendarDesc >。

修订描述

这部分也是可选的，提供文本每次改变的详细更改日志，提供与文本更新、校正或其他方式修改的详细管理信息，便于区分不同版本的文件信息。包括 3 项：

①修订项：总结文本的修订历史，即<revisionDesc>… </revisionDesc>；

②表单项：关于创建源文本或编码文本修订的相关的一系列变化描述，即<listChange>… </listChange>；

③变化项：记录源文本生产或电子文本更改的一系列设置变化，即<change>… </change>。

外部元数据

外部元数据提供可放置非 TEI 格式的元数据的容器，可以包含任何非 TEI 元素。

8.5.2.2 地理科学领域元数据——CSDGM

(1)概述

Diederich 等于 1991 年撰文提出面向领域创建科学数据元数据的建议，

而此后科学数据元数据的发展也在各个学科领域呈现出百花齐放的势态，特别是地理科学、生物科学等领域。①

地理科学领域对于科学数据共享的关注由来已久，在长期的实践过程中确定了多种该领域具有一定影响力的科学元数据标准，如地理空间数据元数据内容标准(Content Standard for Digital Geospatial Metadata，CSDGM)、地理信息元数据(Geographic Information Metadata，即 ISO 19115)、美国国际地球科学信息网络中心(CIESIN)元数据规范等。以下将挑选其中较为有代表性的 CSDGM 进行介绍。

CSDGM 为美国联邦地理数据委员会(Federal Geographic Data Committee，FGDC)于 1998 年颁布的地理空间科学领域的元数据标准。CSDGM 制定的目标是为数字地理空间数据的文档提供一套通用的术语和定义，其确定了用于这些目的的数据元素和复合元素(即数据元素组)的名称，这些复合元素和数据元素的定义，以及关于为数据元素提供的值的信息。

联邦地理数据委员会于 1992 年 6 月便通过地理空间元数据论坛启动了第一版标准的制定工作。委员会首先制定了一个信息内容标准草案，并在修订后于 1992 年 10 月至 1993 年 4 月供公众审查。草案于 1993 年 7 月、1994 年 1 月和 3 月得到了进一步的审查和试验。标准第一版则于 1994 年 6 月 8 日获得批准。在第一版标准实践情况的基础上，联邦地理数据委员会提出再次修改现行元数据标准，并于 1998 年 6 月颁布了完全向后兼容并取代了第一版的第二版标准。②

(2)组织形式

CSDGM 由数据元素和复合元素的层次结构组织形成，这些元素定义元数据的信息内容，从而记录一组数字地理空间数据。CSDGM 的组织结构形式及符合表达含义见表 8.26、表 8.27。

① 刘峰，张晓林．科学数据元数据标准述评及其通用化设计研究[J]．现代图书情报技术，2015(12)：3-12.

② FGDC，Content Standard for Digital Geospatial Metadata[EB/OL]．[2020-07-10]．https：//www.fgdc.gov/standards/projects/metadata/base-metadata/v2_0698.pdf.

表 8.26　**CSDGM 组织形式**

组织结构	介　绍
编码子集 (Numbered Sections)	CSDGM 标准由 11 个编码的子集组成，每个子集都以定义该子集的复合元素的名称和定义开始，并规定名称和定义的生成规则
复合元素 (Compound Elements)	复合元素是由一组数据元素和其他复合元素组成的。所有复合元素都由数据元素描述，可以直接描述，也可以通过中间复合元素描述。复合元素表示不能由单个数据元素表示的高级概念
数据元素 (Data Elements)	数据元素是逻辑上的原始数据项。数据元素的条目包括数据元素的名称、数据元素的定义、可以分配给数据元素的值的描述以及数据元素的简称
日历日期 (Calendar Dates)	与描述对象相关的日期信息，包括年、月、日，并根据时代不同以一定的标准格式表示
日时刻 (Time of Day)	与描述对象相关的时刻信息，包括小时、分钟、秒
经纬度 (Latitude and Longitude)	经纬度的值应以度的小数部分表示。整个纬度应以 0 至 90 的两位小数表示。经度应以 0 至 180 的三位小数表示。当指定度数的小数部分时，应将其与度数的全部数隔开一个小数点。程度的小数部分可以按所需的精度表示
网址与文件名 (Network Addresses and File Names)	在可能的情况下，计算机系统的文件名、网络地址和相关服务的值应该遵循 Internet 的统一资源定位符约定
可选性 (Optionality)	标准将元素分类为强制性、强制性(如果适用)或可选的
生成规则 (Production Rules)	生成规则指定复合元素、数据元素和其他(低级)复合元素之间的关系。生成规则由专用的符号表示，见表 8.27
可拓展性 (Extensibility)	扩展元素可以由数据集生产者或用户社区定义，是标准之外的元素。如果创建了扩展元素，则必须遵循为数字地理空间元数据的内容标准创建扩展元素的指导原则

表 8.27　**CSDGM 符号表达含义**

符号	含　义
=	被替代；生成；包含
+	与
[|]	选择：从所包含的术语列表中选择一个术语(不含或)；术语被“|”分隔开
m{ }n	迭代：所包含的项从“m”次重复到“n”次
( )	可选：所附的术语是可选的

(3)元素设置

CSDGM 包含 1 个元数据子集(Section)、7 个主要子集和 3 个辅助子集，共有 460 个元数据实体(含复合元素)和元素，其中，编码为 1-7 的是 CSDGM 的主要子集，而编码为 8-10 的子集则是支持这些主要子集的辅助子集，辅助子集不能被单独使用。表 8.28 对 CSDGM 的 11 个子集进行了介绍。

表 8.28　**CSDGM 基础复合元素**

0. Metadata	
定义	关于数据的内容、质量、条件和其他特征的数据
类型	复合元素
缩写	metadata
元素	Metadata = Identification_Information + 0{Data_Quality_Information}1 + 0{Spatial_Data_Organization_Information}1 + 0{Spatial_Reference_Information}1 + 0{Entity_and_Attribute_Information}1 + 0{Distribution_Information}n + Metadata_Reference_Information
1. Identification Information	
定义	数据集的基本信息
类型	复合元素

续表

缩写	idinfo
元素	Identification_Information = Citation + Description + Time_Period_of_Content + Status + Spatial_Domain + Keywords + Access_Constraints + Use_Constraints + (Point_of_Contact) + (1{Browse_Graphic}n) + (Data_Set_Credit) + (Security_Information) + (Native_Data_Set_Environment) + (1{Cross_Reference}n)
2. Data Quality Information	
定义	对数据集质量的综合评估
类型	复合元素
缩写	dataqual
元素	Data_Quality_Information = 0{Attribute_Accuracy}1 + Logical_Consistency_Report + Completeness_Report + 0{Positional_Accuracy}1 + Lineage + (Cloud_Cover)
3. Spatial Data Organization Information	
定义	用来表示数据集中空间信息的机制
类型	复合元素
缩写	spdoinfo

续表

元素	Spatial_Data_Organization_Information = 0{Indirect_Spatial_Reference}1 + 0{Direct_Spatial_Reference_Method + ([Point_and_Vector_Object_Information | Raster_Object_Information])}1
4. Spatial Reference Information	
定义	对数据集中坐标的参考系描述，以及对坐标进行编码的方法
类型	复合元素
缩写	spref
元素	Spatial_Reference_Information = 0{Horizontal_Coordinate_System_Definition}1 + 0{Vertical_Coordinate_System_Definition}1
5. Entity and Attribute Information	
定义	关于数据集的信息内容的详细信息，包括实体类型、它们的属性和可能分配属性值的域
类型	复合元素
缩写	eainfo
元素	Entity_and_Attribute_Information = [1{Detailed_Description}n | 1{Overview_Description}n | 1{Detailed_Description}n + 1{Overview_Description}n]
6. Distribution Information	
定义	关于分布服务器的信息和获取数据集的选项
类型	复合元素
缩写	distinfo
元素	Distribution_Information = Distributor + 0{Resource_Description}1 + Distribution_Liability + 0{Standard_Order_Process}n + 0{Custom_Order_Process}1 + (Technical_Prerequisites) + (Available_Time_Period)

续表

7. Metadata Reference Information	
定义	关于元数据信息的时效性和责任方的信息
类型	复合元素
缩写	metainfo
元素	Metadata_Reference_Information = Metadata_Date + (Metadata_Review_Date) + (Metadata_Future_Review_Date) + Metadata_Contact + Metadata_Standard_Name + Metadata_Standard_Version + 0{Metadata_Time_Convention}1 + (Metadata_Access_Constraints) + (Metadata_Use_Constraints) + (Metadata_Security_Information) + 0{Metadata_Extensions}n
8. Citation Information	
定义	数据集使用的推荐引用方法。本部分不能单独使用
类型	复合元素
缩写	citeinfo
元素	Citation_Information = 1{Originator}n + Publication_Date + (Publication_Time) + Title + 0{Edition}1 + 0{Geospatial_Data_Presentation_Form}1 + 0{Series_Information}1 + 0{Publication_Information}1 + 0{Other_Citation_Details}1 + (1{Online_Linkage}n) + 0{Larger_Work_Citation}1
9. Time Period Information	
定义	关于事件的日期和时间的信息。本部分不能单独使用
类型	复合元素

续表

缩写	timeinfo
元素	Time_Period_Information = [Single_Date/Time | Multiple_Dates/Times | Range_of_Dates/Times]

10. Contact Information

定义	与数据集相关的人员和组织的身份和通信手段
类型	复合元素
缩写	cntinfo
元素	Contact_Information = [Contact_Person_Primary | Contact_Organization_Primary] + (Contact_Position) + 1{Contact_Address}n + 1{Contact_Voice_Telephone}n + (1{Contact_TDD/TTY_Telephone}n) + (1{Contact_Facsimile_Telephone}n) + (1{Contact_Electronic_Mail_Address}n) + (Hours_of_Service) + (Contact_Instructions)

8.5.2.3 生物科学领域元数据——Darwin Core

(1)概述

在生物科学领域，同样形成了许多具有影响力的国际元数据标准，如生物收藏数据获取(Access to Biological Collection Data，ABCD)、生态元数据语言(Ecological Metadata Language，EML)、达尔文核心元数据(以下简称Darwin Core)等，而我国国内也制定了生态科学数据元数据(GB/T 20533-2006)国家标准。以下将选取 Darwin Core 进行介绍。

Darwin Core 是一组包括术语表(在其他上下文中可能称为属性、元素、字段、列、属性或概念)的标准，旨在通过提供参考定义、示例和注释来促进关于生物多样性的信息共享。Darwin Core 基于 DC 元数据标准而产生，被认为是 DC 的生物学扩展。Darwin Core 最初来源于美国国家自然基金资助的研究项目：生物学采集和分类学数据信息检索协议测试项目（An Experimental Z39.50 Information Retrieval Protocol Test Bed for Biological Collection and Taxonomic Data），由生物多样性信息标准组织（Biodiversity Information Standards，TDWG）创立，并由其后组建的 Darwin Core 维护组（Darwin Core maintenance group）负责维护工作。自 1998 年 Darwin Core 发布以来，其在实践过程中得到不断的补充与修正，并于 2009 年 10 月被生物多样性信息标准组织批准为正式标准。

（2）术语表

Darwin Core 具有 XML 和文本域两种组织格式。它通过制定一个术语词表，以方便发现、检索、整合有关生物、时空信息，以及生物的收藏，从而提供一个稳定的生物多样性信息共享标准。Darwin Core 给出的术语表，旨在通过提供一些参考定义、例子和评论促进有关生物多样性的信息共享。该标准也包含一系列的文档，用来描述如何管理这些术语，如何为新的用途扩展术语，以及如何使用这些术语。

表 8.29 展示了 Darwin Core 的术语及其定义。①

表 8.29 **Darwin Core 术语表**

类别	术语	
Record-level	type	datasetID
	modified	institutionCode
	language	collectionCode
	license	datasetName
	rightsHolder	ownerInstitutionCode
	accessRights	basisOfRecord
	bibliographicCitation	informationWithheld
	references	dataGeneralizations
	institutionID	dynamicProperties
	collectionID	

① Darwin Core Task Group, Darwin Core [EB/OL]. [2020-07-13]. http://www.tdwg.org/standards/450.

续表

类别	术　语	
Occurrence	occurrenceID	establishmentMeans
	catalogNumber	occurrenceStatus
	recordNumber	preparations
	recordedBy	disposition
	individualCount	associatedMedia
	organismQuantity	associatedReferences
	organismQuantityType	associatedSequences
	sex	associatedTaxa
	lifeStage	otherCatalogNumbers
	reproductiveCondition	occurrenceRemarks
	behavior	
Organism	organismID	associatedOrganisms
	organismName	previousIdentifications
	organismScope	organismRemarks
	associatedOccurrences	
MaterialSample	materialSampleID	
Event	eventID	day
	parentEventID	verbatimEventDate
	fieldNumber	habitat
	eventDate	samplingProtocol
	eventTime	sampleSizeValue
	startDayOfYear	sampleSizeUnit
	endDayOfYear	samplingEffort
	year	fieldNotes
	month	eventRemarks

续表

类别	术语	
Location	locationID	locationAccordingTo
	higherGeographyID	locationRemarks
	higherGeography	decimalLatitude
	continent	decimalLongitude
	waterBody	geodeticDatum
	islandGroup	coordinateUncertaintyInMeters
	island	coordinatePrecision
	country	pointRadiusSpatialFit
	countryCode	verbatimCoordinates
	stateProvince	verbatimLatitude
	county	verbatimLongitude
	municipality	verbatimCoordinateSystem
	locality	verbatimSRS
	verbatimLocality	footprintWKT
	minimumElevationInMeters	footprintSRS
	maximumElevationInMeters	footprintSpatialFit
	verbatimElevation	georeferencedBy
	minimumDepthInMeters	georeferencedDate
	maximumDepthInMeters	georeferenceProtocol
	verbatimDepth	georeferenceSources
	minimumDistanceAboveSurfaceInMeters	georeferenceVerificationStatus
	maximumDistanceAboveSurfaceInMeters	georeferenceRemarks

续表

类别	术　语	
Geological Context	geologicalContextID	earliestAgeOrLowestStage
	earliestEonOrLowestEonothem	latestAgeOrHighestStage
	latestEonOrHighestEonothem	lowestBiostratigraphicZone
	earliestEraOrLowestErathem	highestBiostratigraphicZone
	latestEraOrHighestErathem	lithostratigraphicTerms
	earliestPeriodOrLowestSystem	group
	latestPeriodOrHighestSystem	formation
	earliestEpochOrLowestSeries	member
	latestEpochOrHighestSeries	bed
Identification	identificationID	dateIdentified
	identificationQualifier	identificationReferences
	typeStatus	identificationVerificationStatus
	identifiedBy	identificationRemarks
Taxon	taxonID	phylum
	scientificNameID	class
	acceptedNameUsageID	order
	parentNameUsageID	family
	originalNameUsageID	genus
	nameAccordingToID	subgenus
	namePublishedInID	specificEpithet
	taxonConceptID	infraspecificEpithet
	scientificName	taxonRank
	acceptedNameUsage	verbatimTaxonRank
	parentNameUsage	scientificNameAuthorship
	originalNameUsage	vernacularName
	nameAccordingTo	nomenclaturalCode
	namePublishedIn	taxonomicStatus
	namePublishedInYear	nomenclaturalStatus
	higherClassification	taxonRemarks
	kingdom	

8.6 社交网络元数据

8.6.1 FOAF

8.6.1.1 概述

FOAF 项目(Friend of a Friend Project)创建于 2000 年，它定义了一套 RDF 词汇集，用以描述关于用户、用户兴趣、用户关系和活动的元数据。① FOAF 项目是最早将语义网概念引入社会网络的尝试之一。② FOAF 遵循知识共享署名许可协议(Creative Commons Attribution License)。在底层技术方面，FOAF 则使用了 W3C 的 RDF 技术。③

FOAF 项目基于对人、组、公司和其他类型事物使用机器可读的 Web 主页的目标，使用 FOAF 词汇表(FOAF vocabulary)来提供可以在这些 Web 页面中使用的基本术语集合。FOAF 词汇表是使用 RDF/OWL 计算机语言编写的，这种语言使软件能够轻松处理有关 FOAF 词汇表中的术语以及 FOAF 文档中描述的内容的一些基本事实。不同于传统的 Web 页面，FOAF 文档可以与其他 FOAF 文档结合起来创建统一的信息数据库。

FOAF 项目自 2000 年创建以来，经历过多轮补充与修订，2014 年 1 月发布的 0.99 版本是最近的一次修订版本。以下将基于 0.99 版本对 FOAF 词汇表进行介绍。

8.6.1.2 FOAF 核心词汇

FOAF 定义了三种实体：①类别(Classes)：其他类别或代理所属的组。②代理(Agent)：执行动作的实体，该实体可以是某个类别。③属性

① 吴超．在线社会化网络的语义分析和语义社会网的构建[D]．杭州：浙江大学，2010.

② 刘方方，肖鹏．基于 FOAF 的 ILS 真人图书馆管理模块设计[J]．图书馆论坛，2012，32(5)：37-41，20.

③ The Friend of a Friend Project [EB/OL]. [2020-07-13]. http://www.foaf-project.org/.

(Properties)：代理或类的特征。①

FOAF 词汇表定义了多个词汇，其中包含 13 个类别词汇和 62 个属性词汇。FOAF 将词汇分成广泛的 3 个类别：

核心词汇：该类别和属性构成了 FOAF 的核心。它们描述了不受时间和技术水平影响的人和社会群体的特征，因此，它们可以用来描述当代人的基本信息、历史、文化和数字图书馆环境。

社交网络词汇：除了 FOAF 的核心词汇之外，还有许多词汇用于描述互联网账户、地址和其他基于 Web 的活动。

关联数据工具词汇：此类词汇用于将信息网络与人员网络链接起来。

表 8.30 介绍了 FOAF 的核心词汇。

表 8.30　**FOAF 核心词汇表**

Class：foaf：Agent	
Description	An agent (eg. person, group, software or physical artifact)
Properties include	gender；yahooChatID；account；birthday；icqChatID；aimChatID；jabberID；made；mbox；interest；tipjar；skypeID；topic_interest；age；mbox_sha1sum；status；msnChatID；openid；holdsAccount；weblog
Used with	maker；member
Has Subclass	Group；Person；Organization
Class：foaf：Person	
Description	A person
Properties include	plan；surname；geekcode；pastProject；lastName；family_name；publications；currentProject；familyName；firstName；workInfo Homepage；myersBriggs；schoolHomepage；img；workplace Homepage；knows
Used with	knows
Subclass Of	Agent；Spatial Thing

① Haynes D. Metadata for Information Management and Retrieval：Understanding metadata and its use[M]. Facet Publishing，2018.

续表

Property: foaf: name	
Description	A name for some thing
Domain	having this property implies being a Thing
Property: foaf: title	
Description	Title (Mr, Mrs, Ms, Dr. etc)
Property: foaf: img	
Description	An image that can be used to represent some thing (ie. those depictions which are particularly representative of something, eg. one's photo on a homepage)
Domain	having this property implies being a Person
Range	every value of this property is a Image
Property: foaf: depiction	
Description	A depiction of some thing
Domain	having this property implies being a Thing
Range	every value of this property is a Image
Property: foaf: depicts	
Description	A thing depicted in this representation
Domain	having this property implies being a Image
Range	every value of this property is a Thing
Property: foaf: familyName	
Description	The family name of some person
Domain	having this property implies being a Person
Property: foaf: givenName	
Description	The given name of some person
Property: foaf: knows	
Description	A person known by this person (indicating some level of reciprocated interaction between the parties)
Domain	having this property implies being a Person
Range	every value of this property is a Person

续表

Property: foaf: based_near	
Description	A location that something is based near, for some broadly human notion of near
Domain	having this property implies being a Spatial Thing
Range	every value of this property is a Spatial Thing
Property: foaf: age	
Description	The age in years of some agent
Domain	having this property implies being a Agent
Property: foaf: made	
Description	Something that was made by this agent.
Domain	having this property implies being a Agent
Range	every value of this property is a Thing
Property: foaf: maker	
Description	An agent that made this thing
Domain	having this property implies being a Thing
Range	every value of this property is a Agent
Property: foaf: primaryTopic	
Description	The primary topic of some page or document
Domain	having this property implies being a Document
Range	every value of this property is a Thing
Property: foaf: isPrimaryTopicOf	
Description	A document that this thing is the primary topic of
Domain	having this property implies being a Thing
Range	every value of this property is a Document
Class: foaf: Project	
Description	A project (a collective endeavour of some kind)
Class: foaf: Organization	
Description	An organization

续表

Subclass Of	Agent
Class：foaf：Group	
Description	A class of Agents
Properties include	member
Subclass Of	Agent
Property：foaf：member	
Description	Indicates a member of a Group
Domain	having this property implies being a Group
Range	every value of this property is a Agent
Class：foaf：Document	
Description	A document
Properties include	topic primaryTopic sha1
Used with	workInfoHomepage； workplaceHomepage； page； accountService Homepage； openid； tipjar； schoolHomepage； publications； isPrimary TopicOf；interest；homepage；weblog
Has Subclass	Image；PersonalProfileDocument

以下是运用 FOAF 对某个个人的基础描述实例：

```
<foaf：Person rdf：about="#danbri" xmlns：foaf="http：//xmlns. com/foaf/0. 1/">
    <foaf：name>Dan Brickley</foaf：name>
    <foaf：homepage rdf：resource="http：//danbri. org/" />
    <foaf：openid rdf：resource="http：//danbri. org/" />
    <foaf：img rdf：resource="/images/me. jpg" />
</foaf：Person>
```

8. 6. 2 Open Graph Protocol

8. 6. 2. 1 概述

2010 年，Facebook 公司宣布将设计开放图谱协议。开放图谱协议（Open

Graph Protocol)是一种 Facebook 元数据语言，它用于标注网络资源，使它们可以链接互联网上的其他图形对象。社会关系图谱(Social Graph)被创造出来以描述社交网络中的关系，而开放图谱(Open Graph)就是其中的一种。开放图谱协议以 RDFa 为基础，其将数学图论应用于互联网上个体之间关系的分析和映射。在该协议中，节点等同于人，而边(连接节点的线)等同于关系。①

Open Graph 协议使所有 web 页面都能够成为社会关系图谱中的丰富对象(Rich Object)。例如，在 Facebook 上，它允许任何 web 页面具有与 Facebook 上任何其他对象相同的功能。Open Graph 协议构建在现有技术之上，为开发人员提供了一个能够提供足够的信息来丰富地表示社会关系图谱中的任何 web 页面的方法。面向开发者的简单性是 Open Graph 协议的一个关键目标。②

8.6.2.2　描述元素

(1)基本元数据

在 Open Graph 协议中，要将 Web 页面转换为图形对象，必须向页面添加基本元数据(Basic Metadata)。Open Graph 协议基于 RDFa 协议，要求使用者在将 Web 页面转换为图形对象时，在网页的头部即<head>部分添加额外的<meta>标签。

在每个页面中，必须添加的 4 个属性是：

①og：title，指应当出现在图中的对象的标题，如“The Rock”。

②og：type，指描述对象的类型，如“video. movie”。根据指定类型的不同，可能还需要添加其他的属性。

③og：image，指能够在图中代表所描述对象的图像 URL。

④og：url，指所描述对象的规范 URL，它将在图中用作其永久 ID。比如“http：//www. imdb. com/title/tt0117500/”。

以下是一个在描述 IMDB 上的“The Rock(1996)”电影(http：//www. imdb. com/title/tt0117500/)的基本元数据的实例：

---

① Haynes D. Metadata for Information Management and Retrieval：Understanding metadata and its use[M]. Facet Publishing, 2018.

② Open Graph Protocol[EB/OL]. [2020-07-13]. https：//ogp. me/.

```
<html prefix="og: http://ogp.me/ns#">
<head>
<title>The Rock (1996)</title>
<meta property="og: title" content="The Rock" />
<meta property="og: type" content="video. movie" />
<meta property="og: url" content="http://www.imdb.com/title/tt0117500/" />
<meta property="og: image" content="http://ia.media-imdb.com/images/rock.jpg" />
...
</head>
...
</html>
```

(2)可选元数据

除了以上所提的基本元数据以外，Open Graph 协议也定义了一系列可选择的元数据元素：

①og：audio，指伴随描述对象的一个音频文件的 URL。

②og：description，指描述该对象的 1~2 句话。

③og：determiner，指句子中出现在宾语标题之前的词，其取值范围为(a, An, the, "", auto)。其中，选择“auto”则表明数据用户应该在“a”或“an”之间进行选择。

④og：locale，指标记这些标签的语言环境。其格式是“language_TERRITORY”。默认值为“en_US”。

⑤og：locale：alternate，指描述页面上可用的其他语言环境的集合。

⑥og：site_name，当描述对象隶属于某个较大型的网站，则应该显示整个网站的名称。如“IMDb”。

⑦og：video，指对描述对象进行补充的视频文件的 URL。

以下是运用可选元数据描述对象的一个实例：

```
<meta property="og: audio" content="http://example.com/bond/theme.mp3" />
<meta property="og: description"
  content="Sean Connery found fame and fortune as the
```

suave, sophisticated British agent, James Bond. " />

<meta property="og：determiner" content="the" />

<meta property="og：locale" content="en_GB" />

<meta property="og：locale：alternate" content="fr_FR" />

<meta property="og：locale：alternate" content="es_ES" />

<meta property="og：site_name" content="IMDb" />

<meta property="og：video" content="http：//example.com/bond/trailer.swf" />

(3)结构化属性

一些属性可以附加额外的元数据。它们的指定方式与其他具有属性和内容的元数据相同。

og：image 属性有以下可选的结构化属性：

①og：image：url，与 og：image 一致。

②og：image：secure_url，指网页如需要 HTTPS 时，可以使用的替代 URL。

③og：image：type，指该图像的 MIME 类型。

④og：image：width，指该图像宽度的像素值。

⑤og：image：height，指该图像高度的像素值。

⑥og：image：alt，指描述该图像是什么的一段文字(而非说明)。如果页面中具有 og：image 属性，则应当指定一个 og：image：alt 属性。

类似的，og：video 属性也有着类似的可选结构化属性：

①og：video：url，与 og：video 一致。

②og：video：secure_url，指网页如需要 HTTPS 时，可以使用的替代 URL。

③og：video：type，指该视频的 MIME 类型。

④og：video：width，指该视频宽度的像素值。

⑤og：video：height，指该视频高度的像素值。

⑥og：video：alt，指描述该视频是什么的一段文字(而非说明)。如果页面中具有 og：video 属性，则应当指定一个 og：video：alt 属性。

除此之外，og：audio 属性也有 3 个可选的结构化属性：og：audio：secure_url，og：audio：type，og：audio：alt。其含义与以上所述一致。

8.6.2.3 类型定义

在 Open Graph 协议中定义属性时，应当使用表 8.31 所列类型。

表 8.31 **Open Graph 协议类型定义**

类型	描述	取值
Boolean	A Boolean represents a true or false value	true, false, 1, 0
DateTime	A DateTime represents a temporal value composed of a date (year, month, day) and an optional time component (hours, minutes)	ISO 8601
Enum	A type consisting of bounded set of constant string values (enumeration members)	A string value that is a member of the enumeration
Float	A 64-bit signed floating point number	All literals that conform to the following formats: 1.234 -1.234 1.2e3 -1.2e3 7E-10
Integer	A 32-bit signed integer. In many languages integers over 32-bits become floats, so we limit Open Graph protocol for easy multi-language use	All literals that conform to the following formats: 1234 -123
String	A sequence of Unicode characters	All literals composed of Unicode characters with no escape characters
URL	A sequence of Unicode characters that identify an Internet resource	All valid URLs that utilize the http:// or https:// protocols

课后习题

1. 请举例说出图书馆领域有哪些具有代表性的元数据标准？其中，

MODS 标准中定义了哪些顶层元素？

2. 请说明 IEEE LOM 元数据标准与 DC 核心元数据之间的映射关系。

3. 请说出 DOI 系统有哪些组成部分？列举出 DOI 的核心元数据。

4. 请举例说出不同学科领域至少 5 个具有代表性的科学元数据标准，并自行了解 1 种本章中没有详细介绍的元数据标准。

5. 请使用 Open Graph 协议对豆瓣网站上的孙致礼译版的《傲慢与偏见》(https：//book.douban.com/subject/4881639/)进行描述。

元数据设
计与管理

第9章　元数据设计与管理

9.1　元数据设计生成

9.1.1　元数据设计原则

根据元数据的作用和特点及其在信息资源生命周期中的产生与作用，为保证元数据规范在功能、结构、格式、设计方法、扩展规则、语义语法规则、元数据规范的结构格式等多方面的一致性和整体性，在更大范围内实现数字图书馆之间的互操作和数据共享，在设计各种不同的元数据规范时应该遵守一定的原则。①

(1)模块化原则

在使用大量的各种各样的来源内容、内容的管理形式以及资源著录的方法来表征环境时，元数据模块化是一项关键性的组织内容。它允许元数据模式(metadata schemas)的设计者在已建立的元数据模式的基础上，生成新的汇编或组合，因而不必再重建新的元素，避免了繁重的新元素的重建工作。

在模块化元数据的领域里，能够用句法上和语义上可互操作性的方式，将不同来源的各种模式、词汇以及其他模块的数据元素组合起来。这样，应用设计者能够聚集现有的元数据模块并将其组合在一起，将单独的模块组合

① 徐菁．元数据的设计原则和实用中的问题[J]．图书馆理论与实践，2008 (6)：48-51.

汇编到更大的结构之中，他们可以从重要的可再用性中受益。

在 Web 上部署模块化元数据系统时，命名空间所必需的基础结构为关键部分。命名空间声明允许元数据模式设计器为特定术语定义上下文，从而确保该术语在声明的命名空间范围内具有唯一的定义。因此，在元数据块内对各种命名空间的声明允许将该元数据内的元素标识为属于一个或另一元素集。如可以使用前缀 dc：识别此名称空间声明范围内的所有 Dublin Core 元素；用前缀 lom：识别此名称空间声明范围内的所有 IEEE-LOM 元素。

(2)可扩展性

由于数字图书馆将要处理的数字资源非常广泛，而各类应用背景更为复杂，当时编制的元数据在该阶段的描述适用于当时的应用背景。技术更新及概念的重定义会导致原有元数据的元素或属性值不准确或不足，故元数据系统必须允许扩展，允许使用者在不破坏已规定的标准内容(如元素的语义定义)的条件下，扩充一些元素或属性值，满足给定应用程序的特定需求。

(3)一致性原则

指在元数据设计过程中，应尽量注意保持与现有的国家标准、行业标准或者其他政府标准、国际标准相一致。

(4)简单性与准确性原则

简单性主要指设计的元数据标准在著录实际应用时应较为简单，易于掌握，尤其要考虑到著录人员除编目员外，更多的是相关专业人士，如计算机技术人员在编程时，希望元数据项越简单越好，图情专家则更注重如何细致全面地描述数字对象，因此，同时要考虑到简单化可能导致的不准确，需在二者中作一权衡。

(5)专指度与通用性原则

一方面，由于元数据应用的各类资源的特性不同，著录深度(如书目、内容和插图等)和广度(指相关联的一组文献作总体著录)不同，因此，无法只参照一种元数据标准，需要根据具体的资源实体来确定相应的元数据标准。另一方面，必须考虑元数据标准在一定背景环境下的通用性。

(6)互操作性和易转换性原则

元数据的互操作性原则体现在对异构系统间互操作能力的支持，不仅可以为自己的应用系统所操作，而且可以为其他组织或机构的应用系统所操作；不仅可在不同系统实现在同一元数据标准间的数据的传输、交换或转换，而且可以在不同元数据标准间实现数据的传输、交换或转换。在元数据的具体应用上，互操作性往往表现为易转换性，即在所携信息损失最小的前提下，可方便地将元数据转换为其他系统常用的元数据标准。要实现这些功能，在元数据标准设计过程中必须慎重考虑元素语义和元素结构的准确定义，其中语义定义尤为重要。

(7)用户需求原则

制定元数据标准的目的是让用户更好和更充分地理解信息资源，因此用户需求应作为最高的权衡标准。特别是在结构与格式的设计、元数据项的增加与取舍、语义规则的制定等方面，应尽可能地从用户的角度出发，增加系统与用户间的交互渠道，为用户提供多层次的检索体系。

(8)细化原则

不同的应用对必要详细程度的要求不同，元数据标准的设计应允许架构设计者选择适合给定应用程序的详细程度。细化原则有两种方法：添加修饰词和改进规范。添加修饰词的方法指通过修饰词或限定词以细化或更具体地定义元素的含义。如比较广义的日期具有更加细化的狭义特定类型：创建日期、修改日期、实施日期等。改进规范指特定方案或值集的规范，这些方案或值集定义了给定元素的值范围。

(9)多语言原则

必须采用尊重语言和文化多样性的元数据架构。多语制是更广泛的多元文化主义问题的一个方面。促进全球元数据体系结构的基本出发点是将相关的规范和标准文档翻译成多种语言。DCMI 维护其基本文档的翻译列表。同样，欧洲学习技术研讨会正在维护 LOM 规范的翻译。规范和规范的编码方式应尽可能“保持文化中立”。需要考虑的方面有：

①日期在不同日历中的表示方式。

②文字显示和阅读的方向。

③某些图标和象形图的文化内涵。

④实务标准(名称顺序、整理标准、领先文章标准)。

9.1.2 元数据设计流程

元数据应用体系中对于元数据应用的流程并没有做约定，但在元数据应用过程中，应用流程的规范化则能使元数据应用工作事半功倍。具体的设计流程可以分为以下几步。

9.1.2.1　分析元数据需求

(1)明确元数据的应用领域与应用目标

元数据的应用领域广泛，既可以是某一个数据库和数字图书馆，也可以是多个数据库和数字图书馆、不同学科机构等。① 管理人员面临的挑战之一是权衡开发适合特定应用程序或信息资源类型的模式(schema)，以及使用允许交换数据的公认标准。对需求和规范有清晰的了解是后续审查决策和元数据策略的基础。在实际运用中，大多数元数据模式将资源描述作为其目的之一，但是它们通常用于各种目的：确认和检索、著录描述、资源管理、资源保护与长期保存等。② 例如，诸如MARC 21之类的图书馆标准在处理资源描述时，也用于图书馆目录中的信息检索和图书馆管理系统中的资源管理。

以发现和检索为目的，元数据元素往往简单，Dublin Core是其典型代表；以著录描述为目的，则元数据元素往往较多，描述比较详细，MARC和FGDC/CSDGM是其典型代表；以资源长期保存为目的，元数据元素除对资源进行描述和确认外，往往还包括详细的格式信息、制作信息、保护条件、转换方式、保存责任等内容。

(2)明确元数据应用范围

确定应用领域与目标后，还需要对本领域内的数字对象及已有元数据记录格式进行分析，其中包括对元数据的使用者以及著录人员进行分析。

从微观上说，没有一种元数据可以描述所有的信息资源，因此，具体的元数据标准都有特定的、适用的资源范围。从宏观上说，对于一个包括各类信息资源与服务的数字图书馆来说，元数据应用范围从广义上说应适用于各类信息资源的描述、管理、保存和利用，即元数据在原则上应适用于某一数字图书馆收藏和采集的所有类型的资源。

在应用时，由于元数据尤其是描述性元数据都用以描述特定的资源对象，而每种资源对象均会有其规定的或者约定俗成的内涵和外延，因此需要对所有的信息资源进行分类，以便制定或使用不同的元数据策略。目前比较规范的分类可见“信息资源名称规范列表”。只有定义了科学的信息资源名

① 沈芸芸，肖珑，冯英．元数据应用规范研究[J]．现代图书情报技术，2010，26(12)：1-8.

② 张晓林．元数据开发应用的标准化框架[J]．现代图书情报技术，2001(2)：9-11.

称规范，才有可能去调研、应用和建立专门的元数据规范。

(3)明确服务功能需求和服务模型

主要包括用户界面及检索浏览功能——用户需求及检索浏览元素、记录间的关联模式等，并同时考虑确定服务模型：

①单一机构服务：要考虑已有记录如何再利用，如何收割外部元数据。

②合作共享模式：要考虑本地、区域、国家、国际等不同项目之间的合作与共享。①

(4)其他需求分析

需求分析必须考虑到所描述的内容、与之交互的系统、必须支持的粒度级别、用户社区、现有标准以及预先存在的元数据格式，需求列表见表9.1。

表9.1 **需求列表**

序号	需求分析内容
1	数据收集或正在描述的资源
2	操作环境(软件)
3	现有元数据的可用性
4	标准
5	谁将使用元数据
6	可用于创建和维护元数据的资源
7	需要词汇控制

9.1.2.2 选择和设计元数据标准

(1) 元数据标准规范

在数字图书馆的研究热潮中，我们不能将研究重点只放在技术、资源数字化以及服务模式上，也应该关注与数字资源建设有密切关系的标准问题。如果标准规范不统一，数字图书馆的资源将很难实现共建共享。标准化问题是数字图书馆建设的关键问题之一，而元数据又是标准化问题的核心。

① 沈芸芸，肖珑，冯英．元数据应用规范研究[J]．现代图书情报技术，2010，26(12)：1-8.

目前，元数据并没有统一的标准属性，没有规范的著录格式，它的形式非常灵活，使用范围很广，在标准化方面存在着很多问题。首先，各数字图书馆及其他信息提供单位开发了不同的元数据标准，依据不同的标准对相同类型的资料进行元数据提取，如 DC、PICS、CDF 等。不同的领域也有不同的元数据标准，如档案领域的 EAD、音乐资料领域的 SMDL、地理空间信息的 DGM、艺术作品领域的 CDWA、政府信息领域的 GILS、视觉资料领域的 VRA、数字地理领域的 FGDC 等。其次，网络资源没有明确的书名页、题名、责任者等标识，著录的信息散见于多个页面。比如，我们著录 WWW 资源时，一般以主页作为信息源，但从主页上判断题名、责任者等较为困难，有时很难做到一致。再次，就 DC 系列元数据而言，在同一元素的著录内容上存在着较大差异，在有些元素之间存在着语义交叉与涵盖的情况。这样的情形不仅会引起互操作的困难，也会引起元数据本身著录前后的不一致，影响元数据描述的质量。同时，对其限定词的理解还有些出入。如将数字图书馆的 Publisher 理解为“数字式资源制作者”、Date 理解为“数字式资源制作日期”，这与 DC 元素本意是否相符呢？还有待商榷。最后，各个元数据所采用的编码语言也不尽相同。EAD 等使用 SGML，DC 有使用 HTML，也有使用 XML 的。

①制定中文元数据标准。

鉴于元数据标准规范方面存在的种种问题，元数据的标准规范具有广泛的内涵。它包括元数据著录内容的标准化、同类型数字化信息资源的著录所采用元数据的一致性、复用和扩展过程中的规范化和标准化等问题。为了解决以上的问题，国内各类数字图书馆纷纷呼吁早日出台国家级的中文元数据标准，以保证元数据著录的质量与互操作能力。

在制定中文元数据标准方面，既要照顾中文元数据处理的特殊性和中文资源的应用特点，又要从全球的信息大环境出发，尽量与国际标准接轨和兼容，制定符合中文资源应用需要的标准规范，使其成为国家的行业标准。很多学者建议：由国家标准化权威机构—— 全国信息与文献标准化技术委员会来制订适用于各类数字化信息资源的元数据方案。这样做，可以在全国范围内就某一数字化信息资源采用何种元数据著录达成统一的标准。①

① 陈虹涛，李志俊．元数据的标准规范及其互操作性[J]．情报杂志，2005，24(7)：93-95.

②采用核心元数据 DC。

在元数据建设方面各单位并没有完全达成共识，在描述和选择元数据时，都有自己不同的解决方案。就国际上而言，最具代表性和公认的是柏林核心元数据集 DC，它简练、易于理解、可扩展并且能够和其他元数据形式进行桥接，且能较好地解决网络资源的发现、控制和管理问题。其数据格式已经发展成为信息资源描述的国际标准，国际上有许多系统都采纳 DC 作为核心元数据格式。

DC 具有 15 个既可选择又可重复的核心元素，可被用于简单或复杂的元数据描述，以创建任何搜索引擎和数据库结构可用的元数据。其目的是提供能被用于任何应用软件、数据格式或者主题领域的字段和描述，是适合于任何 Web 资源、任何标准的元数据。它提供了跨学科和格式的语义互操作性，与其他元数据兼容，可作为结构化元数据进行编码和转换的模块化基础结构，是可被任何单位用于描述和标引电子资源的有利工具。DC 的独特优越性，使它俨然已成为一个国际范围内通用的适用于网络资源组织系统的元数据标准。

国内元数据的研究与应用应充分引进并利用一些成熟规范的编码体系，并将其中的元素有机地加以组合，从而形成适应具体需求与中文资源特点的应用规范，提高互操作性。摒弃那种从头开始设计自己专用元数据格式的做法，而是遵循标准、开放和可扩展的原则，按照元数据应用规范的模式来制定其元数据标准。上海数字图书馆、北京大学图书馆、中国科学数字图书馆、国家图书馆、清华大学建筑数字图书馆、超星数字图书馆、万方数据公司、书同文公司等的无数据标准均是基于 DC 元数据设计的。

(2) 对元数据标准进行选择和设计

在某些情况下，元数据标准可能是强制性的。然而，可能存在应用领域本身具有更广泛的要求，或者强制性标准可能不够详细、无法满足专业要求的情况，此时，选择和设计元数据标准成为需要考虑的众多要求之一。通常，模式的选择集中于行业中广泛采用的模式。例如，图书馆经常使用 MARC 21 作为元数据的通用格式，特别是用于数据交换或跨不同目录搜索，处理记录的能力是许多图书馆管理系统的一个特点。在对适用于本领域的元数据标准进行详细调研之后，选择适用的元数据标准，如果没有适用的，可以根据应用体系模型设计新的元数据标准。

需要注意的是，每个元数据都有相关的持续成本，而且越详细、越复杂，系统的设置和维护就越昂贵，广泛的索引或标记可能意味着大量的时间和精力消耗。但是在某些自动化技术已十分成熟的情境下，如电子商务，创建和维护非常详细的记录可能是合适的。

选择和设计元数据标准在数字图书馆建设的不同阶段需要考虑的问题也不同，对这些问题应采用不同的策略以保持元数据的互操作性。如在造表/选表阶段、建库阶段、联合使用阶段都有不同的选择方法，用以决定什么样的元数据标准对本领域最适用，可以最大限度地实现应用目标。在选择和设计元数据标准时的其他注意事项见表9.2。

表9.2 **选择和设计元数据标准注意事项**

序号	注意事项
1	无论元数据的主要目的是什么，通常都需要能够识别单个元素并检索元数据所描述的项。一些元数据模式被用于支持搜索和检索功能
2	一些数据需要保存在一个安全的环境中，例如为了保护个人隐私，或需要确保安全，避免未经授权的访问和干扰。模式中内置的安全性和身份验证功能将影响可用的选择
3	元数据标准的维护——它们是稳定的还是快速发展的？如果在进化，它们是否向后兼容，以便旧的元数据仍然有效
4	可用以标记语言(如XML或RDF)表示的模式

9.1.2.3 元数据应用纲要

所谓元数据应用纲要，是在元数据核心集的基础上，根据具体应用的需要，规定元数据应用的框架和结构(包括内容结构、句法结构、语义结构)、核心元数据元素及命名域、扩展规则、著录规则(必备性、可重复性、元素的取值规则、最佳实践、与其他元数据的映射等)、本地应用规则以及所有元素的编码规则。应用纲要中也应对管理元数据与结构元数据的应用做出解释和说明，建立应用指南。

9.1.2.4 创建元数据记录与质量控制

根据应用纲要创建元数据记录有以下几种形式：

数据创建：对于还没有元数据的信息资源，根据元数据标准和著录规则创建元数据记录，并尽可能实现元数据记录的自动/半自动生成，以便快速生成数据。

数据收割：对于不同数据库或数字图书馆中符合元数据基本框架的元数据进行收割，需要使用 OAI 协议。

数据转换：对不同格式的元数据，根据对本机构内已有的元数据分析以及应用纲要中的映射表，将不同格式的元数据转换成元数据应用中可以直接利用的元数据格式。

数据整合：将所有元数据格式通过不同的方式进行整合并进行质量控制，以便实现不同数据库的统一检索。

通过以上方式生成的元数据记录将形成元数据仓储，为用户提供统一的检索界面，同时在维护和迁移过程中将有效地保证数据仓储中元数据的质量与互操作。

9.1.3 元数据生成

9.1.3.1 导入元数据

元数据长期以来都可以从其他来源或存储库导入。许多编目机构如美国国会图书馆、大英图书馆、书目服务组织、书目数据服务有限公司等，将记录卖给图书馆，图书馆直接导入书目记录而不是对新购书目进行编目。导入元数据需要良好的选择过程、质量控制和遵守公共数据标准，可能需要额外的工作来清理数据并重新配置数据以适应目标系统。

9.1.3.2 自动生成元数据

考虑到需要处理大量材料的情况，以及人工处理所需的人员成本，自动生成元数据有很大的潜力。

(1)元数据收割

①OAI-PMH 协议介绍。

OAI—Open Archives Initiative（开放文档先导），其主要目的是促进信息的有效交流和共享。它起源于电子出版组织(E-prints)，“Archive”在 E-prints 组织中是学术论文库的意思，不过 OAI 中的“Archive”意义则更加广泛，它可以指代所有存储的信息。20 世纪 90 年代，为了更好解决传统出版模式滞后于学术研究发展的问题，学术出版界兴起了通过使用“预印本”

(pre-print) 方式进行学术交流的潮流，一些学术组织把用于共享的学术信息存放于服务器中供感兴趣的组织或个人检索查阅。这些服务器被称为"仓储"(Repositorise)或者"文档库"(Archives)。随着 Internet 的发展，这种出版模式成为学术界发布和交流信息的重要形式。但这种方式存在的一个问题是这些服务器的系统结构、所采用的数据库类型等都存在差异。

② OAI-PMH 协议发展。

1999 年，在美国新墨西哥州的圣达菲召开的一次电子出版界研讨会上，与会专家提出了一个标准接口，使得网络服务器可以通过这个接口来发布电子文档的元数据，多个采用这种接口的仓储(Repositories)结合在一起可以形成一个联邦式的仓储，其他组织可以像对单独一个仓储操作一样检索和利用这些仓储中的元数据，这个接口就是 OAI 协议的雏形。这次会议基本确立了 OAI 协议的框架，同时把核心的参与者组织到一起成立了协议的领导和组织机构，圣达菲会议因此也成为 OAI 发展历史上的第一个里程碑。圣达菲会议之后几个工作组就开始准备具体标准的制定。由于许多部门也都面临相似的信息共享问题，所以这项工作有许多对网络信息有兴趣的组织参与进来，其中有 NASA、OCLC 等著名机构以及众多大学、图书馆、博物馆和一些出版组织。在网络信息联盟(The Coalition for Networked Information, CNI)、数字图书馆联盟(Digital Library Federation, DLF)和国家科学基金(The National Science Foundation, NSF)的支持和资助下，在 Cornell 大学设立主管这项工作的秘书处，由 OAI 协议框架的最初倡导者 Carl Lagoze 和 Herbert Van de Sompel 两位教授负责主持日常事务，同时设立指导委员会和技术委员会，分别负责协议框架的指导和具体的技术开发工作。经过开发人员一年多的努力，OAI 协议的可操作版本 OAI-PMH (Open Archives Initiative Protocol for Metadata Harvesting)的第一版于 2001 年 1 月推出。OAI-PMH1.0 版的协议可以为各类从事网络内容出版的组织所用，任何网络服务器都可以配置这个协议。经过一年多的试用反馈，OAI 组织的开发人员又于 2002 年 6 月推出了协议的第二版 OAI-PMH2.0。OAI-PMH1.0 和 2.0 版的诞生也分别成为 OAI 协议历史上两次里程碑性的事件。

③OAI-PMH 工作原理。

OAI-PMH 使用 TCP/IP 协议作为收割者和仓储之间的传输框架。在这个互操作框架中有两种不同的角色：数据提供者(Data Provider)和服务提供者（Service Providers）。①

——Data Provider：数据提供者是元数据的发布方，一般拥有一个或多个仓储，采用OAI技术框架发布元数据，使得服务提供者可以根据自己的需要对这些元数据进行收割加工。

——Service Providers：服务提供者是元数据的收割方，使用OAI协议向数据提供者发出请求，并接收返回的元数据作为构造附加服务的基础。

OAI-PMH采用了基于HTTP协议的请求和XML格式的响应方式，这使得协议可以和目前的Web方式很好地结合。由于利用的都是现有成熟技术，其在配置上也很方便，是一个应用成本很低的元数据收割机制。多个服务提供者可以从多个数据提供者那里收割元数据，这在某种程度上确保了元数据信息的广泛传播。经过三年多的发展，OAI-PMH已经从最初只应用于电子出版组织发展到对各种信息资源描述有共享要求的领域。虽然为了标准的统一和更广泛的适用性，OAI-PMH把Dublin Core（DC）作为互操作的标准元数据，但是由于DC的15个元素集不能很好地满足不同类型部门的需求，所以OAI-PMH也支持其他任何可以编码成XML格式的元数据标准。现在采用OAI协议的多数组织都是采用对DC进行扩展的方式来实现自身的特殊要求。

在OAI协议中，通过HTTP协议主要规定了表9.3中所示的六种请求，这些请求也被称作动词。

表9.3 **OAI协议六种请求与含义**

动词	含　义
Identify	得到关于仓储的基本信息，比如：URL、所采用的协议版本、E-mail地址等
Listmetadataformat	得到仓库所支持的元数据格式信息
Listsets	得到仓储中记录的等级情况，以便用户选择性收割
ListIdentifiers	得到数据仓储中的相关条目号
ListRecords	列出完整的元数据记录
GetRecords	根据指定的条目号和元数据格式，从仓储中得到记录内容

① 王文清．基于OAI-PMH协议的元数据注册管理系统的设计与实现[D]．北京：北京交通大学，2013.

服务提供者方利用收割器生成请求，采用 HTTP 协议的 GET 或者 POST 方法发向数据提供者，从数据提供者获得元数据以后，经过规格化处理、查重等操作以后存放在服务提供者的数据库中以构建增值服务。比如，服务提供者提供对某些仓储统一的检索界面就是一种增值服务。

数据提供者也是采用 HTTP 协议的方式响应，响应的内容采用 XML 格式编码。响应信息中有可能也包含 HTTP 协议的一些状态信息，比如错误信息(503，service not available)。以 XML 格式返回的元数据记录(一般采用 DC 格式)包括下面三个部分。

第一，头部分(header)，这一部分包括元数据的标示符以及一些用于选择性收割的描述信息，比如 datestamp 记录了创建、修改或者删除的日期，setSpec 表明记录所属的子集。

第二，元数据部分(metadata)，这一部分给出了所采用的元数据格式以及详细的元数据描述。比如 oai dc：dc 表明所采用的为 DC 格式的元数据，title、creator、subject 等就是按照 DC 格式采用的元数据信息。

第三，关于(about)，这一部分是可选项，用于复验记录的元数据部分。内容包括对 XML Schema 的验证，以及元数据的收割状态信息。

④OAI-PMH 配置。

在配置 OAI-PMH 之前，需要考虑清楚一些问题。比如对于数据提供者来说，需要考虑共享哪些信息；打算给哪些服务提供者提供数据。对于服务提供者来说需要考虑：为哪些对象提供什么样的服务；从哪些数据提供者那里收割元数据；为了支持自己的服务，该怎样处理收割来的元数据。作为收割双方的数据提供者和服务提供者之间还要就一些问题达成共识，比如更新的频率(包括数据提供者数据更新的频率和服务提供者收割的频率)，元数据格式(采用何种格式的元数据)等。另外，在数据提供者方面，可以根据需要对元数据进行分类，比如按照主题分类或者按照资源的类型分类，这种分类还可以是等级结构的。在被收割的时候只要和服务提供者方达成共识，就可以按照等级结构来进行收割。

具体的配置过程中，不需要专门开发软件，在 OAI 的官方网站(www.openarchives.org)上有一些可以利用的工具列表，这些工具大多是遵循开放源代码协议的，可以下载后直接使用，或者按照自己的要求进行修改。①

① 齐华伟，王军．元数据收割协议 OAI-PMH[J]. 情报科学，2005，23(3)：414-419.

第一，数据提供者方的配置。

数据提供者的元数据都存储在数据库中(比如关系数据库)，其中的每一个条目都被唯一标示。数据提供者方配置成一个 Web 服务器(采用 Apache、IIS 等)，对它的访问通过 Internet，当服务提供者向数据提供者发出请求以后，数据提供者方有一个验证程序(采用 PHP、Perl 或 JSP 等编写)对这个请求的合法性进行验证，如果通过验证则创建 SQL 查询语句，否则生成一条错误消息返回给服务提供者方。SQL 语句对数据库进行查询以后，数据库返回相应的记录(并送交程序处理成 XML 格式，随后响应返回到服务提供者方)。数据提供者配置好服务器以后，可以创建一些基于 OAI-PMH 的查询，来对配置的效果进行测试。如果确信配置工作没有问题了，就可以在 OAI 的官方网站上对这个数据仓储进行注册。

第二，服务提供者方的配置。

服务提供者方需要有一台和 Internet 相连的服务器，另外还要有一个数据库系统和程序环境。服务提供者方通过文档管理组件对被收割的仓储进行管理，建立一个可以收割的文档列表，每次收割的时候选择需要收割的仓储。请求组件生成 HTTP 格式的请求，并发送到 OAI 仓储，使用 OAI-PMH 允许的动词来请求元数据，也可以使用集参数对仓储进行有选择性的收割，还可以定义收割的时间和规则。收割来的 XML 格式的数据经过 XML Schema 验证重复性检查以后，把它们转化为需要的内部数据格式存放在数据库中。对于服务提供者的测试可以采用对已经注册的数据提供者的收割操作来检查配置效果。已经注册的数据提供者列表可以在 OAI 的官方网站上找到。

⑤OAI-PMH 应用。

OAI 协议推出以后，受到了许多涉及数字资源的组织的支持和响应，有一些组织的研究项目采用了 OAI 协议，这些项目一般都是由一些著名机构所资助的。下面列举几个比较有影响力的项目。

NDLTD(Networked Digital Library of Thesisand Dissertations)。NDLTD (http://www.ndltd.org/)是由美国国家自然科学基金支持的一个网上学位论文共建共享项目，为用户提供免费的学位论文文摘和部分全文。NDLTD 首先定义了一个满足其特定需要的元数据集。这个元数据集是 DC 的扩展，它增加了额外的字段，用来存放有关学位论文的类型信息。从 DC 继承的字段被赋予了能被所有成员理解的特定语义。所有的

NDLTD 站点都遵循该元数据规范，通过 OAI 协议对所有的 NDLTD 站点进行访问，Virginia 大学为此开发了一个基于 OAI 的跨库文档检索系统。目前全球有 170 多家图书馆、7 个图书馆联盟、20 多个专业研究所加入了 NDLTD。

ARC（A Cross Archive Search Service）。ARC（http://arc.cs.odu.edu/）是 Old Dominion 大学数字图书馆研究组开发的一个实验性的服务提供者，它对收割来的元数据进行处理以后存储到一个关系数据库中(比如，MySQL 或者 Orasle)。目前从众多数据提供者收割了大约 600 万条不同领域的元数据记录。

NSDL(National Science Digital Library)。NSDL(www.nsdl.org)是美国国家科学基金资助的项目，目的是建设美国最大和最多样化的国家科学数字图书馆。NSDL 的一个核心部分是元数据仓储(Metadata Repository)，元数据由分布在全美各个州的项目参与者提供。OAI 协议在整个过程中起到连接和传递作用，把 NSDL 的各个组成部分有机地结合为一个整体，并将底层的数据提供者所提供的元数据最终传递给需要这些数据的外部应用程序。

OAIster。OAIster(http://oaister.umdl.umich.edu)是密歇根大学数字图书馆(University of Michigan Digital Library)服务的一个项目。它的目标是创建一个方便使用、面向学术数字资源的仓储。另外，OAIster 也是受梅隆基金(Mellon fund)资助的一个项目，用于测试在公共数字资源共享中利用 OAI 的可行性。OAIster 采用 OAI 协议收割不同机构的元数据记录构建自己的服务。

myOAI。myOAI（http://www.myoai.com)是一个功能齐全的搜索引擎，由美国 FS Consulting 公司开发，用于检索经过选择的采用 OAI 协议的元数据数据库。它可以按照用户的需要定制检索过程，用户可以选择希望检索的数据库，选择结果集排序输出方式等，如果是注册用户，还有保存检索出的文档、处理检索的历史纪录、对检出的文档进行评价、定制检索界面等功能。

(2)元数据提取

相对于普通数据而言，元数据是更高一个层面上的数据。随着近几年知识发现、机器学习理论的发展，元数据提取技术的研究也越来越受关注。目前元数据提取技术可以归纳为三种：基于正则表达式的、基于规则的和基于机器学习方法的。①

① 基于正则表达式的元数据提取。

其思想是通过一些给定的训练集，在语法分析器的帮助下，自动生成一些规则来匹配这些文档，并用它们对这类文档集进行匹配，从中挑选出错误率最低的规则作为抽取这类文档集的抽取规则。

② 基于规则的元数据提取。

基于规则的模型则需要事先构造抽取规则集，利用这些通用的规则从文本中抽取信息。基于规则的模型也叫 Wrapper 模型。Wrapper 是一种软件构件，一个 Wrapper 类一般针对某一种单一数据源中的一类页面，负责将数据和查询请求由一种模式转换成另一种模式。在 Web 环境下，Wrapper 负责将隐含在 HTML 文档中的信息抽取出来，并且转换成能够被进一步处理的以某种数据结构存储的数据。

③ 基于机器学习方法的元数据提取。

基于机器学习方法的元数据提取是近几年发展起来的最流行的一种方法。机器学习方法用来支持强健的、适应性强的元数据的自动获取，支持对半结构化文档知识的获取。它解决了早期基于表达式和基于规则的方法要靠专家事先定义规则的局限性，能健壮地处理新数据。因此可移植性好，应用领域广。

而对于基于机器学习的方法，任何对该知识领域比较熟悉的人都可以根据事先约定的规范标记训练语料，经过训练后的系统能处理新的文本。目前常用的信息提取的机器学习方法有：基于符号学习、基于逻辑归纳、SVM 及基于统计学习技术等。

9.1.4 元数据模型转换

由于元数据的应用目标就是数据管理与信息共享，为更好地管理大量的网络数字资源，尤其是对多源异构数据的管理，需要从不同的数据源中提取元数据，而不同的数据结构造成了信息表示类型的不一致，进行元数据模型转换是必不可少的环节，所以元数据模型转换技术也是数据库互操作的关

① 侯娜．基于条件随机场的元数据自动提取技术研究[D]．秦皇岛：燕山大学，2009.

键。在元数据模型转换上，按照数据转换的模型依据可分为基于结构的转换和基于语义的转换两种。

在基于结构的转换模型中，基本思想是对照不同来源的元数据结构关系，比较对应的层次关系，在领域结构一致的前提下，依据对应数据项的位置再进行元数据映射，分析比较对应数据项的元素值，通过对应项的数据映射实现元数据信息的转换。目前通用的做法是采用映射表的方式，由行业领域的专家建立元数据数据项对照表，基于通用元数据映射框架建立数据转换流程，按照数据转换流程完成元数据的自动转换。Neuroth 等针对跨域异构资源搜索的应用，提出了元数据映射应用框架，基本思想是在研究系统数据模型和标准模型的基础上，给出命名空间的概念和框架文件，收集获取文件描述词，按照命名空间的规则和条目要求制定转换模型，实现元数据与数据集的匹配和检索。该应用框架为基于结构的转换模型研究提出了参考模型和框架，但是由于人员的专业背景不同，建立的数据映射表往往会产生歧义，数据匹配与转换不可避免地产生大量的错误。有学者提出基于一定的数据转换模型，添加计算机自主判断算法，减少控制转换过程中人的交互。如 Laksmiwati 等提出 RK-X(结合 X 元数据类型扩展 Ralph Kimball 方法)元数据模型转换模型，该方法综合了简要 X-Meta 模型和 Kimball 方法，将元数据语义模型加入到元数据模型转换流程中，在很大程度上减少了人的交互，实验结果表明，在元数据模型转换效率和准确度上都有一定的提高。另外，Hernández 等提出了一种源数据与元数据映射应用模型，基于元数据与源数据之间的关系，对元数据映射原则和系统进行扩展，建立数据映射的关系，并生成匹配表，同时丰富查询语句，提高元数据提取精度，实现数据之间的高效转换。

基于语义的转换技术研究，其基本思想是采用核心元数据集标准，研究领域本体的语义标注技术，用于各种数据格式和主体领域的字段和描述，实现与现存其他元数据兼容。Park 提出了一种基于语义综合的数字图像元数据匹配技术，先对数字图像的编目字段和 DC(Dublin core metadata)元数据的语义映射状态进行估值，该估值是通过收集和鉴别数字图像元数据语义错误和空值出现的频率得到的，根据状态估值，并结合语义建立语义综合模型，实现同义的元数据匹配。对 20 个数字图像元数据模板和 659 条元数据记录进行分析，结果表明该方法是行之有效的。还有一种结合语义的关系数据库（relational database，RDB）与资源描述框架（resourcedescription framework, RDF)描述映射算法，由 W3C 的 RDB2RDF 孵化器研究组提出，基本思想是建立一个标准的资源描述框架，用于描述所有的元数据格式，采用可扩展标记语言(extensible markuplanguage, XML)作为交换和处理元数据的通用语法体系，通过对常用意义上的语义、语法和结构的支持，将资源描述数据转换到 RDF 框架，按照语义建立关联，提供各种不同元数据体系之间的互操作，实现信息高效转换。

基于语义的元数据研究随着语义知识和本体论研究，逐步成为数据库互操作技术的研究热点，应用比较成熟的有基于图书检索的元数据映射技术、基于地理本体的元数据映射技术和基于图像和多媒体的元数据匹配技术，并有相应的系统模型。语义知识研究在元数据模型转换中的地位越来越重要，尽管已经存在一些成熟的领域元数据映射技术，但在元数据模型转换系统中还可以从以下两点结合语义知识进行改进：(1)元数据项聚合模型研究，通过对本体知识的分类研究，辅助更高层次的元数据项的合并与融合，实现元数据项的更为高效的聚合和分类；(2)语义模型用于指导元数据模型转换流程，结合语义知识库和知识推理机制，形成数据转换框架和元数据项的映射标准，实现元数据项的高效转换。

9.2 元数据互操作

9.2.1 元数据互操作基础

为了响应数字图书馆和存储库的迅速发展，各种用户社区已经开发或提出了许多通用的和特定领域的元数据标准。即使在相同的主题领域内或对于相同的资源类型，元数据标准通常也有两个或多个选项。在建立大型数字图书馆或资料库时，经常遇到的问题是参与者可能已经使用了多种方案和描述方法来创建其元数据记录。元数据对于资源信息描述的特殊性和一般性的矛盾与生俱来，是其本身无法克服的。随着元数据日益标准化、规范化，DC 元数据等少数元数据格式将占主导地位，然而永远不可能统一到仅有少数几种格式，许多专业或专门领域仍然会有大量的元数据方案。例如，在图书馆中，MARC 21 格式用于在系统之间交换书目记录，这并不意味着图书馆管理系统本身必须在内部以 MARC 21 格式存储数据。实际上，这些系统中的许多系统都有其他专有的元数据元素。库管理系统的内部体系结构可能会使专有数据结构更合适。

所谓元数据的互操作性，是指在由不同的组织制定与管理且技术规范不尽相同的元数据环境下，要向用户提供一个统一的数据检索界面，确保系统对用户的一致性服务。简而言之，就是实现两个或多个系统的兼容性，使它们可以交换信息和数据，并且可以使用交换的信息和数据，无需任何特殊操作。在具体应用上，互操作性表现为易转换性，即在所携信息损失最小的前提下，可方便地转换为其他系统常用的元数据。理想情况下，这样的数字图书馆或存储库的用户“应该能够通过一次搜索发现可以从各种馆藏中免费获得哪些数字对象，而不必分别搜索每个馆藏”。在网络环境下，要实现互换和共享，就需要在元数据间建立某些机制，建立以标准格式生成输出和以商定格式导入记录的能力，允许在系统之间交换数据，来灵活地实现信息系统之间的互操作。该领域的国内外研究存在一定区别，国外研究主要关注于元数据标准之间的互操作问题，国内研究主要关注于利用元数据实现信息资源的整合。

要考虑互操作性，对元数据社区存在两组相反的压力。第一个是尽可能简化标准，以确保最广泛的社区可以以最小的努力使用该标准。都柏林核心元数据计划已采用此方法。此方法支持扩展和改进，同时保持了核心数据元素集的完整性。第二个是使元数据标准足够复杂，以涵盖可能需要的全部数据处理要求。这特别适用于元数据不仅用于资源发现，还用于管理资源和处理与所描述的数据实体有关的事务的情况。ONIX 标准和 MARC 21 是这种用于定义元数据元素的更全面方法的很好的例子。

(1) XML (Extensible Markup Language)

在 W3C (WWW Consortium) 的推动下，XML 已成为一个日益完善的开放性信息组织处理技术框架的基础，正成为全球网络化数字信息环境中各种信息、信息集合和信息系统工具定义、组织、处理和交换的核心。XML 的基本定义文件是：Extensible Markup Language (XML) 1.0, 2nded. W3C Recommendation, 6October, 2000. http://www.w3.org/TR/2000/REC-xml-20001006。

(2) RDF (Resource Description Framework)

为了在网络环境下自动识读和交换源于不同历史、应用于不同领域、具有不同语义的多种元数据，需要统一的描述框架和标记语言，W3C 定义了资源描述框架。RDF 标准是：Resource Description Framework (RDF). Model and Syntax Specification, W3C Recommendation, 22 February, 1999. http://www.w3.org/TR/TEC-rdf-syntax/。

(3)Z39.50 协议

Z39.50 规定异构开放系统间传递检索指令和数据的标准方法，使一个系统(源系统) 能作为另一系统(目标系统) 的客户机检索和获取目标系统的数据。

(4)OAI 协议(OAI Metadata Harvesting Protocol)

OAI 元数据搜寻协议的目标是提供一个能被广泛使用的应用独立的互操作框架。OAI 系统主要由数据提供者、服务提供者、元数据搜寻协议组成。OAI 规定用 XML 语言封装在数据提供者和服务提供者间交换的元数据。http://www.openarchives.org。

9.2.2 元数据互操作的类型

电子信息资源的元数据通常很难独立于一个完整的元数据体系之外，也就是说，为了使计算机能够理解并进行操作，元数据必须存在于一个元数据体系之中。元数据和互操作性有两种上下文：作为促进互操作系统之间信息交换的工具的元数据，以及元数据模式本身的互操作性。由表 9.4 可知，一个元数据体系要规定元数据的三个方面：一是来自语义上的障碍，如语义差别、款目与集合差别、多版本问题等；二是来自结构的差异；三是来自句法或语法的异构，可以理解为计算机之间能够读懂并进行处理的程序语言的不同。

表 9.4 **三种不同类型的互操作性**

类型	定 义
语义互操作性	通过有关内容描述标准的协议实现。例如，RSC 与 ISBD 审核小组之间就 ISBD 与 RDA 之间的映射达成的协议
结构互操作性	用于指定语义模式的数据模型，例如 RDF(资源描述框架)
语法互操作性	XML 是一个示例，它提供了表示元数据的语法。它是关于如何标记数据以使其能够与其他应用程序交换和共享

这种分层的方法特点在于完全围绕元数据的内容和结构进行划分，它充分地揭示了元数据互操作的本质，即元数据的互操作要解决元数据体系所包

含的3个方面的异构问题。

张晓林将元数据互操作分为6个结构层面：在底层通信协议下，底层的交换格式的互操作；标记格式的互操作；元素内容结构的互操作；元素语义的互操作；编码规则的互操作；最上层的数据内容的互操作。① 底层的互操作是元数据依靠的传输和存储环境的互操作。事实上，这6层中最核心的还是元数据的语义、结构和语法结构三项互操作。

语法层次上的互操作是最容易得到彻底解决的，它可以通过制定一系列的协议或使用某种共同的计算机语言来达成。但语义和描述规则上的异构往往只能得到部分解决，甚至在当前的网络技术水平下尚无法完全解决。不同的应用领域，描述规则的差异往往是很大的，如主题描述，当检索者键入"field"一词时，图书馆专业解释为"字段"，而地质专业为"外场"，军事专业则理解为"战场"，因此返回的结果将是完全不同的。要完全解决语义的差别，需要在下一代互联网即语义网建立之后，运用本体的技术支持来真正地解决。②

DCMI提出了元数据互操作的四个层次(层次越高，互操作程度越深)：第一层次，基于元数据要素自然语言定义的互操作。在这一层次，不同元数据应用之间的元数据交换基于元数据标准的自然语言定义，元数据的术语只能在特定范围内被识别、应用，而与外界的互操作问题并不是这类元数据标准的优先考虑项。第二层次，正式的语义互操作。这一层次的互操作要求元数据共享基于RDF的数据描述模型，而使用RDF化的元数据标准的元数据可以称为关联数据(Linked Data)。DCMI为了使都柏林核心元素集融入语义网环境中，其元数据术语表(DCMI Metadata Terms)的类、属性的定义都依据语义网技术标准。在关联开放数据运动之中，不同关联数据集之间通过类、属性、实例数据的相互引用来不断提升彼此的语义关联，RDF化的元数据标准能够使元数据这类数据参与到语义网环境中，实现更广范围的语义互操作。第三层次，描述集语法互操作。在这一层次，不同的元数据标准不仅都是RDF化的关联数据词表，彼此之间还共享元数据记录描述的基本语法。这种基本语法被DCMI称为"描述集"(Description Set)。描述集对RDF

① 游祎，赵荣．我国元数据研究现状与发展[J]．图书情报工作，2008(S1)：202-205.

② 张东．论元数据互操作的层次[J]．情报理论与实践，2005，28(6)：648-650.

化的元数据元素的使用进行限制，包括值域类型、范围、数量关系等。而描述集配置文件(Description Set Profiles)则是 DCMI 定义的一种用于限定元数据元素使用方式的语言。共享描述集语法、配置文件的 RDF 化的元数据标准能够实现更深层次的元数据互操作。第四层次，描述集配置文件互操作。① 这一层次是 DCMI 定义的最高层级的互操作。在这一层级，不同的元数据应用的元数据记录采用通用的约束规则，使用相同的元数据标准，从而实现完全意义的语义互操作。

从层级划分可以看出，DCMI 将实现元数据标准的 RDF 化作为解决元数据互操作问题的主要途径，即将元数据标准与语义网环境下关联数据集的词表(或本体)相融合，使元数据成为关联数据集，从而与关联开放数据运动中的其他关联数据集产生语义关联，实现更深层次、更广范围的数据互操作。

目前，基于语义网技术的元数据互操作的相关研究主要包括 RDF 化的元数据标准的应用、描述集配置文件的构建和应用等。RDF 化元数据标准的应用属于 DCMI 规定的互操作第二层级，研究人员采取的主要方法与元数据 RDF 化方法基本一致，即构建全新的符合 RDF 标准的元数据标准，将目前的元数据标准替换为 RDF 化的元数据标准，将已有的元数据标准映射转换为 RDF 化的元数据标准等。在构建全新 RDF 化元数据标准方面，欧洲数字图书馆的解决方案是一个典型。欧洲数字图书馆由欧洲各国的文化遗产保护组织合作成立，为了实现各国文化遗产数字资源在同一平台上的统一检索和存取，该组织发布了 ESE(Europeana Semantic Elements)和 EDM(Europeana Data Model)两个元数据标准。② 除了元数据标准之外，欧洲数字图书馆还发布了许多工具以方便元数据、资源的交换共享。③

9.2.3 元数据互操作的实现

随着对元数据互操作方式方法的深入研究与广泛应用，目前已有多种技

---

① Dublin Core Metadata Initiative. Interoperability Levels for Dublin Core Metadata[EB/OL]. [2020-05-10]. http://dublincore.org/documents/interoperability-levels/.

② Bonchev B. Evolving Europeana's Metadata: from ESE to EDM[J]. Digital Presentation and Preservation of Cultural and Scientific Heritage, 2012(2): 27-37.

③ Gardasevic S. Europeana and its Metadata Models[J] Citaliste: The Scientific Journal on Theory & Practice of Librar, 2013, 12(22): 85-93.

术来支持元数据互操作的实现，我们将对三个级别元数据互操作的实现进行一一介绍。

9.2.3.1　实现模式级的互操作性

在项目选择并将元数据模式应用到其集合之前，一个重要的步骤是确保根据给定的模式处理的数据可与其他数字集合或系统互操作，以生成数字集合。在此阶段用于实现互操作性的方法主要包括：派生、应用程序配置文件、元数据映射、交叉转换、注册表等。接下来是对每种方法的讨论。

(1)派生

顾名思义，此方法是从现有模式中派生新模式。具体的派生方法有：改编、修改、扩展、部分改编、翻译等。在每种情况下，新模式都依赖于源模式。

在一个数字数据库的集合中，不同的组件有不同的需求和关于描述细节的不同要求，一个现有的复杂模式，如图 9.1 所示，MARC 格式可以被用作“源”或“模型”，从中可以派生出新的更简单的单个模式。这种方法可确保相似的基本结构和通用元素，同时允许不同的组件在深度和细节上有所不同。

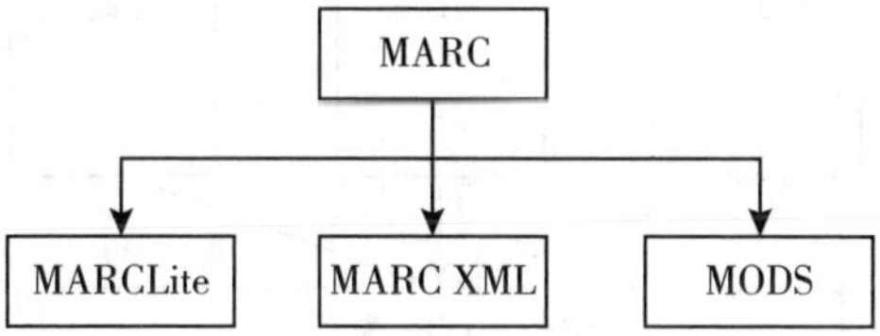

图 9.1　派生案例

有一种类似推导的方法——将现有模式翻译成另一种语言，使翻译后的内容在很大程度上与源模式相同。如图 9.2 所示，Dublin Core 元素集拥有不同的语言版本。

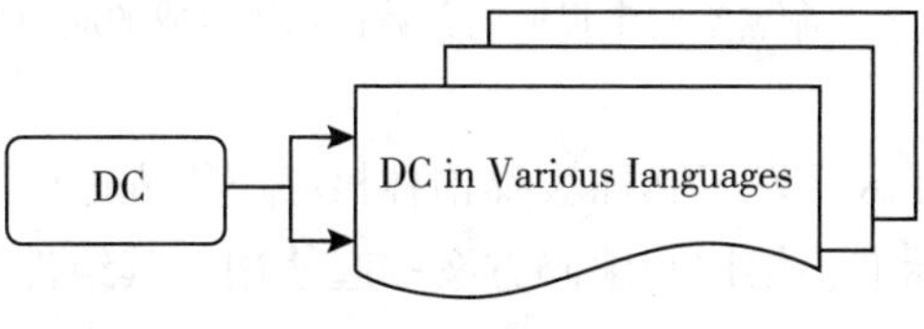

图 9.2　不同语言版本案例

(2)元数据应用程序配置文件

许多元数据模式鼓励用户采用适合其需要的标准元数据元素。可以创建额外的数据元素来满足应用程序的特定需求，还可以使用“混合和匹配”方法通过不同模式采用元数据元素。应用程序概要文件提供了重用现有元数据标准(或这些标准中的数据元素)的方法，并通过对现有标准的通用使用来促进互操作性。应用程序配置文件(AP)是组织、信息资源、应用程序或用户社区在元数据中使用的元数据术语的声明，是一种针对特定兴趣或用户社区建立的一组特定应用程序指南或策略，来满足个人需求的典型方法。

应用程序配置文件通常由从一个或多个元数据模式中提取的元数据元素组成，由实现者针对具体的本地应用程序进行优化，组合为复合模式，如图9.3所示。例如，澳大利亚虚拟工程图书馆的AVEL元数据集包含19个元素。除了支持14个DC元素(不包括dc.source元素)之外，它还支持1个AGLS(澳大利亚政府定位服务)元数据元素(AGLS.Availability)，1个EDNA(澳大利亚教育网络)元素(EdNA.Review)和3个行政要素(AC.Creator，AC.DateCreated和AVEL.Comments)。

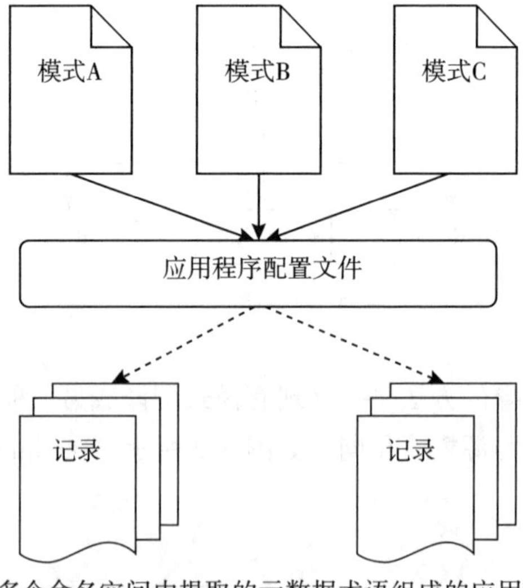

图9.3　由从一个或多个命名空间中提取的元数据术语组成的应用程序配置文件的图示

都柏林核心社区开发了新加坡都柏林核心应用程序配置文件框架。它可以与其他元数据标准、架构和编码方案一起使用，其组件见表9.5。

表9.5 **都柏林核心应用程序配置文件框架组件**

组件	强制/可选
功能要求	强制性
领域模型	强制性
描述集配置文件(dsp)	强制性
使用准则	可选
编码语法准则	可选

(3)元数据映射

元数据映射也可以称为“元数据转换”，是指在两个或多个元数据格式间建立的对照转换关系，实现元素、语义和语法从一种元数据方案到另一种元数据方案的映射，① 如图9.4所示。目前大多数比较通用或常用的元数据格式之间都有对照转换表，即以一种元数据集为源格式，将其与目标元数据格式中的元素进行对照转换。语义上的互操作性的实现，使异类集合可以通过单个查询同时进行搜索，就好像它们是单个数据库一样。映射中需要考虑很多元数据属性。根据NISO文件《元数据映射内容元数据标准中的问题》，② 共同的属性可能包括：

①每个元数据元素的语义定义；

②根据某些条件，元数据元素是否是必需的，还是可选的；

③元数据元素是否可以在同一记录中多次出现；

④由于元数据元素相对于彼此的组织而产生的约束，例如层次化的父子关系；

⑤对元素值施加的约束(例如自由文本、数字范围、日期或受控词汇)；

⑥对本地定义的元数据元素的可选支持。

---

① NISO (National Information Standards Organization). Understanding metadata. Bethesda, MD: NISO Press. Available: < http://www.niso.org/standards/resources/UnderstandingMetadata.pdf>. 2004.

② Pierre M S, LaPlant W P. Issues in Crosswalking Content Metadata Standards[M]. Baltimore, Maryland, USA: NISO, 2000.

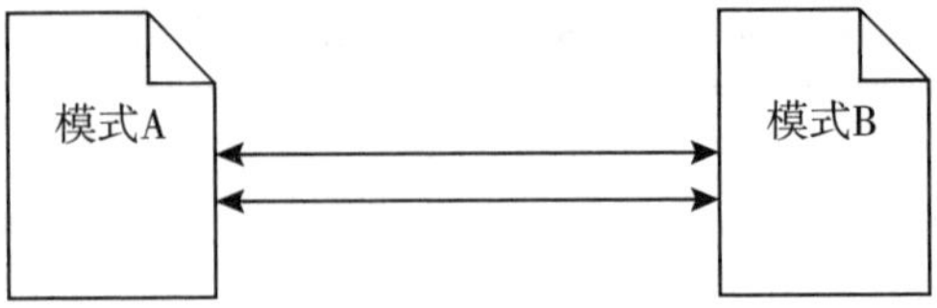

图 9.4　在两个架构之间建立人行横道

元数据映射的形式可以有多种，主要包括一对一的转换，这种转换方法可以较好地保证转换的准确性；通过中介格式的转换，这种转换方法的准确性受中介格式的影响而难以保证；单向转换，从源数据格式转换到目标元数据格式，但不能从目标元数据格式再精确地转换为源数据格式；双向转换，源元数据格式与目标元数据格式可以互为转换。

不同元数据格式是为不同领域、不同应用而建立的，没有在语义和结构上完全一致的两种元数据，否则就成为一种元数据。元数据映射的目标是在元数据转换中实现每一个源元数据元素与目标元数据元素的完全对应，但这只能是一个无法完全实现的“愿望”，实际转换中情况会非常复杂，经常会出现匹配的差异，有结构方面的匹配差异、语义方面的匹配差异、应用方面的匹配差异。结构匹配差异，如一对多，即源元数据中一个元素对应目标元数据中的多个元素；多对一，即源元数据中多个元素对应目标元数据中的一个元素；多对零，即源元数据中一个或多个元素在目标元数据中没有对应的元素；零对多，即目标元数据中存在一个或多个元素在源元数据中没有对应的元素。语义匹配差异，如源元数据元素与目标元数据元素语义不完全一致，可能是包含关系或交叉关系，元素数据类型不一致，如一个为字符串，一个为数字，一般形式与专门形式的差异元素；数据取值范围不一致，如一个为中图法，一个为科图法，一个为自由词，一个为规范词。应用匹配差异如必备元素与可选元素的差异，可重复元素与不可重复元素的差异，子元素的差异，元素层次错位。这些差异需要通过在转换过程中建立一定的规则来予以协调解决。

目前，针对不同元数据格式的映射，在元数据映射的主要工作中已产生了大量的元数据映射，几乎所有模式都创建了到流行模式(如 DC、MARC、LOM 等)的元数据映射，国内外已有许多研究与应用实例。尤其是对于图书馆界常用的 MARC 与 Dublin Core 元数据之间，美国国会图书馆发布了 Dublin Core 到 MARC21 以及 MARC21 到 Dublin Core 的映射关系。台湾以吴政椒教授为代表的学者也针对 Dublin Core 与 MARC21 的转换对照进行了研究，并提出了“都柏林核心集到中国机读编目格式的转换对照表”与“中国机读编目格式到都柏林核心集的转换对照表”。我国国家图书馆也针对 CNMARC 与 Dublin Core 的映射方案进行了研究。元数据规范也可能包括该模式的先前版本以及其他元数据模式的元数据映射。一个示例是 VRA Core 3.0，它列出了目标架构 VRA 2.0(早期版本)，CDWA 和 DC 中的映射元素。

(4)交叉切换

当涉及的方案数量很少时，元数据映射效果很好，但是在多个方案之间进行映射不仅繁琐且费力，还需要大量的智力工作。例如，单向元数据映射需要一个映射过程(A→B)，而一个双向元数据映射需要两个映射过程(A→B 和 B→A)。当涉及更多模式时，该过程变得越来越麻烦。四模式元数据映射将需要十二个(或六对)映射过程。因此，使用交换模式(新模式或现有模式)在多个模式之间进行元数据映射已成为一种公认的解决方案。

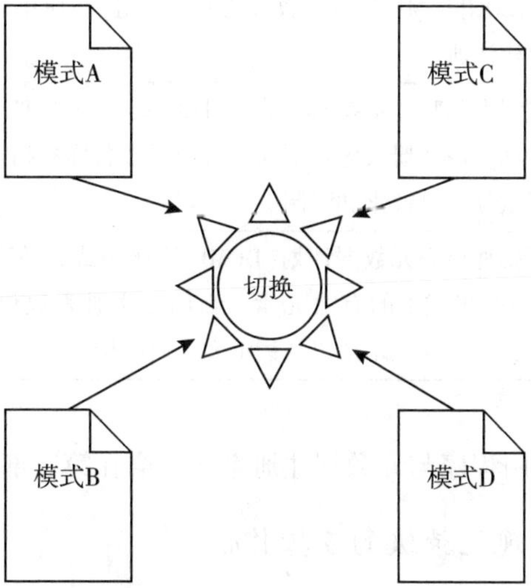

图 9.5　涉及多个模式的交叉切换

在图 9.5 所示模型中，使用一个模式作为多个模式之间的切换机制。交叉切换不再像元数据映射那样在组中的每对之间进行映射，而是将每个单独的元数据模式仅映射到上述作为切换机制的模式。

(5)元数据注册表

进行元数据注册的作用主要有以下几点：为元数据定义和权威数据提供集中参考；提供咨询和有效性检验的参考；增进元数据重用和互操作性；和谐化和标准化框架；在跨机构层次上元数据层面的知识交换和协同平台。

元数据注册表的基本组件可以包括数据模型、元素、元素集、编码方案、应用程序配置文件、元素使用信息和元素元数据映射的标识。尽管有这些通用组件，但是每个注册表通常都有特定的范围。四个不同的注册表范围见表9.6。

表9.6　**不同的注册表**

注册表	典　例
跨域和跨模式注册表	CORES项目中使用的UKOLN(英国图书馆网络办公室)的SCHEMAS注册表包含几个元数据元素集和相关文档。通过Web界面，可以根据此注册表中包含的代理、元素集、元素、编码方案、应用程序配置文件和元素使用情况进行搜索或浏览
特定于域的跨模式注册表	UKLON的MEG(用于教育的元数据组)注册中心促进了教育领域的架构注册
项目特定的注册表	欧洲库(TEL)元数据注册表[TEL]的记录与TEL相关的所有元数据活动。该注册表包含不同语言的元素名称的翻译，并声明元素是否可重复、可搜索和强制
特定于模式的注册表	都柏林核心元数据计划(DCMI)注册表或开放数据注册表，用于记录DC模式中的有效元素。当前，注册表提供有关元素、元素细化、受控词汇术语以及词汇和编码架构的详细信息

关于元数据应用程序与元数据注册系统，会在第三部分进一步讲解。

9.2.3.2　实现记录级的互操作性

在某些情况下，一个项目在开启时未意识到与其他具有类似材料类型、受众或主题域的项目互操作性问题，已开发或采用了特定的元数据模式，并创建了相应数据记录。当需要与其他不同项目进行集成或映射时，在模式级别考虑任何互操作性方法都为时已晚。此时，可以考虑记录级的互操作性，来集成已建立的元数据数据库。在记录级别实现互操作性的两种常用方法是转换和复用集成与特定元素/字段关联的数据值。

(1)元数据记录的转换

将根据特定元数据方案准备的记录转换为基于另一种模式的记录(如图9.6所示)。目前已经创建了各种工具来促进元数据记录的转换。例如，国会图书馆提供了 MARC 记录和 MODS 记录之间、DC 记录和 MODS 记录之间的转换工具(可以通过链接访问：http：//www. loc. gov/standards/mods/)。

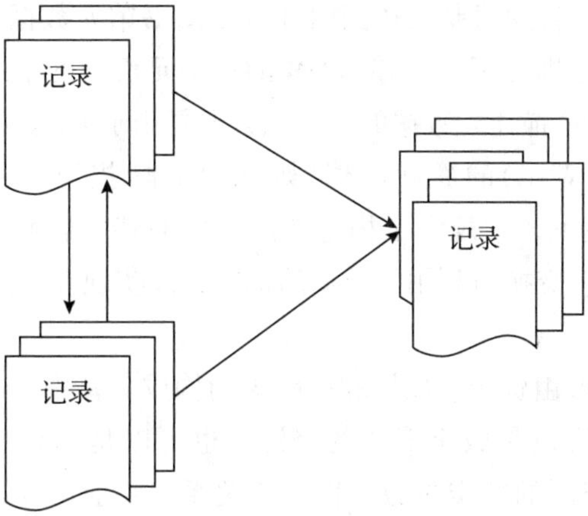

图 9.6　记录转换

元数据记录转换的主要挑战是如何最大程度减少数据的丢失或失真。如果目标格式比源格式更具包容性，并且比源格式更详细地定义了元素和子元素，则可能需要将源元数据记录中的值分解为较小的单位(例如，从 DC 或 VRA Core 的元素到 MARC 记录的子字段)。而当数据从丰富结构转换为简单结构时，数据值可能会丢失。其他复杂情况包括转换与需要使用受控词汇表的某些元素相关联的值字符串。

(2)元数据记录的复用与集成

元数据复用是通过在一个元数据格式中复用另一个元数据格式的部分元素，利用不同元数据格式共同描述复杂资源。元数据复用作为一种快速建立元数据格式和辅助元数据转换的方法，需要严格的语义定义和复用规则来保障复用元素定义的清晰、语义的一致和应用的规范。

元数据复用要明确描述所复用的元素来自何种元数据格式、如何查询和验证其定义，这一般可通过 XML Namespace，即命名域来实现。同时要求复用后构成的元素集是一个能全面有效描述相应信息对象的完整逻辑整体。

复用的各元数据格式的元素间应不存在语义的冲突或交叉。由于不同的元数据格式是为不同的应用而建立的，因此其语义在逻辑上经常会出现不一致，而且复用时一般也不对元素进行重新定义。这就要求仔细分析复用元素的语义，尽可能避免不一致，同时为复用后形成的元数据格式建立明确、严格、细致的应用规范，规定复用元素的语义定义、应用范围及应用规则，以便在应用过程中解决面临的问题。

目前，元数据复用机制已在国内外数字图书馆元数据方案中广为应用。如 DC-Education 中即复用了 IEEE LOM 的三个元素。再如，中国高等教育数字图书馆(CADLIS)描述元数据的核心元素即复用了 DC 的 15 项元素。

万维网联盟(W3C)的资源描述框架(RDF)是“提供集成多种元数据方案的机制”的一种模型。它规定了描述特定资源的特定属性的基本数据模型，提供了一种表述、交换与利用元数据的机制，以实现在不同元数据体系间的互操作。

RDF 数据模型由资源、属性和声明语句构成。其中“资源”是指 RDF 描述的任何对象，可以是数字形式的资源，也可以是物理形式的资源；“属性”指可以描述资源的特定参数、性质或关系，一般由应用领域予以规定；“声明语句”则指关于特定资源的特定属性的取值语句，表达了一种赋值关系。一般一个声明语句包含“资源-属性-属性值”的“主谓宾”结构(或称三元组)，“主语”代表被描述的资源，“谓语”代表被描述的属性，“宾语”则代表该资源的该属性的取值，三者构成了三元关系模式。

RDF 基于 XML，将 XML 文档结构化成资源、属性、属性值三位一体的描述，定义了用 XML 语言来描述这种三元组的形式化方法，建立了元数据定义和交换的基础平台，提供了一种基于 XML 的可转换的句法模式。

RDF 本身不直接定义具体元数据，而只提供一种框架体系，使不同的用户或团体能够在这一框架体系下应用自己的元数据元素。RDF 是借助于 XML 命名域机制应用已有的元数据集定义，实现直接在 RDF 中引用多个元数据集中合适的元素作为属性来描述相应资源。RDF 是一个与任何特定语法无关的抽象的资源表达模式，这种标记方式独立于任何具体的元数据格式，同时又可以引用和集成多个元数据格式，为不同领域、不同应用的具有不同语义的多种元数据提供统一的描述框架，以进一步实现元数据互操作。图 9.7 所示示例显示了如何在 RDF 记录中将不同的元数据模式(如名称空间所示)打包在一起。

```
<? xml version="1.0" ?>
<RDF xmlns = "http://w3.org/TR/1999/PR-rdf-syntax-19990105#"
             xmlns:DC = "http://purl.org/DC#"
             xmlns:AGLS = "http://naa.gov.au/AGLS#" >
        <Description about =
"http://dstc.com.au/report.html" >
            <DC:Title> The Future of Metadata </DC:Title>
            <DC:Creator> Jacky Crystal </DC:Creator>
            <DC:Date> 1998-01-01 </DC:Date>
            <DC:Subject> Metadata, RDF, Dublin
Core </DC:Subject>
            <AGLS:Function> Information Management —
Internet </AGLS:Function>
        </Description>
</RDF>
```

图 9.7　如何在 RDF 记录中将不同的元数据模式(如名称空间所示)打包在一起

9.2.3.3　实现元数据存储库级的互操作性

当通过单个搜索引擎搜索多个源时，主要面临着两个问题：一是不同元数据源提供者在创建元数据记录时可能使用了不同的源数据模式，如图 9.8 所示，存储库中应用了不同的元数据模式或应用程序概要文件；二是检索结果很少以一致的、系统的或可靠的格式显示。元数据存储库可以存储在物理位置，也可以由虚拟数据库组成，在虚拟数据库中，元数据记录是从单独的来源中提取的，它通过保持一致且可靠的数据访问方式，为此类互操作性问题提供了可行的解决方案。图 9.8 中说明了这种情况，该图显示了来自多个源(已应用了不同的元数据模式或应用程序概要文件)的记录已集成到存储库中。

考虑存储库是否允许每个原始元数据源保留其自己的格式。如果不允许，它将如何将所有元数据记录转换/集成为标准化格式？如果允许，它将如何支持交叉收集搜索？

(1)基于协议的元数据存储库

有些机构和组织通过一种“联盟”的形式，彼此约定同一规则，遵守相同的协议，提供应用层面上的数据发布和检索，这也是元数据互操作和资源共享的方式之一。Z39.50 和 OAI 就是这样。

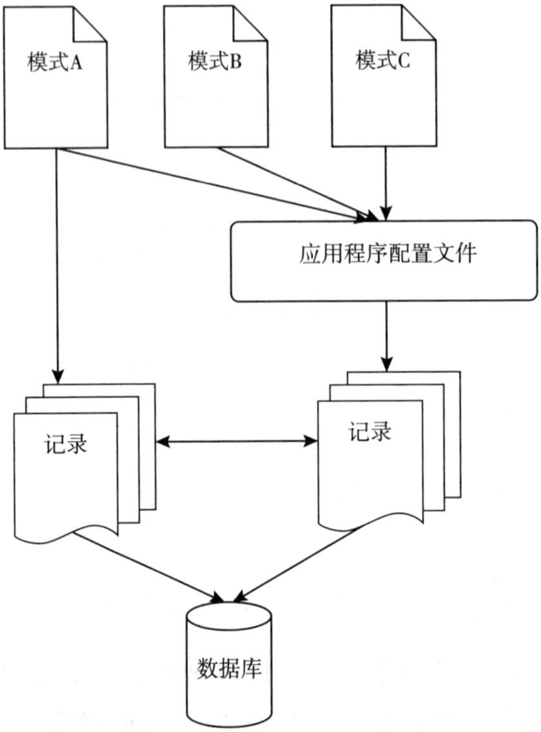

图 9.8　元数据记录集成到数据库中

Z39.50（信息检索应用服务定义和协议规范）是由美国图书馆界创立的计算机数据库网络互联通信协议，是开放系统互联参考模型（OSI-RM）的应用层协议，论及面向连接的、程序间的通信问题，它使得用户在一台计算机（Client）上检索存储在另一台计算机（Server）中的信息时不必关心这些信息是如何存储和组织的。目前它已经广泛地被图书馆界作为一种访问分布式数据库的方法。协议规范分为两个部分：由客户机（Z-client）实现的协议过程和由服务器（Z-server）实现的协议过程。Z39.50 能够表述抽象复杂的搜索，使 Z-client 可以提交复杂的数据、记录和语法来实现其他信息检索功能。它可以实现文件排序，更新数据库，查询的定义、控制和存储等功能。Z39.50 的基本技术构架简单，但分支相对复杂，涉及面比较广。Z-client 能同时发送给几个图书馆相同的或不同的查询，且可以合并相似结果，当使用者查找偏僻的主题，或者查到大量记录结果时，这种功能可以极大地节省时间。可以通过 Z39.50 规定的基本的查询和检索功能，实现图书馆之间通过各种方式交换数据记录。通过使用 Z39.50 作为基础，许多图书馆的业务可以公开化、标准化。

OAI 协议(获得元数据的开放信息仓库首创协议) 是一种利于有效传播书目的技术，当前主要的应用是交互式的搜索信息系统。OAI 协议的目的就是提供和促进网上发布内容的多个团体的与应用无关的交互操作。OAI 中规定两种角色：数据提供者与服务提供者。数据提供者对来自服务提供者的 OAI Request（请求）消息做出响应，以 OAI Response（响应）消息格式向服务提供者发布元数据。服务提供者通过 OAI Request 消息从数据提供者获取元数据，并提供增值服务。一个数据提供者可以向多个服务提供者提供元数据，一个服务提供者可以从多个数据提供者获取元数据。数据提供者和服务提供者只是角色的划分，一个组织既可以是数据提供者，也可以是服务提供者。OAI 对数据提供者提供的元数据格式作了一定的规定：数据提供者必须能提供 DC 格式的元数据，即以 DC 格式作为转换板。除此之外，它还可以根据服务提供者的要求提供其他格式的元数据。①

NSDL(国家科学数字图书馆)元数据存储库(MR)是 NSDL 体系结构的关键组件。它的元数据存储库管理系统旨在收集、存储、维护和公开使用各种元数据模式的 NSDL 项目提供的元数据。该存储库促进了基于元数据收集的开放档案计划协议(OAI-PMH)的自动“摄取”系统的构建，通过这个协议，元数据流进元数据存储库不需要人为干预，是一个成功的元数据存储库模型。

(2)聚合

聚合的思想是，每个元数据记录都包含有关特定资源的一系列语句，因此可以汇总来自不同来源的元数据以构建该资源的更完整的配置文件。图 9.9 可以说明丰富元数据记录的过程。“元数据聚合器”的新角色是为其他服务提供增强的元数据以供重用，包括以下内容：集成由自动化服务创建的片段元数据，以标准方式改进元数据，并以允许消费者评估的方式公开所有相关数据，提高质量与实用性。

(3)跨数据库搜索的基于值的映射

MACS 是一个欧洲项目，旨在允许用户搜索合作图书馆的不同语言的图书馆编目数据库，目前包括英语、法语和德语。MACS 并未集成记录或映射

① 朱超．关于元数据互操作的探讨[J]．情报理论与实践，2005，28(6)：644-647.

每个字段的数据，而是选择仅映射主题字段中的值。

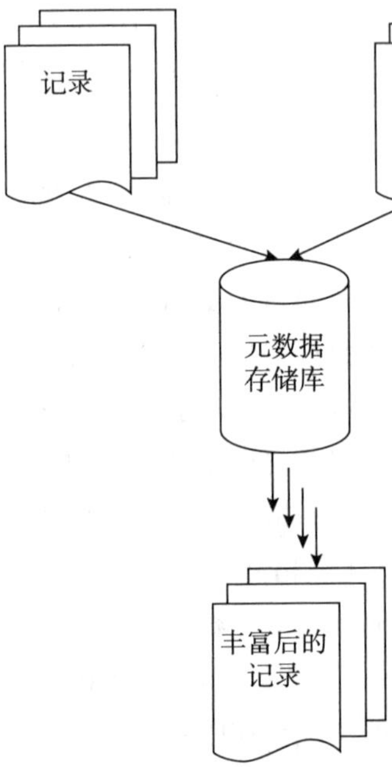

图 9.9　丰富元数据记录的过程

该项目用于映射的方法是比较三个单语主题标题列表——德语的 SWD / RSWK(关键字标准文件/关键字目录的规则)，法语的 Rameau(统一的百科全书和字母主题管理机构目录)和英语的 LCSH(国会图书馆主题词)——中的主题标题，并检查使用这些标题检索到的书目记录的一致性，在术语级别(主题标题)、语义级别(权限记录)和句法级别(应用程序)这三个级别建立等效链接来提供对图书馆目录的多语种主题访问。用户使用 MACS 项目中涉及的三种语言中的任何一种，都可以搜索和查找法国、德国、瑞士和英国的四个国家图书馆中托管的项目的书目信息。

9.3　元数据质量

9.3.1　评估元数据

元数据质量是主观的，目前没有统一的质量评估指标。本书将质量作为任务适合度的度量。元数据在数字存储库中应该支持的任务是帮助用户查找、识别、选择和获取资源。元数据的质量将直接与简化这些任务的程度成正比。如何定义元数据质量将取决于机构的核心功能和使命或需求。Bruce 和 Hillmann 发表的文章《元数据质量的连续性》中定义了一个框架，该框架包含的七类元数据质量①深深根植于众所周知的信息质量参数，易于审阅人员理解，也包含其他框架元数据质量的维度。

①完整性：元数据应该在两种意义上完整。第一，所使用的元素集应该尽可能完整地描述目标对象。除了需要更详细地描述事物，也要对详细信息进行准备和维护。第二，元素集应尽可能完整地应用于目标对象群体。如果大多数元素从未使用过，或者无法在整个集合中发挥作用，则不适合采纳。可以使用元素记录的百分比和元素频率表示。

②准确性：准确性最低要求值中提供的信息是正确和真实的。更高一个层次的要求针对于高质量的编辑：排印错误的消除，人名和地名的一致表达，标准缩写的使用等。在大型或异构的集合中，可能需要抽样技术、统计概况或其他方法来替代人工费力的直接验证。

③来源：元数据的来源是决定其质量的另一个因素。关于谁创建了实例、索引者的专业水平、索引时采用了什么方法，以及元数据经过了什么转换的知识有利于对实例质量的洞察。

④对期望的符合性：如果存储在元数据中的信息能够帮助实践社区找到、识别、选择和获取资源，而不需要对其工作流程进行重大调整，那么可以认为这符合社区的期望。首先，元素集和应用程序概要文件不应包含虚假承诺，如多余、不相关或无法实现而不太可能使用的元素；其次，元数据项目几乎不可能实现任何人期望的所有内容，因此最好是在征求、考虑和管理社区的期望后，能够得到达成一致、执行良好并记录在案的折中方案，而不是追求对所有人都面面俱到、结果执行糟糕且不均衡的方法。

⑤逻辑一致性和连贯性：元数据应该与标准定义和领域中使用的概念保持一致。元数据中包含的信息也应该具有内部一致性，这意味着所有字段描述相同的资源。需要确保元素的构思方式与主题或相关领域中使用的标准定义和概念一致，并以一致的方式呈现给用户。使用标准机制(如应用程序配

---

① Bruce T R, Hillmann D I. The Continuum of Metadata Quality: Defining, Expressing, Exploiting[M]. ALA editions, 2004.

置文件和常见的人行横道)随时间创建意图跟踪记录，可帮助元数据实现者在实例之间进行一致性评估与比较。“可搜索性”的质量很好地说明了一致性的价值，即能否使用相似的标准来搜索相似对象的集合。

⑥时效性：随着时间的流逝，几乎所有元素或值都可能脱离其原始目标或用途，如果元数据失去与这些变化的同步性，则将随着时间的流逝失去质量，如损坏的 URI，漂移的受控词汇表以及基础语料库的概念图(有时是发散的)。一方面，当目标对象更改但元数据不变时，将产生时效性问题。另一方面，当新对象需要花费时间来描述、分类和编目，尤其是在涉及人为判断的情况下，元数据的传播速度也不一定与它所应用的对象的传播同步。

⑦可访问性：无法读取或理解的元数据没有价值。如果元数据用于自动化处理，如 GPS 定位，那么主要的问题是物理可访问性；如果是为人类使用的，如描述，那么问题就在于认知可访问性。这两个不同的维度应该结合起来，以评估访问和理解元数据中信息的容易程度。物理访问的障碍有几种形式：来自不同的源、没有正确地键入或链接到所描述的对象、由于技术原因不可读(如过时的或专有的文件格式，只能通过特殊的设备或软件读取)、贸易方面的障碍等。元数据提供者无法强迫用户理解任何特定元素或元素集以降低智力障碍，但在设计和记录元数据实现时，可仔细考虑潜在的不同受众，以实践指南和其他类似的丰富文档形式提供更多信息。

9.3.1.1 手动质量评估

大多数方法都是根据一组预定义的质量参数手动检查具有统计意义的元数据实例样本，类似用于保证图书馆编目质量的抽样技术。对人工评估结果进行平均，得到存储库中元数据质量的估计。到目前为止，这些方法仍是衡量数字存储库中元数据质量的最有意义的方法。但是，它们具有三个主要缺点。①

①手动质量评估仅在采样时有效。如果在存储库中插入了大量新资源，则评估可能不再准确，必须重新进行估算。

②这些方法只能推断出平均质量。只能对样本中包含的那些实例获取单个元数据实例的质量。

① Ochoa X, Duval E. Automatic evaluation of metadata quality in digital repositories[J]. International Journal on Digital Libraries, 2009, 10(2-3): 67-91.

③以这种方式获得质量评估是昂贵的。人类专家应该审查由于存储库的增长而一直在增加的许多对象。可以使用可视化工具来帮助元数据专家完成他们的任务，但这仍然主要是手动活动。由于存在最后一个缺点，手动审查元数据质量主要是一项研究活动，对数字存储库的功能或性能几乎没有实际影响。

9.3.1.2　统计质量评估

从存储库中的所有元数据实例中收集统计信息，获得对每个元数据实例质量的基本估计，而不需要人工质量审查。如可在存储库级别为开放语言存档中的每个存储库计算简单的自动度量(完整性、词汇表的使用等)，或将生成的元数据字段与搜索中使用的元数据字段进行比较等。虽然简单统计质量评估解决了人工手动评估不可扩展的缺陷，但它们并没有提供与人工生成的评估相似级别的"意义"。它们主要用作关于存储库的"有趣的"信息，而没有其他任何实际应用程序。

9.3.1.3　自动质量评估

本节介绍的工具中，Google Refine 和 MINT 在信息科学家和数字存储库管理员中很受欢迎。选择元数据分析工具(在本书中称为 AK 元数据分析工具)的特定功能集中在数字存储库的元数据分析上。

(1)Google Refine

使用 Google Refine 可评估使用特定元数据架构(如 IEEE LOM 和基于 DC 的架构)的数字馆藏的元数据质量。Google Refine 提供了从计算机文件上传数据或提供网址的机会。数据可以采用各种格式，如 csv、xml/rdf、json 等。

评估有关质量指标只需在评估的元素上应用构面模式，就可以使用 Google Refine 来衡量"词汇价值分布"。在 Google Refine 元数据完整性中，可以间接估计元数据频率、语言属性。所有这些间接测量的指标都需要将集合导出到 Excel 文件中，从而以 Excel 的形式呈现为元数据分析的实际工具。①

(2)MINT

① Tsiflidou E, Manouselis N. Tools and Techniques for Assessing Metadata Quality [C]//Research Conference on Metadata and Semantic Research. Springer, Cham, 2013: 99-110.

MINT服务构成了一个基于Web的平台，该平台的设计和开发旨在促进欧洲文化遗产内容和元数据的整合计划。MINT已在欧洲资助的项目中被各种欧洲数字图书馆采用，例如CARARE6、ATHENA7、EUROPEAANA8等。

MINT旨在支持各种聚合工作流，如元数据记录的提取、映射和聚合，并对所得存储库实施各种补救方法。该平台提供了一个用户和组织管理系统，该系统允许部署和操作不同的聚合方案以及获取相应的访问权限。注册的组织可以以xml或csv序列化的方式上传(http、ftp、oai-pmh)其元数据记录，以便管理、汇总和发布其馆藏。

平台提供的服务之一是导入集合的数据集统计信息。MINT统计信息统计元素频率、不同值的数量和平均条目长度，可以直接测量元数据频率、每个元素的语言属性和词汇量分布。此外，MINT可将"计数"数与资源总数进行比较，间接测量元数据的完整性。尽管MINT提供了一个很好的工具来测量上述质量指标，但不支持导出分析结果。因此，如果需要在其他应用程序中对结果进行进一步的分析，可以手动提取。

(3)AK元数据分析工具

AK元数据分析工具使用JAVA开发，需要在计算机本地安装并在命令提示符下运行。AK元数据分析工具的目的是分析XML文档并将结果导出为人类可读的格式(CSV)。第一步，对每个存储库执行分析；第二步，在聚合级别上执行存储库分析，能轻松计算出元素频率、元素包含信息熵和词汇分布等数据。此外，还实现了基于属性的值分析(属性值频率)，用于研究自由文本元数据元素的多语言性。

(4)选择正确的评估工具

并非所有指标都可以通过某些工具直接评估获得，可能还需要借助一些其他的工具、技术或人为干涉。在评估潜在的工具时，理想的工具或工具集需要在已有技术范围内，符合目的和预算。本节介绍如何选择和使用新工具。

DLF元数据评估环境扫描识别各种工具，并将它们分类到可能符合元数据评估项目需要的类别中。在环境扫描的工具部分可以找到这些工具的概述，以及一个详细文档的链接，该文档列出了每个工具，并对其范围和用途进行了简要描述。使用新的元数据评估工具时，需要考虑以下问题：

①知道如何使用工具或有时间学习新工具。

②技术生态系统(例如，轻松安装新工具的能力，与数据格式和工作流

程的兼容性)。

③预算。

④支持工具。

9.3.2 提高元数据质量

元数据的质量与其资源描述和组织的功效密切相关。目前，该方面在国外研究较多，国内研究较少。元数据质量研究主要涉及元数据质量控制的认识、元数据质量评估与元数据质量控制措施等方面。[①]

为了提升元数据标准的科学性、规范性以及元数据内容的准确性、完整性，目前采用的主要方法包括：制定和实施元数据标准应用配置文件(Metadata Application Profiles)或元数据方案实施手册、制定元数据内容质量保障程序及策略、总结已有元数据质量控制经验、增强标引人员培训等。

元数据标准应用配置文件或手册能够为元数据标准的构建提供系统化、规范化的程序，从而提升元数据标准的科学性，DCMI于2007年便提出了都柏林核心元素应用配置文件新加坡框架(The Singapore Framework for Dublin Core Application Profiles)，为基于都柏林核心元素的元数据标准的构建提供了全方位的指导。[②] 目前，发布元数据标准应用配置文件已经成为元数据标准构建和应用的重要环节之一。

除了元数据标准应用配置文件之外，制定元数据质量保障程序和策略也是有效手段，Palavitsinis等针对学习资源仓储设计了一个元数据评估认证程序，[③] 将该程序应用于元数据创建的实践中能够显著提升元数据的完整性。同时，通过对元数据质量保障程序(Quality Assurance Process)的跨领域应用问题进行实证调查后发现，质量保障程序的迁移对于元数据质量的提升有一

---

① 曹月珍，马建玲．国内外元数据质量控制的研究进展与发展趋势[J]．图书与情报，2013(6)：101-104.

② The Singapore Framework for Dublin Core™ Application Profiles[EB/OL]．[2020-05-10]．https：//www.dublincore.org/specifications/dublin-core/singapore-framework/.

③ Palavitsinis N，Manouselis N，Sanchez-Alonso S. Metadata quality in learning object repositories：A case study[J]．The Electronic Library，2014，32(1)：62-82.

定效果。① 同时，元数据质量保障服务的重要性也在欧洲数据门户(EDP)中得到进一步验证。②

元数据质量评估是元数据质量控制的重要前提。元数据质量评估的对象主要包括元数据内容和元数据标准两类。元数据质量评估的研究内容主要包括制定评估标准和提出完整的评估方案等。在评估标准制定方面，目前的研究主要倾向于开发定量的、自动化的测算方法，主要用于测算元数据内容的完整性、一致性、准确性等指标。对元数据质量评估核心指标研究与对元数据质量控制体系的构建研究是未来研究的发展趋势。③

9.3.2.1 XSLT 安全自动转化

集合的元数据实践会随着时间而变化。使用 XSLT 的“安全转换”自动化技术旨在以低成本、可扩展的方式提高原始元数据的质量和可预测性，而不会降低性能，能解决一些常见的元数据质量问题。

消除“噪音”——部分解决“数据不正确”的问题。我们可以删除没有信息值的元数据，如，空元数据元素、值为“未知”或“n/a”的元数据元素或完全由破折号或其他标点组成的元数据元素。

尽可能检测和识别使用中的受控词汇表——部分解决“数据不足”的问题。例如，当 DC“类型”元素的值是允许的 DCMITypes 之一时，DCMIType 编码方案将应用于 DC“类型”元素。这对于小型受控词汇表很有效，但是它不能很好地扩展到大型词汇表，比如 LCSH。

规范化元数据表示——清理值：删除双 XML 编码(“<”变成了“<”)、额外的空格(一个制表符后面五个空格变成一个空格)等。

由于每个元数据集使用的分隔符和名称的确切格式都不一样，有时在同

① Palavitsinis N, Manouselis N, Sanchez - Alonso S. Metadata quality in digital repositories: Empirical results from the cross - domain transfer of a quality assurance process [J]. Journal of the Association for Information Science and Technology, 2014, 65(6): 1202-1216.

② Kirstein F, Dittwald B, Dutkowski S, Glikman Y, Schimmler S, Hauswirth M. Linked Data in the European Data Portal: A Comprehensive Platform for Applying DCAT-AP[C]// In International Conference on Electronic Government, 2019: 192-204.

③ Gueguen G. Metadata quality at scale: Metadata quality control at the Digital Public Library of America[J]. Journal of Digital Media Management, 2019, 7(2): 115-126.

一个数据集中也不一样，安全转换方法必然是保守的，否则将以降低其他集合的元数据为代价改进某些集合的元数据。安全转换数据这种自动化方法确实能提高元数据的质量，但它只触及了普遍问题的表面。

同时，XSLT 虽然降低了编程成本，但编写 XSL 样式表以在安全转换过程中精确地跟踪更改了哪些元数据元素非常困难且麻烦，有必要在每次收集或更新数据时执行安全转换，因为任何已转换的数据每次都会被新的获取覆盖。XML 和 XSL 工具虽然允许自动化，但这些工具的不成熟使得自动检测源元数据中的错误，并且向元数据提供者自动提供错误的有用解释仍然存在困难。①

9.3.2.2 元数据增强

“门户网站或服务不仅仅是元数据的使用者，也是潜在的元数据提供者”的观点，可作为继续提高元数据质量的策略。使用已知方法检测资源格式受信任的门户网站或服务，可能从本质上比资源提供者自己的元数据更值得信任。

举个简单的例子，元数据提供者可能已经提供了将资源描述为图像的不合格 DC 格式信息。根据 DCMI 推荐的 Internet MIME 类型(IMT)列表，常规爬网资源的服务(如 NSDL 存档服务)可能会提供 image / png 的更具体的格式描述。

艾森豪威尔国家信息交换所(ENC)是 NSDL 的早期元数据提供者；它还从 MR 中收集汇总的元数据，以创建一个针对中学教师和学生的门户。ENC 计划用受众和教育水平的信息来增强 MR 提供的元数据，这样他们就可以在增强元数据的基础上为用户提供服务。作为这项工作的一部分，他们还将提供有关资源以及国家和州教育标准的相关性资料。然后 ENC 会通过 OAI-PMH 将这些新信息公开给 NSDL MR。

9.3.2.3 从记录到元素

尽管使用 OAI-PMH 被认为是必要的，对元数据增强的探索中发现仅将元数据作为离散记录管理和公开服务，将限制自动元数据维护和增

① Hillmann D I, Dushay N, Phipps J. Improving metadata quality: Augmentation and recombination[J]. 2004.

强的机会。聚集来自许多来源的完整和不完整的元数据，为构建资源的更完整配置文件提供了机会。同时，如果元数据记录可以看作关于资源的一系列语句，那么应该可以在语句或元素级别管理元数据，而不是在记录级别。

如图 9. 10 说明了这几个提供者如何对增强元数据记录做出贡献。元数据存储库从提供者 A 收集简单的 DC 记录，其中包含未经限定的标题、标识符、创建者和类型元素。首先，存储库中的 NSDL 安全转换将标识符识别为有效的 URI，并将类型值识别为有效的 DCMIType。因此，编码方案 URI 和 DCMIType 是添加的元素。其次，同一资源的 ENC(艾森豪威尔国家信息交换所) 记录在受众和教育层次元素中提供了另外两条信息。再次，INFOMINE iVia 服务根据三种不同的词汇表提供主题信息：GEM(教学材料网关)词汇表、LCSH(国会图书馆主题标题)和 LCC(国会图书馆分类)。最后，新的 NSDL 规范化/扩充记录包含来自提供者 A、MR、iVia 和 ENC 的信息。这些增强功能通过 OAI-PMH 公开，MR 可以对其进行收获。

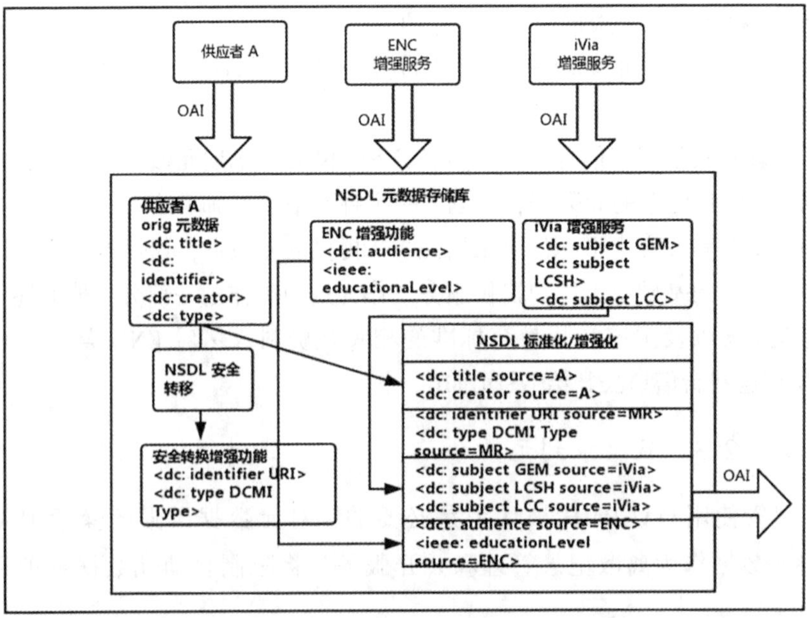

图 9. 10　在 MR 中增强元数据的来源、存储和再分配

9.4　元数据维护管理

9.4.1　元数据维护

描述数字资源的元数据在数字图书馆和档案馆中起到十分重要的作用。由于数字资源是不断发展的，与之相对应的元数据也在不断地变化，这就出现了元数据的发展能否与数字资源发展保持协调一致的问题。

此外，许多与数字资源有关的应用软件的功能都是建立在元数据基础上的，元数据的变化将直接影响到这些应用软件的质量，因此，如何及时、准确地维护元数据引起了研究者的关注。

9.4.1.1　元数据维护原因及作用

(1)维护元数据的原因

元数据可以帮助用户找到他们需要的数据，并决定如何最佳利用这些数据；元数据支持数据生产者定位和使用他们拥有的数据；随着机构中人员的变动，未被文档化的数据将失去其价值；缺乏对机构数据的了解会导致重复劳动。总的来说，维护元数据是因为两个方面的需求。

元数据支持数据管理需求。保存数据历史以便其可以被重用；评价数据存储的年代和特征来决定哪些数据应该被维护、更新、删除；建立数据问责制，使得该数据能做什么以及不能做什么变得很清楚；通过明确表达出数据所应拥有的效应来限制数据的责任，并建立数据的使用管理权限。

元数据支持项目管理需求。计划和记录支持项目所需要的数据类型和内容；通过定期回顾已经完成的和记录在元数据里的过程步骤来监控数据的发展；为所有项目参与者提供一个统一的属性和过程方法的语言，以及一个记录和分享进展的地点；通过要求有效的元数据作为合同的成果，获取外包数据生产的内容。

(2)维护元数据的作用

当提供元数据的业务源系统发生变化(插入、删除、修改)时，元数据管理系统要能够实现自身与之对应的元数据的自动更新，并且这种更新可根据需要设置为实时或定期更新。

元数据管理系统要为用户提供友好的界面，方便用户进行元数据修改。这主要针对需要技术人员人为修改已经加载进元数据库中的元数据的情况，要保证用户能够进行修改，同时可以找到与该元数据相关的元数据，并能方便判断此元数据修改后会产生的影响。

①支持元数据修改的撤销与回滚，即能将修改过的元数据重新恢复到初始状态；

②支持元数据使用跟踪，即能方便查到每个元数据被应用在何处，与其他元数据有什么关联，改动的影响程度是怎样的；

③支持元数据审计与检验，即提供元数据准确性判断与校验的功能。

9.4.1.2 元数据维护具体方法

(1)数字图书馆元数据维护

图书馆花相当大的精力来建立、保存，以及转换 MARC 和非 MARC 记录中的描述性元数据。但他们很少花同样的时间和精力来对非 MARC 元数据进行维护。这在更新和编辑现有的描述性元数据时表现得更明显。

为此，2005 年 5 月发布的 PREMIS 保存元数据的数据字典，是第一个从国际、跨领域层次建立的保存元数据规范的共识。

PREMIS 维护行动是由美国国会图书馆成立，负责协调对数据字典和相关的 XML 模式的发布和维护的机构。这个机构还设立了鼓励机制，来吸引社会的数据字典的反馈，以及讨论如何在用户自己的数据档案系统中实现 PREMIS 保存元数据的数据字典。

(2)网络资源元数据维护

由于网络资源是动态变化的，这就要求记录它们的元数据也随之更新，于是，网络资源的元数据维护问题也成为人们研究的焦点。

为了更好地维护网络资源元数据，产生了 Key element-Context(KeC)模型，该模型确定了网络资源元数据维护的 3 个子任务，即进程监测、变化发现和元数据更新。进程监测是通过周期性的监测来获取网络资源目标的最新版本，并以此来发现元数据的变化；变化发现是通过比较网络内容目标的不同版本来判断是否有变化发生；一旦监测到变化，这个内容目标的元数据就要相应地进行更新。

9.4.2　元数据管理

9.4.2.1　元数据管理策略

现在对于元数据管理主要有两种思路，① 分别介绍如下：

(1)元数据仓储

建立一个有较宽专业覆盖范围的元数据标准，让所有行业的元数据均按此标准进行定义和管理，并通过扩展策略来支持新类型元数据的加入，这是元数据仓储的根本出发点。这种元数据管理策略包含一个元数据管理体系结构的框架，这个体系结构框架要求有：

①定义通用的元数据标准，描述元数据的结构和语义，这种标准必须是与厂商无关并独立于特定实现技术的；

②对于标准的定义必须有一个标准的建模语言；

③标准的定义必须有一定的逻辑抽象性，能够被多种技术在多种软硬平台上实现；

④对于此标准的不同厂商的具体实现系统之间要有一种元数据交换标准，以实现元数据互访和元数据的分布式管理。

(2)元数据交换途径

通过建立元数据交换途径，使不同专业、不同系统中的元数据可以用这种元数据标准来完成交换功能，从而实现元数据的集成管理。

元数据交换途径包括：元数据桥和元数据交换标准。

元数据桥沟通不同工具或应用，提供面向批处理的互操作。现在只有少数几家公司提供这种桥接器，没有明显的市场影响力。

元数据交换标准允许不同工具用同一种数据格式来共享元数据；标准定义了共享元数据的结构和语义，但没有定义元数据如何在表示层被使用。

9.4.2.2　元数据管理系统架构

对于多元数据服务器架构，元数据在这些服务器上的组织和划分是决定元数据服务性能和扩展性的重要因素。根据元数据的存储和处理方式，我们把现有的多元数据服务器的系统架构分为两种：分布式存储分布式处理和集

① 曹蓟光，王申康．元数据管理策略的比较研究[J]．计算机应用，2001，21(2)：3-5.

中存储分布式处理。①

(1)分布式存储分布式处理

分布式存储分布式处理的方式中，元数据按一定的方式分布到 MDS 上，每台 MDS 负责处理存储在其上的元数据请求，元数据与 MDS 的对应关系一旦确立就不会改变；这种方式实现较为简单，客户端查找元数据服务器的速度很快，但是一般比较难以进行负载均衡和扩展。常用的元数据划分方法有静态子树划分方法和 hash 方法。

静态子树划分方法将文件系统组织成目录树的结构，为每台元数据服务器分配一个或多个目录子树，之后除非人工干预，否则就不再改变。NFS、AFS、Coda 等文件系统都是采用这种方法来管理元数据。该方法实现简单，简化了对元数据的管理，客户端也比较容易查找到目标 MDS，由于按目录树的结构组织，可以充分利用文件系统访问的局部性。其主要缺点是：对部分元数据操作支持较差；难以进行负载均衡，随着文件系统的使用，不同目录子树的流行度差别较大，目录子树的收缩和扩张可能使得有的 MDS 空载而有的 MDS 成为系统瓶颈，即使手动进行干预，需要迁移的数据量也极大；伸缩性能较差，当增加或者删除 MDS 时，将会造成大量的数据迁移，增加的 MDS 需要手工指定其负责的目录子树，不易管理。

静态 hash 方法通过 hash 函数来分配和定位元数据，通常是对原件的全路径进行 hash。使用 hash 函数可以很快地定位元数据的位置，精心设计的 hash 函数可以使元数据尽量均匀地分布在 MDS 上。该方法的缺点是：hash 函数使得同一目录下的文件被打乱分布，难以利用文件系统访问的局部性；hash 的过程中，丢掉了对文件访问权限等信息，要确定用户对文件的操作权限，需要遍历上层目录，导致了操作效率的底下；对于 rename 等操作，需要迁移大量数据；负载均衡性能不佳，虽然元数据被均匀分布了，但是不同的元数据的访问热度不同，仍可能出现热点文件，出现负载不均时，无法通过负载/迁移等策略降低过载 MDS 的负载；系统伸缩性较差，增加或者删除 MDS 时，将会造成大量的数据迁移。上述的缺点很多是因为 hash 方法难以保证严格的文件系统访问的语义，在对文件系统语义要求不高的环境中，例如，在只要求读写的海量存储系统中，hash 方法就能起到

① 冯幼乐．分布式文件系统元数据管理技术研究与实现[D]．合肥：中国科学技术大学，2010.

较好的作用。

(2)集中存储分布式处理

集中存储分布式处理的方式中，元数据保存在共享的存储设备中，元数据和 MDS 的对应关系是动态划分的，每台 MDS 负责缓存一部分目录子树并处理相应的元数据操作；动态划分在出现热点数据或者 MDS 负载过高时可以很方便地进行目录子树的复制和迁移，易于扩展 MDS 和负载均衡，但实现较为复杂。常见的集中存储分布式处理的方式有动态绑定方法和动态子树划分方法。

动态绑定方法是中国科学院计算技术研究所的蓝鲸网络存储系统使用的方法，它将元数据保存在共享磁盘中，有元数据操作请求时，由绑定服务器(BS)根据约束规则和 MDS 集群的负载状况，指定一台 MDS 负责处理，BS 保证每个元数据有唯一的 MDS 负责。BS 还可以检测 MDS 的负载情况，改变绑定关系，从而达到负载均衡的目的。动态绑定方法扩展性好，负载均衡能力较强。其主要缺点是：每个元数据的请求仅有一台 MDS 来处理，难以应付热点数据，对于在大目录下大量创建文件造成的负载也难以均衡，绑定服务器容易成为系统瓶颈。

动态子树划分方法是 UCSC 的存储系统研究中心的 CEPH 文件系统所采用的方法。动态子树划分方法将元数据保存在共享的存储系统中，MDS 对目录子树进行缓存并处理相应的元数据操作，目录子树划分到 MDS 上之后，仍可以根据负载等情况动态迁移。为了解决动态迁移造成的 MDS 查询时间过长的问题，客户端对已知的元数据与 MDS 的对应关系进行缓存，这样根据局部性原理，后续的操作直接联系已知的 MDS，大大增加了查询的命中率。由于元数据保存在共享的存储系统中，迁移的只是缓存的部分，大大降低了迁移的数据量，系统的伸缩性较好，可以平滑进行 MDS 的扩展。通过对热点数据的复制，可以良好应对热点数据的读操作，均衡了负载。为了应对大目录下的大量更新操作(例如在某目录下大量创建删除文件)，该方法细化了子树迁移的粒度，可以将一个目录下的多个文件集合起来进行迁移。其主要缺点是：复制的存在使得服务器的一致性保障策略实现比较复杂；动态迁移使得目标 MDS 的查找跳数较多，开销较大。虽然动态子树划分的实现较为复杂，但其良好的扩展性和负载均衡性能使其成为人们选择的热点。

9.4.3 元数据注册系统(MR)

9.4.3.1 元数据注册系统功能

在现实应用领域中，存在很多的元数据标准，随着科学的发展，元数据标准越来越多，元数据标准注册系统应运而生，并与元数据的发展趋势息息相关。元数据是关于数据的数据，它是关于实际数据的全面的、权威的参考信息来源。而元数据标准注册系统是一个被用于存储、组织、管理和共享元数据的系统，它不包括实际数据，而是提供关于元数据的定义、起源和位置的信息。该系统提供关于元数据的相关支持的链接，当与具体的信息数据库同时使用时，它能让用户更好地理解和获得数据，并使信息变得更有意义。一个标准和规范的元数据标准注册系统会增加元数据的有用性和共享性。

元数据标准注册系统主要有以下几项功能。①

(1)支持元数据互操作，元数据互操作主要通过元数据标准之间的映射和转换来完成。元数据标准之间的映射可以是两个元数据标准之间的直接映射，也可以是基于中介标准的映射。MR 系统通过提供对元数据标准和元素的开放性登记，记录各元数据标准的设计内容，是元数据标准之间映射和转换的基础。更为复杂的系统通过提供映射或转化模板，建立起不同元数据标准的元素之间的关系，能够为元数据库的互操作提供更直接的服务。

(2)有助于元数据标准的管理，在每个元数据标准自身的进化过程中，人们注意到这样一个问题：元数据标准中的元素包括修饰词会随着时间而不断增长和变化，新的元素加进来，已有元素的属性说明就可能被更新。若缺乏对元数据标准的管理，那么在屏蔽元数据标准不同版本间的差异时，难度和所需投入都会加大。MR 系统通过对元数据模式及元素相关信息的登记，梳理和记录元数据标准的演变，支持对元数据标准的管理。

(3)促进元数据标准的复用，方便元数据应用方案的创建，MR 系统具有公开性，通过 MR 系统的查询和发布功能，可提高注册的元数据模式的知名度和可获取性。如果有组织需要利用元数据来对某方面的数据资源进行描述和管理，那么，当了解到已经有现成的相同或相近方面的元数据模式时，采用该元数据模式的可能性就会很大。即使不会完全采用某个已有的元数据

① 周勋．元数据标准注册系统研究与原型实现[D]．南京：南京理工大学，2007.

模式，其中的一部分元素也可能可以为该组织所重用，或者可以通过组合一个或几个已有元数据模式中的有关内容得到满足该组织需求的元数据模式——即通常所说的元数据应用方案。简言之，MR 系统支持元数据模式的共享，可减少元数据模式开发者不必要的重新设计和重复劳动。

(4)支持元数据的挖掘，数据挖掘是从大量的结构化数据中发现潜在的和可能的数据模式、内在联系、规律、发展、趋势等，这些数据经常是以结构化的静态数据库的形式存储的。与之类似，元数据的挖掘也是要从资源内容中挖掘出用户想要的信息，但这里的挖掘是以元数据为工具，它包括基于元数据复用的挖掘、基于 XML/DTD 的挖掘、基于本体的挖掘和基于词语分析的挖掘。此时，元数据注册系统关于多种元数据的详细信息将为元数据挖掘提供帮助。

9.4.3.2 元数据注册系统功能需求

系统要实现的功能需求主要有元数据注册、评审、维护、添加、删除与更新等。①

(1)元数据注册

提交机构负责元数据的注册提交工作，并按照下列步骤进行。

①发现、收集、提取元数据。

②将元数据按照主管机构发布的元数据标准进行填写，并以元数据草案的形式提交给注册机构进行初步审核。

③选择元数据所属的六大专业领域之一，向元数据注册机构提交元数据，所提交的元数据主要包括下面三种行为：

a. 新增元数据，即提交机构新发现的元数据，经系统成功注册后，直接加入到科技平台元数据仓库中，成为标准元数据供用户进行使用。

b. 修改元数据，即对现存的标准元数据进行更新修改，经系统审批后，对标准元数据库中的数据进行修改。

c. 废除元数据，即对现存的标准元数据进行废除操作，经系统审批后，删除标准元数据库中相应的已经过期的元数据。

在提出申请前，应尽量同有关主管机构进行磋商。

① 李志国．基于 J2EE 的元数据注册管理系统的设计与实现[D]．北京：北京交通大学，2011.

(2)元数据的评审

元数据的评审工作应由元数据注册机构负责，在其组织和主持下，召集各领域专家组成评审小组，按照以下步骤进行元数据的评审工作，评审包括初步评审和正式评审。

①由元数据注册机构的专家进行初步的评审工作。

②元数据注册机构发出通知进行正式的评审。

③元数据的正式评审应以会议的形式进行，会议议程应至少包括提交机构的论述报告，评审小组论证和形成正式的评审意见。

④在新的元数据标准发布之前，如果有组织或机构对此元数据有异议，可自行组织评审工作，将评审工作结果提交元数据注册机构并提出二次评审的请求。请求通过后，再由元数据注册机构组织进行正式评审转至工作。

⑤注册机构应把专家评审结果等内容及时以文本或电子回执告知提交机构。

⑥提交机构根据评审意见对元数据进行修改后，向注册机构注册元数据。

(3)元数据的维护

元数据的维护工作应包括注册生命周期管理、元数据的添加、元数据的删除、元数据的更新等，这些工作应由元数据注册机构负责，并将结果以文本或电子等形式按阶段及时告知提交机构。

(4)元数据的添加

当元数据进入标准阶段后，元数据注册机构便应正式添加此元数据，其步骤如下：

①进行元数据的正式注册，将注册状态标注为“标准”状态，并赋予元数据完整属性；

②将元数据通报主管机构备案；

③更新元数据注册系统，并对外发布更新通知；

④ 元数据添加工作结束。

(5)元数据的删除

废止申请通过审核的元数据，注册机构应将该元数据状态更改为“废止”状态，并在“废止”状态标注满一定时限后，完成元数据的删除工作，包括：

①对所要删除的元数据进行备份；

②将元数据呈报主管机构备案；

③更新元数据注册系统，并对外发布更新通知；

④元数据删除工作结束。

(6)元数据的更新

只有处在标准阶段的元数据才能进行更新。元数据进行更新时应遵循以下步骤：

①保留当前版本的元数据，对后续版本的元数据进行元数据的正式注册，除更新的属性外，后续版本元数据的其他属性应继承当前版本元数据的属性；

②将当前版本及后续版本的元数据呈报上级管理部门备案；

③更新元数据注册系统，并对外发布更新通知。

9.4.3.3　目前的注册系统

目前比较常见的元数据注册系统有以下几个：DCMI Open Metadata Registry；ROADS Metadata Registry；DESIRE Metadata Registry；GERMAN METADATA REGISTRY；CSDL国家科学数字图书馆元数据登记政策与登记系统；UDDI通用描述、发现与集成服务，这是一种目录服务，企业可以使用它对Web services进行注册和搜索。

实例：DC注册系统

都柏林核心元数据注册系统(Dublin Core Metadata Registry)是OCLC办公室和都柏林核心元数据注册系统社区合作开发的，旨在促进属性、类和其他类型元数据项的发现和重用的一个应用系统。目前由筑波大学的知识社区下属的社区服务资源中心主持。它提供了一个持续更新的权威信息源元数据术语相关词汇。注册表显示术语及其定义，并显示术语之间的关系。DC注册系统作为一个开源项目，能够从DCMI中持续获取。

通过DC注册系统可以发布元数据词表和应用纲要，它也是一个基于Web的多词表索引，是相互兼容、相互补充的整个注册体系中的一部分，这些注册体系中既有通用的，也有专门主题领域的。见表9.7。

表 9.7　　DC 注册表

Properties (71)			
dcterms:abstract	dcterms:accessRights	dcterms:accrualMethod	dcterms:accrualPeriodicity
dcterms:accrualPolicy	dcterms:alternative	dcterms:audience	dcterms:available
dcterms:extent	dcterms:conformsTo	dc:contributor	dcterms:contributor
dc:coverage	dcterms:coverage	dcterms:created	
dcterms:creator	dc:date	dcterms:date	dcterms:dateAccepted
dc:description	dcterms:dateSubmitted	dc:identifier	dcterms:bibliographicCitation
dc:format	dcterms:description	dc:creator	dcterms:dateCopyrighted
dcterms:format	dcterms:hasVersion	dcterms:issued	dcterms:educationLevel
dcterms:hasFormat	dcterms:identifier	dc:language	dcterms:instructionalMethod
dcterms:hasPart	dcterms:isFormatOf	dcterms:isPartOf	dcterms:isReferencedBy
dcterms:isVersionOf	dcterms:license	dcterms:language	dcterms:isReplacedBy
dcterms:mediator	dcterms:medium	dcam:memberOf	dcterms:isRequiredBy
dcterms:modified	dcterms:provenance	dc:publisher	dcterms:publisher
dcterms:references	dc:relation	dcterms:relation	dcterms:replaces
dcterms:requires	dc:rights	dcterms:rights	dcterms:rightsHolder
dc:source	dcterms:source	dcterms:spatial	dc:subject
dcterms:subject	dcterms:tableOfContents	dcterms:temporaldc:title	dcterms:title
dc:type	dcterms:type	dcterms:valid	

Classes (35)			
dcterms:Agent	dcterms:AgentClass	dcterms:BibliographicResource	dcmitype:Collection
dcmitype:Dataset	dcmitype:Event	dcterms:FileFormat	dcterms:Frequency
dcmitype:Image	dcterms:Jurisdiction	dcmitype:InteractiveResource	dcterms:LicenseDocument
dcterms:Location	dcterms:MediaType	dcterms:LinguisticSystem	dcmitype:MovingImage
dcmitype:Text	dcmitype:Software	dcterms:LocationPeriodOrJurisdiction	dcterms:PhysicalMedium
dcmitype:Service	dcterms:Policy	dcterms:MediaTypeOrExtent	dcmitype:PhysicalObject
		dcterms:MethodOfAccrual	dcterms:PhysicalResource
		dcterms:MethodOfInstruction	dcterms:PeriodOfTime

续表

		dcterms:ProvenanceStatement	dcmitype:StillImage
		dcam:VocabularyEncodingScheme	dcterms:RightsStatement
		dcmitype:Sound dcterms:Standard	dcterms:SizeOrDuration
Vocabulary Encoding Schemes (9)			
dcterms:DCMIType	dcterms:DDC	dcterms:IMT	dcterms:LCC
dcterms:LCSH	dcterms:MESH	dcterms:NLM	dcterms:TGN
dcterms:UDC			
Syntax Encoding Schemes (12)			
dcterms:Box	dcterms:ISO3166	dcterms:ISO639-2	dcterms:ISO639-3
dcterms:Period	dcterms:Point	dcterms:RFC1766	dcterms:RFC3066
dcterms:RFC4646	dcterms:RFC5646	dcterms:URI	dcterms:W3CDTF
Collections (4)			
http://purl. org/dc/dcam/			
http://purl. org/dc/dcmitype/			
http://purl. org/dc/elements/1. 1/			
http://purl. org/dc/terms/			

9. 4. 4　元数据保存

9. 4. 4. 1　元数据保存的作用与意义

保存元数据一直是数字资源长期保存领域关注的重点与热点问题，元素据是支持数字资源在长期保存过程中保有长期可生存能力、长期可呈现能力以及长期可理解能力等的必要信息。因为保存元数据的存在，使得数字对象的自我记录成为可能，即便是所有权、保管、技术、法律限制和用户全都发生了变化，也可以确保数字对象的长期保存和访问。①

① 秦金聚．数字信息保存元数据研究进展及启示[J]．情报理论与实践，2007(2)：37.

9.4.4.2 元数据保存内容

基于元数据的数据资源长期保存框架介绍，元数据可以分为描述性元数据、保存描述元数据和保存元数据三个方面。

(1)描述性元数据

对于任何一个保存元数据方案来讲，描述性元数据都是不可或缺的，现在的保存是为了以后的使用，使用的前提是有元数据可以将用户所需要的数字资源检索出来，并能够让用户判断所检索到的信息是否为其所需要的信息。这种元数据就是描述性元数据。描述性信息包括的元素包括：标识符、题名、主题、描述、类型、出版者、创建者、其他责任者、来源、日期、语种、格式、覆盖范围、支持、安全。对照都柏林核心元素集可以发现，除了支持与安全元素之外的其余 13 个元素与 DC 元素是对应的，在此不再赘述。支持元素是指支持该信息资源产生的相关内容，包括其所属项目课题、基金支持情况以及有关部门对于创建者的支持等。安全元素是指对于信息资源使用所实施的安全控制的所需元数据，包括信息资源的密级(安全等级)和授权代码(以代码形式规定操作许可)。

(2)保存描述元数据

数字资源的长期保存以及日后的再利用，需要有元数据对数字资源的内容特征加以描述，执行这项功能的就是保存描述元数据。具体包括四个元素：参考信息、环境信息、起源信息和完整性信息。其中的起源信息用于记录数字资源内容信息的起源、保存缘由、存档之前的变更历史、加工处理历史以及维护历史。此外，像数字资源原始技术环境、数字资源制作者、制作日期和版权声明等与数字资源内容信息存档、处理、迁移有关的元数据也归入起源信息。

(3)内容元数据

包括表征信息和基本数字对象两个元素。表征信息就是将组成数字对象的比特序列转化为有意义的信息的元数据。为了达到这个目标，表征信息需要描述比特序列上的机构信息，也就是结构信息和语义信息，结构信息将比特序列组织成为一系列具有特定意义的数据结构，语义信息则对结构信息的特定含义和相关关系做出解释，从而使数字对象转变为有意义的信息。基本数字对象是用于保存原始数字资源比特数据流的元数据，但是因为实际应用中基本数字对象以外部文件的形式与元数据文件分离存储，所以基本数字对象实际上是用指向保存基本数字对象的外部文件的指针代替。随着科技的发展和进步，元数据的发现和使用不仅衍生了信息的功能，而且也支持数字资源的长期保存。保存元数据，使我们不仅可以便捷地使用数字资源，而且也可以认识到数字资源的长期保存与发现同样重要，而元数据的保存也同样重要，只有元数据得到长期保存，数字资源才能得到长期保存。

9.4.4.3　元数据保存方案

(1)OAIS 模型

为了应对信息资源的存取和长期保存的问题，美国 National Aeronautics and Space Administration(NASA)和 Consultative Committee for Space Data Systems (CCSDS)共同制定了一项元数据长期保存的参考模型框架——OAIS(Open Archival Information System)参考模型。2002 年 1 月，OAIS 参考模型正式成为 ISO 14721 标准。对于致力于长期保存并提供利用数字资源的组织而言，OAIS 参考模型框架的适用性是毋庸置疑的，因此该模型被很多组织机构采用，其中不乏政府部门和数字图书馆。美国国会图书馆、大英图书馆、OCLC，还有我国国家图书馆等许多组织都在其项目中采用了这一参考模型。

OAIS 定义了功能模型、信息模型以及各模型内部的细节。其功能模型包括七部分，具体有：信息获取、信息保存、数据管理、行政管理、保存策划、信息检索和通用服务。通过这七项功能不难看出，OAIS 的设计与图书馆的功能不谋而合，换言之，一个 OAIS 其实就是一个更注重保存功能的数字图书馆。由此也可以理解 OAIS 模型能够在数字图书馆得到应用的原因。

根据 OAIS 信息模型，长期保存的信息所涉及的元数据内容应该包括：①内容信息(Content Information)，包括数据本身和表征数据内容的元数据。②保护描述信息(Preservation Descriptive Information)，包括确认信息(reference information)、环境信息(context information)、起源信息(provenance information)和完整性信息(fixity information)，通过它们描述内容信息的特征。③封装信息(Packaging and Representation Information)，是关联、封装内容信息与保护描述信息并使其成为一个完整信息的数据。④内容描述信息(Descriptive Information)，包括基本著录数据，支持信息内容的发现。①

① 刘燕．元数据长期保存框架探讨[J]．云南档案，2010 (1)：55-57.

(2)PREMIS 保存元数据

PREM IS（Preservation Metadata：Implementation Strategies working group）活动始于 2003 年 6 月，是由 OCLC 和 RLG 共同资助建立了专家工作组，关注的课题是在数字保存系统下实施保存元数据。PREM IS 以保存元数据框架作为起点，为实施元数据开发提供指导方针和建议，以支持数字资源的长期保存。PREM IS 有两个明确的目的：①定义一组保存元数据核心元素集，开发一个数据字典(Data Dictionary）来为应用核心元素集提供建议和指导；②评估实施策略。

在 PREM IS 活动中，工作组更倾向于用“语义单位”(Sematic Unit）这个术语，而不是“元数据元素”(Metadata Element)，这是为了强调理解的重要性而不是记录的重要性。数据字典指定并描述了语义单位和各实体的特性。PREM IS 数据模型中，线条表示实体之间的关系，箭头的方向表明了关系链的方向，如从 Rights 到 Agents 的箭头意思为 Rights 定义的元数据包括确认相关的 Agent(s）的语义单位。一个对象(An Object or Digital Object）是一个离散的数字形式的信息单位；一个知识实体(An Intellectual Entity）是一组连贯的内容，被称为一个单位，如一本书、一张地图或一个数据库，一个知识实体可以包括其他的知识实体，如一个网站可以包括一个网页，一个网页可以包括一张照片；一个事件(An Event）是一个操作，涉及保存知识库所包含的至少一个 Object 或 Agent；一个代理(An Agent）是在一个对象生命周期中，与保存文件相关联的一个人、组织或软件程序；权限(Rights 或 Rights Statements）是适用于一个对象或机构的一个或多个权限或许可的声明。

随着文化、商业以及政府机构投入越来越多的力量构建数字资源，采取有效措施确保数字资源的长期保存将变得更加迫切。一个良好的数字保存策略需要使用元数据规范，通过合作努力建立保存元数据的规范和指南将会推动数字保存的实施，PREM IS 活动是在这方面努力的一个典范，它获得了 2005 年度数字保存奖(Digital Preservation Award)。

(3)NLNZ 的保存元数据方案

2002 年 11 月，新西兰国家图书馆(National Library of New Zealand，NLNZ)出版了《新西兰国家图书馆元数据标准框架——保存元数据》。与其他研究项目不同，NLNZ 作为一个实体图书馆，其保存元数据方案不仅仅停留在项目的研发上，而是直接将它融入图书馆的业务工作中，出台了相应的支持政策和法规，推出了一系列方案、系统和实现措施，特别是为保证其方案在业务工作中的实现，还开发了自动抽取元数据的工具。该《保存元数据标准框架》提出，保存元数据对支持和促进数字信息的长期保存至关重要，主要作用在于：存储那些支持实现保存决定和行动的信息，记录如迁移、数据转换、仿效等的保存处理，记录保存处理效果和确保随着时间的推移“保存主体”(Preservation Master)的真实性。

《保存元数据标准框架》设计的目的是要提供一个控制其数字馆藏的保存元数据的收集工具。据此，NLNZ 努力开发一种能自动地从一系列文档类型的标题中抽取保存元数据的工具。《保存元数据标准框架》详细地给出了支持数字对象的保存所需的元数据元素，并以此作为基础设计数据库存储，研发收集和存储保存元数据的输入系统。

2003 年 6 月，NLNZ 对《保存元数据标准框架》进行了修订，公布了《新西兰国家图书馆元数据标准框架——保存元数据》(修订版)。修订版对保存元数据的作用增加了“对图书馆已承担了保存责任的对象加以确认”的内容，提出了保存元数据具有两个功能性目标：一是为图书馆长期维护一个数字对象的比特流而采取的适当行动提供充分的知识；二是确保无论将来存储技术和访问技术如何变化，被保存对象的内容都能被还原和解释。

(4)清华大学保存元数据方案

清华大学图书馆在调研的基础上，重点借鉴美国国会图书馆长期保存音像资料的经验，制定出了一个完整的保存元数据框架，并确立了使用这个元数据框架进行实际标引时的标引机制以及元数据的编码方案。整个元数据框架包括 5 个部分：描述性元数据、技术元数据、权限管理元数据、来源元数据和数字化过程元数据。该框架按资源的发展阶段组织元数据，清楚地反映了资源的发展过程，并且在实际应用中，有些模块是可灵活选择的。此方案有效解决了资源结构的表达问题。

(5)MDLS 方案

国内军队院校数字图书馆应用软件系统(Military Academy Digital Library Application Software System，MDLS)保存元数据方案是以 OAIS 为参考的，包括内容信息、保存描述信息和描述性信息元素及其子元素。内容信息设立两个元素，即表示信息(Representation Information)和基本数字对象(Primary Digital Object)；保存描述信息(PDI)设立 4 个元素，即参见(Reference)、关联(Context)、出处(Provenance)和完整性(Fixity)信息；描述性信息设立

15 个元素。MDLS 将描述性信息和保存描述信息以及内容信息均视为信息包的子元素，即在 MDLS 中，信息包是上述所有信息(含其元素和子元素）的根元素。

9.4.4.4 元数据存储

元数据可以存储在内部，在相同的文件或数据结构中(这也称为嵌入式元数据)；或在外部，在与所描述的数据分开的文件或字段中。数据存储库通常存储与数据分离的元数据，但可以设计为支持嵌入的元数据方法。每种选择都有其优点和缺点。

(1)内部存储

内部存储意味着元数据总是作为它们描述的数据的一部分进行传播。因此，元数据始终与数据一起可用，并且可以在本地操作。这种方法创建了冗余(不包括标准化)，并且不允许在一个地方管理系统的所有元数据。可以说一致性得到了改善，因为无论何时数据被更改，元数据都可以被轻松更改。

(2)外部存储

外部存储允许并置所有内容的元数据，如在数据库中，以便更有效地搜索和管理。通过标准化元数据的组织，可以避免冗余。通过这种方式，在传输信息时(如在流媒体中)，元数据可以与内容结合在一起，或者可以从传输的内容引用元数据(如作为 Web 链接)。其缺点是元数据与数据内容分离，特别是在源元数据在单独文件中的其他地方引用时，这增加了两者之间不一致的可能性，因为对两者的更改可能不会在另一个文件中反映出来。

课后习题

1. 元数据设计都包含哪些步骤？

2. 元数据互操作的方法都有哪些？能够实现什么级别的互操作？

3. 如何评估与提高元数据质量？

4. 请谈谈你对元数据管理的认识，简述不同元数据管理架构的区别，以及各自存在哪些优劣势。

5. 简单介绍你所知的元数据保存方案。

信息描述
的发展

第 10 章　信息描述的发展

10.1　文献信息编目的发展

党的二十大指出，要加快建设“数字中国”。大数据环境下，信息资源是“数字中国”建设的基本要素，不断优化对传统信息资源和网络信息资源的描述和组织，才能适应信息时代浪潮、夯实“数字中国”建设的基础。文献信息编目的国际化和本土化、领域元数据标准的构建与完善、本体和关联数据的发展，是信息描述领域未来更加关注的重点内容。

10.1.1　MARC 记录的 BIBFRAME 转换

Bibliographic Framework Initiative 是由美国国会图书馆发起的一个书目记录关联数据框架计划。Bibliographic Framework(BIBFRAME)即为书目记录的本体，同时也可被视为语义 Web 环境下取代 MARC 的书目记录交换格式。一方面，在开放数据、开放关联数据日益发展的环境下，传统的 MARC 格式不便于图书馆界与外界的数据交流(MARC 格式本身的不便；MARC 中隐含着许多知识单元，但是并非结构化数据，难以挖掘、交换)，图书馆要发布书目开放关联数据，在信息社会占据有利位置，需要采用适合语义网环境的数据格式。另一方面，FRBR 的发布、RDA 的应用带来了对书目的全新认识，FRBR、RDA 与语义网、本体、关联数据有着天然的联系，语义网环境下的书目信息描述已经有了充足的前期研究成果，BIBFRAME 不仅是书目数据交换格式，更是书目数据的本体。

BIBFRAME 与 FRBR、RDA 有着密切的联系。FRBR 是国际图联发布的一个“实体-关系”书目模型。RDA 则是新一代的编目规则，是 FRBR 模型的具体体现。FRBR 与 RDA 对于 BIBFRAME 的主要启示在于：重新思考了编目的目的，将编目对象由物理载体转变为信息内容、内容的表达、内容的载体、载体的单件等多层次实体。在 FRBR 与 RDA 中，编目的对象包括：作品、表达方式、表现形式、单件。BIBFRAME 则将编目的对象实体进行了简化，包括两个层次：作品、实例。BIBFRAME 中的作品的概念相当于 FRBR 中的作品、表达方式实体的结合，而 BIBFRAME 中的实例的概念则是 FRBR 中表现形式和单件的结合。除了 FRBR、RDA 之外，BIBFRAME 还参考借鉴了大英图书馆、德国国家图书馆、OCLC 等组织的书目开放关联数据的建设经验。

BIBFRAME 的主要类包括：Work、Instance、Authority。Work 是指编目资源的概念本质，即为抽象的学术、艺术创作，如《边城》。Instance 是指作品的一个物质载体，如图书馆馆藏的一个某出版社出版的纸质版图书《边城》的单册。Authority 泛指客观存在的各种事物，可以作为 Work 的主题，可以是 Work 的责任者，也可以是 Instance 的出版者、出版地、存在形式等，BIBFRAME 主要类与主要属性如图 10.1 所示。此外，图书馆本身生成了许多高质量数据，包括用户的评注、编目注释、馆藏信息等图书馆使用数据等。针对于此，BIBFRAME 定义了 Annotation 类，将这些评注信息放入 BIBFRAME 框架之中。Annotation 类主要包括两种数据：图书馆对 Instance 的评注信息(馆藏信息、编目信息等)，用户对 Work 的评论信息，包含 Annotation 类的 BIBFRAME 框架，如图 10.2 所示。BIBFRAME 其他类、属性的定义详见 BIBFRAME 词表：http：//bibframe. org/vocab-list/。

BIBFRAME 词表提供三种浏览模式：模型浏览模式(通过图形化模型链接到各个类、属性)、分类浏览模式(对类、属性进行分类浏览)、列表浏览模式(按照字母表对类、属性进行列表浏览)。在词表中，类和属性都有明确的说明。类的说明项包括：定义、标签、父类链接。属性的说明项包括：定义、标签、属性类型、父属性、定义域、值域。此外，每个类、属性都有唯一确定的 URI。

BF2.0 于 2016 年 4 月发布，2017 年 3 月略有更新。[①] BF2.0 相对于 BF1.0 有相当大的变化(如图 10.3 所示)，主要体现在：一是模型变化，

① Overview of the BIBFRAME 2.0 Model [EB/OL]. [2020-05-22]. https：//www.loc.gov/bibframe/docs/bibframe2-model.html.

BF1.0 为"Work — Instance"两层模型，BF2.0 为"Work — Instance — Item"三层模型；二是核心类变化，BF2.0 由 BF1.0 的四个核心类转变为三个核心类，即作品、实例和单件，并取消了规范类和注释类；三是类的属性变化，BF1.0 词表有类 53 个、属性 289 个，BF2.0 词表有类 180 多个、属性约 195 个。变化较大之处在于 BF2.0 与 BF1.0 术语完全相同的类或属性合计约占 1/3。出于技术应用方面的考虑，类的增加伴随着属性的减少。

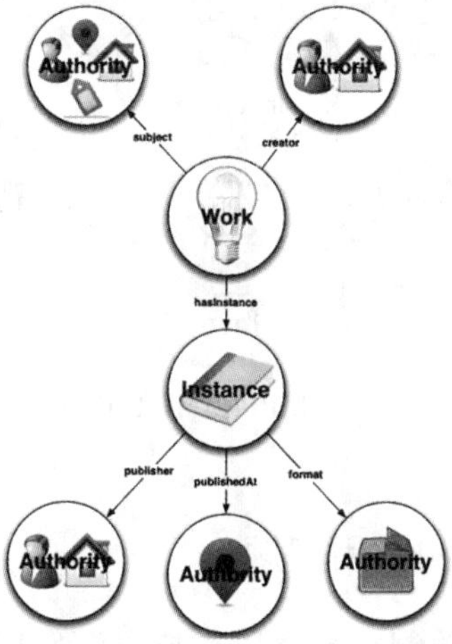

图 10.1　BIBFRAME 主要类与主要属性模型

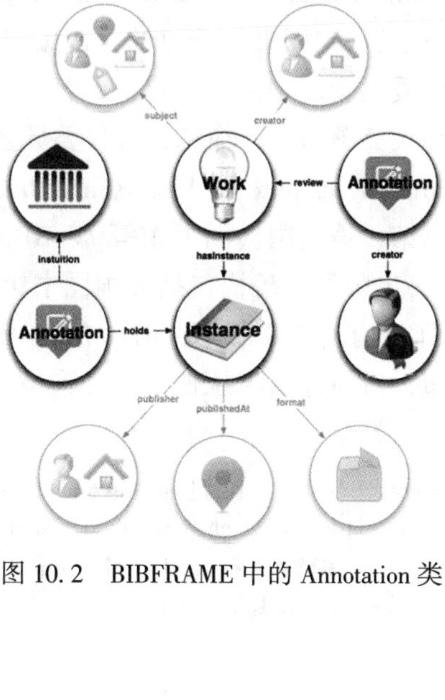

图 10.2　BIBFRAME 中的 Annotation 类

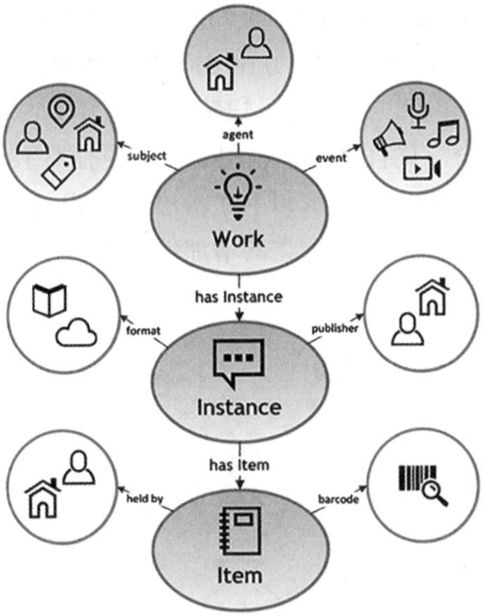

图 10.3　BIBFRAME 2.0 Model

10.1.2　RDA 的实践和应用问题

RDA 提供了一组有关制定数据以支持资源发现的准则和说明，提供了一套涵盖所有类型的内容和媒体的全面指南和说明。它是由 RDA 开发联合指导委员会(Joint Steering Committee for Development of RDA，JSC)开发的，用以替代 AACR2 作为英美等国图书馆编目的全新编目规则。相较于以往版本的 AACR 的开发，该委员会的来源机构更为广泛，包括美国图书馆协会、澳大利亚编目委员会、大英图书馆、加拿大编目委员会、图书馆学与情报学专家特许研究所(Chartered Institute of Library and Information Professionals，CILIP)、德国国家图书馆、美国国会图书馆等。① RDA 已经于 2010 年 6 月在 RDA Toolkit 中发布，出版发行机构包括美国图书馆协会、加拿大图书馆协会以及 CILIP。② 除了已有的英文版本，RDA 的出版发行商也着重于其他语言版本的翻译和发布，目前包括阿拉伯语、加泰罗尼亚语、中文、德语、

① Joint Steering Committee. Joint Steering Committee for Development of RDA[EB/OL]. [2020-05-10]. http://www.rda-jsc.org/archivedsite/index.html.

② Joint Steering Committee. RDA: Resource Description and Access [EB/OL]. [2020-05-10]. http://www.rda-jsc.org/archivedsite/rda.html.

法语、波斯语、波兰语、葡萄牙语、俄语、西班牙文、瑞典语和土耳其语等多个版本。① RDA 的设计基于 IFLA 发布的 FRBR 报告和 FRAD 报告，是 FRBR 编目理念和基本构架在编目实践中的具体体现。早在 2001 年 10 月，JSC 就决定将 FRBR 模型的概念术语吸收入 AACR 编目规则之中。2005 年 4 月，JSC 决定使 RDA 的结构更加直接地与 FRBR 和 FRAD 模型保持一致。

RDA 于 2013 年上半年开始陆续投入使用，如美国国会图书馆、美国国家医学图书馆和国家农业图书馆、大英图书馆等，相继启用 RDA 作为图书馆的正式编目规则。目前，RDA 在图书馆中已经得到普遍采用，主要服务于以英语作为官方语言的国家图书馆和大学图书馆，如菲律宾国家图书馆、新加坡国家图书馆、澳大利亚国家图书馆，以及美国北卡罗来纳州立大学、英国剑桥大学、芝加哥大学等大学图书馆。此后，一些非英语系国家也实现了 RDA 的正式应用，如德国国家图书馆、荷兰国家图书馆于 2014 年启动其应用计划，芬兰国家图书馆于 2015 年正式启动其计划。我国在 RDA 的具体应用上于 2012 年率先在上海图书馆实现，制定"西文 RDA 编目细则"。我国 CALIS 联合目录于 2015 年发布在 RDA 工具包网站的工作流程版块，中国国家图书馆于 2017 年出版《国家图书馆外文文献资源 RDA 本地政策声明暨书目记录操作细则》。②③

为了更好地促进 RDA 的普及和提升编目人员的编目质量，RDA 的联合发布机构发布了一个名为"RDA 工具包"(RDA Toolkit)的产品。RDA 工具包是一个为编目人员提供 RDA 编目所必要的文档、资源的基于浏览器的综合在线工具，其中包含了完整版的 RDA 编目规则。④⑤ 具体而言，RDA 提供了三类资源：RDA 原文、工具、各图书馆的政策和最佳实践指导。其中工具主要包括 RDA 元素集的定义和应用示例、RDA 元素与 MARC 字段的映射

① RDA TOOLKIT. RDA in Translation [EB/OL]. [2020-05-10]. http://www.rdatoolkit.org/translation.

② 夏晓林. RDA 中国之路的探索与展望[J]. 图书馆建设，2019(6)：94-101，109.

③ 胡小青. 国际编目标准现状与进展(2015—2017)[J]. 图书馆论坛，2018，38(6)：124-131.

④ Joint Steering Committee. Joint Steering Committee for Development of RDA. RDA [EB/OL]. [2020-05-10]. http://www.rda-jsc.org/rda.html.

⑤ RDA TOOLKIT. About RDA [EB/OL]. [2020-05-10]. http://www.rdatoolkit.org/about.

关系、RDA 的 MARC 记录实例、不同类型信息资源编目的标准流程等。这些工具和图书馆的应用政策、最佳实践等与 RDA 编目规则相结合，能够为广大编目人员提供全面细致的编目指导。①

除了官方发布的 RDA 工具包之外，各图书馆也为 RDA 的应用提供了许多培训课程。如美国国会图书馆的合作编目计划（Program for Cooperative Cataloging）②运行的编目人员学习工作间，为 RDA 的培训提供了各种各样的项目和资源。③ 除此之外，北卡罗来纳州立大学图书馆、芝加哥大学图书馆、澳大利亚国家图书馆、德国国家图书馆、IFLA 等组织都在其网站上发布了各自的培训资料。除了培训服务之外，具体的实践经验和实例具有直观、易于理解的特点，对于辅助编目员学习 RDA 有着重要的参考作用。音乐图书馆协会（Music Library Association）发布的《使用 RDA 和 MARC21 的音乐编目最佳实践》是这类辅助资料的典型。④ 该资料的体例与 RDA 正文文档保持一致，在 RDA 的每一条规定中都给出音乐资源编目的具体操作建议，并给出直观的编目样例。这一资料发布的目的不仅仅是使编目员编制出基本的、标准的音乐资源 MARC 记录，更重要的是使记录中的作品层、表达方式层得到更为清晰明确的描述。⑤

在具体的 RDA 实践之外，RDA 也是编目界研究关注的重点，尤其是 RDA 投入编目实践的 2012 年前后。对检索获取的文献进行分析发现，近五年来关于 RDA 的相关研究体现出实践性、操作性强的特点，着重关注如何将 RDA 应用于编目实践工作这一实际问题。研究内容包括：不同类型信息资源的 RDA 编目、RDA 编目规则、RDA 实践概况、RDA 应用培训、RDA 分析评价以及对我国发展的启示等。

---

① RDA TOOLKIT. RDA Toolkit Free Trial Request Form［EB/OL］.［2020-05-10］. http：//access. rdatoolkit. org/freetrial.

② Program for Cooperative Cataloging［EB/OL］.［2020-05-10］. https：//www. loc. gov/aba/pcc/.

③ Catalogers Learning Workshop［EB/OL］.［2020-05-10］. http：//www. loc. gov/catworkshop/.

④ Best Practices for Music Cataloging Using RDA and MARC21［EB/OL］.［2020-05-10］. http：//cmc. blog. musiclibraryassoc. org/wp-content/uploads/sites/5/2019/01/RDA_Best_Practices_v1. 01. pdf.

⑤ Cataloging and Metadata Committee. MLA Best Practices［EB/OL］.［2020-05-10］. http：//cmc. blog. musiclibraryassoc. org/mla-best-practices/.

针对不同类型信息资源的 RDA 编目问题和编目规则，学者们主要采用案例研究的方法，对特定组织的特定文献信息资源的 RDA 编目实践进行全面的观察，总结工作中的问题和解决方案，从而对其他组织的 RDA 编目工作提供经验借鉴。针对于 RDA 实践概况和应用培训问题，目前的研究主要采取的方法是对编目人员进行调查，通过问卷、访谈、实验等方法了解编目人员对 RDA 的了解程度、接受度，以及在具体编目中存在的培训问题和需求，从而为 RDA 应用培训的内容、方法的设计提供参考建议。而关于 RDA 的分析评价，由于目前 RDA 刚进入实际应用阶段，大部分研究介绍 RDA 项目的内容以及我国的应对策略，通过现状调研和对比分析进行综合评估，改革我国的编目规则，积极推动 RDA 在我国的全面实施。①②

10.1.3　RDA 的国际化与本地化

RDA 的说明、术语、控制词表目前已被全世界使用，不仅仅是英美为代表的英语国家，也包括德国国家图书馆(DNB)和加拿大编目委员会等德语国家和法语国家。虽然英语还是 RDA 的第一语言，但它已经变得很灵活，允许 RDA 在不损失其本意的情况下改进用语。RDA 也通过“可选”“本地化”等方式，将特殊问题一般化，适应各国图书馆的需要，而并不损失其国际化。③

2015 年 3 月 11 日，RDA 西班牙语版在 RDA Toolkit 上发布，这是继英、德、法后的第四种网络版本，官方称这表明 RDA 向成为“一部真正国际标准”的目标又前进了重要一步。后续又发布了芬兰语版、意大利语版、加泰罗尼亚语版等。多语种版本的翻译澄清了英文原文中很多不清晰或模棱两可之处，RDA Toolkit 中多语种的快速通道使各语种版本修改特定词汇或增加条款变得更加迅速，RDA Toolkit 界面可以在多语种版本间切换，也提供两种语言版本对照，方便跨语种使用。

近年来，RDA 犹如一颗闪亮的明星引起国际编目界的持续关注。中国编目界的专家和学者紧紧跟踪国际形势，对 RDA 进行了学习和研究，并针

① 曾华明．从 MARC 到 RDA：国际图书编目格式的发展与演变[J]．图书馆研究与工作，2019(3)：11-14.

② 夏晓林．RDA 中国之路的探索与展望[J]．图书馆建设，2019(6)：94-101，109.

③ 唐亦玲．编目工作人员视角下的 RDA 与 FRBR[J]．图书情报工作，2014，58(s2)：228-230.

对西文文献开始尝试应用 RDA 进行编目。2012 年 7 月，国家图书馆出版社与美国图书馆协会出版社签署了中文译本的翻译协议，国家图书馆牵头成立了“RDA 中文译本翻译组”，组织国家图书馆、CALIS、上海交通大学、华东师范大学等机构的编目专家共同完成 RDA 翻译工作。2014 年 4 月由国家图书馆出版社出版。①

10.2 元数据的发展

10.2.1 领域元数据标准构建

目前，机构仓储(Institutional Repository)的构建、科学数据的保存和复用、文化遗产的长期保存以及政府信息资源开发利用是信息资源建设研究的热点。领域元数据研究则与这些信息资源建设研究热点保持一致。其中，政府信息资源元数据在国内研究较多，机构仓储元数据、科学数据元数据、文化遗产元数据在国内外都是领域元数据研究的热门。

机构仓储是用来保存、利用一个组织的学术成果、资源的机构知识库。机构仓储是科研机构、大学等长期保存和有效共享利用本组织内学术科研成果的有效手段。机构仓储的元数据标准构建是机构仓储发挥其信息资源组织、共享功能的关键。目前机构仓储元数据研究主要关注于元数据标准的构建与改进、元数据质量的评估和控制等。

e-Science 在全球范围内迅速发展，科学数据的整合、管理和共享能够有效推动科研进程。科学数据仓储的建设已经成为研究者、学术机构、政府管理部门、投资者等方面关注的重点。相应的科学数据元数据研究包括元数据标准构建、科学数据元数据的互操作、元数据记录创建实践等。

元数据是保障文化遗产数字资源存取的基础，不同类型文化遗产元数据标准的构建成为研究热点。基于不同文化遗产数字资源的特点，其元数据标准的构建方法也各不相同，包括基于资源特点和用户任务、需求的构建方法，基于已有的元数据标准进行改进的方法等。

除了标准构建之外，元数据的整合也是该领域关注的重点。目前主要收

① 梁红，姜化林.《资源描述与检索》的应用进展及对策[J]. 图书馆学刊，2015，37(10)：36-41.

藏文化遗产数字资源的组织主要包括美术馆(Gallery)、图书馆(Library)、档案馆(Archive)和博物馆(Museum)，合称 GLAM。由于传统上这些组织有着不同的工作标准，其资源描述与组织方式也各不相同，元数据标准也有区别。为了提升这些组织的元数据标准的互操作性，促进文化遗产数字资源元数据的整合，提升这类资源的可获得性，DCMI 2014 年会将“元数据互操作：搭起文化记忆的桥梁”(Metadata Intersections：Bridging the Archipelago of Cultural Memory)作为会议的主题。①

政府信息资源具有综合性、权威性、时效性等特点，在社会发展的方方面面具有重要的应用价值。政府信息资源元数据的研究有助于此类资源的发布、应用和长期保存。国外主流的两大政府信息元数据标准主要是 GILS 和 DC-government，其他相关标准有英国的 e-GMS，澳大利亚的 AGLS，加拿大的 GCMF，都是在借鉴主流标准的基础上形成的。目前我国的国家元数据标准主要有《GB/T 2106. 3—2007 政务信息资源目录体系》，该标准作为政府信息资源目录体系的一部分，主要用于信息资源目录的描述、编目、建库、发布和查询。2009 年发布的《政府信息公开目录实施指引》，2017 年出台的《政府信息资源目录编制指南(试行)》均对政府信息资源元数据做了规范说明。② 此外，相关学者也提出了一些建议标准，包括电子政务信息资源描述元数据标准(e-GRMS)③和中国政府信息资源元数据核心集(CGMIC)④等。

10. 2. 2　元数据研究发展趋势

DC 年会作为元数据领域的顶级会议，其会议主题的更替能够体现元数据研究的热点和发展趋势。⑤ DC-2010 的主题为“使元数据更好地工作：庆

① Dublin Core Metadata Initiative. Metadata Intersections：Bridging the Archipelago of Cultural Memory [EB/OL]. [2020-05-10]. http：//dcevents. dublincore. org/IntConf/dc-2014.

② 张晓娟，唐长乐. 我国政府信息元数据标准体系框架构建及其应用流程[J]. 信息资源管理学报，2018，8(3)：25-36.

③ 王仁武，杨洪山，陈家训. 电子政务信息资源元数据标准的设计与实现[J]. 情报资料工作，2007(4)：52-55.

④ 李荣艳，梁蕙玮，曲云鹏，冯红娟，张彪. 我国政府信息资源元数据标准研究[J]. 图书馆学研究，2012(11)：42-46.

⑤ Dublin Core Metadata Initiative. DCMI Annual Conferences[EB/OL]. [2020-05-11]. https：//www. dublincore. org/conferences/.

祝 DC15 周年”，2010 年度关注重点在关联数据的理论和实践、DCMI 词表管理工具的发布、DCMI 术语修改与维护等方面。DC-2011 的主题为“元数据协同：搭起不同描述语言的桥梁”，目的是探索不同信息资源描述语言之间互操作的理论与实践问题，这些描述语言不仅包括各种类型的元数据，也包括图书馆传统的 MARC、语义网环境下的本体、词表等。DC-2012 将元数据研究放置于更为宏观的世界发展环境中。元数据在全球信息系统中扮演重要的角色，从而间接影响到世界的环境、人权、教育和和平等重大社会问题。这次会议将着重讨论如何开发元数据标准来面对这些全球性挑战。DC-2013 主要关注于元数据的管理、维护、长期保存等问题，特别在文化遗产、科学数据、政府信息资源、财经贸易信息资源等领域，元数据的良好管理是此类数字资源长期保存的重要前提。DC-2014 主要关注于当前信息资源建设的热点——文化遗产数字资源的存取问题。目前，文化遗产数字资源的收藏机构较为多样，包括美术馆(Gallery)、图书馆(Library)、档案馆(Archive)、博物馆(Museum)等，合称为 GLAM。这些机构因其资源描述、存取的传统、标准各不相同，其元数据难以实现共享、整合。该次年会的主要目的就是探讨元数据在连接这些文化遗产数字孤岛中能够发挥的作用。

DC-2015 关注于文化、科技、数字人文资源等信息资源的可存取性。目前，这类信息资源的元数据仍然表现为相互孤立的孤岛状态，从而难以实现元数据的互操作和不同资源库的资源整合，降低了资源的可存取性。为了提升这些资源的可存取性，该次年会着重探讨元数据的互操作问题，并以欧洲数字图书馆、美国数字公共图书馆(DPLA)等文化数字资源统一存取平台为例，重点分析了在语义网、关联数据环境下元数据互操作的新特点、新问题。DC-2016 关注关联数据的应用概况和实用性、数字文化遗产元数据模型的开发以及政府元数据的使用情况。这次会议的主题更为广泛，强调研究的创新性和多样性。DC-2017 年度会议着眼于元数据在第二机器时代中不断变化的作用，这次会议的重点是推动创建和管理良好元数据的技术和实践。二十多年来，互操作性和开放性一直是 DCMI 社区的指导原则，并且这些原则随着语义网标准和关联数据的发展而发展。大量的新数据源的出现是对元数据质量的长期挑战，同时也激发了创新工具、实践和解决方案的开发。DC-2018 关注的是元数据技术和实践如何进一步发展以支持开放知识。开放性的优势已在开放科学、开放教育和开放获取研究成果的过程中得到认可，即开放知识。其最终目的都在于提高元数据的开发和应用中的互操作性和协调性。DC-2019重点围绕数字图书馆如何通过多源数据的融合、数字人文馆藏资源的利用等实现信息服务深度融合；数字图书馆如何通过海量大数据的挖掘与利用，以及用户行为分析来提升数字图书馆服务水平；如何通过对学术文本资源的深入挖掘，实现信息计量学在学术评审、学术评价等方面的创新应用。

国际数字图书馆联合会议作为数字图书馆领域最具有影响力的学术会议，其每年的会议主题，以及收录的文章研究主题能够反映当下数字图书馆领域的研究热点与未来的研究趋势。通过对历年年会论文的分析来看，数字图书馆领域未来理论和实践的研究热点和前沿发展方向包括以下几点：

（1）数据的重要性在数字图书馆研究中将更加突出。关联数据、开放数据在数字图书馆业务工作中的重要作用将进一步凸显；同时，大规模的用户行为数据在识别用户信息行为模式、提升信息检索与推荐服务方面的研究维度将更加丰富，未来的研究要进一步突破传统行为研究的范式，关注以用户为核心的系统设计、功能完善与服务推荐。

（2）基于大数据的数字图书馆用户行为研究与推荐将成为学科研究的重要方向。当前基于大规模日志数据的挖掘已经得到了用户信息行为研究领域的重视，在数字图书馆领域的现有研究中，对大规模日志数据的挖掘角度较为单一，未来通过日志数据充分挖掘用户行为模式，并从中得到对系统设计与交互界面设计等方面的启示，将成为一个研究热点。

（3）未来数字图书馆领域的研究将更加关注社会现实问题。数字图书馆领域未来能够在数字人文历史资源的挖掘和分析、医学数据的挖掘利用、残疾人等弱势群体的信息需求等方面发挥更具有建设性的重要作用，并且能够将研究成果服务于社会经济、农业建设等方面。

（4）资源融合与服务创新将成为数字图书馆届未来工作的重点内容。未来，数字图书馆领域的学者需要更加关注如何通过多源数据的融合、数字人文馆藏资源的利用等实现信息服务的深度融合；同时，还要关注对用户行为的分析，从而提升数字图书馆服务水平。

（5）以机器学习为代表的新一代信息技术将进一步与数字图书馆领域研究融合。以机器学习等算法为代表，在数字图书馆、档案馆等打造数据驱动的智能信息服务方面将发挥重要作用。深度学习、人工智能、机器学习的技术手段和自然语言处理、文本挖掘的结合更为紧密。未来，这些信息技术将更加充分地运用在信息计量学、信息检索、信息推荐等领域。①

10.3 图书馆领域本体的发展

通过对元数据研究、编目研究的总结可以发现信息描述的不同手段、方式都出现了 RDF 化、融入语义网的趋势。图书馆书目等也出现了关联数据化的热潮。图书馆关联数据的发布已经成为书目数据等图书馆信息资源在语义网环境下存在的重要方式。当前，图书馆存在着书目资源利用率不高的问题。② 同时在信息社会的当今，图书馆也需要提升其信息服务的竞争力。③将图书馆信息资源融入语义网环境，能够提升图书馆信息资源的利用效率，深化图书馆信息描述的深度，并能够使图书馆获取更多外部信息资源来丰富自身的资源发现服务。图书馆发布关联数据也有自身的优势，图书馆行业长年累积的 MARC 数据有着良好的组织结构和质量。同时图书馆行业也有其特有的编目经验和规范控制经验——关联数据实际上是对现实事物的概念化描述与表达，编目则是对图书馆等文献信息资源的描述，二者具有一定相似度，图书馆行业的编目理念、规范控制经验等不仅可以应用于图书馆关联数据的发布，也可以应用于其他领域的关联数据。

目前，图书馆界发布的关联数据词表主要包括：书目词表、信息组织系统词表等。这些词表主要应用于相应类型图书馆信息资源的关联数据的发布。图书馆采用关联数据的规范有五个关键的作用：促进图书馆数据的开放、共享；促进图书馆信息资源的偶然发现；能够通过识别信息资源的使用模式和关联的元数据；能够实现信息资源的分面导航；能够通过语义关联丰富图书馆的元数据。图书馆发布关联数据也具有自身的优势，包括图书馆自身积累的高质量数据、行业独特的编目知识和规范控制经验等。

在书目数据方面，目前在 Linking Open Data 项目中已经建立了开放书目数据小组，小组中已有关联数据集 30 个，包括美国国会图书馆书目数据、剑桥大学图书馆书目数据等。这些书目关联数据集都有各自相应的词表或本

---

① 梁少博，吴丹．数字图书馆信息服务的融合与创新——基于 2019 年 JCDL 年会论文的综述[J]．图书情报知识，2020(3)：97-108.

② 刘炜等．RDA 与关联数据[J]．中国图书馆学报，2012(1)：34-42.

③ 黄永文．关联数据在图书馆中的应用研究综述[J]．现代图书情报技术，2010(5)：1-7.

体，如美国国会图书馆的BIBFRAME本体、大英图书馆的BLT(British Library Terms)、BIRO(The Bibliographic Reference Ontology)等。其中，美国国会图书馆的BIBFRAME项目已经提出了较为完善的关联数据发布方案。BIBFRAME计划由美国国会图书馆发起，目的是在未来语义网环境中以及更广阔的网络化世界中为书目记录描述的发展奠定基础。美国国会图书馆认为在关联开放数据日益发展的环境下，传统的MARC格式阻碍了图书馆界与外界的数据交流，图书馆应当发布书目关联数据，采用适合语义网环境的数据格式，在信息社会占据有利位置。在书目记录关联数据化可行性方面，美国国会图书馆一方面分析了FRBR、RDA与语义网、关联数据存在的天然联系，同时分析了已有的语义网环境下书目信息描述的研究成果，认为书目记录关联数据化已经具备实施条件。在BIBFRAME计划中，美国国会图书馆已经取得了一些成果。首先，BIBFRAME词表模型和术语表已经发布，词表中的类、属性都有明确的定义，都有单独的URI可以访问。第二，BIBFRAME提供了"BIBFRAME Profiles""BIBFRAME Authorities"等使用说明文档，对BIBFRAME的类、属性的定义、使用规范等进行了详尽地说明和限定。第三，美国国会图书馆还提供了BIBFRAME的应用和测试工具。"BIBFRAME应用试验台"为申请试用BIBFRAME进行书目记录关联数据发布的机构提供了全方位的工具、软件支持。"Profile Tool"能够保证构建的RDF化书目数据符合"BIBFRAME Profiles"的限定。BIBFRAME的MARC转换工具则能够实现MARC记录到BIBFRAME记录的自动转化，并能够实现书目记录的FRBR化层级显示。① 目前参与BIBFRAME项目的图书馆有大英图书馆、德国国家图书馆、美国国家医学图书馆、普林斯顿图书馆等重要图书馆。②

针对本体的构建，目前主要的方法包括以下三种：①根据已有的结构化数据描述模型，构建新的、符合RDF规范的词表，如BIBFRAME词表；②改进已有的词表以适用于特定类型数据，如DDI(Data Documentation Initiative)是一个用以描述统计学、社会科学数据的词表，Bosch，Cyganiak，Wackerow等在DDI的基础上构建了新的词表，用来发布社会学、行为学和

① Library of Congress. Bibliographic Framework Initiative[EB/OL]. [2020-05-11]. http://www.loc.gov/bibframe/.

② Linked Open Vocabularies[EB/OL]. [2020-05-11]. http://www.loc.gov/bibframe/implementation/.

经济学中的统计数据;[①] ③建立原数据描述模型与符合 RDF 规范的词表的映射，如 Rühle，Schulze 和 Büchner 描述了德国数字图书馆将其数据模型由 CIDOC 映射为 EDM(Europeana Data Model，欧洲数字图书馆通用的、符合 RDF 规范原则的本体)的方法、策略。[②] 在实例数据发布方面，目前的主要途径是开发工具、软件实现原格式数据自动转化为关联数据集中的实例数据。除了上文提到的 BIBFRAME 的自动转化工具之外，还包括西班牙国家图书馆的 MARiMbA、罗切斯特大学的 eXtensible Catalog 等。

信息组织系统词表是用来描述分类法、叙词表等信息组织系统关联数据的词表。目前最为常用的信息组织系统词表为 SKOS。SKOS 是 W3C 发布的，用以在语义网环境中描述知识组织系统(包括叙词表、分类法、标题表等)的标准。[③] 而目前已经发布的信息组织系统关联数据集则包括 OCLC 的杜威十进分类法、美国国会图书馆的主题标目表等。在这些图书馆关联数据建设项目中，美国国会图书馆的关联数据服务(Linked Data Service)较为完善。首先，该服务提供了丰富多样的关联数据集，包括：国会图书馆主题标目表(LCSH)、国会图书馆名称权威文档(NAF)、国会图书馆分类法(LCC)；各种专业叙词表，如国会图书馆音乐表演媒介叙词表(LCMPT)等；MARC 中国家名称、地理区域、各种资源标识符等。其次，该服务提供了统一而使用方便的检索浏览界面。最后，使用多种知识组织系统词表和多种数据格式——除了 SKOS 之外，还使用 MADS/RDF 词表，同时在 RDF/XML 之外，还提供 N-Triple、JSON 等格式的关联数据，以满足不同应用的需求。[④]

目前，信息组织系统关联数据的研究主要包括关联数据集的发布和互操作等。针对信息组织系统关联数据集的发布，目前主要的方法是将原有的知识组织系统映射为 SKOS 构架下的关联数据集。另外，提升信息组织系统关

---

① Bosch T, Cyganiak R, Gregory A, et al. DDI-RDF Discovery Vocabulary: A Metadata Vocabulary for Documenting Research and Survey Data[C]//LDOW. 2013.

② Rühle S, Schulze F, Büchner M. Applying a linked data compliant model: The usage of the Europeana Data Model by the Deutsche Digitale Bibliothek[C]//Proceedings of the 2014 International Conference on Dublin Core and Metadata Applications. Dublin Core Metadata Initiative, 2014: 24-30.

③ W3C. SKOS Simple Knowledge Organization System[EB/OL]. [2020-05-12]. http://www.w3.org/2004/02/skos/.

④ Library of Congress. LC Linked Data Service[EB/OL]. [2020-05-10]. http://id.loc.gov/.

联数据集的互操作性，对数据集进行持续维护也是研究的重点。

10.4　关联数据的发展

10.4.1　关联数据集的发布

语义网(Semantic Web)是一种使用可以被计算机理解的方式描述事物的网络。由 Web 之父 Berners-Lee 等提出，是现有 Web 的扩展，让 Web 上的数据以一种良好的方式表示和连接，使机器和人都能理解和处理它们，使数据在不同应用系统之间自动整合和重用，而不仅仅是显示数据而已。语义关系的构成需要语言、语法提供规则支持。现实生活中，人与人的交流通过语言的语法，在语义网环境则是通过 RDF 实现。关联数据是一组最佳实践(best practice)的集合，它采用 RDF 数据模型，利用 URI 命名数据实体，来发布和部署实例数据和类数据，从而可以通过 HTTP 协议揭示并获取这些数据，同时它强调数据的相互关联、相互联系和有益于人机理解的语境信息。关联数据是语义网实现的数据基础。为实现语义网的逻辑推理功能提供基础数据及数据之间的语义关联。关联数据的特性包括：①使用 URI 作为任何事物的标识名称，不仅是标识文档；②使用 HTTP URI，使任何人都可以访问参引这些全局唯一的名称；③当有人访问名称时，以 RDF 形式提供有用的信息；④尽可能提供链接，指向其他的 URI，以使人们发现更多地相关信息。

Linked Open Data 通常是指开放的关联数据的整体，而不是特指在某一开放许可证下发布的关联数据集。同时不是所有的关联数据集都是开放的，也不是所有的开放数据是关联的。开放关联数据的发布与 The Linking Open Data Project 密切相关，目前，开放数据云图(LOD cloud diagram)显示了已经被发表为关联数据格式(Linked Data)的数据集，截至 2020 年 3 月，该数据集包括了 1255 个数据集包含有 16174 个链接(如图 10.4 所示)。

DBpedia 是一个众包社区，致力于从各种 Wikimedia 项目创建的信息中提取结构化内容。这种结构化信息类似于开放知识图(OKG)，该图可供 Web 上的每个人使用。知识图是一种特殊的数据库，它以机器可读的形式存储知识，并为收集、组织、共享、搜索和利用信息提供了一种手段。DBpedia 能够使用户向维基百科提出精细的查询请求，并能够将维基百科的数据与其他不同数据集的数据关联起来，当前的 DBpedia 数据提供体系结构

图 10.4　关联开放数据云图

图如图 10.5 所示。

英文版的 DBpedia 知识库描述了 458 万个事物，其中 422 万被归类为一致的本体，包括 1445000 人，735000 个地方(包括 478000 个人口稠密的地方)，411000 个创意作品(包括 123000 张音乐专辑，87000 部电影和 19000 个视频游戏)，241000 个组织(包括 58000 个公司和 49000 个教育机构)，251000 个物种和 6000 种疾病。此外，DBpedia 提供了 125 种语言的 DBpedia 本地化版本。所有这些版本一起描述了 3830 万件事，其中 2380 万是 DBpedia 英文版本中也存在的本地化描述。完整的 DBpedia 数据集包含 3800 万种标签和摘要(使用 125 种不同语言)，2520 万个图像链接和 2980 万个外部网页链接；Wikipedia 类别的链接为 8090 万，YAGO 类别的链接为 4120 万。DBpedia 与其他链接数据集连接约 5000 万个 RDF 链接。DBpedia 2014 发行版总共包含 30 亿条信息(RDF 三元组)，其中 5.8 亿条信息摘自英语版的 Wikipedia，24.6 亿条信息摘自其他语言版本。Dataset Statistics 提供了有关 24 种流行语言的 DBpedia 数据集的详细统计信息。①

① DBpedia[eb/ol].[2020-06-30]. https://wiki. dbpedia. org.

与现有知识库相比，DBpedia 知识库具有多个优势：它涵盖了许多领域；它代表了真正的社区协议；它会随着 Wikipedia 的变化而自动演变，并且确实是多语言的。总之，DBpedia 知识库的用例非常广泛，范围从企业知识管理、Web 搜索到革命性的 Wikipedia 搜索。

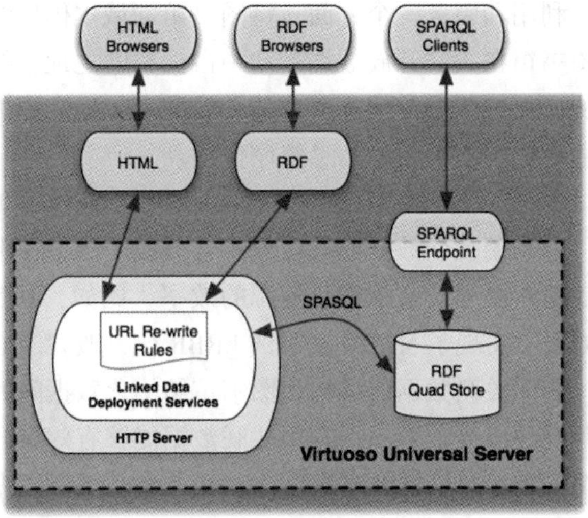

图 10.5　DBpedia 数据提供体系结构图

10.4.2　图书馆关联数据的应用

目前，图书馆亟需解决的问题，一是图书馆书目资源利用率不高。图书馆拥有海量的、高质量的书目信息，信息之间相互联系。这些系统化的信息资源却面临不被大众所熟悉、没有得到广泛利用的问题，大多只能通过图书馆网站获取，不能被方便地查找、标识、选择、获取、验证、参考引用以及进行再创造。二是图书馆需要提升信息服务竞争力。信息急剧产生的今天，图书馆更加迫切需要拓展和丰富服务的手段和方式，加快提高发现内容和传递服务质量的步伐，以帮助用户实现资源发现的相关性和便捷性。图书馆必须努力适应用户的需要，以确保图书馆的服务比网络上其他信息提供者更具竞争力。

发布关联数据是解决图书馆问题的重要途径。关联数据通过规范的 RDF 描述并以标准的 HTTP 协议发布，从而使大量的数据集能够随时为人所用，关联数据提供的语义接口，能够使数据无缝嵌入万维网上的其他应用中，看起来就像本地数据一样。利用关联数据，图书馆的用户可以通过图书馆网站上的书目信息获得自己感兴趣的其他类型的信息；反之，当用户在互联网上浏览其他信息时，也有可能通过与语义网的链接，显示图书馆中的信息，从而促进图书馆知识的利用。此外，利用关联数据能够挖掘隐藏在MARC记录之中的非结构化知识，促进知识发现。图书馆关联数据的应用研究主要在发布、利用和服务三个方面。将图书馆领域本体以及关联数据集进行发布能够使图书馆在关联开放数据运动中占据一席之地，提升在语义网环境中的地位，从而促进图书馆信息资源的开放共享，提高图书馆数据的利用效率，发挥信息时代中图书馆的信息整序作用。

而在图书馆内部，将图书馆数据发布为关联数据能够改善图书馆的资源发现服务。第一，利用关联数据能够有效整合分散的图书馆书目记录，提升用户利用OPAC检索图书馆文献信息资源的效率。比如，利用RDF/XML构架了FRBR的词表，实现了MARC记录的FRBR化，改善了OPAC的资源整合效率。第二，利用关联数据能够构建图书馆结构化数据间的语义关联，提升图书馆的资源发现服务。第三，利用关联数据能够有效聚合语义相关的信息资源，提升图书馆信息资源的丰富度。第四，利用关联数据能够实现图书馆知识服务。

10.4.3 基于关联数据的云服务研究

关联数据(Linked data)的出现推动了语义网技术的普及，自Berners-Lee提出关联数据以来，越来越多的机构在互联网上发布了关联数据集。将关联数据应用于图书馆服务有利于资源的语义融合和合理利用，为数据增值和提供更精准的服务提供支撑。① 随着技术的发展，云计算技术通过虚拟化和并行计算，提供对数据的可扩展存储和管理服务，为解决图书馆海量关联数据的存储和管理提供了新的途径。而云服务平台的构建则是对所有馆藏数字资源进行整合的前提下，根据用户的需求查找和检索资源，使其不受时间和空间的限制，可以为用户提供高效、准确和全面的服务。②

图书馆云服务研究主要包含以下内容：一是图书馆数据的关联匹配服

① 阳广元．基于关联数据的图书馆服务研究现状与展望[J]．图书馆理论与实践，2019(6)：43-45，112.

② 周俊烨．基于关联数据的图书馆、档案馆和博物馆数字资源整合模式构建[J]．图书馆，2019，292(1)：74-79.

务；二是图书馆关联数据推荐服务。关联数据的特性之一就是对不同 RDF 数据集之间的语义关联的实体或是属性建立关联关系，同时通过 HTTP 协议和 URI 实现对互联网上信息对象的发现、关联和共享。图书馆采用的传统书目数据是以 MARC 格式存在，实现数据的关联先要对数据进行转换，使之成为关联数据格式。同时，可以将这些图书馆数据和图书馆外部的网络资源进行连接，促进图书馆资源的利用和知识的发现和共享。在图书馆数据的语义化以及外部资源互联的基础上，可以进一步实现资源的推荐服务。云服务平台的构建为图书馆的实时推荐服务提供了技术支持，可以提高图书馆资源的能见度，更大地扩展图书馆资源的影响力，为图书馆的用户提供更主动、智能的图书馆服务，使图书馆资源在大数据时代发挥应有的作用，促进知识的传播和发展。①

已有研究以关联数据有关知识为理论基础，探索将其运用于 LAM (Library，Archive，Museum)数字资源整合的可能性，进而构建一个整合模式，提出云服务平台的设计方案。在芬兰的数字人文项目中，基于开放获取的目的建设了国家数据基础架构和关联数据服务。② Lnenicka 和 Komarkova 利用云计算和关联数据互补的方式处理来自多源异构的数据，构建了一个新的政府企业架构框架(Government Enterprise Architecture Framework)。③

10.4.4 基于关联数据的知识发现研究

语义关联技术在图书馆的应用有助于知识发现中的关联资源获取，有助于提高关联数据整合效率，为关联数据获取提供了便利。目前，语义关联技术在数字图书馆、机构知识库中得到了广泛应用，在知识构建方面发挥了重要作用。④

① 邹学昌．基于关联数据的图书馆云服务研究[D]．哈尔滨：黑龙江大学，2013.

② Hyvönen E. Linked Open Data Infrastructure for Digital Humanities in Finland[C]// Digital Humanities in Nordic Countries，5th Conference (DHN 2020)，Proceedings，accepted. CEUR WS Proceedings. 2020.

③ Lnenicka M，Komarkova J. Developing a government enterprise architecture framework to support the requirements of big and open linked data with the use of cloud computing[J]. International Journal of Information Management，2019(46)：124-141.

④ 陈良．基于语义关联的数字图书馆馆藏资源知识发现服务研究[J]．农业图书情报学刊，2018(3)：38-41.

知识发现和展示是指经过馆藏资源深度聚合后，数字图书馆需要在对资源进行有序化组织后发现不同数据之间的联系，建立以知识元、引文语义相似度为主题的关联网络，为用户提供立体化的知识服务内容。对于馆藏资源的知识发现，应该充分考虑数据间的语义关系，发现不同知识节点之间的内在逻辑，根据用户知识需求进行知识链接，实现对数据资源的归类转换，形成机器可以识别的数据集，并从多个维度建立知识发现体，以满足不同用户的检索需求。数字图书馆也可以利用知识发现技术，深入分析用户信息行为，通过对馆藏资源的深入挖掘、关联与转化，保障更加准确清晰、精细的知识定位，帮助用户更快地实现知识需求匹配。知识发现后对知识的展示，可利用知识发现工具的映射功能，将数据知识转化为图形，方便用户理解记忆。

知识发现系统的应用可以实现多种模式的知识检索，能够从多个层次获取新知识，满足更多用户的需求并且允许用户根据个性化需求自行检索，挖掘有价值的内容。

关联数据应用于图书馆服务能够实现资源的关联描述、开放与复用，提供语义检索服务和优化资源发现服务。

课后习题

1. RDA 实践应用能带来什么启发？
2. 从全球化和本地化两个角度思考并阐述 RDA 的数据多样性。
3. 对于如何构建领域元数据标准有哪些切实可行的建议？
4. 元数据研究的未来发展趋势还有哪些？
5. 你还知道哪些关联数据在图书馆领域的具体应用？
6. 关联数据的实践发展还体现在什么方面？

参考文献

[1]Adoption of Dublin Core by Governments[EB/OL].[2016-08-27]. http://dublincore. org/news/adoption/.

[2]Aziz N A, Manser Y, Abdullah S, et al. Normalizing library records display using FRBR model for al-Qur'an work-set [C]//Information and Communication Technology for The Muslim World (ICT4M), 2014 The 5th International Conference on. IEEE, 2014: 1-6.

[3]Baca Murtha. Introduction to Metadata[M]. Getty Publications, 2016.

[4]Bennett R, Lavoie B F, O'Neill E T. The Concept of a Work in WorldCat: An Application of FRBR [EB/OL]. [2020-05-10]. http://www. oclc. org/content/dam/research/publications/library/2003/lavoie_frbr. pdf.

[5]Best Practices for Music Cataloging Using RDA and MARC21 [EB/OL]. [2020-05-10]. http://cmc. blog. musiclibraryassoc. org/wp-content/uploads/sites/5/2019/01/RDA_Best_Practices_v1. 01. pdf.

[6]Bibliographic Framework Initiative [EB/OL]. [2020-07-12]. http://www. loc. gov/bibframe/.

[7]Binding C, Tudhope D, Vlachidis A. A study of semantic integration across archaeological data and reports in different languages [J]. Journal of Information Science, 2019, 45(3): 364-386.

[8]Bizer C, Heath T, Berners-Lee T. Linked Data-The Story So Far [J]. International Journal on Semantic Web and Information Systems, 2019, 5(3): 1-22.

[9] Bonchev B. Evolving Europeana's Metadata: from ESE to EDM[J]. Digital Presentation and Preservation of Cultural and Scientific Heritage, 2012(2): 27-37.

[10] Bosch T, Cyganiak R, Gregory A, et al. DDI-RDF Discovery Vocabulary: A Metadata Vocabulary for Documenting Research and Survey Data[C]// LDOW. 2013.

[11] Bruce T R, Hillmann D I. The Continuum of Metadata Quality: Defining, Expressing, Exploiting[M]. ALA editions, 2004.

[12] CALIS 联机合作编目中心. CALIS 外文书刊 RDA 编目培训教材[M]. CALIS 联机合作编目中心, 2016.

[13] Catalogers Learning Workshop [EB/OL]. [2020-05-10]. http://www.loc.gov/catworkshop/.

[14] Cataloging and Metadata Committee. MLA Best Practices[EB/OL]. [2020-05-10]. http://cmc.blog.musiclibraryassoc.org/mla-best-practices/.

[15] Cataloging Cultural Objects A Guide to Describing Cultural Works and Their Images, Online Edition [EB/OL]. [2016-08-11]. http://cco.vrafoundation.org/index.php/toolkit/cco_pdf_version/.

[16] Completion of 3R Project [EB/OL]. [2020-06-30]. https://www.rdatoolkit.org/node/202.

[17] Crane G, Almas B, Babeu A, et al. Cataloging for a billion word library of Greek and Latin[C]//Proceedings of the First International Conference on Digital Access to Textual Cultural Heritage. ACM, 2014: 83-88.

[18] Darwin Core Task Group, Darwin Core[EB/OL]. [2020-07-13]. http://www.tdwg.org/standards/450.

[19] Dataverse[EB/OL]. [2020-7-13].https://dataverse.org/.

[20] DBpedia[eb/ol].[2020-06-30].https://wiki.dbpedia.org.

[21] dc[EB/OL]. [2020-7-13].http://dublincore.org.

[22] dc[EB/OL].[2016-08-26]. http://dublincore.org.

[23] dcdot[EB/OL]. [2020-7-13].http://www.ukoln.ac.uk/metadata/dcdot/.

[24] dcdot[EB/OL].[2016-08-26].

[25] Definition of FRBRoo: A Conceptual Model for Bibliographic Information in

Object-Oriented Formalism[EB/OL].[2020-06-30]. https://www.ifla.org/publications/node/11240.

[26] Dickey T J. FRBRization of a library catalog: Better collocation of records, leading to enhanced search, retrieval, and display [J]. Information Technology and Libraries, 2013, 27(1): 23-32.

[27] Digital Object Identifier System Handbook[EB/OL]. [2016-08-29]. http://www.doi.org/hb.html.

[28] Dublin Core Metadata Initiative. DCMI Annual Conferences [EB/OL]. [2020-05-11]. https://www.dublincore.org/conferences/.

[29] Dublin Core Metadata Initiative. Metadata Intersections: Bridging the Archipelago of Cultural Memory [EB/OL]. [2020-05-10]. http://dcevents.dublincore.org/IntConf/dc-2014.

[30] Dublin Core Metadata Initiative. Interoperability Levels for Dublin Core Metadata [EB/OL]. [2020-05-10]. http://dublincore.org/documents/interoperability-levels/.

[31] Dvorák J, Drobíková B, Bollini A. Publication metadata in CERIF: Inspiration by FRBR[J]. Procedia Computer Science, 2014(33): 47-54.

[32] EDItEUR[EB/OL].[2016-08-30]. http://www.editeur.org/83/Overview/.

[33] Encoded Archival Description Office Site. [2016-08-09]. http://www.loc.gov/ead/index.html.

[34] Encoded Archival Description Tag Library Version EAD3. [2016-08-09]. http://www.loc.gov/ead/EAD3taglib/index.html#d0e115.

[35] ETD-MS v1.1: an Interoperability Metadata Standard for Electronic Theses and Dissertations [EB/OL]. [2016-09-02]. http://www.ndltd.org/standards/metadata.

[36] FGDC, Content Standard for Digital Geospatial Metadata[EB/OL]. [2020-07-10]. https://www.fgdc.gov/standards/projects/metadata/base-metadata/v2_0698.pdf.

[37] Gardasevic S. Europeana and its Metadata Models [J]. Citaliste: The Scientific Journal on Theory & Practice of Librar, 2013, 12(22):85-93.

[38] Gateway to Educational Materials (GEM)[EB/OL]. [2016-08-23]. http://

dublincore. org/groups/education/GEM-Study. html.

[39] Gillis S L. FRBR and TMS: Applying a Conceptual Organizational Model for Cataloguing Photographic Archives[J]. VRA Bulletin, 2015, 41(2): 7.

[40] GILS Overview[EB/OL]. [2016-08-35]. http://www. gils. net/overview. html.

[41] Glenn E. Patton. Functional Requirements for Authority Data — A Conceptual Model [EB/OL]. [2020-05-10]. http://www. ifla. org/publications/ifla-series-on-bibliographic-control-34? og=8708.

[42] Gueguen G. Metadata quality at scale: Metadata quality control at the Digital Public Library of America[J]. Journal of Digital Media Management, 2019, 7(2):115-126.

[43] Guenther R. DC-Libraries-Library Application Profile[EB/OL]. [2016-08-09]. http://dublincore. org/documents/library-application-profile/index. shtml.

[44] Guenther R. DC-Library application profile: DC-Lib[EB/OL]. [2016-08-09]. http://dublincore. org/documents/2002/09/24/library-application-profile/.

[45] Haynes D. Metadata for Information Management and Retrieval: Understanding Metadata and Its Use[M]. Facet Publishing, 2018.

[46] Hillmann D I, Dushay N, Phipps J. Improving metadata quality: Augmentation and recombination[J]. 2004.

[47] weboposible[EB/OL]. [2016-08-27]. http://www. webposible. com/utilidades/photo#rdf#generator#en. html.

[48] Hyvönen E. Linked Open Data Infrastructure for Digital Humanities in Finland[C]//Digital Humanities in Nordic Countries, 5th Conference (DHN 2020), Proceedings, accepted. CEUR WS Proceedings. 2020.

[49] IEEE SA-LOMWG12-Working Group for Learning Object Metadata[EB/OL]. [2016-08-28]. http://standards. ieee. org/develop/wg/LOMWG12. html.

[50] IEEE Xplore Digital Library[EB/OL]. [2020-7-13]. https://ieeexplore. ieee. org/browse/periodicals/title.

[51] IFLA Working Group on Functional Requirements and Numbering of

Authority Records(FRANAR). Functional Requirements for Authority Data A Conceptual Model[R].IFLA, 2008.

[52] IFLA. Functional Requirements for Bibliographic Records[EB/OL].[2020-05-10]. http://www. ifla. org/publications/functional-requirements-for-bibliographic-records? og=8708.

[53] IFLA. 书目记录的功能需求中文版[EB/OL]. [2016-07-20]. http://www. ifla. org/files/assets/cataloguing/frbr/frbr-zh. pdf.

[54] IFLA—IFLA Library Reference model (LRM)[EB/OL]. [2020-06-30]. https://www. ifla. org/publications/node/11412.

[55] International Council on Archives. ISAD(G): General International Standard Archival Description-Second edition [EB/OL]. [2020-07-13]. https://www. ica. org/sites/default/files/CBPS_2000_Guidelines_ISAD%28G%29_Second-edition_EN. pdf.

[56] Getty J P. Trust& College Art Association, Inc. Categories for the Description of Works of Art[EB/OL]. [2016-08-08]. http://www. getty. edu/research/publications/electronic_publications/cdwa/.

[57] Joint Steering Committee. Joint Steering Committee for Development of RDA [EB/OL]. [2020-05-10]. http://www. rda-jsc. org/archivedsite/index. html.

[58] Joint Steering Committee. Joint Steering Committee for Development of RDA. RDA[EB/OL]. [2020-05-10]. http://www. rda-jsc. org/rda. html.

[59] Joint Steering Committee. RDA: Resource Description and Access [EB/OL].[2020-05-10]. http://www. rda-jsc. org/archivedsite/rda. html.

[60] Mason J, et al. Education Working Group-Education Namespace Draft Proposal [EB/OL]. [2016-08-22]. http://dublincore. org/documents/education-namespace/.

[61] Kirstein F, Dittwald B, Dutkowski S, Glikman Y, Schimmler S, Hauswirth M. Linked Data in the European Data Portal: A Comprehensive Platform for Applying DCAT-AP [C]// In International Conference on Electronic Government, 2019:192-204.

[62] Kroeger A. The road to BIBFRAME: The evolution of the idea of bibliographic transition into a post-MARC Future [J]. Cataloging &

Classification Quarterly, 2013, 51(8): 873-890.

[63] Li J, Zhao G, Rong C, et al. Semantic description of scholar-oriented social network cloud[J]. The Journal of Supercomputing, 2013, 65(1): 410-425.

[64] Library of Congress. Bibliographic Framework Initiative[EB/OL]. [2020-05-11]. http://www.loc.gov/bibframe/.

[65] Library of Congress. Functional Analysis of the MARC 21 Bibliographic and Holdings Formats [EB/OL]. [2020-05-10]. http://www.loc.gov/marc/marc-functional-analysis/functional-analysis.html.

[66] Library of Congress. LC Linked Data Service[EB/OL]. [2020-05-10]. http://id.loc.gov/.

[67] LibraryThing [EB/OL]. [2020-7-13].https://cn2.librarything.com/.

[68] Linked Open Vocabularies FRBR-aligned Bibliographic Ontology (fabio) [EB/OL]. [2020-05-10]. https://lov.linkeddata.es/dataset/lov/vocabs/fabio.

[69] Linked Open Vocabularies. BIBFRAME Implementation, Tools, and Downloads [EB/OL]. [2020-05-11]. http://www.loc.gov/bibframe/implementation/.

[70] Linked Open Vocabularies. FRBR Entities for RDA (rdafrbr) [EB/OL]. [2020-05-10].

[71] Linked Open Vocabularies. frbr [EB/OL]. [2020-05-10]. https://lov.linkeddata.es/dataset/lov/vocabs/frbr.

[72] Linked Open Vocabularies. FRBRER model(frbrer) [EB/OL]. [2020-05-10]. https://lov.linkeddata.es/dataset/lov/vocabs/frbrer.

[73] Linked Open Vocabularies [EB/OL]. [2020-05-10]. https://lov.linkeddata.es/dataset/lov.l.

[74] Lnenicka M, Komarkova J. Developing a government enterprise architecture framework to support the requirements of big and open linked data with the use of cloud computing[J]. International Journal of Information Management, 2019(46): 124-141.

[75] Maewyn Cumming, et al. Government Application Profile[EB/OL]. [2016-08-27]. http://dublincore.org/documents/gov-application-profile/.

[76] MARC 21 Format for Bibliographic Data[EB/OL]. [2020-07-12]. https://www. loc. gov/marc/bibliographic/.

[77] Marcia Lei Zeng, Maja Žumer, Athena Salaba. Functional Requirements for Subject Authority Data (FRSAD)-A Conceptual Model[EB/OL]. [2020-05-10]. http://www. ifla. org/publications/ifla-series-on-bibliographic-control-43? og=8708.

[78] Merčun T, Žumer M, Aalberg T. FrbrVis: An Information Visualization Approach to Presenting FRBR Work Families[M]//Theory and Practice of Digital Libraries. Springer Berlin Heidelberg, 2012: 504-507.

[79] National Institute of Informatrics in Japan. DC 2001[EB/OL]. [2016-08-09]. http://www. nii. ac. jp/dc2001/.

[80] NISO (National Information Standards Organization). Understanding metadata. Bethesda, MD: NISO Press. Available: <http://www. niso. org/standards/resources/UnderstandingMetadata. pdf>. 2004.

[81] Nuno F, Enno M, Sjors V, et al. Aggregation of Linked Data: A case study in the cultural heritage domain[C]//2018 IEEE International Conference on Big Data. Seattle, WA, USA, 2018: 522-527.

[82] Ochoa X, Duval E. Automatic evaluation of metadata quality in digital repositories[J]. International Journal on Digital Libraries, 2009(10): 67-91.

[83] OCLC. Classify [EB/OL]. [2020-05-10]. http://classify. oclc. org/classify2/.

[84] OCLC. OCLC Research Activities and IFLA's Functional Requirements for Bibliographic Records [EB/OL]. [2020-05-10]. http://www. oclc. org/research/activities/frbr. html.

[85] ONIX. ONIX for Books Product Information Format Introduction to ONIX 3. 0 [EB/OL]. [2016-08-30]. http://www. editeur. org/files/ONIX% 203/Introduction_to_ONIX_for_Books_3. 0. 3. pdf.

[86] Open Graph Protocol[EB/OL]. [2020-07-13]. https://ogp. me/.

[87] Overview of the BIBFRAME 2. 0 Model [EB/OL]. [2020-05-22]. https://www. loc. gov/bibframe/docs/bibframe2-model. html.

[88] P5: Guidelines for Electronic Text Encoding and Interchange [EB/OL].

[2016-08-13]. http://www.tei-c.org/release/doc/tei-p5-doc/en/html/index.html.

[89] Palavitsinis N, Manouselis N, Sanchez-Alonso S. Metadata quality in learning object repositories: A case study[J]. The Electronic Library, 2014, 32(1): 62-82.

[90] Palavitsinis N, Manouselis N, Sanchez - Alonso S. Metadata quality in digital repositories: Empirical results from the cross - domain transfer of a quality assurance process[J]. Journal of the Association for Information Science and Technology, 2014, 65(6): 1202-1216.

[91] Pierre M S, LaPlant W P. Issues in Crosswalking Content Metadata Standards[M]. Baltimore, Maryland, USA: NISO, 2000.

[92] PREMIS Editorial Committee. PREMIS Data Dictionary for Preservation Metadata version 3.0[EB/OL]. [2016-09-02]. http://www.loc.gov/standards/premis/v3/premis-3-0-final.pdf.

[93] Priscilla Caplan. Understanding PREMIS[EB/OL]. [2016-09-02]. http://www.loc.gov/standards/premis/understanding-premis.pdf.

[94] PRISM Specifications[EB/OL]. [2016-09-01]. http://www.prismstandard.org/specifications/.

[95] PRISM. Idealliance[ED/OL]. [2016-09-01]. http://www.idealliance.org/specifications/prism-metadata-initiative/prism.

[96] Program for Cooperative Cataloging[EB/OL]. [2020-05-10]. https://www.loc.gov/aba/pcc/.

[97] RDA in MARC[EB/OL]. [2020-07-12]. https://www.loc.gov/marc/RDAinMARC.html.

[98] RDA TOOLKIT. About RDA[EB/OL]. [2020-05-10]. http://www.rdatoolkit.org/about.

[99] RDA TOOLKIT. RDA in Translation[EB/OL]. [2020-05-10]. http://www.rdatoolkit.org/translation.

[100] RDA TOOLKIT. RDA Toolkit Free Trial Request Form[EB/OL]. [2020-05-10].http://access.rdatoolkit.org/freetrial.

[101] Rühle S, Schulze F, Büchner M. Applying a linked data compliant model:

The usage of the Europeana Data Model by the Deutsche Digitale Bibliothek [C]//Proceedings of the 2014 International Conference on Dublin Core and Metadata Applications. Dublin Core Metadata Initiative, 2014: 24-30.

[102] Santos R, Manchado A, Vila-Suero D. Datos. bne. es: A LOD service and a FRBR-modelled access into the library collections[J]. 2015.

[103] Shepherd E, Smith C. The application of ISAD (G) to the description of archival datasets[J]. Journal of the Society of Archivists, 2000, 21(1): 55-86.

[104] Signoles A, Bitoun C, Valderrama A. Implementing FRBR to Improve Retrieval of In-House Information in a Medium-Sized International Institute [J]. Cataloging & Classification Quarterly, 2012, 50(5-7): 402-421.

[105] Stuart A. Sutton. Gateway to Educational Materials (GEM): metadata for networked information discovery and retrieval [EB/OL]. [2016-08-23]. http://www7.scu.edu.au/1897/com1897.htm.

[106] Sugimoto S, Li C, Nagamori M, et al. Permanence and temporal interoperability of metadata in the linked open data environment [C]// International Conference on Dublin Core and Metadata Applications. 2017: 45-54.

[107] Taylor A G. The Organization of Information. Library and Information Science Text Series[M]. Libraries Unlimited. 1999.

[108] Text Encoding Initiative [EB/OL]. [2016-08-12]. http://www. tei-c. org/index.xml.

[109] The Dublin Core Metadata Registry [2020-7-13]. http://dublincore. org/dcregistry/.

[110] The Dublin Core Metadata Registry [2016-09-03]. http://dublincore. org/dcregistry/.

[111] The Friend of a Friend Project[EB/OL]. [2020-07-13]. http://www.foaf-project.org/.

[112] The indecs Framework [EB/OL]. [2016-09-01]. https://www. doi. org/factsheets/indecs_factsheet.html.

[113] The Library of Congress. Metadata Object Description Schema Official

Websitep [EB/OL]. [2020-07-13]. https://www. loc. gov/standards/mods/.

[114] The Library of Congress. Bibliographic Framework Initiative [EB/OL]. [2020-07-13]. https://www.loc.gov/bibframe/.

[115] The Singapore Framework for Dublin Core™ Application Profiles[EB/OL]. [2020-05-10]. https://www. dublincore. org/specifications/dublin-core/singapore-framework/.

[116] Tsiflidou E, Manouselis N. Tools and Techniques for Assessing Metadata Quality[C]//Research Conference on Metadata and Semantic Research. Springer, Cham, 2013: 99-110.

[117] Veen T, Oldroyd B. Search and retrieval in the European Library: A new approach[J]. D-Lib Magazine, 2004,10(2).

[118] VRA Core 4.0 Element Description[EB/OL]. [2016-08-09]. http://www.loc.gov/standards/vracore/VRA_Core4_Element_Description.pdf.

[119] VRA Core Schemas and Documentation[EB/OL]. [2016-08-09]. http://www.loc.gov/standards/vracore/schemas.html.

[120] W3C. SKOS Simple Knowledge Organization System[EB/OL]. [2020-05-12]. http://www.w3.org/2004/02/skos/.

[121] W3School RDF 教程:http://www.w3school.com.cn/rdf/rdf_intro.asp.

[122] weboposible[EB/OL]. [2020-7-13]. http://www. webposible. com/utilidades/photo#rdf#generator#en.html.

[123] Westrum A L, Rekkavik A, Tallerås K. Improving the presentation of library data using FRBR and Linked data[J]. Code4Lib Journal, 2012 (16):1-7.

[124] Xiying Mi, Bonita M. Pollock. Metadata Schema to Facilitate Linked Data for 3D Digital Models of Cultural Heritage Collections: A University of South Florida Libraries Case Study [J]. Cataloging & Classification Quarterly, 2018, 56(2-3): 273-286.

[125] 曹蓟光，王申康. 元数据管理策略的比较研究[J]. 计算机应用，2001, 21(2): 3-5.

[126] 曹树金，马利霞. 描述教育资源的元数据标准[J]. 大学图书馆学报，

2004(2)：5-9.

[127]曹咏梅，宋金燕，吴桂萍，张勤业. DC元数据与MARC的分析比较[J]. 情报杂志，2004(3)：105.

[128]曹月珍，马建玲. 国内外元数据质量控制的研究进展与发展趋势[J]. 图书与情报，2013(6)：101-104.

[129]陈虹涛，李志俊. 元数据的标准规范及其互操作性[J]. 情报杂志，2005，24(7)：93-95.

[130]陈进. 关于数据仓库元数据管理系统的研究与建立[D]. 青岛：中国海洋大学，2011.

[131]陈良. 基于语义关联的数字图书馆馆藏资源知识发现服务研究[J]. 农业图书情报学刊，2018(3)：38-41.

[132]陈树年. 搜索引擎及网络信息资源的分类组织[J]. 图书情报工作，2000(4)：31-37.

[133]陈艳. 初识HTML语言[J]. 科技信息，2009(3)：243.

[134]陈耀盛. 网络信息组织[M]. 北京：科学技术文献出版社，2004.

[135]程变爱. 试论资源描述框架(RDF)——一种极具生命力的元数据携带工具[J]. 现代图书情报技术，2000，16(6)：62-64.

[136]储节旺，郭春侠，吴昌合. 信息组织学[M]. 北京：清华大学出版社；北京交通大学出版社，2007.

[137]崔纪锋，张勇，邢春晓. 元数据在数据库互操作中的应用[J]. 计算机科学与探索，2011，5(4)：305-312.

[138]代根兴，周晓燕. 信息资源类型研究[J]. 中国图书馆学报，2000(2)：76-79.

[139]丁亮. 数字资源长期保存元数据：PREMIS以及和METS的结合使用[J]. 无线互联科技，2013(11)：177-178.

[140]董焱. 数字博物馆元数据标准初探[J]. 北京联合大学学报(自然科学版)，2005(2)：61-65.

[141]豆瓣图书，我们仨[EB/OL]. [2020-7-13]. https：//book. douban. com/subject/1052212/.

[142]豆瓣图书[EB/OL]. [2020-7-13]. https：//book. douban. com/tag/?view=type&icn=index-sorttags-all.

[143]段明莲. 信息资源编目(第2版)[M]. 北京：北京大学出版社，2008.
[144]冯亚惠. AACR 的替代品——资源描述与检索(RDA)介绍[J]. 图书情报工作，2007，51(1)：129-131.
[145]冯幼乐. 分布式文件系统元数据管理技术研究与实现[D]. 合肥：中国科学技术大学，2010.
[146]冯志伟. 标准通用置标语言 SGML 及其在自然语言处理中的应用[J]. 当代语言学，1998(4)：2-12.
[147]付蔚，王海兰. 从 FRBR 到 FRAR——兼述中文文献资源的规范控制工作[J]. 大学图书馆学报，2007，25(2)：97-101.
[148]复旦大学社会科学数据平台[EB/OL]. [2020-7-13]. https：//dvn.fudan.edu.cn/home/.
[149]富平，黄俊贵；国家图书馆《中国文献编目规则》修订组. 中国文献编目规则 第2版[M]. 北京：北京图书馆出版社，2005. 04.
[150]高红. 编目思想史[M]. 北京：北京图书馆出版社，2008.
[151]郭锋，戴向华. XML 新一代页面标记语言的特性及应用前景[J]. 计算机时代，1999(5)：38-39.
[152]郭丽芳. 网络信息资源类型研究[J]. 图书馆理论与实践，2002(4)：34-35.
[153]国际图联书目记录的功能需求研究组. 书目记录的功能需求最终报告[EB/OL]. [2020-05-10]. http：//www.ifla.org/files/assets/cataloguing/frbr/frbr-zh.pdf.
[154]国家图书馆. 新版中国机读目录格式使用手册[M]. 北京：北京图书馆出版社，2004.
[155]国家图书馆. 国家图书馆外文文献资源 RDA 本地政策声明暨书目记录操作细则[M]. 北京：北京图书馆出版社，2017.
[156]国家图书馆 MARC21 格式使用手册课题组. MARC21 规范数据格式使用手册[M]. 北京：北京图书馆出版社，2005.
[157]郝伟，曹代勇. 基于资源描述框架的煤地质学元数据描述方法[J]. 煤炭科学技术，2008，36(1)：68-70.
[158]何小云，郑小宁. XML 文档分析研究[J]. 电子科技，2001(19)：27-29.

[159]侯娜. 基于条件随机场的元数据自动提取技术研究[D]. 秦皇岛：燕山大学，2009.

[160]侯卫真. 对档案描述编码格式(EAD)的探讨[J]. 北京档案，2003(12)：19-21.

[161]胡小菁，张期民.《资源描述与检索》的中文化[M]. 北京：国家图书馆出版社，2015.

[162]胡小菁，李恺. MARC 四十年的发展及其未来[J]. 中国图书馆学报，2010，36(2)：83-89.

[163]胡小菁. 国际编目标准现状与进展(2015—2017)[J]. 图书馆论坛，2018，38(6)：124-131.

[164]黄俊贵，潘妙辉. 我国现代文献编目的发展及其问题(1996—2000 年)[J]. 晋图学刊，2001(1)：1-8.

[165]黄如花，邱春艳. 数字信息资源长期保存元数据的管理策略[J]. 信息资源管理学报，2014，4(2)：58-64.

[166]黄永文. 关联数据在图书馆中的应用研究综述[J]. 现代图书情报技术，2010(5)：1-7.

[167]姜恩波. RDF 原理、结构初探[J]. 现代图书情报技术，2001，17(5)：32-33.

[168]金晶，姜恩波. FRBR、RDA 与 eXtensible Catalog[J]. 图书馆杂志，2012，31(11)：30-34.

[169]鞠英杰. 信息描述[M]. 合肥：合肥工业大学出版社，2010.

[170]冷伏海. 信息组织概论[M]. 北京：科学出版社，2003.

[171]李蓓，周宇葵. RDA 的实体及关系解析[J]. 新世纪图书馆，2014(2)：31-34.

[172]李刚. 疯狂 XML 讲义(第 2 版)[M]. 北京：电子工业出版社，2011.

[173]李宏伟，等. 网络地理信息系统与空间元数据[M]. 郑州：黄河水利出版社，2004.

[174]李荣艳，梁蕙玮，曲云鹏，冯红娟，张彪. 我国政府信息资源元数据标准研究[J]. 图书馆学研究，2012(11)：42-46.

[175]李晓新. 新编文献编目[M]. 天津：南开大学出版社，2006.

[176]李兴国. 信息管理学[M]. 北京：高等教育出版社，2007.

[177]李翼，吴丹. 开放医学科学数据平台调查研究[J]. 图书情报工作，2015(18)：24-29，50.
[178]李勇，王洪. 标准通用置标语言 SGML 简介[J]. 航空标准化与质量，2005(5)：16-18.
[179]李志国. 基于 J2EE 的元数据注册管理系统的设计与实现[D]. 北京：北京交通大学，2011.
[180]梁红，姜化林.《资源描述与检索》的应用进展及对策[J]. 图书馆学刊，2015，37(10)：36-41.
[181]梁少博，吴丹. 数字图书馆信息服务的融合与创新——基于 2019 年 JCDL 年会论文的综述[J]. 图书情报知识，2020(3)：97-108.
[182]林甫. 试析常用于数字图书馆中数据交换与处理的三种数据格式的标识语言(SGML、HTML、XML)的异同性[J]. 现代情报，2002，22(9)：118-119.
[183]林海青，楼向英，夏翠娟. 图书馆关联数据：机会与挑战[J]. 中国图书馆学报，2012(1)：58-67，112.
[184]林琅，牛海军. XML 规范及网络应用[J]. 电子科技，2001(19)：20-23，9.
[185]刘秉文，王志国，李志勇. 现代文献信息资源建设[M]. 呼和浩特：内蒙古人民出版社，2008.
[186]刘方方，肖鹏. 基于 FOAF 的 ILS 真人图书馆管理模块设计[J]. 图书馆论坛，2012，32(5)：37-41，20.
[187]刘峰，张晓林. 科学数据元数据标准述评及其通用化设计研究[J]. 现代图书情报技术，2015(12)：3-12.
[188]刘高勇. 网络信息资源组织标准化问题研究[D]. 武汉：武汉大学，2005.
[189]刘嘉. 元数据导论[M]. 北京：华艺出版社，2002.
[190]刘建华，张智雄. 保存元数据的发展趋势研究[J]. 图书馆杂志，2016，35(6)：10-16.
[191]刘素清. IFLA 书目记录功能需求(FRBR)初探[J]. 大学图书馆学报，2004，22(6)：65-69.
[192]刘炜. 关联数据：概念、技术及应用展望[J]. 大学图书馆学报，2011

(2)：5-12.
[193]刘炜等. RDA 与关联数据[J]. 中国图书馆学报，2012(1)：34-42.
[194]刘孝文. 从 MARC 到 MODS：编目元数据 MODS 分析与研究[J]. 图书馆杂志，2007(7)：14-17，30.
[195]刘燕. 元数据长期保存框架探讨[J]. 云南档案，2010 (1)：55-57.
[196]刘耀. 网络信息传播的技术控制：模式与评价研究[D]. 北京：北京大学，2005.
[197]刘宇，王松林.《DC 图书馆应用纲要》概述[J]. 图书馆杂志，2002(8)：43-47，64.
[198]娄策群，桂学文. 信息经济学通论[M]. 北京：中国档案出版社，1998.
[199]娄策群. 信息管理学基础[M]. 北京：科学出版社，2005.
[200]楼向英. 对 DC 元数据编辑工具的调研分析[J]. 数字图书馆论坛，2007(8)：25-30.
[201]罗翀. RDA 全视角解读[M]. 北京：国家图书馆出版社，2015.
[202]罗昊. 两种政府信息资源元数据的分析与比较及其对我国的启示[J]. 新世纪图书馆，2003(2)：17-20.
[203]罗昊. 元数据在网络教育中的应用研究[J]. 情报科学，2004(1)：59-62.
[204]罗红燕，李章平，陈绍兰. MARC、DC、MODS、FRBR 等文献编目元数据比较[J]. 图书馆学刊，2009，31(12)：25-27.
[205]罗威. RDF(资源描述框架)——Web 数据集成的元数据解决方案[J]. 情报学报，2003，22(2)：178-184.
[206]马澄宇. 书目记录的功能需求及其影响分析[J]. 图书馆工作与研究，2010(11)：64-66.
[207]马费成，查先进. 网络信息资源管理[M]. 太原：山西经济出版社，2002.
[208]马费成. 信息经济学[M]. 武汉：武汉大学出版社，2012.
[209]马静. 网上信息资源及其检索技术智能化研究[J]. 图书情报工作，2001(1)：56-58.
[210]孟凡静. 数字对象标识符 DOI 及其在电子出版的应用分析[J]. 中国现代教育装备，2007(4)：43-45.

[211]孟雪梅. 信息资源建设[M]. 哈尔滨：黑龙江人民出版社，2002.
[212]宓永迪，夏勇. 资源描述框架(RDF)的应用[J]. 大学图书馆学报，2001，19(2)：24-26.
[213]木制模型的 VRA Core 记录[EB/OL]. [2020-7-13]. http：//core. vraweb. org/examples/html/example004_full. html.
[214]南京航空航天大学图书馆. 网络信息采集与应用[M]. 北京：清华大学出版社，2005.
[215]齐华伟，王军. 元数据收割协议 OAI—PMH[J]. 情报科学，2005，23(3)：414-419.
[216]钱光晖，李善平，何志均. SGML 语言的编译实现[J]. 计算机工程，1998，24(1)：30-33.
[217]乔华. 基于 XML 文档的索引研究[D]. 武汉：华中师范大学，2006.
[218]秦金聚. 数字信息保存元数据研究进展及启示[J]. 情报理论与实践，2007(2)：37.
[219]秦小燕. 中文普通图书分类方法与 CNMARC 书目数据编制技巧[M]. 北京：国家图书馆出版社，2014.
[220]任吉刚，李晓红. 信息资源建设与服务[M]. 呼和浩特：内蒙古大学出版社，2009.
[221][印]阮冈纳赞. 图书馆学五定律[M]. 夏云，等，译. 北京：书目文献出版社，1988.
[222]桑良至. DCMI：组织与成果[J]. 新世纪图书馆，2004(3)：67-69.
[223]上海图书馆. 都柏林核心元数据抽象模型[EB/OL]. (2004-12-08)[2020-7-13]. http：//dc. library. sh. cn/fulltext/abstract-model. pdf.
[224]上海图书馆. 都柏林核心元数据修饰词[EB/OL]. [2020-7-13]. http：//dc. library. sh. cn/1-2. htm.
[225]上海图书馆. 都柏林核心资源集合描述应用纲要[EB/OL]. (2006-02-24)[2020-7-13]. http：//dc. library. sh. cn/fulltext/collectionAP20060824. pdf.
[226]上海图书馆. 都柏林核心资源集合描述应用纲要概述[EB/OL]. (2006-02-24)[2020-7-13]. http：//dc. library. sh. cn/fulltext/collectionMeta. pdf.

[227]申彦舒. 中国大陆区域网络信息资源配置现状与发展策略研究[D]. 长沙：中南大学，2006.
[228]沈芸芸，肖珑，冯英. 元数据应用规范研究[J]. 现代图书情报技术，2010，26(12)：1-8.
[229]数字时代的中国国家书目建设及其 FRBR 化服务[M]. 北京：国家图书馆出版社，2018.
[230]孙更新. 文献信息编目[M]. 武汉：武汉大学出版社，2006.
[231]孙建军. 网络信息资源搜集与利用[M]. 南京：东南大学出版社，2000.
[232]孙晓菲. 数字时代的元数据实践[M]. 杭州：浙江大学出版社，2013.
[233]汤大权. 信息资源管理技术概论[M]. 长沙：国防科技大学出版社，2009.
[234]唐亦玲. 编目工作人员视角下的 RDA 与 FRBR[J]. 图书情报工作，2014，58(2)：228-230.
[235]托马斯·贝克，夏翠娟，刘炜. DC 词表的维护：实践、策略与模型[J]. 图书馆杂志，2004(5)：48-54，60.
[236]万爱雯. 中文图书机读编目规则与实践[M]. 北京：知识出版社，2012.
[237]王芳. 我国电子政务元数据的构建及其基于 web 服务的共享实现[J]. 情报学报，2007(2)：125-133.
[238]王昉，张晓林. 面向教育资源的元数据[J]. 情报杂志，2002，21(7)：37-39.
[239]王鹤群，马家伟，李华. 现代文献信息资源编目[M]. 呼和浩特：内蒙古人民出版社，2008.
[240]王立清，唐宇萍. 澳大利亚新西兰政府网站建设的元数据标准[J]. 情报资料工作，2004(S1)：410-413.
[241]工仁武，杨洪山，陈家训. 电子政务信息资源元数据标准的设计与实现[J]. 情报资料工作，2007(4)：52-55.
[242]王松林.《DC 图书馆应用纲要》的新版本特点[J]. 图书馆杂志，2003(6)：36-37.
[243]王松林. DC-Lib——我国数字图书馆元数据的首选[J]. 中国图书馆学

报，2004(1)：57-61.
[244]王松林. RDA 的结构与特点[J]. 山东图书馆学刊，2013(4)：1-6.
[245]王松林. 信息资源编目[M]. 北京：北京图书馆出版社，2003.
[246]王松林. 中文编目与 RDA[M]. 北京：海洋出版社，2014.
[247]王文清. 基于 OAI-PMH 协议的元数据注册管理系统的设计与实现[D]. 北京：北京交通大学，2013.
[248]王小平. 浅析 MODS 元数据[J]. 图书馆论坛，2008(5)：65-67，70.
[249]维基百科. AACR2[EB/OL]. [2020-07-20]. https：//en.wikipedia.org/wiki/AngloAmerican_Cataloguing_Rules.
[250]吴超. 在线社会化网络的语义分析和语义社会网的构建[D]. 杭州：浙江大学，2010.
[251]吴建中. DC 元数据[M]. 上海：上海科学技术文献出版社，2000.
[252]吴丽坤，殷洁. 文献编目理论研究[M]. 北京：中央编译出版社，2013.
[253]吴龙涛，叶奋生，吴晓静. 最新详解英美编目规则[M]. 北京：北京图书馆出版社，2006.
[254]夏晓林. RDA 中国之路的探索与展望[J]. 图书馆建设，2019(6)：94-101，109.
[255]肖珑，赵亮. 中文元数据概论与实例[M]. 北京：北京图书馆出版社，2007.
[256]肖婷. 应用 CDWA 标准描述数字宋画作品的探索[J]. 图书情报工作，2011，55(9)：101-104，146.
[257]谢芦青. Dublin Core、LOM 和 MARC 三种元数据的比较研究(一)[J]. 全国新书目，2006(23)：75-77.
[258]谢琴芳. CALIS 联机合作编目手册(上)[M]. 北京：北京大学出版社，2000.
[259]辛苗. 中文普通图书 CNMARC 格式著录解析[M]. 成都：电子科技大学出版社，2014.
[260]徐建华. 论网络信息资源的组织与揭示方式[J]. 情报科学，2000(6)：497-501.
[261]徐菁. 元数据的设计原则和实用中的问题[J]. 图书馆理论与实践，

2008 (6)：48-51.
[262]徐美莲，柯平. 关于《国际标准书目著录》的研究与出版进展[J]. 图书馆杂志，1994(4)：52-54.
[263]徐彦玲，朱慧. 谈网络信息资源的编目[J]. 中国图书馆学报，2002(3)：86-88.
[264]徐永川. SGML、HTML 与 XML 的比较[J]. 情报科学，2004，22(1)：100-103.
[265]许磊. CNMARC 与 BIBFRAME 的映射基础及其实现[J]. 数字图书馆论坛，2018(11)：26-32.
[266]薛红. 浅析《中国文献编目规则》第二部分《标目法》——与《普通图书著录规则》附件 A《标目》的比较[J]. 图书馆工作与研究，1999(3)：43-47.
[267]阳广元. 基于关联数据的图书馆服务研究现状与展望[J]. 图书馆理论与实践，2019(6)：43-45，112.
[268]杨薇薇，王新才. 美国 GILS 服务体系研究[J]. 图书馆理论与实践，2006(2)：93-95.
[269]杨艳丽. 元数据与网络信息资源的管理[D]. 太原：太原理工大学，2003.
[270]杨玉麟. 信息描述[M]. 北京：高等教育出版社，2004.
[271]叶继元. 信息组织[M]. 北京：电子工业出版社，2010.
[272]游祎，赵荣. 我国元数据研究现状与发展[J]. 图书情报工作，2008(S1)：202-205.
[273]于嘉. VRA Core 元数据的发展与现状[J]. 新世纪图书馆，2008(4)：75-78.
[274]余敏. 从 CNMARC 到 MARC21 数据转换研究[J]. 图书馆论坛，2011，31(3)：105-108.
[275]喻乒乒. ONIX 元数据标准 2. 1 版与 2. 0 版对比研究[J]. 现代情报，2006，26(1)：88-91.
[276]袁梅宇. XML Schema，RDF Schema 及 DAML 比较[J]. 计算机应用研究，2004，21(10)：67-69.
[277]张爱优. CNMARC 和 MARC21 常用项目的比较分析[J]. 图书馆论坛，

2005, 25(5): 157-159.
[278]张承伟, 赖洪波. 政府信息资源元数据的描述方法[J]. 情报科学, 2007(6): 848-851.
[279]张东. 论元数据互操作的层次[J]. 情报理论与实践, 2005(6): 648-650.
[280]张敏, 张晓林. 标准通用标记语言 SGML 及相关应用[J]. 情报科学, 1999, 17(3): 267-271.
[281]张晓娟, 唐长乐. 我国政府信息元数据标准体系框架构建及其应用流程[J]. 信息资源管理学报, 2018, 8(3): 25-36.
[282]张晓娟. 网络信息资源: 概念、类型及特点[J]. 图书情报工作, 1999(2): 10-12.
[283]张晓林. 元数据开发应用的标准化框架[J]. 现代图书情报技术, 2001(2): 9-11.
[284]张赞, 梁肇英, 杨维利. 浅谈 CNMARC 与 MARC21[J]. 图书馆工作与研究, 2011(9): 83-85.
[285]张正强. 论《国际标准——档案著录规则(总则)》的主要著录规则、特点及启示[J]. 档案学研究, 2013(3): 75-80.
[286]赵健, 金涛. 浅析《DC 图书馆应用纲要》[J]. 现代情报, 2004(4): 33-35.
[287]赵以安. 新版 DC 元数据抽象模型研究[J]. 图书情报工作, 2008, 52(12): 129.
[288]赵志荣, 张晓林. GILS 元数据的结构和应用[J]. 情报理论与实践, 2000, 23(6): 445-448.
[289]郑雯, 吴开华, 赵阳. 国外教育资源元数据标准比较研究[J]. 图书情报工作, 2005, 49(1): 107-111.
[290]中国国家数字图书馆[EB/OL]. [2020-7-13]. http: //www. nlc. cn/.
[291]周德明. RDA: 从理论到实践[M]. 北京: 海洋出版社, 2014.
[292]周俊烨. 基于关联数据的图书馆、档案馆和博物馆数字资源整合模式构建[J]. 图书馆, 2019, 292(1): 74-79.
[293]周勋. 元数据标准注册系统研究与原型实现[D]. 南京: 南京理工大学, 2007.

[294]朱超. 关于元数据互操作的探讨[J]. 情报理论与实践, 2005, 28(6): 644-647.

[295]朱美华. 关联数据时代的 BIBFRAME 2.0[J]. 数字图书馆论坛, 2018(3): 47-52.

[296]朱青青. FRBR 化的应用现状及编目环节的应对策略[J]. 图书馆杂志, 2017, 36(2): 46-50.

[297]庄明. 标记语言发展综述[J]. 现代计算机(专业版), 2001(6): 35-37.

[298]邹学昌. 基于关联数据的图书馆云服务研究[D]. 哈尔滨: 黑龙江大学, 2013.

[299]曾华明. 从 MARC 到 RDA: 国际图书编目格式的发展与演变[J]. 图书馆研究与工作, 2019(3): 11-14.

[300]曾蕾. 元数据与专业置标语言在数字图书馆中知识表述方面的功能[J]. 图书情报工作, 2002(10): 14-22.

[301]曾婷, 张成昱, 姜爱蓉. 权限元数据的研究[J]. 图书馆, 2003, 22(7): 40-45.